越文化研究丛书编委会

学术顾问（以姓氏笔画为序）

李学勤　陈伯海　陈桥驿　高丙中

董乃斌　董楚平　章培恒　葛剑雄

主　　编　王建华

编　　委（以姓氏笔画为序）

王建华　叶　岗　权锡焕　朱志勇

寿永明　李生校　张炎兴　周一农

费君清　高利华　梁　涌　陶　侃

章　融　谢一彪　潘承玉

浙江省哲学社会科学规划课题成果

越文化研究丛书

王建华 主编

越文化通论

YUEZHONG MINGSHI
WENHUA LUN

越中名士文化论

陈望衡 著

人民出版社

责任编辑:陈来胜
装帧设计:吕 龙
版式设计:王 舒

图书在版编目(CIP)数据

越中名士文化论/陈望衡 著. -北京:人民出版社,2010.6
(越文化通论)
ISBN 978-7-01-008910-2

Ⅰ.①越… Ⅱ.①陈… Ⅲ.①名人-生平事迹-绍兴市
 Ⅳ.①K820.855.3

中国版本图书馆 CIP 数据核字(2010)第 079595 号

越中名士文化论
YUEZHONG MINGSHI WENHUA LUN

陈望衡 著

人民出版社 出版发行
(100706 北京朝阳门内大街 166 号)

北京新魏印刷厂印刷 新华书店经销

2010 年 6 月第 1 版 2010 年 6 月北京第 1 次印刷
开本:710 毫米×1000 毫米 1/16 印张:18.5
字数:278 千字 印数:0,001-3,000 册

ISBN 978-7-01-008910-2 定价:37.00 元

邮购地址 100706 北京朝阳门内大街 166 号
人民东方图书销售中心 电话 (010)65250042 65289539

前　言

王建华

中国是一个幅员辽阔的国家。中华民族在其长期奋斗的过程中,既形成了大一统的中华文化,又形成了主要因地域差异所造成的地域文化。

谈地域文化,必须做三个区分:文化核心区、文化基本区、文化边界区。文化核心区是文化发源地,也是此文化最为集中的区域;文化基本区是此文化相对比较稳定的区域;文化边界区是此文化影响曾达到过但比较弱的区域。

文化核心区当然是最重要的,因此,首先要做的,是确定文化核心区。我们现在说的地域文化,其名多取自周代的诸侯国,这些诸侯国早在秦统一中国时就陆续消亡了,因此,这种国名实际上只是一个历史名词。显然,楚文化、越文化、吴文化都不等于楚国的文化、越国的文化、吴国的文化。不过,也毋庸置疑,以周代诸侯国取名的地域文化与原诸侯国有一种内在的联系。这种联系是十分重要的,从某种意义上讲,原诸侯国所创造的文化是该地域文化之源。因此,一般将古诸侯国的疆域划定为该地域文化的核心区。

问题是,古诸侯国的疆域是变化的,越国在灭吴称霸后,不仅据有现在的浙江全境,还拥有江苏、江西、安徽、山东之一部,其都城也一度北移至山东境内。显然,根据越国强盛时的疆域来划定越文化的核心区是不妥当的。

就越文化的实际来看,我们认为,将越文化的核心区划在以绍兴为中心的方圆一百公里左右的地区是比较妥当的。这块地区,亦称"越中"。绍兴,原名会稽,大禹时立的名,秦统一中国后,设会稽为郡,唐改会稽郡为越州,南宋绍兴元年,高宗南渡,驻跸龙山,命改州为府,冠以年号,即为绍兴。元、明、清三代均称绍兴(路、府)。关于绍兴府的范围,在清代,"属邑八:山阴、会稽、萧山、诸暨、余姚、上虞、嵊、新昌。东至宁波府慈溪县界,西至杭州府钱塘县界,南至金华府义乌县界,北至大海,东南至台州府天台县界,西南至杭州府富阳县界,西北至杭州府钱塘县界,东北至宁波府慈溪县界。濒海之邑凡五:山阴、会稽、萧山、余姚、上虞是也;濒浙江之邑一,萧山是也"①。

越文化的基本区是古越国领土比较稳定的区域,大致相当于今浙江省。浙江省因浙江(今名钱塘江)而得名。古越国的许多重要的历史事件都发生在浙江流域。《越绝书》载:"越王句践与吴战于浙江之上。"②又说,越王句践兵败后与大夫文种、范蠡去吴宫为奴,"群臣皆送至浙江之上"③。又据《史记·越王句践世家》说:"楚威王兴后而伐之,大败越,杀王无彊,尽取故吴地至浙江。"

越文化的边界区是越文化基本区周围的地区,它曾属于古越国的版图,也曾属于其他诸侯国的版图。值得指出的是,文化中的区域概念与行政中的区域概念是不同的,前者只是大致上的,其边界是交融的,模糊的;而后者是明确的,其边界则是清楚的。因此,即使我们将越文化的核心区确定在今绍兴地区,越文化的基本区确定在今浙江省地区,也不能将两者等同起来。

越文化的历史可追溯到大禹。据《史记·夏本纪》:"禹会诸侯江南,计

---

① 吴悔堂:《越中杂识·越中图识》。
② 袁康、吴平:《越绝书·勾践入臣外传第七》。
③ 《越绝书·勾践入臣外传第七》。

功而崩,因葬焉,命曰会稽。"大禹死后传位子启,夏朝开始。据史载:"启使使以岁时春秋而祭禹于越,立宗庙于南山之上。"①此是越的开始。不过,此时的越,虽有了大禹的宗庙,尚只是地,不是国,据《吴越春秋》:"禹以下六世而得帝少康。少康恐禹祭之绝祀,乃封其庶子于越,号曰无余。"②少康封无余于越,意味着越有了自己的地方政权。无余是越国的第一位君主。无余传世十多代后,因"末君微劣,不能自立,转从众庶为编户之民,禹祀断绝"③。十几年后,有奇人出,自称是无余之后,指着天空,向着禹墓,说着鸟语,立志要"复禹墓之祀,为民请福于天,以通鬼神之道"④。顿时,凤凰翔集,万民喜悦。大禹之祭恢复,越国开始强大。

大禹是中国古代全民族共同尊崇的帝王,是中国第一个国家政权——夏朝的实际奠基人。越文化源于禹,说明越文化不只是组成中华民族文化的诸多地域文化之一支,而且是中华民族主流文化的直接继承者。

在地域文化中,越文化是有着鲜明特色的,比如名士辈出,清人吴悔堂《越中杂识·越中图识》用了八个字概括越文化的特点:"风景常新,英贤辈出。"关于"英贤",吴悔堂《越中杂识序》说:"守斯土者,皆辅相之才;生斯土者,多菁华之彦。"毛泽东有诗咏越,诗云:"鉴湖越台名士乡,忧忡为国痛断肠。剑南歌接秋风吟,一例氤氲入诗囊。"虽然中国大地到处都出人才,但人才出得多、档次高、历代不中断,形成一种名士文化现象的,大概只有越了。

又如文武兼融。从越文化源头古越国历史事迹看,它是尚武的,后人概括其精神为胆剑精神,胆剑精神之剑,意味着勇猛进击。这种尚武的精神,发展为革命的精神,在近代反清革命中表现得鲜明突出。虽然越文化中有尚武的一面,但是越文化更多地表现出来的却是重文,此地出的文人多,在儒学、佛学、玄学、文学、艺术等方面,创造出辉煌的业绩。

再比如道器并重。道学代表人物明有王阳明、刘宗周、黄宗羲承前启后,脉系分明;实学是道学之外别一种学术⑤,此派重经世致用,古越有范

---

① 赵晔:《吴越春秋·越王无余外传》。
② 同上。
③ 同上。
④ 同上。
⑤ 冯友兰先生在《中国哲学史新编》(人民出版社 1999 年版)中将陈亮与叶适说成是"道学外的思想家",见该书第 56 章。

蠡、文种、计倪,重农倡商,开其先河,南宋有陈亮、叶适开宗创派。从而充分见出越文化道器并重的特色。

研究越文化,最早始于东汉,代表性事件是袁康、吴平整理《越绝书》。《越绝书》是越人在越世系断绝以后虑越史之绝而撰写的一部地方史书,袁康、吴平整理此书,增加了当时流传的于越故事,补充了先秦以后的资料,所以他们的工作属于早期的越文化研究。从袁、吴的工作联系到东汉初期,这实在是越人流散以后越文化研究的发端时期,也是一个很有成就的时期。从现存的成果来看,除《越绝书》之外,还有《吴越春秋》和《论衡》两种。从保存越文化资料的价值来看,《越绝书》无疑是首要的,但《吴越春秋》和《论衡》的价值也都远远超过先秦人的著作。① 其后,这种研究没有间断过,但没有出现标志性的成果。

越文化研究的跃进是从上世纪二三十年代发轫的,当时出现了一批思想活跃、见识宽广、根底扎实、治学勤奋的史学家,他们既深入钻研古代有关越人的大量文献,又细致地鉴别分析这些文献,先后提出了不少前无古人的科学创见。如顾颉刚、罗香林、卫聚贤、蒙文通、杨向奎诸氏,都发表过关于越文化的不同于前人见解的论文。20 世纪 80 年代以来,越文化研究有了很大的发展,研究队伍空前扩大,研究成果,包括专著和论文,大量涌现。同时借助于考古的发现,多学科交叉综合的研究也大量出现,获得了大量的成果。

一如越文化是一条绵延不息的历史长河,有关越文化的研究也是个没有尽头的学术之路。

我们认为,今后越文化研究需注意以下三点:一、历史研究与现实问题研究的结合,越文化是历史形态,但其发展则为现实形态。对越文化,我们不能只做历史的研究,也应做现实问题的研究,并且将这两者很好地结合起来,要注重从越文化的历史形态中发掘出更多的对当代有价值的启示。二、单项研究与整体研究的结合。在单项研究上,我们过去做得比较地多,整体研究相对较弱。三、多角度地研究。文化,本就是人类物质文明精神文明的总和,涉及人类生活的方方面面。文化研究应是多角度的,目前我们的越文化研究,角度还不够丰富。

---

① 参见陈桥驿:《越文化研究的回顾和展望》,《杭州师范学院学报》2004 年第 2 期。

本丛书名为"越文化通论",就是试图在以上三个问题上做一些新的探索。

本通论将遵循马克思主义的历史与逻辑相结合的原则,以历史唯物主义和辩证唯物主义为根本方法,建立文化地理学和文化生态学的理论框架,综合利用考古学、人类学、民俗学、历史学、社会学等各种方法,从纵横两个角度全面揭示越文化的历史演变真相和丰富内涵,并从形而下走向形而上,分析越文化的基本精神,论述越文化和整个中国文化的关系,指明越文化精华对当代中国先进文化建设的特殊价值。

作为一项综合性的研究成果,这套论著要在各卷次的专题探讨上保持前沿性,体现独特性,拓展越文化的研究领域,争取在越文化研究的方法论问题、越文化的发展演变、越文化在中国文化中的地位、越地特有的经济思想和行为模式、越文化在意识形态领域的精神特征、越地学术思想与学术流派、越地文学艺术成就、越地方言和民俗等一系列方面有较大的收获,力图让此项研究成果成为越文化研究史上的一块基石,通过此次探索为今后越文化的研究找到新的起点。与此同时,本通论的研究成果也可以为其他地域文化的研究提供一种模式以及一些有益的经验,甚或进而为国家整体文化的发展提供某种启示。

由于选题的内容部分是有交叉的,难免有些重叠;又由于作者认识上的差异,每部书的观点和看法不一定全然一致。我想这样也许有它的好处,有兴趣的读者可以互相参校,生发出自己的看法。

越文化是一块沃土,我们希望,为了越文化研究的繁荣,为了学术事业的不断创新,有更多的朋友参与到我们的队伍中来。

目 录
CONTENTS

越文化通论

序:鉴湖越台名士乡

毛泽东诗云:

> 鉴湖越台名士乡,忧忡为国痛断肠。
>
> 剑南歌接秋风吟,一例氤氲入诗囊。

毛泽东说的"鉴湖越台"为当今绍兴地区。绍兴地区,亦称"越中"。清代吴悔堂著方志《越中杂识·越中图说》,解释"越中"云:

> 绍兴府在浙江省城东南一百三十八里,东西广二百九十里,南北袤四百四十七里。倚江濒海,山秀水清,风景常新,英贤辈出。属邑八:山阴、会稽、萧山、诸暨、余姚、上虞、嵊、新昌。东至宁波府慈溪县界,西至杭州府钱塘县界,南至金华府义乌县界,北至大海,东南至台州府天台县界,西南至杭州府富阳县界,西北至杭州府钱塘县界,东北至宁波府慈溪县界。濒海之邑凡五:山阴、会稽、萧山、诸暨、余姚、上虞是也;濒浙江之邑一,萧山是也。

吴悔堂先生概括越地特色非常准确:"倚江濒海,山秀水清,风景常新,英贤辈出。"

他指出,越中即指绍兴府,属八个县,即:山阴、会稽、萧山、诸暨、余姚、上虞、嵊、新昌。这是地理上的划分,疆域分明,不过,从文化学的角度来说,不宜如此精确,只能大体上说以绍兴为中心,南北五百里左右、东西三百里左右的地区属越中地区。边缘地域文化上大体上接近绍兴地区的,也应算在内。

从文化上来看,越中文化与它的近邻杭州文化是有区别的。越中文化源于夏禹、成型于古越国;而杭州文化则源于东晋、盛于南宋。越中文化与宁波文化相联接,基本特色相同,但宁波是重要港口,开放程度、经商意识均重于越中。当然,这种区别是相对的,而它们相通之处也许更大,因为它们同属于越文化圈。

说到越,从文化学来说,也是一个模糊的概念,它不能等同于古越国的疆域,也不能简单地说成是浙江地面,但大体上可以说,是以绍兴为中心的大略相当于现今浙江省这一大块地区。

"鉴湖越台"号称"名士乡",这"名士"也是一个比较模糊的概念。"名士"概念首出《礼记·月令》,是书云:"勉诸侯,聘名士",东汉郑玄注:"名士,不仕者。"这一解释显然是不准确的,因为实际上,名士中不少人均为仕者。《后汉书·方术传论》云:"汉世之所谓名士者,其风流可知矣。虽弛张趣舍,时有未纯,于刻情修容,依倚道艺,以就其声价,非所能通物方,弘时务也。"这又是一个标准,这个标准,强调的是"风流","风流"一直没有一个固定的释义,一般指才华卓异,不拘礼法,纵情自任的风度。褒贬两义均有之。唐玄宗纵情声色,终日与杨贵妃及宫女在宫中玩军事游戏,时人讥刺为"风流阵",宋代诗人范成大诗云:"宫中亦有风流阵,不及渔阳突骑粗。"这"风流"恐怕就是贬义,然《世说新语》中写了一大群玄学之士,诸如竹林七贤、谢安、王羲之之流,均为风流之士,谢安还赢得"风流宰相"的雅名。这"风流"当然用的是褒义了。

在我看来,名士应有三个特点。第一,名士,既为士,必为知识分子。第二,名士,总有几分与常人不一样的地方,那就是奇,包括奇志、奇学、奇才、奇文、奇艺、奇技、奇情,等等。第三,凡名士,总是要留下名声的,而且须是正面的美名。概括起来,为三个字:"士"、"奇"、"名"。

名士是一个传统文化概念。产生于中国的先秦,主要成员为儒家知识分子,也有少量的道家、佛教人物。知识分子广泛地活动于社会上,一般以"仕"为其人生最高理想,所谓"学而优则仕"。然这"优"何以为统治者得知？那就靠"名"了。东汉知识分子中，人物品评甚为流行，知识分子一旦获得了声名，这声名就成为进身之阶。曹操就因为当时名士许劭品评为"治世之能臣，乱世之奸雄"而得登青云之梯。尽管自唐选拔人才的科举制度得以建立，知识分子要做官须得经过一定程序的考试，但这名仍然十分重要。历代均有一些知识分子，不经过科举，而凭举荐得到朝廷授官。举荐的理由之一，就是有名。

在中国，名显得很重要。它的含义也很多，它可以指一种身份或称呼，为名目；也可以指一种社会评价，为名声；也可以指一种荣誉，为名誉；还可以指一种道理，故有"名不正言不顺"之说。所有的含义都指向精神的层面，这样，它与实际就有所脱离，故名与实相对。在古代，名士中，名不副实的情况亦不鲜见。

随着"士"，这一中国社会具特殊身份的人物阶层的消失，新型知识分子不能归为"士"，作为中国传统文化概念的"名士"就已成为历史的语汇。今天用得比较普遍的是"名人"概念。"名人"也不是新名词，古代就有，古今含义没有大的变化。名士均为名人，没有问题，但名人是不是均为名士？从逻辑上讲，似是不能。

本书没有细较名士与名人的区别。原因是，本书谈的是越文化的一种现象，这种现象是越地历史上出名人很多。这些名人基本上是士，但并不都是士，像大禹、勾践，我们就不好说成是士。但大禹、勾践，对越地名士产生过深远的影响，谈越名士文化现象，将这样的人物排除在外显然是不妥当的。

我们说越地历史上出名士很多，这"出"，也是需要加以解释的："出"，当然，首先指出生，越名士的主体部分是出生于越地的；但"出"也不能仅理解成出生，凡是在越地生活过、工作过的名士，也是可以看做是越名士的。范蠡、文种、朱熹、辛弃疾均不是越籍人士，但在越做过官。李白、杜甫、孟浩然既不是越籍人士，也没有在越地做过官，但他们在越地生活过，游览过，写过不少关于越地的诗歌。将越名士作为一种文化现象来谈，将李白他们排除在外，恐怕也是不妥当的。试问，离开李白的《梦游天姥吟留别》，怎么去谈天姥山的魅力？而没有天姥山的魅力，又哪里有李白这首名诗？

研究越名士的著作不算少，但基本上属于传记或传论，将越名士作为一种文化现象来研究，似较为少见。这是一个具有相当难度的课题。神游在越名士代出的历史长河中，我一直在思考这样两个问题：

第一，产生于越这块土地上的名人，个性独具，才华各异，贡献不一，他们有没有相对共同的精神谱系、人文精神？如有，那是什么？第二，为什么这样一块土地会产生这样多的名人，而且，自远古至今，从没有中断过。这种文化现象的产生是必然的还是偶然的？原因是什么？

这种探索是艰辛的，却也是愉快的。笔者系湘籍人士，但有缘在越地工作过一段时间，受这块土地的山水、历史、人物熏陶很深，对越地山山水水、人物历史均有着深厚的感情。临窗击键，越地名士们一个个在眼前鲜活：大禹的气度、勾践的沉雄、范蠡的智慧、嵇康的气节、谢安的儒雅、羲之的风流、陆游的诗情、徐渭的颠狂、张岱的清隽、秋瑾的高风……似是在与我对话，与我交流，激动得我有时彻夜难眠。这本书不是传记，我常为不能将他们的壮行懿迹尽情畅叙而遗憾；又，此书不是专论，对多少位名士大家，均只能略展片语，点到为止，我也常为不能纵论评章而慨叹。是书虽已告竣，研究似是肇始。

陈子昂昔日登幽州台放歌，感伤前无古人，后无来者，念天地之悠悠，独沧然之涕下，而今日之我，却别有一番情怀。昨晚，与友人同游大禹陵，群山肃穆，万籁无声。正好奥运会才结束不久，我们还在为中国获得金牌数第一而陶醉，而自豪，回想 1932 年刘长春只身一人赴美参加奥运会，才出场即结束，寂寞出局，不禁感慨系之。真个是"萧瑟秋风今又是，换了人间"！中华民族之崛起，正在今天！

漫步大禹陵广场中心太极图祭台，仰望天空，不知何时，北极星升起来了，亮闪闪的，璀璨夺目。我似是觉得那是我们祖先大禹的眼睛，他在看着我们，似是在问，中华民族的子孙们，在现代化大潮的今天，你们是弄潮儿吗？顿时，毛泽东庄严的诗句又在我心上升起，不禁试按毛泽东诗原韵，奉和一首，以答大禹之问：

歌接千古名士乡，响遏行云九回肠。

越中代有才人出，稽山鉴水谱新章。

陈望衡

2009 年 9 月 29 日于风则江畔

第一章　越中名士的精神谱系

一、天下情怀

中国文化自古以来,就倡导一种以天下为己任的精神。中国古老的儒家典籍之一《礼记·礼运篇》云:"故圣人耐〔注:古"能"字〕以天下为一家,以中国为一人者,非意之也,必知其情。辟于其义,明于其患,达于其想,然后能为之。"

越中名士虽然产生于越地,却都有一种极为可贵的天下情怀。这种天下情怀以天下人民的疾苦为疾苦,以天下百姓的幸福为幸福。从本质上来说,天下情怀是一种人民情怀。此种精神,超越了地域,超越了民族,甚至超越了国界。

(一)源于大禹
越中名士的天下情怀,源于大禹。

越地是中华民族的发祥地之一，如果做历史的追溯，这块地方是中国第一个王朝夏代的创始人大禹的家乡，而且据历史学家考证，大禹所建立的夏王朝是从这里向中原地带、西北地带开拓的。

关于大禹，最为权威的记载是在《史记》之中，其他尚有《越绝书》、《吴越春秋》、《山海经》、《左传》等诸多古籍。从这些文献可以发现，大禹与越地的关系非常密切，主要有四：

第一，越是大禹治水之地。他第一次来会稽，是为了治水。传说他到了会稽，"登宛委山，发金简之书，案金简玉字，得通水之理"①。他是从会稽的考察中悟出治水的道理与方法的。

第二，越是大禹立国之地。大禹第二次来会稽是在他登上天子之位以后。他这次来说是巡狩，其实不是一般的巡狩，而是立国。据《越绝书》："禹始也，忧民救水，到大越，上茅山，大会计，爵有德，封有功，更名茅山曰会稽。及其王也，巡狩大越，见耆老，纳诗书，审铨衡，平斗斛。"②这说的是封赏，然《吴越春秋》说："登茅山，以朝四方群臣，观示中州诸侯。防风后至，斩以示众，示天下悉属禹也。乃大会计治国之道，内美釜山州慎〔注："慎"当作"镇"〕之功，外演圣德以应天心，遂更名茅山曰会稽之山。因传国政，休养万民，国号曰夏后。"③这次大会，四方的部落长都来了，而且贡献出自己所珍藏的青铜。防风氏来晚了被斩首示众，因此，这也是一次宣示国家权威的大会。

第三，禹在会稽娶妻生子。"禹三十未娶，行到涂山，恐时之暮，失其度制"④，遂娶涂山氏女为妻，名曰女娇。据说婚后四天就外出治水了。禹自述："予娶涂山，辛壬癸甲，生启予不子。"⑤

第四，越是他的葬地。这点，《史记》有记载，《史记》云："十年，帝禹东巡狩，至于会稽而崩。"诸多史籍有相似的记载，《越绝书》说禹"因病亡死，葬会稽"⑥。《水经注·浙江水》云："昔大禹……崩于会稽，因而葬之。"《论衡·书虚》亦云："禹东治水，死于会稽。……会稽本山名，夏禹巡狩，会计

---

① 《吴越春秋》卷六《越王无余外传》。
② 《越绝书》卷八《越传外传记地传第十》。
③ 《吴越春秋》卷六《越王无余外传》。
④ 同上。
⑤ 《史记》卷二《夏本记》。
⑥ 《越绝书》卷八《勾践归国外传》。

于此山,因以名郡,故曰会稽。"绍兴大地到处留有大禹活动过的踪迹。他召开立国大会的会稽山仍在,他的岳家所在地涂山仍在,他获得"金简玉字之书"的宛委山也在。

大禹最突出的事迹是治理洪水。大禹时,"洪水滔天,浩浩怀山襄陵"。当时的帝尧派禹的父亲鲧治水,没有成功,尧让禹继承父亲的事业,继续治水。

大禹治水的故事非常多,感人至深的是其精神,主要有两点:

一是舍家,大禹治水,居外十三年,多次过家门而不入。《吴越春秋》说:"禹行十月,女娇生子启,启生不见父,昼夜呱呱啼泣。"①这一事迹历史上流传上千年,可谓家喻户晓。

二是舍身,为治水,大禹劳累成疾,"手不爪,胫不毛,生偏枯之疾,步不相过,人称禹步"②。在治水的过程中,大禹历尽艰险,几度濒临绝境。《吴越春秋》载:

> 禹济江,南省水理,黄龙负舟,舟中人怖骇,禹乃哑然而笑曰:我受命于天,竭力以劳万民。生,性也,死,命也。尔何为者? 颜色不变,谓舟人曰:"此天所以为我用。"龙曳尾舍舟而去。③

这个故事,《吕氏春秋》、《淮南子》均有记载,虽然黄龙负舟是神话,但类似在大江中遇险的事肯定有,而且不止一次。

大禹治水足迹遍及中国。许多地方,北至山西、河北,南至湖南、广东,东至江苏、浙江,西至四川、陕西,无不流传他治水的故事。

除治理洪水外,大禹另一个突出的事迹是勤政爱民。大禹爱民不只是体现在治水这一伟大的事业中,也体现在其他许多事业中。《吴越春秋》载,大禹有一次南巡,来到苍梧境内,看见一犯人,被五花大绑。大禹拊其背而哭,陪同的益说:"这个人犯了法,自应如此,你何必哭呢?"大禹说:"天下有道,人民就不会罹遭无辜之难;天下无道,则罪及善良之人。我听说,只要有一位男人不耕种,就会有人挨饿;只要有一女不种蚕养桑,就会有人无衣穿。我作为帝王,统治天下,理应让人民安居,使得其所,如今却有人

---

① 《吴越春秋》卷六《越王无余外传》。
② 《尸子》卷上。
③ 《吴越春秋》卷六《越王无余外传》。

罢法,这说明我的品德还不足以感化民众啊,这是我哭的缘故。"①这种自责近于严苛,似难以为人接受,但充分说明大禹爱民的高尚品德。

《述异记》云:"先儒说,夏禹时,天雨金三日,古诗云:'安得天雨金,使金贱如土'是也。大禹时,天雨稻,古诗云:'安得天雨稻,饲我天下民。'"自然,天雨金、雨稻也是不可能的,但是,这大旱年份的雨,值得金,也化得稻,自然是十分珍贵的。不是在别的时代,而是在大禹治国的时代,天雨金,也雨稻,充分说明大禹治国的政绩是何等的伟大。

大禹时代,国家概念不是太重要,因而对于大禹来说,他的天下情怀与其说为了国,还不如说为了民。中国历史上最早的三代圣君尧、舜、禹均有这种以民为念的天下情怀,而以禹的事迹最为突出,最为具体,最为感人,其影响也最大。

大禹的传说,史实与神话参半,这里,真实性与否其实是不重要的,重要的是大禹的精神,这种精神作为中国文化传统历来得到认可,已经化为中国人的灵魂。

(二)马臻整治鉴湖

大禹的天下情怀,作为一种精神代代相传,影响最深的自然是越地的名士。非常有意思的是,大禹的天下情怀的主要体现是在治水,而越,由于其地理环境的问题,其突出的民生问题也是水患,因而越地名士对于大禹天下情怀精神的继承,其突出体现也是治水。

虽然大禹疏理了中国主要的河流体系,但是并没有能做到彻底根除水患。治水工程历代相续,越州治水,代有英贤。其中最为突出的代表有东汉太守马臻。

古越国地处东南,濒临大海,雨量是丰沛的,但是,长期以来,由于缺乏排灌设施,雨水多了,就洪水泛滥,淹没农田,冲垮房屋;雨水少了,就赤地千里,禾苗枯焦。另外,海潮也不时侵袭田地,造成土地的盐化。东汉永和年间,马臻来会稽做太守,他决心解决越地洪涝问题,其具体设想是,将越地原有的几面湖联系起来,并加以疏浚,建成一面大湖。这面湖,很像是一条弯弯曲曲的河,曾巩的《鉴湖图序》谈到过它的规模:

---

① 参见《吴越春秋》卷六《越王无余外传》。

鉴湖，一曰南湖，南并山，北属州城漕渠，东西距江，汉顺帝永和五年，会稽太守马臻之所为也，至今九百七十有五年矣，其周三百五十有八里，凡水之出于东南者皆委之。州之东，自城至于东江，其北堤石碇二，阴沟十有九，通民田，田之南属漕渠，北东西属江者皆溉之。州之东六十里，自东城至于东江，其南堤阴沟十有四，通民田，田之北抵漕渠，南并山，西并堤，东属江者皆溉之。州之西三十里，曰"柯山斗门"，通民田，田之东并城，南并堤，北滨漕渠，西属江者皆溉之。总之，溉山阴、会稽两县十四乡之田九千顷。

据现代学者的研究，鉴湖堤岸总长度为56.5公里，中间有好几道闸门，控制水量。据资料，古鉴湖控制集雨面积610平方公里，水面面积为172.7平方公里。湖中有岛115个，合17.23平方公里。正常蓄水量为2.68亿立方米，总库容在4.5亿立方米以上。

关于马臻兴修水利，《越中杂识》是这样记载的：

永和中，为会稽太守，创筑镜湖长堤以蓄水，旱则泄湖灌田，潦则闭湖泄田水入海。其塘周围三百一十里，溉田九千余顷，民甚赖之。是时，汉祚日衰，宦监专政，豪右恶臻，使人飞章告臻筑堤淹没百姓冢宅。征臻下廷尉，被诬以死。越民思其功，立祠湖上祀之。①

这里说的工程，就是著名的鉴湖工程，鉴湖工程的主体是围堤，据曾巩的《越州鉴湖图序》，湖堤以会稽城为中心，分为东西段，东段自五云门至曹娥江，长72里，西段自常禧门至钱清江，长55里，全长127里。这是一个狭长形的湖，周围长约358里，面积206平方公里。鉴湖筑成后，不仅曹娥江以西9000公顷土地的水患得到解决，而且这一带农田的灌溉问题也得到解决，会稽一带改造成良田沃土，成为真正的鱼米之乡。《修汉太守马君庙记》概述马臻的业绩："其尤异则披险夷高，束波环境，巨浸横合，三百余里，决灌稻田，动盈亿计。自汉至今，千有余年，纵阳骄雨淫，烧稼逸种，唯镜湖含泽驱波，流符注于大海。灾凶岁，谷穰熟，俾生物苏起，贫赢育富，其长计大利，及人如此！"

这一工程，无疑在当时的世界上是最雄伟的工程了，它的技术之先进，在相当长的一个时期都位居世界前列。这一工程从根本上解决了越中水

---

① 吴悔堂：《越中杂识·名宦》。

涝干旱问题,将越中大地打造成江南鱼米乡。

马臻兴建鉴湖,功不可没,在他身上清晰地见出大禹的精神。

马臻是值得绍兴人民永远纪念的,在今日的绍兴,风则江畔,建起了一座治水广场,耸立了马臻的塑像。马臻不朽!马臻精神不朽!

(三)历代治水

在马臻精神的的感召下,绍兴一地,历代都有贤人为绍兴的水利工程耗尽心血,这些工程有些是与鉴湖配套的,有些虽与鉴湖没有直接关系,但与鉴湖同属利民工程。

东晋良吏贺循在任会稽内史的时候,主持开凿了西兴运河。贺循,会稽山阴人,是东晋著名的学问家,也是著名的良吏。《晋书·贺循传》说他"操尚高厉,童龀不群,言行进止,必以礼让"①。贺循曾担任过山阴令。在他在山阴为官时,主持修建了西兴运河。此运河上溯鉴湖,下达钱塘江,而沿鉴湖又可通向曹娥江。这就大大提高了鉴湖的排灌效率。以西兴运河为基础,后来,又开凿了诸多的小运河,于是,就构成了一张纵横交错的灌溉网络。鉴湖所蓄积的水通过这条干渠转入密如珠网的河湖体系,浇灌着山会平原9000公顷的沃壤,山会平原成为真正的华东粮仓。

明代重视治水的越州地方官比较多,重要的有汤绍恩、戴琥、李良、臧风、刘光复、俞卿、周范莲等。

汤绍恩,原籍四川安岳,嘉靖五年中进士,官至山东右布政史,嘉靖十四年(1535)出任绍兴知府。据说,他出生时,有僧从峨眉山来,过其家门,曰:"他日地有称绍者,将承是儿恩乎?"汤的父母因而名儿为绍恩。② 这故事也许是后人编造的,但是,之所以这样编造,说明汤绍恩为绍兴人民是做出了重大贡献的。

汤绍恩由户部郎中出德安府然后移守绍兴。他上任后,了解到绍兴自古以来,旱涝灾害频仍,问题出在水上。"山阴、会稽、萧山三邑之水,汇三江口入海,潮汐日至,拥沙积如丘陵,遇淫潦,则水阻沙不能骤泄,良田尽成巨浸。"③而要解决这一问题,关键是建一水闸,以控制三邑之水。然而,要

---

① 《晋书》卷六十八。

② 参见吴悔堂:《越中杂识·名宦》。

③ 同上。

找一个地方建一座能控制山会平原水系的闸门很不容易。汤绍恩踏遍越地山山水水，终于寻找到理想的建闸处。嘉靖十五年（1536），汤绍恩正式组织民工施工。三江闸建成以后，整个山会平原的河湖水系纳入了一个有序的体系，洪涝、干旱得以治理，山会平原成为富庶的鱼米之乡。绍兴人民感谢汤绍恩，在闸旁建汤太守祠，明代著名的画家、文学家徐渭为之撰联："凿山振河海，千年遗泽在三江，缵禹之绪；炼石补星辰，两月新工当万历，于汤有光。"三江闸一直使用到20世纪60年代，历时400年，汤绍恩厥功甚伟！

戴琥，浮梁人，明宪宗成化年间来绍兴做知府。他的主要贡献是建立了一座新的水则（水位尺），地点是在绍兴府城内观前河中。当时有什么必要建水则呢？原来，主要承担越州灌溉功能的鉴湖在南宋以后逐渐湮废了，鉴湖湮废后，农田用水主要由分散在山会平原各处的河流、湖泊提供。由于各处地形、地貌的差别，整个地区的灌溉用水不能做到统一管理，各地均有自己的涵闸设施。一到天旱年份，就难免产生纷争。怎样才能消泯各地的纷争，让有限的水资源发挥最为充分的作用？戴琥想到建一座新水则。

在当时的条件下，建一座新的水则，其困难是可以想见的。但戴琥硬是克服了种种困难，于成化十二年（1476）将这座水则建成了。戴琥的水则是水利史上一个杰出的创造。这座水则自1476年起一直使用了60年，为绍兴地区的经济发展做出了伟大的贡献。

明代，越地出的最后一位水利英雄是万历年间诸暨知县刘光复。刘光复官不大，但胸怀甚大，学问甚大。他是明代一位难得的懂水利的好官。万历二十五年（1597）刘光复始任诸暨知县，其后有两次复任，一次是万历二十九年，最后一次是万历三十三年。这种情况在明代也是少见的。刘光复在诸暨的最大政绩是兴修水利。诸暨的水患历来严重，一直也得不到根本治理，老百姓深以为苦。出于对百姓的深切同情，亦出于地方官的责任感，刘光复精心规划、设计、组织诸暨的水利工程。这个过程中，由于牵涉各种不同的利益，矛盾、冲突是不少的，有些还相当严重，刘光复从大局出发，多谋善断，敢于负责，果断地解决那些严重影响工程进度的问题，如朱公湖圩埂修建，曾出现过居民起哄事件，刘光复坚定地说："吾求百姓，怀私梗令，法有常刑，毋自悔。"[①]果断地制止了闹事，使得工程顺利进行。

---

① 吴悔堂：《越中杂识·名宦》。

明代,在越地为官重视水利建设的还有李良、臧凤、李铎等。据史载,李良知山阴时,"运河土塘,骤雨辄颓,水溢害稼",李良整治运河,自虹桥至钱清,长达五十余里,使得"塘以永固,田不为患"。① 臧凤,明庚戌进士,做过嵊县的知县。史书上说他"重农恤民,摧抑豪右。城南旧惟土堤,洪水一至,则溃堤漂屋,屡为民患",臧凤组织百姓,整治土堤,"相基垒石,周遭若干里,长堤屹然"。②

清代,水利工程仍在继续,因兴修水利而在青史留名的越地官员不少,其中有俞卿、周范莲等。俞卿,康熙辛酉举人,康熙五十一年由兵部郎中出知绍兴,时值海风呼啸,山阴、会稽、萧山、上虞的海塘遭到严重破坏。俞卿以土塘不能历久改而为石,组织百姓新修石砌的海塘五千七百余丈,筑土塘一千丈。又修麻溪坝及山西闸,史书说"越中自是无水患矣"。

周范莲是雍正庚戌进士,他入翰林,出知严州,乾隆五年,调守绍州,修江塘、海塘、浚湖,治夏盖湖官田,兴修了不少水利工程。

由大禹治水而来的重视水利工程的传统,在绍兴府一带得到了最好的传承,使得绍兴这一块地方,水患基本上得到根治,农业生产得到发展,成为名副其实的粮仓。

(四)元稹治越

唐代太和年间,唐代著名诗人元稹曾任越州刺史。任期内,他做了不少利国利民的好事,其中包括兴修水利。他到任后,动员上虞县几个乡的人民兴建了夏盖湖。此湖蓄白马、孝义两湖之水,周遭 105 里,旱年可防旱,涝年可泄洪。

除了兴修水利外,元稹还广有别的政绩。元稹来越州不久,发现浙东税籍混乱。兼占了大量土地的豪强巨富,交税甚少;占地很少的百姓,税收却很重。因这个缘故,不少农民逃亡在外,弃田不耕,越州农村一片凋敝。得知这一情况后,元稹果断地采取"辨沃瘠,察贫富,均劳逸,以定税籍"的政策,坚决实施按田亩实数和土地肥瘠摊税。这样,一方面,朝廷的税收得到了保障;另一方面,老百姓的负担得到了减轻。本来逃亡在外的百姓,闻

---

① 吴悔堂:《越中杂识·名宦》。
② 同上。

讯也就回来种田了。

元稹是关心民间疾苦的诗人，他对老百姓的同情与关爱在诗作中得到充分的反映。如《田家词》：

> 牛吒吒，田确确，旱块敲牛蹄趵趵，种得官仓珠颗谷。六十年来兵簇簇，月月食粮车辘辘。一日官军收海服，驱牛驾车食牛肉。归来收得牛两角，重铸锄犁作斤劚。姑舂妇担去输官，输官不足归卖屋，愿官早胜优早复。农死有儿牛有犊，誓不遣官军粮不足。

这首诗写当时的农民送军粮的情景。"牛吒吒，田确确，旱块敲牛蹄趵趵。"农民耕地何等辛苦！好不容易种出了粮食，然而，首先需要的是将粮食送到官仓里去。"月月食粮车辘辘"，这"辘辘"车声道不尽农民难以表述的心酸与悲苦。然而，农民深明大义，毫无怨言。"姑舂妇担去输官，输官不足归卖屋。"农民们只有一个希望，就是希望官军打胜仗，早日光复失去的土地。

作为父母官的元稹内心充满矛盾，他同情农民的疾苦，但深知为了国家的利益，为了朝廷，不能不这样。元稹的另一首《织妇词》也同样充溢着对人民的关爱之情。诗云：

> 织妇何太忙，蚕经三队行欲老。蚕神女圣早成丝，今年丝税抽征早。早征非是官人恶，去岁官家事戎索。征人战苦束刀疮，主将勋高换罗幕。缲丝织帛犹努力，变缉撩机苦难织。东家头白双儿女，为解挑纹嫁不得。檐前嫋嫋游丝上，上有蜘蛛巧来往。羡他虫豸解缘天，能向虚空织罗网。

这首诗可以看做是《田家词》的姊妹篇。织妇的辛劳与农夫是一样的，起早贪黑地做。同样，劳动所得首先要交给国家，而且，今年的丝税比往年抽得早，也许抽得还要多。织妇与农夫一样，明白这不是官人恶，而是国家有战事，前方的将士需要"束刀疮"。战争虽说是朝廷的事，是国家的事，也是老百姓的事。"今年丝税抽征早"是可以理解的。元稹作为地方官，征税是他的一桩重要的工作。他知道农民、织妇的辛苦，然而又不能不向他们征税，而且今年还要早征。我们从这首诗中可以体察到他的万般无奈。

元稹对织妇是深切同情的。"东家头白双儿女，为解挑纹嫁不得。"年轻的织妇"为解挑纹"甚至将青春都耽误了。织丝毕竟是一件需要诸多付出的劳动，哪能像蜘蛛在虚空织网呢？从农妇对蜘蛛的羡慕中，可以感受到这织丝的劳动是何等的艰苦。

历史上并没有记载下元稹在越州的诸多勤政爱民的事迹,但是,有如此爱民胸怀的父母官,不可能不做出很多爱民的好事。元稹在越州为官的时候,他的好朋友大诗人白居易,在离越州不远的杭州做刺史。白居易在杭州西湖筑白堤,元稹则在越州兴建夏盖湖,两位好朋友,诗词唱和,鱼雁传书,为越地的开发、建设做出了不可磨灭的贡献,受到越地人民千秋万代的爱戴与歌颂。

(五)范仲淹治越

宋宝元元年(1038),对越州来说,十分重要。中国历史上最为著名的贤臣范仲淹以吏部郎的身份遭贬来越州做知州。

范仲淹其先祖是邠州人,后徙家江南,遂为苏州吴县人,举进士第。经大臣晏殊举荐,为秘阁校理。据《宋史·范仲淹传》:"仲淹内刚外和,性至孝,以母在时方贫,其后虽贵,非宾客不重肉。妻子衣食,仅能自充。而好施予,置义庄里中,以赡族人。泛爱乐善,士多出其门下,虽里巷之人,皆能道其名字。"

范仲淹应好友滕子京写的《岳阳楼记》脍炙人口,家喻户晓,不仅在中国影响久远,而且在日本、在韩国、东南亚一带也广为人知。范仲淹在《岳阳楼记》中所表达的"先天下之忧而忧,后天下之乐而乐"的思想成为中国优秀分子的人生理想,鼓舞着历代志士仁人为国、为民、为天下奋斗不已。

范仲淹知越州是越州之幸也!

范仲淹学问甚好,又重视教育,爱惜人才。据《宋史·范仲淹传》:"仲淹泛通《六经》,长于《易》,学者多从质问,为执经讲解,亡所倦。尝推其奉以食四方游士,诸子至易衣而出,仲淹晏如也。每感激论天下事,奋不顾身,一时士大夫矫厉尚风节,自仲淹倡之。"他多次遭贬,每到一地,总是不忘将当地的教育兴办起来,总是不忘发现当地的人才。天圣五年(1027),他应当朝参知政事晏殊之请,在南京(不是现在的南京,在河南商丘市南)"掌府学"。他第二次被贬,由浙东的睦州徙苏州,在苏州奏请立郡学。这个郡学后来"甲于东南"。他第三次遭贬,由饶州而徙润州,在润州他又建起了郡学,并给著名学者李觏写信,请他来此讲学。不久,他再徙越州,又发信李觏,请他来越州教授。在范仲淹的倡导之下,越州办学之风大兴,各地"多自置学,聘名儒主之"。范仲淹离开越州后,越州人民感念范仲淹的恩德,建亭名"希范"。越州之所以成为名士之乡,人才出得多,与教育的发达有直接关系,而教育的发达,与诸多治越的地方官重视教育相关,这其中,范仲淹是最为突出的一位。

《宋史·范仲淹传》说,范仲淹"为政尚忠厚,所至有恩"。他在越州主政,关心民间疾苦。据《宋人事汇编》载:当地有一个名叫孙居中的百姓死了,遗下两个幼子和无助的妻子,范仲淹闻之,"以俸钱百缗赒之"。其他郡官在范仲淹的感召下,也都解囊相助。范仲淹还派人将母子三人送回故里,为了让他们过关防方便,范仲淹特写了一首诗,让护送者见到关防长官则示之。诗云:"一叶轻帆泛巨川,来时暖热去凉天。关津若要知名姓,此是孤儿寡妇船。"①

范仲淹为官清政廉明。他在越州做知州时,发现卧龙山(即府山)西北部有一凉堂,凉堂西有一口古井,被埋没在杂草之中,几近湮灭了。范仲淹让人除去杂草,掘尽淤泥,清泉始现,其味甚甘。他特意写了一篇文章,名《清白堂记》。其事感人,其文至美:

范仲淹在这篇文章中表达了"君子之道",这"道"就是"清白而有德义"。他认为,这种君子之道应为"官师之规":

> 观夫大易之象,初则井道未通,泥而不食,弗治也;终则井道大成,收而勿幕,有功也。其斯之谓乎!又曰:"井,德之地",盖言所守不迁矣。"井以辨义",盖言所施不私矣。圣人画井之象,以明君子之道焉。予爱其清白而有德义,为官师之规,因署其堂曰清白堂。又构亭于其侧,曰清白亭。庶几居斯堂,登斯亭,而无忝其名哉!宝元二年月日记。

范仲淹是中国历史上最为著名的贤臣,他一度出任参知政事,位居高品,此时,他积极推行新政,这些新政中也包含有他对人民的同情,他向仁宗进呈"十事",多条关涉人民的疾苦,包含有减轻老百姓负担的内容。范仲淹在官场上几起几落,遭贬多次,也因此使得他在许多州郡为地方官,也就得以身体力行地在地方上实现他爱民之政治理想。这正是仲淹不幸地

① 此故事亦见《行拾遗事录》,只是诗略有出入,诗云:"十口相将泛巨川,来时暖热去凄然。关津若要知名姓,定是孤儿寡妇船。"

方幸！在中国历史上的官吏中,声誉最好的无过于范仲淹了。

据《宋史·范仲淹传》载,他任过职的"邠、庆二州之民与属羌,皆画像立生祠事之"。宋代诗人王十朋在《会稽风俗赋并序》中说:"国朝逮今,盖百余政,前有文简,后有文正,题名所记,比唐为盛。"范仲淹不是越州人,只是在越州做过官,越州人民就将他看做越州人。吴悔堂著《越中杂识》,将范仲淹列入"名宦"之中,其文曰:"范仲淹,字希文,苏州人,以吏部郎知越州,有惠政,尝作《清白堂记》以见意。既去,越人祠祀之。至今郡中有泉曰'清白',有亭曰'希范',郡前有坊曰'百代师表',盖人而不忘如此。"①

(六)治越廉吏

治越廉吏不少。上面说到的贺循,就是一位廉吏。贺循位居高官,然清贫如水。《晋书》载:"帝以循清贫,下令曰:'循冰清玉洁,行为俗表,位处上卿,而居身物服盖周形而已,屋室财庇风雨。孤近造其庐,以为慨然。共赐六尺床荐席褥并钱二十万,以表至德,畅孤意焉。'循又让,不许,不得已留之,初不服用。"②这是皇帝的奖赏,为何不收? 也许在贺循看来,这赏赐与一般的赏赐不一样。一般的赏赐是做出贡献,立了功,皇上要赏,这种赏赐是可以受的;而这次的赏赐不是因为自己立了什么功,而是皇帝可怜自己清贫,似是补偿廉洁似的。如果是这样,那无疑是说,廉洁是另类,不正常的,而不廉洁才是正常的。贺循不这样看。他认为为官廉洁是应该的,正常的,故不应该接受皇帝的赏赐。

贺循是中国封建社会难得的好官,它为清官树立了一把崇高的标尺。

当然,为官能做到贺循这样是不易的。不过,在封建社会还是有许多清官。

清代学者吴悔堂的《越中杂识》记载了好些越州廉吏的故事,事迹也相当感人,其中一位为刘宠——

> 刘宠,字祖荣,东莱牟平人,以明经举孝廉,拜会稽太守。简除烦苛,禁察非法,郡中大治,征为将作大匠。将行,有五六老叟皓首庞眉,自若耶山谷间出。人赍百钱以送宠曰:"自明府下车以来,犬不吠夜,

① 吴悔堂:《越中杂识·名宦》。
② 《晋书》卷六十八《贺循传》。

民不见吏,年老遭值圣明,今闻将去,故自扶奉送。"宠曰:"吾政何能及公言邪?勤苦父老!"为人选一大钱受之,至西小江,投之于水而去。今称此地为钱清,有祠祀宠曰:"一钱太守庙"。①

这个故事是比较有意思的。刘宠官做得好,郡中大治,老百姓在他调任时,送百钱以为奖赏。刘宠却说,他做得还不够好,不值百姓如此错爱。最后,他挑了一个大钱。不过,他没有将这钱带走,而是将它丢进西小江去了。故事很可能是真实的,刘宠深领老百姓的情,但不愿收这其实也是象征性的百钱。他挑一钱投进水中,表示他对钱的鄙薄。自古以来,对好官的评价标准就是:"文官不爱钱,武官不怕死。"初看,这似是最低标准,其实也是最高标准啊!

"一钱太守",老百姓说得好啊,这一钱重过千万两黄金!

说到刘宠做官,据史书上记载其实也只是"简除烦苛,禁察非法"而已,没有别的窍门,也就是"不扰民"三字而已。"不扰民",当然谈不上什么政绩,然却是最高的政绩。

中国古代治国,讲"有为"与"无为",一为儒家的治国之道,一为道家的治国之道。其实,这都不是重要的,重要的是,有没有爱民的心,有爱民之心,有为,是政绩;无为,也是政绩。

天下情怀,对于地方官来说,是以各种不同的方式展现出来的。通常的情况下,看是不是关心百姓疾苦。战争时期,那就要看能不能将百姓的生命财产放在重要位置上考虑。

明代,一度倭寇骚扰,给沿海人民带来巨大的灾难。绍兴濒海,也在其内。地方官的品德在这个时候表现出来了。

史载:

> 许东望,字应鲁,宿松人,嘉靖戊戌进士,知山阴县。政尚宽和,民德之如慈父。历浙江参议,会倭寇内扰,会倭寇内扰,奉檄分守浙东,驻绍兴。时方军兴,敛急法烦,东望镇以简静,爱民下士,吏卒皆感恩用命。柯亭、后梅、龛山、清风之捷,东望皆亲冒矢石,而典史吴成器实左右之。以功进副使,整饬兵备,兵巡之名自此始。东望自为令以至

---

① 吴悔堂:《越中杂识·名宦》。

兵宪，务为宽大，人比之羊叔子，越人至今祠祀之。①

这位许东望平素爱民，"政尚宽和"，受到人民的爱戴，这诚然可敬，但最可敬的还是在倭寇侵扰时，能"亲冒矢石"与军民共同守城，以保护全城百姓的生命财产。

老百姓的眼是明亮的，能明察秋毫地看出官员的好坏；老百姓的心有一杆秤，能准确地称出官员的斤两。他们表达情感的方式是朴素的，像上面说的送钱还不是奖赏，也许是最后的试验。还有比钱更能察出一个人的品德的么？在更多的情况下，老百姓表达自己对官员的评价也就是口碑了。再，就是好官离任时，老百姓为他送行；更甚者，为他盖一座庙，作为永久的纪念。

是不是爱民的官，往往从自身的生活作风看得出来，俭朴，清贫，是他们共同的特点，这其实也是最为简单地识别好官与坏官的一把标尺。明代时，在新昌做知县的曹天宪就是这样的官，他有过一次这样的经历：

> 曹天宪，字恒卿，浮梁人，嘉靖中知新昌，性刚直，不习脂韦，躬行节俭，不携家累，每延诸生至寝室，蔬食相对，萧然如寒士。县阻山，民苦夫役，为言当路裁损之，即取怒贵要不顾。一监司过县，首问沃州天姥。天宪正色对曰："山不在高，有仙则名，今仙去耳，止荒山耳。"监司惭而止。岁旱，布袍芒屩，步祷烈日中，望见槁苗，泫然泪下，欲与城隍象同焚，以谢百姓。大雨随至，岁登，民爱戴之，迁兵部主事，官至四川参议。②

监司过县，是想游山玩水，所以首问名胜天姥，而曹天宪认为，作为官，为民父母，理应首问百姓的生计，所以毫不客气地说："山不在高，有仙则名，今仙去耳，止荒山耳。"弄得监司颇为尴尬。好在那监守还不坏，对于曹天宪的讽刺，能感到惭愧。这样的故事，在今天仍然具有重要的警戒作用。

这里，我们还要特别提到一位清官。他就是明嘉靖年间来新昌做知县的万鹏。万鹏是武进人，史书上说他"性廉介，明习吏治"③，也就是说，他最懂得如何做官，那么怎样做官方好呢？他说："吾训士惟一经，治民惟一律耳。"这话，耐人寻味，何谓一律，是哪一律？万鹏没有说，但是，以下的介

---

① 吴悔堂：《越中杂识·名宦》。
② 同上。
③ 同上。

绍是:"时倭贼大乱,新昌旧无城,鹏决议筑之。度方广,量丁土,聚石鸠工,使民分筑之。城成,而以昼夜劳瘁死。室无储粟,民哭之如丧慈父母焉。"①这样"室无储粟"为民操劳以致瘁死的好官,真正是张载说的"为生民立命"啊,他的"一律"不就是"爱民"吗? 以天下为怀,以百姓为念,这是越中名士最为可贵的精神,也是越中名士文化的灵魂!

上面所举的具有天下情怀的人士均是封建朝廷的官员。封建社会是私有制社会,封建社会的官员也不能说没有个人的利益,但是,他们为官,能以民为念,将为朝廷操心与为民操心统一起来,这就难能可贵。这也说明,是不是有为公之心,有爱民之心,与政治制度没有根本的关系,与社会的进步与否也没有根本关系。距今两千多年的中国最古老的典籍之一《礼记》就提出"天下为公"的思想。这一思想无疑是人类的进步思想,这一思想超越了时间与空间,它将永恒。需特别指出的是,《礼记》的"天下为公"思想,就是从尧、舜、禹,特别是禹这样的古代圣王的爱民行为中提炼出来的。

二、忧忡为国

忧忡为国的精神,是越中名士重要的精神,它也可以派属于天下情怀,但是,仍然有所差异,天下情怀,主要是以百姓为念,而忧忡为国,则主要是以国家为念。这一精神当然也可以追溯到大禹。大禹建立的夏,可以看成是中国最早的国家,大禹仁民爱物,也可以看做是忧忡为国,不过,夏那个时代,国家概念不是很明确,国家意识也不是很强,到周,国家概念显然是强化了。周朝建立后,分封了大量的诸侯小国,每一个小国均有自己的政权,有自己的军队、司法、行政。国与国之间,经常展开涉及领土及其他权益的争夺,后来发展到强国吞并弱国。不过,因为各个诸侯国都承认周,以周天子为共主,所以,周才是中华民族共同的国。

由于春秋战国时期,国的概念比较地模糊,爱国主义的问题就宜做广泛的理解。就各诸侯国来说,一方面要忠于周,因为周才是中华民族的共

① 吴悔堂:《越中杂识·名宦》。

同的国,对于周天子来说,各诸侯国的君主均是臣。另一方面,各诸侯国,虽然是周的属国,名义上也是国。各诸侯在自己的国度里,也是君。这样,那时的爱国主义就有了两种:一种是忠于周的爱国主义,另一种是忠于自己所在的诸侯国的爱国主义。忠于自己所在的国这"所在",又有两种情况:一种是自己出生的诸侯国,另一种是自己生活和工作所在的诸侯国。虽然各人都有自己出生的国度,但是,并不见得就一定要为这个出生的国度所用。吴越争霸时,吴国的伍子胥、伯嚭,越国的范蠡、文种都是楚国人,严格来说,他们只是客居于吴国和越国,但是,他们都效忠于现在他们生活与工作所在的国度的国君:吴王和越王。在这个时候,他们的国家概念就不是指他们出生的祖国了,而是指他们现在效力的国家。

春秋时代的诸侯国,最终为秦所灭,秦不仅灭了其他诸侯国,而且灭掉了作为诸侯共主中央政权——周朝。秦以及秦以后的国,大体上有两种形态,一种是在中华民族生活疆域内存在的国(所谓中华民族生活疆域也是变化的),这里,有中央政权国与非中央政权国的区别,汉族政权国与非汉族政权国的区别。另一种形态就是中华民族生活疆域以外的国,这些国有些曾经是中国中央政权的属国,有些不是。

由于国本身的复杂性,中国历史上曾经出现过的爱国主义也就很复杂。春秋战国时期,屈原是著名的爱国诗人,他爱的国是他出生且生活与工作着的楚国。坚持他的爱国主义,就必然反对秦国统一中国。按照历史唯物主义的观点,秦统一中国是合符历史潮流的,是进步的,而且秦后来实际上也统一了中国。然而,能够因为这就否定屈原的爱国主义吗?当然不行!其实,准确地说,只能讲,在当时统一中国是历史发展的潮流,至于由哪个诸侯国来统一,则要看哪个诸侯国具备这个实力了。这就是说,如果楚国具备这个实力,由它来统一中国也是符合历史发展潮流的。在一定程度上,爱国主义应不受这种观念的影响。反对秦统一中国的楚人屈原是爱国的,燕人荆轲也是爱国的。

尽管国家的形态是不断发生着变化的,中外概莫能外,但只要你认同了这个国,接受了这个国,爱上了这个国,这国就成为你力量的源泉,成为你生命的根基,成为你梦魂牵绕的家园。

在人类社会发展史上,国的出现,是最为重要的进步,直到今日,国仍然是社会最为重要的组织形式。国蕴含着民族、人民、亲友、家乡、故土……诸多社会性的内涵,因此,对国的认同几乎成为人类最高的社会性的认同,爱国,成为人的首要的道德品质,也成为人的最为伟大的社会性情感。

(一)勾践兴国

越中名士多慷慨悲歌之士,悲歌的主题是爱国主义。谈到越的爱国主义传统,不能不首先谈越王勾践,越王勾践是春秋末年越国杰出的国君。关于他的祖先,各种文献典籍几乎一致地说,勾践是禹的苗裔。越国与吴国争霸的事业,不仅是东周时期最让人惊心动魄的一段历史,而且也称得上是整个中国历史长河中寓教训最多的一段历史。

越国与吴国争霸的原因,与东周王室衰微、天下大乱的大背景分不开。周平王东迁后,周天子权威不再,徒有天子空名。虽然他名为天下共主,实际上他只能管辖京畿附近一二百里的土地。而作为臣下的各诸侯国,各自的发展不平衡,军事力量强的诸侯国虽然尚不敢也还不能取周王室而代之,却希望成为诸多诸侯国的头领,也就是称霸。它们之间的争战不仅迫使对方进贡,而且攻城掠地,甚至径直将对方灭掉,以归入自己版图。周武王分封时,中国大地上大大小小的诸侯国多达七十多个,而从东周开始(公元前770年),诸侯国互相兼并,到公元前376年,韩、赵、魏三家分晋,中国大地上只剩下七个诸侯国了。越与吴是近邻,自然势如水火。吴国谋臣伍子胥说:"夫吴之与越也,仇雠敌战之国也。三江环之,民无所移,有吴则无越,有越则无吴,将不可改于是矣。"①伍子胥说的是实情。当然,对于国君来说,他们最为看重的是霸主地位,但是对于老百姓来说,国之兴亡,直接涉及他们的祖宗观念和家园观念,国家在他们心目中,不只是政权,还是家园,是故土,是祖宗陵寝所在地。国家如若灭亡了,遭难最大的还是老百姓,他们或是被杀掉,或是被迫送到敌国去做奴隶。马王堆汉墓出土的《春秋事语》就载有吴伐越时俘虏了大批的越国百姓送往吴国做奴隶的情况。所以,在国与国的关系上,百姓无疑是坚定地站在本国国君立场上的。

吴越的战争早期互有胜负,意义不是很大,但是,发生在公元前494年的夫椒之战导致越国濒临亡国的命运,此次战争影响以后吴越两国的命

---

① 《国语·越语上》。

运。据记载,夫椒之战,吴军大胜,攻入越都,肆无忌惮地烧杀抢掠,此事严重伤害了勾践的心。勾践后来曾对来访的楚国大臣申包胥说到吴兵的暴行:"吴为不道,残我社稷,夷吾宗庙,以为平原,使不得血食。"①勾践当时被围困在会稽山上,只有五千人了。这无疑是一个关键时刻。越国存亡只在朝夕。此时,勾践做出了一个极为痛苦的决策:投降,请和。

吴王夫差答应越王勾践的投降。当然,越国付出的代价是惨重的。除了大量的金银财宝赔偿以外,越王勾践、勾践夫人、大臣范蠡等三百人得去吴国王宫做奴隶。作为一国之君,接受这样屈辱的条件,勾践心中的痛苦是可以想见的,但是,他忍了。吴宫三年为奴,他受尽屈辱,然"三年不愠怒,面无恨色"②。

这是不是气节上有亏?

儒家尚气节,所谓"士可杀不可辱"。这诚然是不错的。但是,要区别两种不同性质的忍辱负重,一种是表面上忍辱负重,内心深处却是桀骜不驯。忍辱只是策略,只是手段,目的不仅是为了保全,而且是为了今后的发展。另一种是心存卑贱,不以屈辱为卑,反以屈辱为乐,为荣,目的仅仅为了苟安。前一种是君子所为,后一种是小人所为。勾践无疑是前者。而且勾践不是为了保全自己的生命,而是为了保全国家的根本利益。他是无他路可走万不得已的情况下才这样做的。他根本不是气节有亏,而是深明大义!

勾践的忍辱负重成功了,吴王对勾践的戒心全然消融,终于将勾践放了。

这可是放虎归山啊。归途中,勾践仰天长叹:"嗟乎!孤之屯厄,谁念复生渡此津也?"近浙江地面,"望见大越山川重秀,天地再清。王与夫人叹曰:'吾已绝望,永辞万民,岂料再还,重复乡国。'言竟掩面,涕泣阑干。"③是的,太不容易了。没有非凡的举动,岂能绝处逢生?

勾践的兴国事业是有许多历史教训与历史经验值得吸取的。尽管勾践是君王,他的忧国、复国、兴国事业,当然主要目的还是为了维护并扩大他的统治地位,但是,他的这一事业与越国人民的生存、发展密切相关,因

---

① 《吴越春秋》卷十《勾践伐吴外传》。
② 赵晔:《吴越春秋》卷七《勾践入臣外传》。
③ 同上。

而明显地具有人民性。

值得补充一说的是,勾践的复国事业不是由勾践一人来承担的,而是越国全体军民来承担的,特别是他的忠心耿耿的大臣们。越国君臣之所以能上下同心,除了勾践本人礼贤下士、勤政爱民外,越国君臣对"国"的观念,有着大体一致的理解。勾践去国时,与大臣有过一场关于什么是国的讨论。勾践说:"夫国者,前王之国,孤力弱势劣,不能遵守社稷,奉承宗庙,吾闻父死子代,君亡臣亲。今事弃诸大夫,客官于吴,委国归民,以付二三子,吾之由也,亦子之忧也。君臣同道,父子共气,天性自然。"这种理解虽然未能脱出国为一人一姓天下之窠臼,但亦明确地表示,国其实也是大臣之国,"吾之由也,亦子之忧也"。而越国的大臣特别是文种、范蠡、计然、皓进、皋如亦有同样的认识。这样,国,在越国君臣的心目中包含有三重统一:国与家园的统一,国与民之统一,君与臣之统一。勾践复国、兴国之所以能取得成功,与君臣在国这一概念上的共同认识是分不开的。

(二)谢安与东晋政权

公元316年,匈奴攻占长安,俘晋愍帝,西晋灭亡。317年,司马睿于建康称帝,东晋开始。中国历史上第一个南北分治的时代开始。北方为少数民族政权统治,朝代更换很快,南方则一直为东晋统治。随晋王室南渡的北方士族,一方面着实喜欢南方景物的秀美,气候的温润,另一方面也十分怀念故土,念念不忘复国,回到北方去。

《晋书·王导传》载:

> 过江人士,每至暇日,相要出新亭饮宴。周顗中坐而叹曰:"风景不殊,举目有江河之异!"皆相视流涕。惟导愀然变色曰:"当共戮力王室,克复神州,何至作楚囚相对泣邪!"众收泪而谢之。①

王导的批评是对的。不过,实际情况比较复杂。不能说,南渡士人一味贪恋南方风景,不图恢复中原。事实上,朝廷也组织过几次北伐,公元356年,还打进洛阳,但最终仍然退守江南。

南北政权相峙了好一段时间,东晋政权一时还算安全,然到北方的前秦相继灭了前凉、前燕、代诸国,基本上统一了北方之后,形势就发生了根

① 《晋书》卷六十五。

本性的变化,这个时侯,东晋的实力远不如前秦。公元383年,前秦皇帝苻坚倾全国之力,大举出兵,力图灭掉东晋。东晋江山岌岌可危。朝廷内外,一片惊慌。此时,谁能挽狂澜于既倒,扶大厦之将倾?

谢安出来了!

谢安何许人也?《晋书·谢安传》说:"谢安字安石,尚从弟也。父裒,太常卿。"[①]谢家旧籍陈郡,晋室南渡时,谢氏家族随同过江,定居于会稽。过江的第一代长辈谢鲲好《老》、《庄》、《易》,能歌,善鼓琴,弱冠知名,为中朝"八达"之一,曾辟于东海王越府为掾。谢鲲弟谢裒成帝时为吏部尚书。如此家庭背景,使得谢安自小受到良好的教育,学识、风神幼年就受到赞赏。《晋书·谢安传》说:"谯郡桓彝见而叹曰:'此儿风神秀彻,后当不减王东海。'及总角,神识沉敏,风宇条畅,善行书。弱冠诣王濛,清言良久,既去,濛子修曰:'向客何如大人?'濛曰:'此客亹亹,为来逼人。'王导亦深器之。由是少有重名。"[②]

谢安虽然有才华,但是很长一段时间隐而不露。《世说新语·雅量》说"谢太傅盘桓东山",那就是说,他隐居东山,啸傲泉石。此书注引《中兴书》云:"安元居会稽,与支道林、王羲之、许询共游处,出则渔弋山水,入则谈说属文,未尝有处世意也。"谢安曾参加过著名的兰亭雅集,与王羲之等于暮春时节,在会稽兰亭饮酒赋诗。据史载,东晋朝廷也曾多次征辟他,但他不就。

桓温是当时的大军阀,大权在握,他请谢安去做幕僚,谢安竟然答应了。为什么皇帝多次征辟不就,桓温召他就去了呢?也许是不想得罪桓温。事实上,在桓温把持朝政、气焰嚣张之时,谢安即算在朝廷做了官,也不能有所作为,甚至还可能遭到桓温的疑忌和反对,说不定过早终结了政治生命。对于谢安在桓温帐下就司马一职,有人不理解,中丞高崧就当面说他:"你谢安累违朝旨,不肯出山,你对天下苍生是个什么态度!今日你竟屈就桓温的司马,天下苍生对你又如何看?"谢安不能回答,甚有愧色,内心是痛苦的。谢安行韬晦之计,果然取得桓温的信任。一次桓温去看望谢安,谢安正在理发,桓温不仅耐心地等他理完发,还格外赏脸,让谢安着帽

---

① 《晋书》卷七十九。
② 同上。

进见。

谢安这样做，确实有些委屈了自己，但至少保全了自己，为以后的发展争取条件。我们上面谈到气节，人固然要讲气节，但亦要识时务。保全，毕竟是第一义，只有保全，才能谈得上发展，谈得上未来。设想勾践被围会稽之时，如果一味死战，自己没了，越国也没了，当然，也就没有了后来的灭吴，后来的称霸。同样，谢安如果不取得桓温的信任和喜欢，后来也就不可能成为继王导之后的东晋社稷之臣。

谢安虽然在桓温营中任幕僚，但心中时时念着的仍然是东晋朝廷的安危。简文帝病重，桓温企图篡位。桓温深知，要夺位，必须获得王、谢两士族的拥护，至少是不反对。桓温先从拉拢谢安入手，简文帝病重时，他特意上疏，推荐谢安为顾命大臣。桓温以为，凭着他一向对谢安的器重，谢安不会不站在他这一边的。下面就是争取王家了。当时王家的首领已是王坦之。桓温安排了一场酒宴，请王谢两大士族的首领出席，王家是王坦之，谢家是谢安。王坦之甚为恐慌，向谢安讨教如何办，谢安很镇定，明确地说："晋王室的命运，就在此一行"，就是龙潭虎穴，也要闯了。酒席宴上，王坦之吓得冷汗直流，谢安则从容入席，坐定后，问桓温：我听说，诸侯如果有道，它镇守在边疆；大将军您何需在壁后隐藏刀斧手呢？桓温一见他的狼子野心被发觉，反倒不好意思起来，笑语敷衍说："我不能不这样吧。"一场关系国家命运的斗争就这样在谢安的镇定中不流血地结束了。

谢安真正大展宏图是在桓温死后。此时谢安已在朝廷身居要位，为尚书仆射，领吏部，加后将军，可谓大权在握，不过，他仍然十分小心。为平衡各士族的利益，也为了安抚桓温家族，桓温死后，空出来的荆州刺史一职，他让桓温弟桓冲接替。面对北方后秦强大的势力，谢安从东晋目前处于弱势的实际情况出发，"每镇以和靖，御以长算"。

作为儒道兼修的学者，谢安是主张德政的。主张德政，不是不要武备，不要战争。正义的战争总是必需的，面对前秦大军压境，谢安调兵遣将，知人善任，运筹帷幄，取得了淝水之战的胜利，创造了中国历史上以弱胜强的著名战例。就战争来说，这是一场用智谋取胜的战争，其中有许多可贵的战争智慧值得后代汲取，名垂青史，而就政治来说，正是这场战争，保卫了东晋王朝，也保卫了江南人民的利益。它的意义不言而喻是极其重大的。

关于谢安在这场战争中的表现，《晋书·谢安传》中有精彩的描绘：

坚〔符坚,前秦皇帝〕后率众,号百万,次于淮肥,京师震恐。加安征讨大都督。玄入问计,安夷然无惧色,答曰:"已别有旨。"既而寂然。玄不敢复言,乃令张玄重请。安遂命驾出山墅,亲朋毕集,方与玄围棋赌别墅。安棋劣于玄,是日玄惧,便为敌手而不胜。安顾谓其甥羊昙曰:"以墅乞汝。"安遂游涉,至夜乃还,指授将帅,各当其任。玄等既破坚,有驿书至,安方对客围棋,看书既竟,便摄放床上,了无喜色,棋如故。客问之,徐答曰:"小儿辈遂已破贼。"既罢,还内,过户限,心喜甚,不觉屐齿之折,其矫情镇物如此,以总统功,进拜太保。①

这个故事也记载在《世说新语》中,只是较简单。不排斥谢安有矫情之处,但也反映出谢安的大将风度。敌军进犯,大军压境,对于主帅来说,最为重要的是镇静、沉着。这镇静、沉着,也可以说是做给人看的,因为它能起到稳定军心、民心的作用。镇静、沉着,并不是说不要筹划了,反过来,倒是要精心筹划。谢安对于这场战争,是做好了充分准备的。他白天与别人下棋,似是优闲,晚上则紧张地筹划军机。正是因为有了精心的筹划,加上将士们士气高昂,凭八万之众竟一举打败号称八十万大军的前秦军队,创造了以少胜多、以弱胜强的军事奇迹。因为这场战争的胜利,东晋保住了,江南人民的生命财产保全了。

值得指出的是,不仅谢安,而且谢氏家族,在这场战争中都做出了重要贡献。谢安子谢琰,肥水之战中,率精卒八千,与其从兄谢玄冲锋陷阵,功劳卓著。谢氏家族名士甚多,谢安侄谢玄是一员勇猛的战将,亦是风流儒雅之士。史书说他"少颖悟,与从兄朗俱为叔父安所器重,安尝戒约子侄,因曰:'子弟亦何豫人事,而正欲使其佳?'诸人莫有言者。玄答曰:'譬如芝兰玉树,欲使其生于庭阶耳。'安悦"②。谢玄有"经国才略",也效其叔谢安屡辟不起,颇有名士风度,然在肥水之战中为前锋,披坚执锐,勇猛异常,决不是芝兰玉树,而是狂飙、闪电了。

(三)辛弃疾的爱国情怀

公元1127年,中国历史上一个让人难以忘怀的年份。说不尽的繁华风

---

① 《晋书》卷七十九。
② 《晋书》卷七十九《谢玄传》。

流的大宋王朝在金兵的铁蹄蹂躏下顷刻灭亡了。宋朝的两个父子皇帝徽、钦二帝被掳。康王赵构仓皇南逃在商丘称皇帝,南宋开始。公元 1132 年,赵构又南逃至杭州。于是,江南江北出现两个政权。北方的金国多次南侵,试图一统天下,南方的宋朝也多次北伐,力图光复山河。双方互有胜负,但总体上势均力敌,南北对峙的局面维持了许多年。

就南方的宋政权来说,自这个政权成立(1127),直到它被元灭亡(1279),长达百余年的历史,始终贯穿着主和与主战两派的斗争。南宋建立初,有岳飞北伐,一度取得极为辉煌的战绩,眼看光复在望,但是,内心深处实在不希望钦宗皇帝归来的高宗赵构听信秦桧的奸言,迫令岳飞退兵,致使北伐伟业功亏一篑。公元 1161 年,金帝完颜亮在军中被杀,金世宗即位,南宋的投降派首领高宗传位给了他的儿子孝宗。孝宗一改高宗的投降政策,任用老将张浚北伐,可惜失败了。于是,孝宗又回到高宗的立场,屈辱求和,苟安江南。

这个时候,在北方,抗金烽火遍及各地。当时,在山东有两支重要的抗金义军,一支由农民耿京领导,另一支是由士族知识分子辛弃疾领导。辛弃疾文武双全,既是骁勇善战的将军,更是优秀的词人。他的词与苏东坡齐名,称为"苏辛"。

辛弃疾当得上一位忧国忧民的英雄。他曾自述家史与胸怀:

> 虏人凭陵中夏,臣子思酬国耻,普天率土,此心未尝一日忘。臣之家世,受廛济南,代膺阃寄荷国厚恩。大父臣赞,以族众拙于脱身,被污虏官,留京师,历宿亳,涉沂海,非其志也。每退食,辄引臣辈登高望远,指画山河,思投衅而起,以纾君父所不共戴天之愤。①

辛弃疾出身士族,他的父亲因为族众,未能脱身南渡,常带领儿辈"登高望远,指画山河,思投衅而起,以纾君父所不共戴天之愤"。辛弃疾自小存有复国之志。他组织义军抗金时,只不过是一位 21 岁的青年。为了壮大抗金的势力,辛弃疾带领自己的队伍投靠耿京,担任掌书记一职。这个时候出了这样一件事:辛弃疾的朋友僧义端叛变了。辛弃疾深明大义,在国家大义与朋友私情两个方面,他清醒地将前者放在第一位。在闻知僧义端窃印私逃之后,他率兵急追,斩其首归报。此事做得堂堂正正,干脆利

---

① 辛弃疾:《美芹十论》。

落,不仅反映出他的神勇,也反映出他政治上的坚定,是非分明。

辛弃疾向耿京建议,应与南方的赵宋政权取得联系,以便南北呼应,给予金兵更沉重的打击。耿京同意他的建议,派他为代表,率一支小分队,冲破敌军的封锁,去南方与赵宋政权接洽。不料在辛弃疾南下之后,起义军中的将领张安国为金人收买,杀害了耿京,将这个起义军遣散了,独自投降了在济州的金兵。辛弃疾北返途中,得知这一消息,仅率五十名骑兵,奔向济州,在五万敌军中直取张安国,将其缚置马上,冲破重围,带至南方,让南宋朝廷发落。

辛弃疾来到南方,本是一腔热血,希望得到重用,跃马疆场,北伐中原,但是,此时的南宋朝廷已经没有丝毫的抗战勇气了。孝宗只给了他江阴县签判的小官。虽然辛弃疾的抗金热忱被泼了一瓢冷水,但他不泄气,不屈不挠地向孝宗皇帝上奏章,详尽地陈述他的抗金方略,这就是著名的《美芹十论》。《美芹十论》观点十分鲜明,就是要去除怯懦心理、苟安心理,做好、做足准备,持之以恒,矢志不逾,统一中国。文章充溢着强烈的爱国热情。非常可惜,辛弃疾的《美芹十论》没有引起孝宗的重视。

公元1170年,虞允文在南宋朝廷做宰相。这虞允文曾于1161年在采石打败过金兵,在南宋朝廷中算是一个有作为、有抱负的人。辛弃疾以为机会到了,他精心撰写了九篇治国治军的论文,名之曰《九议》,献给虞允文。在《九议》中,他说:"昔越王见怒蛙而式之,曰:'是犹有气。'盖人而有气然后可以论天下。"强调最为重要的是志气,要像越王勾践那样,永远保持一种复仇兴国之气,奋发图强,不屈不挠,只有这样才可以谈得上论天下之大事。《九议》和《美芹十论》一样,充满真知灼见,且豪情壮志,直冲云霄,可是,它也没能打动虞允文的心。

辛弃疾空怀报国之志,经纶之才。他只能将自己的痛苦、郁懑、不平发抒在诗词中。且看他的《摸鱼儿》:

更能消,几番风雨,匆匆春又归去,惜春长怕花开早,何况落红无数。春且住,见说道,天涯芳草无归路。怨春不语。算只有殷勤画檐蛛网,尽日惹飞絮。　　长门事,准拟佳期又误。蛾眉曾有人妒,千金纵买相如赋,脉脉此情谁诉!君莫舞,君不见,玉环飞燕皆尘土。闲愁最苦,休去倚危栏,斜阳正在,烟柳断肠处。

只要了解辛弃疾两次上书的遭遇,就可以品味出这首词的言外之意。

"长门事,准拟佳期又误。蛾眉曾有人妒,千金纵买相如赋,脉脉此情谁诉!"无奈啊,辛弃疾盼望的"佳期"怎么会有呢? 这样坚定的主战言论,投降派如何听得进耳呢? 恐怕不是人妒,而是有人恨。辛弃疾的心绪是极其复杂的,一方面,是极度的失望,另一方面,又是强烈的希望。失望中又生出希望,而希望却总是变成失望。

虽然做地方官对于辛弃疾是一种无奈,但是,他还是认真做的,而且做得非常出色。公元 1203 年,辛弃疾 64 岁,他被起用为知绍兴府兼浙江东路安抚使。他到任后,发现州县官危害农民的种种事迹,即向宁宗皇帝上奏。辛弃疾死于公元 1207 年,在绍兴为官是他最后一任了,也是他生命的最后的光辉。他不是越人,但绍兴人民永远将他当做自己家乡人。

公元 1203 年,南宋朝廷发生一些变化,主战派的呼声似乎有所上升。总揽朝廷政治军事大权的韩侂胄为了取得主战派对他的支持,起用辛弃疾做浙东安抚使。1204 年春皇帝召见辛弃疾,改命他为镇江知府。辛弃疾被召见时,时年 80 岁的老诗人陆游特地写了一首长诗给他,诗名《送辛幼安殿撰造朝》。这首诗将辛比作萧和、管仲,说:"大材小用古所叹,管仲萧何实流亚。"恳切地劝他不要以过去受到排挤、打击为念,将中兴大业担当起来:"深仇积愤在逆胡,不用追思灞亭夜。"

诗人虽老,然雄心不老,壮志不老,宝刀不老。陆游正是以这样一种乐观的情怀来激励比他年轻 15 岁的辛弃疾的,而那时的辛弃疾其实并不年轻,已经 64 岁了。

辛弃疾率义军抗金时,才 21 岁,他于千军万马中勇擒叛贼张安国投奔南宋时,才 22 岁。一转眼,几十年过去了,南宋皇帝换了好几个,然都没有作为。辛弃疾虽然没有绝望,但也不能不慨叹岁不我与,要在有生之年实现复国之愿,看来是不可能的了。这不只是辛弃疾个人的悲剧,而是整个南宋王朝的悲剧!

中国五千年的历史,最为沉痛的历史莫过于南宋这一段了。爱国主义壮歌虽然唱了几千年,数这一百年唱得最为沉痛,最为悲伤!

(四)姚启圣与收复台湾

15 世初,中国又一个动乱的年代。夕阳将一抹血红的余辉投射在北京正阳门的城楼上,北京城充满着骚动、紧张、不安。匆匆行进的历史在公元

1644 年分外凝重地定格:李自成的军队打进北京,崇祯皇帝在煤山自杀,拥有二百多年历史的大明王朝终结。李自成的大顺国旗在北京城楼上竖起,然而没几天,清兵排山倒海般地打进北京,李自成偃旗息鼓,逃出北京。又一个中央政权建立了,名号为清。

李自成根本没有回天之力,可谓一败涂地。明王室的后裔在各地建立政权,势图复国。在绍兴的有明鲁王,在福州有明唐王,在肇庆的有明桂王。在明朝的反清势力之中,有一支队伍是由郑芝龙和他的儿子郑成功领导的,郑芝龙原为海盗,唐王朱聿剑在福州称帝时,被封为侯。郑芝龙后来降清,郑成功则坚决不降。公元 1611 年,郑成功在大陆的斗争失败后,率军去台湾。当时台湾被荷兰海盗占据,郑成功驱逐了荷兰人,收复了台湾。1622 年,郑成功死,他的儿子郑经继续着反清复明事业。这个时侯,大陆上的打着明旗号的反清势力基本上被消灭,只有海外郑氏家族这一支军队在茫茫大海中仍举着大明的旗帜。

公元 1681 年,形势发生重大变化,清政权不仅已经稳定,大一统的江山已经奠定,而且整个国势趋向兴盛,历史的航船已经驶入正确的航道。此时,在台湾的郑氏政权已经移到郑经的儿子郑克爽的手中,郑克爽也不再用明的旗号,自称延平王。这样,清政权与郑氏的斗争性质就变了。如果说,在郑成功、郑经的时代,台湾的反清斗争还具有某种意义上的爱国性质,那么,在郑克爽改变旗号、自立为王的情况下,它的反清,就不仅是对中央政权的反叛,而且是一种分裂中国的行为。因此,此时的清王朝收复台湾的行为就具有维护国家统一的正义的性质。

收复台湾的大业中,时为福建总督的姚启圣起着重要的作用。姚启圣(1624—1683),字熙止,号忧庵,会稽马山镇姚家埭人。《清史稿·姚启圣传》中说他"少任侠自喜",乃文武全才。他年轻时,"郊行,遇二卒掠女子,故与好语,夺其刀杀之,还女子其家"①,可见有勇有谋。姚启圣曾率兵与反叛清朝廷的耿精忠打过硬仗,也曾多次与郑克爽骚扰大陆的军队交手,战功赫赫,被清廷任命为福建总督,主要负责收复台湾事宜。姚启圣在这一场关系国家领土完整的事业中,筹划周密,知人善任,指挥得当,显示出一位政治家的远见卓识和宽广胸怀。他在这一事业中的贡献是无人可比的。

---

① 《清史稿》卷二六〇《姚启圣传》。

第一，大胆地举荐施琅为福建水师提督，为攻台的主将，这是他对收台事业的最大的贡献。施琅原是郑芝龙的部下，据《清史稿·列传·施琅传》中说："施琅，字琢公，福建晋江人。初为明总兵郑芝龙部下左冲锋。顺治三年，师定福建，琅从芝龙降。从征广东，戡定顺德、东莞、三水、新宁诸县。芝龙归京师，其子成功窜踞海岛，招琅，不从。成功执琅，并絷其家属。琅以计得脱，父大宣、弟显及子侄皆为成功所杀。十三年，从定远大将军世子济度击败成功于福州，授同安副将。"①推荐这样的人担任攻台主将，是需要眼光与胆略的。姚启圣在奏章中这样说："求一胜任水师提督者，亦可谓博览旁求费尽苦心矣。提督与臣，均系封疆大臣，自应和衷共济，岂可滥置异同之词。臣思今日在外诸臣，且不必问其才干之有能与不能，要先看其遇事之肯任与不肯任，亦不必问其行事之克济与不克济，要先看其心力之肯与不肯尽，而大概定矣。"②谈到攻台选将，他强调"水师提督亟须得人"，之所以保举施琅，除了施琅的才具之外，"施琅即有一子在海，六子在京，其京中家口数百，岂肯为一子而舍六子与数百口家眷乎！"③应该说，这种分析是得当的。

不仅举荐了降将施琅，他还举荐了降将朱天贵。在奏章中，他说："臣军前所有舟师，乃平阳总兵官朱天贵旧部，若令他人统辖，恐一是未能驯习，且天贵声名素为海寇所慑，来归之时已与贼相攻成仇，今若令将原军，必能竭力图报。"

姚启圣的举荐，康熙采纳了，不仅给了施琅水师提督之职，还加太子少保。朱天贵也得到重用。施琅、朱天贵二人，特别是施琅在攻台战役中立了大功。正是因为姚启圣的荐人得当，才保证了这场战争的胜利。

第二，姚启圣是攻台方案的主要制定者。"康熙二十一年〔1682〕四月甲午，命姚启圣等审度海寇情形，酌行剿抚。"④应该说，康熙这道命令是英明的，他给了姚启圣相当的决策权。首先是攻台时间问题。施琅提出攻台时间不宜放在冬春之际，以放在明年三四月为宜，康熙同意了。后来，施琅又上奏，说夏至南风盛发，不可进兵，请求改在十月。康熙让议政王、贝勒、

① 《清史稿》卷二六〇《施琅传》。
② 《台湾文献丛刊·清代官书记明台湾郑氏亡事》卷三。
③ 同上。
④ 同上。

大臣等集议,议政王等认为攻台时期不能屡改。姚启圣和施琅不忘继续上奏,康熙和议政王等终于支持姚启圣、施琅的意见。

在攻台方案上,施琅显得有些过急,希图一蹴即就,史书上说他"贪功揽权,冒险徼幸"①,而姚启圣的思路则比较周密、稳妥。提出"欲取台湾,势必先取澎湖",而且不能只是这一路用兵,还宜另出一路,直攻淡水。"若攻克上淡水,则恩抚土番,结阵而进,如能直抵台湾,则澎湖用兵,易于取胜;即不能,而中途遥应,深入贼后,亦可以寒贼之胆而壮我兵之威。"②姚启圣的这一建议报告给了康熙,获得了康熙及朝廷大臣的同意。

台海大战按既定方案进行,施琅攻占澎湖后,乘胜迫台湾,至鹿耳门,船只搁浅不得入,泊海中 12 天后,忽然起了大雾,潮水陡涨,舟浮而过。台湾人惊为天意。郑克爽的大将刘国轩澎湖之战不敌施琅,败回台湾。郑氏朝廷一片惊慌,郑克爽集会群臣,商议对策,大臣们提出全师取吕宋(今菲律宾),以之为基业。刘国轩先前已受姚启圣密书之招,然为了表示对郑的忠诚,将密书报告了郑克爽,没有想到,姚启圣故意泄露此书的内容,离间其上下。刘国轩害怕郑克爽疑己,排斥取吕宋的意见,决主降清。郑氏最后采纳刘国轩的意见。正是因为姚启圣巧施了离间计,施琅才得轻取台湾。

对郑氏集团的处置,姚启圣认为,接受其降是最好的办法。他给康熙上书,说"贼若穷追,必走外国,恐根株未尽,或遗后患"。这一建议为康熙所接纳。郑氏集团投降后,都得到很好的安置。可以说,清朝收复台湾,是其进关以来做得最为成功的一桩大事。台湾回归中国,意义极其重大。这一事业的全过程,姚启圣不仅都参与了,而且应该说是主要策划者,功不可没,名垂青史。

台湾的收复其重要意义不只是维护中国领土的完整,更重要的是维护了中国主权的完整。对于国家来说,无疑主权至高无上。

越地自古以来多忧忡为国之士,以上所说仅只是其中突出代表而已,而就其各自的忧国来说,也是特色各具,越王勾践忧国特点是忍辱负重,大局为念;谢安忧国的特点是力撑危局,多智善谋;辛弃疾忧国的特点是赤诚

---

① 《台湾文献丛刊·清代官书记明台湾郑氏亡事》卷三。
② 同上。

忧愤,悲歌慷慨;而姚启圣的忧国特点则是公而忘私,勇担重任。

中华民族自有国家以来,其政权更迭很多,不管这政权怎么变,有一点是不变的,那就是对中国的认同,中国是一个总的称呼,从最早的朝代——夏到现在的中华人民共和国,都是中国。爱中国是中华民族悠久的光荣传统。爱国的内涵是丰富的,它包括爱这块土地,爱这块土地上生活的人民,爱这块土地上创造的优秀的物质文明与精神文明,等等。

爱国是所有人的责任与道德,对士来说,也许更显得重要,因为爱国,还涉及治国,而治国,应该说主要是士人的职责。《大学》云:"古之欲明明德于天下者,先治其国;欲治其国者,先齐其家;欲齐其家者,先修其身;欲修其身者,先正其心;欲正其心者,先诚其意;欲诚其意者,先致其知。"考虑到论题的相对集中,我们上面所谈的爱国主义,主要涉及的是国家主权的保护问题,我们没有多谈治国,其实,在治国上所体现的爱国主义一样可贵。越地名士不乏治国之能臣,古越国的范蠡、文种、计然均是这样的人物。这方面的内容我们将在下面的有关章节予以展开。

三、圣贤传统

越地名士文化具有鲜明的圣贤传统。体现这一传统的代表人物,汉代有王充,唐代有褚遂良,北宋有范仲淹,南宋有朱熹、吕祖谦、辛弃疾、陈亮、叶适,明代有王阳明、王畿、刘宗周、黄宗羲,清代有龚自珍等。

这个传统主要是属于儒家的,儒家提出"圣贤"概念,圣贤既是指人,又是指人格。儒家认定的圣人,是尧、舜、禹、周文王、周武王、周公、孔子等;儒家认定的贤人,指卓越地奉行儒家道统且有重大贡献的人物,孔子的学生后世均认为是贤人。从圣贤身上,人们提炼出某种精神品质,称之为"圣贤人格"。

儒家主张的治国方略主要是两手,一手是礼,一手是乐。以礼分别社会等级,以维持社会秩序;以乐沟通上下情感,实现社会和谐。《荀子》云:"乐合同,礼别异,礼乐之统,管乎人心矣。"圣贤人格的核心为"仁义"和"礼乐",仁义用以律己,礼乐用以治国。

圣贤传统的核心是宋明理学家们最喜欢谈的"内圣外王"。就内在修养而言,是"圣";就外在事功而言,是"王"。"圣"是仁义的发展,"王"是礼乐的发展。"内圣"含义丰富,既有个人品德修养的方面,也有儒学理论建构的方面。"外王"概念则相对明确,主要指为国家、为君王、为社会做出贡献。

南宋以前,圣贤传统主要在知识分子中发生作用,自南宋始,经朱熹等人对儒家经典的新阐述,圣贤人格遂向广大社会渗透。明代王阳明认为人皆可为尧舜,以至于流传"圣贤满街走"的讽刺。不管其中寓有多少贬义,圣贤传统在社会上得到普遍认同是无可怀疑的了。

越地受儒家文化熏陶虽然不是最早,但是,汉以后,由于此地的经济发达,教育繁荣,相对于别的地方,其儒家思想的影响是比较深的,与之相应,越地名士基本上都具有儒家的道统观念,将儒家的圣贤人格作为人格修炼的最高标准,他们中的佼佼者亦可以称之为贤人。

(一)圣王尧、舜、禹

儒家创始人孔子认为,他所宣传的仁义礼乐学说来自周公,向上可追溯到尧、舜、禹。尧、舜、禹均与越有关系。

尧,姓伊耆,名放勋,其母怀孕十有四月,生尧于丹陵。育尧于母家伊侯之国,后迁徙至耆,故名伊耆。尧13岁时,佐助其兄挚治国,受封于陶,15岁复封于唐,故又号陶唐氏。尧的史迹现已难寻,传说,会稽山区平阳镇一度为尧都,现村内尚有尧王殿遗址,相传尧王殿前有两件纪念性的装饰:"告善之旌"和"诽谤之木"。告善之旌,又称进善之旌,这是一面大旗,旗竿上有旄牛尾巴和彩鸟羽毛的装饰。这面旗竖在大路上,四面八方的人均可以在这面旗下来进谏善言。诽谤木是一根大木头,它竖立在桥上,过往人士均可以在木头上写字,表达自己对官府的意见。

尧的具体政绩多附会上神话色彩,且多与舜的故事相混杂,但这"告善之旌"和"诽谤之木",后世没有人提出过疑问。这两件东西,在相当程度上反映尧的民本意识和民主意识,是尧后世之所以尊为圣人的重要依据之一。

"告善之旌"和"诽谤之木"是中国民主意识的萌芽。在尧的时代,等级观念不是很强,部落首领基本上生活在群众之中,尽管如此,部落首领接触到的民众还是有限,因此,仍然需要一种方式以更多地听取民众的意见。

"告善之旌"和"诽谤之木"就是当时采取的用以广泛听取民意的方式。"告善"是吸纳建议,也许还包括颂词,"诽谤"则是批评意见。一般来说,人都喜欢听表扬,不喜欢听批评,何况贵为一国之君? 尧立"诽谤之木"专听批评的意见,殊为可贵。这一举动为中国历代的君主带了一个好头。尽管中国历代君王在接受"诽谤"这一点上做得好的极少,但是,"纳谏"这一制度却是保存下来了。

尧与越地的关系。史书记载不是很多,而舜与越地的关系则有多种记载。《越中杂识》说:

> 虞舜支庶封于余姚,又封于上虞。以虞称国,故因曰上虞,以姚称姓,故因曰余姚。而其地有历山、舜井、舜田、陶灶,皆其子孙象舜所居而名之者。①

上虞、余姚均在越中,舜与越的关系应当说是相当明确的了。舜是儒家最为推崇的圣人之一,他的事迹,最为突出的是孝悌,据说,他多次受到来自继母、弟弟的加害,险些丧命,然舜孝于父母、友于兄弟丝毫不变。

舜和尧是先秦儒墨两家共同推崇的古昔圣王,舜对于儒家,又有特别的意义。儒家的学说重视孝道,舜也是以孝著称,所以他的人格形象正好是儒家伦理学说的典范。孟子极力推崇舜的孝行,而且倡导人们努力向舜看齐,做舜那样的孝子。他说:"舜,人也,我亦人也;舜为法于天下可传于后世,我由未免为乡人也:是则可忧也。忧之如何? 如舜而已矣! 若夫君子所患,则亡矣。非仁无为也,非礼无行也。如有一朝之患,则君子不患矣。"②

禹是中国古代继尧、舜之后第三位圣王,禹与越的关系,主要表现在两件事上,一是他在会稽山大会诸侯,确定建立大一统的国家政权,一是他死后葬于会稽山。大禹也是儒家最为推崇的圣人之一。大禹治水的故事历代相传,他的仁民爱物、公而忘私的道德操守,一直为儒家视为圣人人格的典范。

值得补充的是,作为圣王,大禹在国家礼仪制度建立上,也有着突出的贡献。据《左传·宣公三年》:

> 昔夏之方有德也,远方图物,贡金九牧,铸鼎象物,百物而为之备,

---

① 吴悔堂:《越中杂识·帝王》。
② 《孟子·离娄下》。

使民知神奸，故民入川泽、山林，不逢不若，魑魅罔两，莫能逢之，用能协于上下，以承天休。

这段话的意思是说，夏禹广有德泽，远方各地将特产画成图呈上来，还进贡了许多的铜，大禹将这些铜铸成鼎，这鼎上有图像，各种形象都有，让人民知道，什么是神灵，什么是奸邪。人民进入川泽、山林，不会遇到什么不好的东西，妖魔鬼怪，均会退避三舍。另外，也能协调上下关系，获得上天的护佑。

关于大禹铸鼎，多种史籍有记载。《墨子·耕柱》云："昔者夏后开使蜚廉采金于山川，而铸鼎于昆吾。九鼎既成，迁于三国。"《史记·封禅书》云："禹收九牧之金，铸九鼎。"《后汉书·明帝记》云："昔禹收九牧之金，铸鼎以象物。"《论衡·乱龙》云："禹铸金鼎象百物，以入山林，亦辟凶殃。"想来，大禹铸鼎应是可信的。

鼎在中国古代，一直视为神物，《太平御览》卷七五六引《晋中兴书》云："神鼎者，神器也。能轻能重，能息能行，不炊而沸，不汲自盈，絪缊之气，自然而生也，乱则藏于深山，文明应运而至，故禹铸鼎以拟之。"

众所周知，大禹铸的鼎，后来成为国家权力的象征。实际上，大禹建立的夏，是中国第一个朝代，它具有完整的国家制度，是华夏这块土地上所出现的第一个国家。换句话说，中国真正是一个国家了。大禹铸的九鼎为历代帝王珍藏，成为国家权力的象征。

自夏代开始，青铜器成为国家的重器，号称礼器，又称彝器。礼器中，鼎是最为重要的，鼎与簋的不同组合，体现出统治阶级中不同的等级。天子为九鼎八簋，诸侯为七鼎六簋，大夫为五鼎四簋，士在特定场合为三鼎二簋，一般场合则为一鼎。森严的等级制度成为维持社会秩序的主要手段之一。

中国封建社会与奴隶社会，其基本体制是差不多的，主要是等级制度。等级制度，一是靠礼来维持，二是靠乐来调节。青铜器作为礼器，既是礼制的具体运用，又是礼制的象征。

青铜器中，钟鼎并提，钟是乐器，在中国古代，乐的功能主要是沟通不同等级的情感，以构建社会的和谐。中国的乐，自古以来就兼有政治与审美两重功能，而且在早期，政治功能重于审美功能。

大禹在礼乐文化的构建上做出重要贡献。《淮南子》云：

禹之时，以五音听治，悬钟、鼓、磬、铎、鞀，以待四方之士，为号曰：

"教寡人以道者,击鼓;谕寡人以义者,击钟;告寡人以事者,振铎;语寡
人以忧者,击磬;有狱讼者摇鞀。"当此之时,一馈而十起,一沐而三捉
发,以劳天下之民。

在这里,乐不是娱乐的方式,而是教育的手段、治国的工具。乐的基本
品格,可以说在禹的时代就基本奠定了。

中国的礼乐制度,作为社会的上层建筑始于夏,终于清,前后长达四千
年。大禹作为中国第一个朝代的开国之君,奠定了中国的基本体制。礼乐
制度,在周代经过周公的努力,基本上完备。周公的最大贡献是将这一宗
教性的礼乐文化改造成政治性的礼乐文化。礼乐遂成为国家的根本制度。

(二)孔子后最大的圣贤——朱熹

儒学传统产生于中国的中原地带,一直在北方发展。南方,楚文化的
影响比较大,楚文化的精髓是道家与骚家,不太重视儒家;吴越受楚文化影
响较多,对北方的儒家文化虽然有一些接受,但长时期未能形成传统。这
种情况,到汉代有了重要改变,自汉武帝独尊儒术国策的颁行始,儒学在吴
越一带遂占主导地位,历代都出了一些大儒。南宋,中国的政治中心移到
江南,曲阜的孔子家族的一部分也随迁浙江,在衢州建立了新的孔庙。北
方的儒家知识分子大量地迁往江南,或任职于朝廷,或授徒于杏坛,儒家学
说盛行于江南。特别值得一说的是,主要以讲授儒家经典的书院在江南蓬
勃兴起,担任书院山长的均为当代大儒。几乎稍有成就的儒家知识分子,
不管是在朝还是在野,均有过书院授课的教育生涯。这个时侯,圣贤传统
在江南得到空前的弘扬。体现这一传统的最大代表人物是朱熹。

朱熹原籍婺源,生于宋高宗建炎四年(1130),殁于宋宁宗庆元六年
(1200)。朱熹19岁中进士,自此走入官场。作为儒家知识分子的朱熹,其
"内圣"与"外王"两个方面均有突出的成就。就"外王"这一面言之:他做过
好些地方官,其中做过浙东常平茶盐公事,来过越州处理公务,《越中杂识》关
于这一段是这样介绍的:"淳熙中,浙东大饥,朝命熹提举浙东常平茶盐公
事。始拜命,即移书他郡,募米商,蠲其征。及熹至越,则客舟之米已辐辏。
熹日钩访民隐,按行境内,所部肃然。凡政有不便于民者,悉厘革之。"[①]

---

① 吴悔堂:《越中杂识·名宦》。

朱熹作为官员是优秀的，但朱熹最为重要的成就不在这里，而是在对儒家学说的阐发上，这种阐发通常归之于"内圣"，属于理论方面的建构。

朱熹最为重要的著作是《四书集注》。这部书后来成为历代科举考试出题的范围和正确答案的依据。他的《诗集传》、《楚辞集注》、《周易本义》都是儒学的经典之作。后人将他的遗文编成《朱文公集》，将其语录编成《朱子语类》。清代康熙皇帝特命大学士李光地编一部《朱子全书》，以供士人学习。朱熹的地位由此可见。

儒家学说本来主要是道德论，谈不上明确的本体论，孔子谈"仁"、谈"礼"，互相解释，以至于后世学者弄不清楚在孔子到底是以仁为本，还是以礼为本。不管是以仁为本，还是以礼为本，在孔子，都还不是宇宙本体论。孟子谈"气"比较多一些，也没有将气提到宇宙本体论的高度，主要还是谈人的精神，荀子将孔孟的伦理学扩展到社会学，"礼"是他的学说的中心概念，但这一概念仍然是在伦理学兼社会学层面上用的，仍然缺乏哲学本体论。自觉地讨论宇宙本体论问题的是北宋的儒家，出现了四大本体论派系，一是以张载为代表的"气"本体论；二是以邵雍为代表的"数"本体论；三是以程颐、程颢为代表的"理"本体论；四是以陆九渊为代表的"心"本体论。

朱熹比较多地继承二程的理学，主"理"本体论，"理"又称为"太极"。他说：

> 总天地万物之理，便是太极。①
>
> 太极只是个极好至善底道理。②

"太极"既然是一个"极好至善底道理"，这道理何在呢？按朱熹的看法，是客观的，在物之中，他说："天地中间，上是天，下是地，中间有许多日月星辰，山川草木、人物禽兽，此皆形而下之器也。然这形而下之器之中便各自有个道理，此便是形而上之道。"③朱熹说的理，实际上是物的内在规定性，每物均有其规定性，因为这规定性，此物才是此物，而不是彼物。他说："如一所屋，只是一个道理；有厅，有堂；如草木，只是一个道理，有桃，有李；如这众人，只是一个道理，有张三，有李四，李四不可为张三，张三不可为

---

① 《朱子语类》卷九十四。
② 同上。
③ 《朱子语类》卷六十八。

李四。"①

每物均有自身的规定性,有自己的理,一类事物有一类事物的内在规定性,有自己的理,推到天地万物,朱熹认为,只有一理,这理是总的,就是太极。

虽然只是一个太极,但它可以化为许多事物,每一事物身上都有个太极,朱熹说:"人人有一太极,物物有一太极。"②这具体的小太极不能说是大太极分出的部分,只能说,它是大太极产生的,好像母亲生出若干个孩子。朱熹说这叫做"理一分殊"。他用佛教华严宗"月印万川"来做比喻:"释氏云:一月普现一江水,一江水用一月摄。"③月是共同的,只有一个月,但这月普照在诸多事物上,由于诸多事物不同,这月也就不一样了。朱熹将这个道理用到论人。他说:

> 人物之生,天赋之以此理,未尝不同。但人物之禀受有异耳,如一江水,你将杓去取,只得一杓,将碗去取,只得一碗;至于一桶一缸,各自随器量不同,故理亦随而异。④

成为圣贤,主要是修心,修心主要是明理,理一方面可以说是伦理,另一方面也可以说是天道。人伦通于天道,故理为天理。朱熹说:"天地万物本吾一体,吾之心正,则天地之心亦正矣;吾之气顺,则天地之气亦顺矣。"⑤

人的一切教育活动,归纳为一句话,就是"存天理,灭人欲"。他在解释《大学》时,说:

> 大学者,大人之学也。明,明之也。明德者,人之所得乎天,而虚灵不昧,以具众理而应万事者也。但为气禀所拘,人欲所蔽,则有时而昏。然其本体之明,则有未尝息者,故学者当因其所发而遂明之,以复其初也。……言明明德,新民,皆当止于至善之地而不迁,盖必其有以尽夫天理之极,而无一毫人欲之私也。⑥

这段话强调人具有天赋的"明德",应该说是可以成为圣贤的,但是,人会被"人欲"所蔽,所以有时就昏昧。学者应该开发灵明,去除人欲,革新自

---

① 《朱子语类》卷六。
② 《朱子语类》卷九十四。
③ 《朱子语类》卷十八。
④ 《朱子性理语类》卷四。
⑤ 朱熹:《四书集注·中庸章句》。
⑥ 朱熹:《四书集注·大学章句》。

身。只要努力，是可以达到"至善"的境地的。"明德"与"人欲"，一正一邪，两者人性中均有。为什么呢？按朱熹的看法："人之所以生，理与气合而已。"①这"理"和"气"合为人性。理是好的，气则有好有坏，于是，人性就分为两种："天地之性"和"气质之性"。天地之性，按朱熹的说法，就是"理"；"气质之性"，理与气杂糅。人之所以有所不同，是禀得的气不同之故。"有人禀得气厚者则福厚，气薄者则福薄；禀得气之华美者则富盛；衰飒者则卑贱；气长者则寿；气短者则夭折。"②

如何明明德，新民，提高修养，做一个君子，北宋的二程强调"格物""致知"。这也来自《大学》。《大学》从明明德出发，从治国，到齐家，到修身，到正心，一路推衍下来，推到"正心"时，说："欲正其心者，先诚其意，欲诚其意者，先致其知。致知在格物。"那么，什么是格物？程颐说："格，至也，言穷至物理也。"③从这来看，格，有"至"和"穷"二义，"至"，到也；"穷"，探究也。"格物"就是与物相接触，探究物理。"穷物理者，穷其所以然者也。天之高，地之厚，鬼神之幽显，必有所以然者。"④显然，"格物"讲的是如何认识事物，属于认识论。

朱熹对程颐的格物论做了发挥，朱熹的重要贡献是将认识对象反转来认识自己，重在开启智慧。他在《大学章句·补格物传》中说：

> 所谓致知在格物者，言欲致吾之知，在即物而穷其理也。盖人心之灵，莫不有知。而天下之物，莫不有理。惟于理有未穷，故其知有不尽也。是以大学始教，必使学者即凡天下之物，莫不因其已知之理而盖穷之，以求至乎其极。至于用力之久，而一旦豁然贯通焉，则众物之表里精粗无不到，而吾心之全体大用无不明矣。

这段话可说将格物致知的道理说得淋漓尽致，人之所以能穷理，乃是因为人心有知，人心之所以有知，乃是因为人心有灵。人的天赋中本然地具有接受外界知识的潜能，所以能认识外界事物，这样，穷物理，反转来要穷心理了。

孔子之后，虽然先秦时代出过孟子、荀子，但只是将儒家学说建立起

---

① 《朱子性理语类》卷四。
② 同上。
③ 《河南程氏遗书》卷二十二。
④ 《河南程氏粹言》卷二。

来,汉代前期儒家其实并不景气,因为出了个董仲舒,提出独尊儒术,并且用天人感应说重新阐发了儒家的理论,才使儒家真正成为国家的意识形态,成为皇家的学说。自董仲舒以后,虽然也出过一些像韩愈这样的大儒家,但影响仍然有限,儒家作为国家意识形态走向衰弱,只有到了南宋出了朱熹,再重振了儒家作为国家意识形态的权威,自南宋直至清代,朱熹实际的影响超过了董仲舒,而仅次于孔子。实际上,朱熹是孔子之后最大的圣贤。

(三)"内圣外王"突出代表——王阳明

就在朱熹活着的时代,朱熹的学说就遭到来自儒家内部的挑战,挑战者的代表人物是陆九渊(1139—1193)。他是江西抚州金溪人,乾道八年(1172)中的进士,这也是一位少年才俊,年轻时就有才名。他34岁那年考进士时,主考官是大学者吕祖谦,吕是浙江金华人,与朱熹等都相熟。他阅卷时阅到《天地之性人为贵论》这份考卷时,拍案叫绝,竟然断定非陆九渊莫属。他对另一考官尤袤说:"此卷超绝有学问者,必是江西陆子静莫属也。"这是一段佳话。

陆九渊的学说也属于儒家,但是,他对宇宙本体的认识不同于朱熹。朱熹认为,这个世界之本,一理而已,此理名之曰太极。天地万事万物均是这理生发出来的。陆九渊则认为,这个世界之本,一心而已。他说:"万物森然于方寸之间,满心而发,充塞宇宙,无非此理。"①"四方上下曰宇,往古来今曰宙。宇宙便是吾心,吾心即是宇宙。"②心与理的关系,他认为是统一的,实际上是将理统一于心。"盖心,一心也;理,一理也。至当归一,精义无二,此心此理,实不容二。"③这些观点显然与朱熹不同,在修养的方法上,他与朱熹存在分歧。他认为朱熹那种烦琐的格物的方法,是"支离事业",将学问做死了。他主张充分发挥心的功能,对事物做整体的把握,同时,他也借鉴禅宗悟道之法,认为做学问尤其需要悟。

陆九渊的心学,在他死后一度衰微,由于统治阶级全力扶植朱熹,遂使朱子之学成为正统,陆九渊的观点被埋没,直到明代出了王阳明,这种局面

---

① 《象山先生全集》卷三十四《语录上》。
② 《象山先生全集》卷二十二《杂说》。
③ 《象山先生全集》卷一《与曾宅之》。

才有所变化。

王阳明(1472—1529),浙江余姚人,他是朱熹之后最大的儒家。王阳明不是书呆子,他文武全才,真正是文能安邦,武能定国,他曾经用智慧,也用武力,平定了宁王朱宸濠的叛乱,为明武宗政权的稳固立下了赫赫功劳,但他并没有因此得到足够的奖赏,反而历经来自宦官、权臣的种种压制和打击。此后,也奉命征讨广西思田少数民族的内乱,抚剿兼施,恩威并用,以最小的代价取得了最大的胜利。

尽管王阳明在事功上的成就足以比得上中国历史上第一流的谋臣、干将,但是,王阳明在中国历史上最大的影响还在于他对儒家学说的新的开拓。

王阳明的思想基本上是继承了陆九渊的心学,但有很大的发展。

第一,在宇宙本体上,他虽然也认为,心为本体,但是,他讲的心为本,主要持的价值论的立场,就是说,我们谈宇宙人生,不能离开人,离开人就没有意义,而人,不能离开心,离开心,意义也就无从说起。于是,他将人看成是天地万物的主宰,这个主宰,当然不是说人能操纵天地万物,而是说天地万物的意义以人而定。他说:"人者,天地万物之心也。心者,天地万物之主也。心即天,言天,则天地万物则主矣。"①不仅天地万物的价值依人而定,而且,它们的一些性质,比如天之高,地之深,也因人的对它的观察感受而定。在《传习录》中有这样一段对话:

> 先生曰:"你看这个天地中间,甚么是天地的心?"对曰:"尝闻人是天地的心。"曰:"人又甚么教做心?"对曰:"只是一个灵明。""可知充天塞地中间,只有这个灵明,人只为形体自间隔了。我的灵明,便是天地鬼神的主宰。天没有我的灵明,谁去仰他高? 地没有我的灵明,谁去俯它深? 鬼神没有我的灵明,谁去辨他吉凶灾祥? 天地鬼神万物离却我的灵明,便没有天地鬼神万物了。我的灵明离却天地鬼神万物,亦没有我的灵明。如此,便是一气流通的,如何与他间隔得?"②

王阳明说人与天地万物是"一气流通的",这观点不是他的首创,重要的是他强调,如果没有人对天地万物的关系,则天地万物就没有意义。王

---

① 王阳明:《答王季德》。

② 王阳明:《传习录》下。

阳明强调人的本体立场。将人看成是天地之心。这是非常重要的哲学观点。王阳明有一个"南镇观花"故事，可以作为这段话的注脚。《传习录》详尽地记载了这个故事：

> 先生游南镇，一友指岩中花树问曰："天下无心外之物，如此花树在深山中自开自落，于我心亦何相关？"先生曰："你未看此花时，此花与汝心同归于寂。你来看此花时，则此花颜色一时明白起来，便知此花不在你的心外。"①

王阳明强调的是"看"。看，当然是人在看，人不只是用眼看，也用心去看。正是因为有这看，这花树就不同于别的花树了，别的花树，也许存在着，也可能很美，但没有人去看，我们无法肯定它的存在，也无法肯定它的美。而这进入人的视觉的花树，因为人的感受和品味，它的"颜色一时明白起来"，也就是生发出美来了。

王阳明是深刻的，在主体与客体的关系方面，它侧重于主体的认知、价值判断的意义，也许他的理论不无片面之处，但很深刻。

第二，将人的修养，归结为"致良知"。按王阳明的理论逻辑，天地万物的价值都是因人的认识才发现的，人是天地之心，那么，人的教育就显得非常重要的了。只有人的修养高了，才能充分实现物的价值。那么，如何教育人、培养人呢？王阳明提出"致良知"。"良知"出自《孟子》，在孟子那里，良知是一种不学而知、不虑而能的道德本性，王阳明将这一概念加以发展，充实了许多重要的新的内涵。他首先确定"良知"为"心之本体"。

在王阳明看来，良知的实质是仁，他说："仁，人心也，良知之诚爱恻怛处，便是仁。无诚爱恻怛之心，亦无良知可致也。"②既然良知本质是仁，那么，它就是善，而且是至善。王阳明说："至善者，心之本体也，心之本体，那有不善？"③这种至善之心，既是为人处事的基本原则，也是判断是非的标准，他说："良知只是个是非之心。"④良知不仅是至善的，也是至真的，它寂然存在于人心中，是人与生俱来的本能。这至真的良知也是"恒照"的，王

---

① 王阳明：《传习录》下。
② 王阳明：《答正宪男手墨二卷》。
③ 王阳明：《传习录》下。
④ 同上。

阳明说:"良知者,心之本体,即前所谓恒照者也。"①说是"恒照",意味着它不仅恒存,而且像太阳永远都在放射光辉。

良知作为人的本质,是人人都有的,"良知之在人心,无间贤愚,天下古今之所同也"②。按这个说法,人人都可以成为圣人,"满街人都是圣人",可实际情况并不是这样。这是因为有些人私欲膨胀,将良知遮蔽了。王阳明将人分成圣人、贤人、愚人三种,说是"圣人之知,如青天白日;贤人之如浮云天日,愚人如阴霾天日。"③

第三,编撰《大学问》,由重诚意到重致良知。王阳明思想的最高成就在对于儒家经典《大学》的重新审视与解释,也正是这里,见出他对朱子之学的发展与超越。

《大学》原为小戴《礼记》的42篇,东汉郑玄为之作注,唐代孔颖达为之作疏,这个本子为古本《大学》。宋仁宗天圣八年(1030)王拱宸作《大学轴》,《大学》乃离《礼记》而独立,朱熹教人治"四书"(《大学》、《中庸》、《论语》、《孟子》),以《大学》为始。程颐曾经为它做了一些整理,并将《大学》中"作亲民"三字改为"作新民"。朱熹接受这一处理,但认为还不够,他将《大学》整个格局分成"经"、"传"两部分,"经"则是三纲领:"明明德"、"新民"、"止于至善";"传"分为八条目,即"格物"、"致知"、"诚意"、"正心"、"修身"、"齐家"、"治国"、"平天下"。朱熹认为,"经"是孔子之言曾子述之,"传"是曾子之意门人记之。经朱熹整理过的这个《大学》称为新本《大学》。

王阳明则极力主张恢复古本《大学》,并且为古本《大学》作解释,写出了《大学古本旁释》、《大学古本原序》等,对朱熹的大学观进行了驳难,晚年他撰写《大学问》,又对自己中年的《大学》观加以修正与完善。那么,王阳明的《大学》观主要有哪些呢?

1. 对《大学》之要的理解

在这个问题上,王阳明有一个发展过程,早期,他认为《大学》之要在"诚意"。"诚意",在朱熹的新本《大学》中,只是八条目中之一,而且排位不是最前,而是第三,在"格物"、"致知"之后。王阳明不同意这种排法,他

---

① 王阳明:《答陆原静书》。
② 王阳明:《传习录》中。
③ 王阳明:《传习录》下。

认为，"诚意"最重要，应在"格物"、"致知"之前。这涉及《大学》的结构，朱熹认为，《大学》有"经"、"传"之分，"经"前"传"后，"诚意"属于"传"，"格物"、"致知"后才得"诚意"，也就是说，先由外后到内。王阳明认为，《大学》无"经"、"传"之分，按序列，应是以"诚意"为先，由"诚意"再到"格物"、"致知"，由内到外。王阳明说：

> 《大学》工夫即是明明德；明明德只是个诚意；诚意的工夫只是格物致知。若以诚意为主，去用格物致知的工夫，即工夫始有下落，即为善去恶无非是诚意的事。①

晚年，他的思想有所发展，对"致知"有新的认识，他说："致知二字是千古圣学之谜……此是孔门正法眼藏，从前儒者往往不能察，故其说卒于支离。"②于是，他的《大学》观又有新的发展：

> 《大学》之要，诚意而已矣。诚意之功，格物而已矣。诚意之极，止至善而已矣。止至善之则，致知而已矣。……故致知者，诚意之本也。格物者，致知之实也。物格则知致意诚，而有以复其本体，是之谓止至善。③

"致知"，在他的理解，即是"致良知"。王阳明将《大学》之要由"诚意"转到"致知"，与他对"意"的解释前后不同有关。早期的王阳明将意分成私意与诚意，体认天理，要去私意，立诚意。再后来，他认为"意"与"念"相关，而"念"有善恶之别，于是他又强调："意与良知当分别明白，凡应物起念之处，皆谓之意。意则有是有非，能知得意之是与非者，则谓之良知。"④王阳明在意这一概念上的模糊，造成后世对他的学说理解上的分歧。

2. 对"格物"的新解释

"格物"在朱熹的学说中占有重要地位，早年的王阳明对格物说就有所怀疑，他说，他曾与朋友对着竹子"格"了好多日子，都没有得到什么启发，反而劳思而致疾。当然，这种对"格物"的理解不符合朱子的原意，只能当做笑话。王阳明也认识到不应这样肤浅地理解朱子的"格物"说，不过，他也还是不同意朱子的格物理论。

---

① 王阳明：《传习录》上。
② 同上。
③ 王阳明：《大学古本序》。
④ 王阳明：《传习录》上。

朱子的格物主要讲的是通过读书见闻,循序渐进,精分细研,达到提高修养,增进见识。这是一个由外到内的过程。王明阳认为,这种格物法过多地将精力放在外在事物上,而忽视了内心本身的改造。他将格物视为身心上的工夫,重在内心的修炼。这种情况似有类同于禅宗的顿悟。关于格物,王阳明自有一番不同于朱熹的见解:

> 先生曰:先儒解格物为格天下之物,天下之物如何格得,且谓一草一木亦皆有理,今如何去格?纵格得草木来,如何反来诚得自家意?我解格作正字义,《大学》之所谓身,即耳目口鼻四肢是也。欲修身,便是要目非礼勿视,耳非礼勿听,口非礼勿言,四肢非礼勿动。要修这个身,身上如何用得工夫?心者身之主宰,目虽视而所以视者心也,耳虽听而所以听者心也,口与四肢虽言动而所以言动者心也,故欲修身在于体当自家心体,常令廓然大公,无有些子不正处。①

王阳明将格物由认识论转化为修养论,从认识论来看格物,这"格"主要为"观","物"指外在事物,格物主要为认识世界;而从修养论来看格物,这"格"就是"正","物",是心。"格物"就这样变成了"正心"。而格物的主要目的不是认识世界,而是提高人生境界。

王阳明的儒学观在明代受到普遍欢迎,在士人中影响极大,它是明代启蒙思潮的重要理论来源之一。这种情况一直延续到清代,乃至整个封建社会倾塌。

检中国封建社会,先秦孔子、孟子、荀子创儒学,汉代董仲舒利用汉武帝的力量,在国家意识形态中奠定儒学的主体地位,他们是儒家圣贤传统的奠基者,而在此后,在圣贤传统的继承与发展上,以两人成就最大,一是朱熹,一是王阳明。两人相较而言,朱熹在儒学理论的建构上,也就是在"内圣"上,其影响与地位似高于王阳明,自元代始,朱熹的儒家一直视为国家意识形态,为儒学正宗;而在事功上,也就是在"外王"上,王阳明的成就超过了朱熹。这是中国封建社会儒学发展史上自孔子、孟子、荀子、董仲舒之后两座耸入云霄的高山,这两座高山均在江南越地。

(四)身体力行的大儒——刘宗周

晚明,绍兴府又出了一位大儒家,他就是刘宗周。刘宗周初名宪章,字

---

① 王阳明:《传习录》下。

启东。刘宗周出生书香门第,其父刘坡18岁补会稽县儒学生,30岁时得痢疾去世,时刘宗周尚在母腹,未及出生。刘宗周为纪念父亲,别号念台。刘宗周自小在外祖父家里长大,依外祖父南洲公就读。南洲公性格刚毅,学问甚好,晚年设塾课徒,弟子登科第者数十人。良好的家庭教育,加上家乡优良的儒学传统,不仅造就了刘宗周深厚的儒学修养,而且培养了刘宗周刚毅严正的品格。刘宗周的弟子黄宗羲在《子刘子行状》中说:

先生……从严毅清苦中发为光风霁月。

先生门墙高峻,不特小人避其辞色,君子亦未尝不望崖而返。①

又《年谱录遗》中说:

先生望之凛然,有不可犯之色;即之温和,有可亲就之容。听其言,则方严静正,复肃肃而凝凝。先生晚年,德弥高,恭敬弥甚,节弥劲,气弥和。②

中国儒家圣贤人格是讲究人的"气象"的,朱熹对这一点尤其看重,曾多处论述"气象"这一概念。儒家的所谓气象,究其实,是指人的精神风貌,刘宗周形象,一是方严静正,另是温和可亲,总体上是"光风霁月",完全符合儒家的圣贤风范。

明万历三十二年(1604),刘宗周27岁赴京授行人司行,自此开始了他的仕途,历任礼部主事、光禄寺丞、尚宝司少卿、太仆寺少卿、通政司右通政、顺天府尹、工部左侍郎、吏部左侍郎、左都御史等职。刘宗周为官曾历三次罢官,三起三落,虽为官几十载,真正为官的时间却不多。刘宗周做官秉为国为民的心念,力戒名利。他在做司行人这么一个小官时,曾经做了个升迁的美梦,醒来后甚不愉快,他为自己做这样的梦而自责,说:"予雅欲谢病去官,不知此梦从何而来,终是不忘荣进念头在,乃知平日满腔子皆是声色货利,不经发觉,人自不察耳。猛省!"③这种自责精神殊为难得。多少儒者,抱学而优则仕的人生理想,做官为什么,也就是为了升官发财,有几个真正地将为国为民摆在第一位的?刘宗周却不是这样。这使我们想到中国古代真正的儒者以天下为念的精神,《礼记》云:"天下为公。"范仲淹云:"先天下之忧而忧,后天下之乐而乐。""居庙堂之高,则忧其君,处江湖

① 《刘子全书》卷三十九《子刘子行状》。

② 《刘子全书及遗编》卷四十《年谱录遗》。

③ 同上。

之远则忧其民。"张载云:"为天地立心,为生民立命,为往圣继绝学,为万世开太平。"这才是真正的儒者,这才是圣贤。刘宗周就是这样的儒者、这样的圣贤。

关于刘宗周的学术思想,黄宗羲有一个总体的表述:

> 先生宗旨在"慎独",始从主敬入门,中年专用慎独工夫。慎则敬,敬则诚。晚年愈精微,愈平实。本体只是些子,工夫只是些子,仍不分此为本体,彼为工夫,亦并无这些子可指,合于无声无自臭之本然。从严毅清苦之中,发为光风霁月。消息动静,步步实历而见。①

按黄宗羲的看法,刘宗周的思想,有三个发展阶段,开始为主敬,中用慎独,晚归诚意。

刘宗周早年师从许孚远,许孚远则是学习朱子之学的。许对于阳明之学有所保留,对阳明后学一味重本体、轻工夫颇为不满。刘宗周受许孚远的影响,持的是同样的立场,后来则接受阳明的心学,但仍保持重工夫、重践履的学术倾向。这种转变与当时社会有关,灾难深重、危机四伏的社会现实,使他们深深感到挽救人心远重于其他一切。天启五年(1625),刘宗周革职为民,这年五月,他在绍兴讲学,《年谱》记载此事,云:"先生痛言世道之祸,酿于人心,而人心之恶,以不学而进。今日理会此事,正欲明人心本然之善,他日不至凶于尔国,害于尔家。"②于是,他深入研读王阳明的著作,对阳明的学说,由衷地服膺,《年谱》记云:"先生读阳明文集,始信之不疑。"③

刘宗周推崇王阳明的"良知"观,同时,又发展了一套新的切实可行的工夫论,这就是"慎独"。慎独本是儒家早就有的修养理论,它重在自我反思,自我约束,是一种高度的道德自律论。刘宗周将慎独与致良知联系起来,他说:"阳明子反之,曰'慎独'即是致良知,即知即行,即动即静,庶几心学,独窥一源。"④

刘宗周强调,慎独的关键是一个"敬"字,他说:"自得时全然是个敬体,

---

① 《刘子全书》卷三十九《子刘子行状》。
② 《刘子全书》卷四十《年谱·天启五年条》。
③ 《刘子全书》卷四十《年谱·天启七年条》。
④ 《刘子全书》卷三十八《大学古记约义·慎独》。

无时不戒慎,无时不恐惧,则此心已游于天空地阔之境矣。"①无时不戒慎,无时不恐惧,应是没有自由可言的,然因为这戒慎、这恐惧出自于敬,是自觉的,因而最终却获得了精神上的自由,"心游于天空地阔之境"。

刘宗周的思想晚年有新的发展,由重慎独到重诚意。《年谱》说是"专举立诚之旨,即慎独姑置第二义矣"②。也许是这样的,但是,诚意与慎独是不可分的,只是强调,要慎独,必须有诚意。在刘宗周的学术思想中,敬、慎独、诚意是相互联系,几不可分的。

晚年的刘宗周,学问趋向综合,融汇百家,他说:"从来学问只有一个工夫,凡分内分外,分动分静,说有说无,劈成两下,总属支离。"③对时下将阳明学混同禅学又据此将它与朱子学对立起来的说法,刘宗周更是明确地表示反对。《年谱》云:"时谈禅者动援阳明而辟朱子,先生曰:朱子以察识端倪为下手,终归涵养一路,何尝支离? 阳明先生宗旨不越良知二字,乃其教人惓惓于去人欲,存天理以为致良知之实功,何尝杂禅?"④

从以上所述,不难看出刘宗周在儒家发展史上的地位。他的总体思想是综合朱、王两家,而又又偏于王。他的慎独说是对王阳明良知说的新的发展。从某种意义上说,中国的儒学到刘宗周这里,应是做了一个终结。刘宗周是晚明最大的儒家,他不仅以他的学问,而且以他的个人修养、政治实践,全面实现儒家的人生理想。

从以上的简单梳理不难看出,越地的圣贤传统是非常清晰的,而且,越地出的圣贤,其最重要者,亦是整个中华民族的圣贤。

《左传》说士人"三立":立功,立德,立言。立功,侧重于为国家、为社会做贡献,主要对官者言;立德,侧重于自身修炼,成为社会上的道德典范,则对全体士人而言;立言,侧重于著书、教人、学术传承,同样是对全体士人而言。宋儒张载说的"为天地立心,为生民立命,为往圣继绝学,为万世开太平"是圣贤精神最为精辟的概括。

何需拘泥圣贤精神的阶级局限,又何需细较名士与一般人的区别,只要放开眼界去看中华大地,且俯视从事各项实际工作的中国人民,不管他

① 《刘子全书》卷十三《刘子全书遗编》。
② 《刘子全书》卷四十《年谱·崇祯九年条》。
③ 《刘子全书》卷四十《年谱·崇祯十六年条》。
④ 《刘子全书》卷四十《年谱·崇祯十一年条》。

是干部，还是百姓，是知识分子，还是普通劳动者，你就能见出，我们正在进行的这场建设高度的物质文明和精神文明的事业中，圣贤传统在流光，在溢彩，在继续，在发展。

四、胆剑精神

谈到越地精神，人们经常用胆剑精神来概括。胆剑这一典故来自勾践兴国的故事。其与胆相关的是勾践的"卧薪尝胆"。剑与勾践的兴国的事迹本没有必然的联系，但剑是当时最为锐利的武器，佩剑亦是当时贵族的风尚。剑显示身份、尊荣，也显示武力、权威。春秋时期，铸剑是一桩极为神秘的事业，自然，铸剑高手也非等闲之辈。越国不仅盛产铜、锡，而且铸剑的技术是当时第一流的。能拥有一把越国铸剑高手铸造的剑，那是各国诸侯梦寐以求的事，而越王勾践拥有五把这样的宝剑。这样，人们就自然地将勾践兴国与剑联系在一起了。

胆剑精神是一种什么样的精神，学术界尚有不同的理解。在笔者看来，胆剑精神从本质上来说是艰苦奋斗，发愤图强。剑，在中国古代是一种利器，它代表进击精神是不消解释的了。胆，虽然有人理解为胆量，但从胆剑精神的源头——勾践卧薪尝胆的故事来看，这胆却是苦难的象征。尝胆是尝苦，尝苦为的是不忘记苦，不忘记苦，为的是不再苦，这就需要改变现实，而改变现实需要勇气，需要智慧，需要行动，这一切，其实都可以归结为进击。

（一）铭记苦难——"胆"的精神之一

"胆精神"是一种什么样的精神？需从勾践卧薪尝胆说起。《史记·越王勾践世家》载：

> 吴既赦越，越王勾践返国，乃苦身焦思，置胆于坐，坐卧即仰胆，饮食亦尝胆也。曰："女忘会稽之耻邪？"

越王勾践被吴王夫差放回来后，他不是因为过去三年在吴宫做奴隶吃了许多苦，现在要补偿一下了，立即锦衣玉食、花天酒地，大肆享乐一番，而是以柴薪为卧榻，每天均要尝苦胆若干次。显然，胆在这里不是胆本身，它明显地具有象征的意味,那么,它象征什么呢?

它象征苦难,就勾践来说,就是象征他在吴宫的日子。勾践在吴宫的日子,称得上极苦。苦不在他所干的体力活,身体很累,而是因为干这活,他作为君王,彻底地没有了自尊,心很累。史载,越王与他的妻子在吴宫,被拘于石室,"越王服犊鼻,着樵头。夫人衣无缘之裳,施左关之襦。夫斫剉养马,妻给水,除粪,洒扫。"①纯然是奴隶的身份了。

被动地遭辱,本已难以忍受,而勾践为了达到让吴王释放自己的目的,还主动地去受辱。夫差生病之时,勾践主动地提出尝夫差的粪便,说是可以辨别病的轻重。勾践将这一桩事做得太自然太熨帖了,吴王夫差不仅没有觉察出这其中的阴谋,而且深受感动,不久就将勾践放了。

不能说勾践没有君王的自尊,也不能说勾践不懂得什么是屈辱,这些他都懂,但是为了国家的利益他都去做了,而且做得很自然,不露些微痕迹。其实,这个过程中,他内心是极度痛苦的。

勾践回国后,当然有条件过上安逸、舒适的生活,他之所以不这样,而去卧薪尝胆,就是为了强使自己不忘昔日的苦难。

不忘过去,最重要的是不要忘记历史的经验和教训。勾践这方面应是深有感触的。勾践被吴王夫差打败之前,曾有过打败吴王夫差父亲阖闾的辉煌,勾践被这次战役的胜利冲昏头脑了。

关于这场战役,《左传·定公十四年》载:"吴伐越,越子勾践御之,阵于檇李,勾践患吴之整也,使死士再禽焉,不动;使罪人三行,属剑于颈,而辞曰:'二君有治,臣奸旗鼓,不敏于君之行前,不敢逃刑,敢归死。'遂自刭也。〔吴〕师属之目,越子因而伐之,大败之。"这段文字是说,勾践在这场战斗中使用的战术很特别。勾践先让敢死队发动进攻,两次冲锋,皆失败了,吴军阵营丝毫未动。于是,勾践把越国的死囚每三人编成一组,让他们将剑放在自己的脖子上,在两军阵前,对吴军说:"吴越两国君王兵戎相见,旗鼓相当,我们由于触犯了军令,不配作战士,又不敢逃避刑罚,特来贵军阵前自杀。"说完用剑将脖子一抹。这种血淋淋的自杀场面,吴军从来没有见过,一时目瞪口呆。越军趁机发起进攻,吴军大败,吴王阖闾中箭,后不治而死。

① 赵晔:《吴越春秋》卷七《勾践入臣外传》。

越文化通论

第一章 越中名士的精神谱系

按当时两国的实力,吴国胜过越国。真正阵前交锋,越是不能取胜的,越的取胜,靠的是战术,这种战术只能奏效一次,可以说是偶然的。樵李之战的胜利,却让勾践产生了错觉,以为吴此次失败后,一蹶不振,实力不足以与越抗衡了。

其实,吴兵败后,经过三年的发愤图强,实力已经超过了越。越王勾践不仅错误地估计了形势,而且仍然想用已经用过的战术取胜,结果当然是吴军大胜,越军大败。这次大败后果是严重的,越国几近亡国,勾践自己不得不入吴国为奴。

历史的教训是惨痛的,勾践卧薪尝胆,尝的就是这惨痛的历史教训!前事不忘,后事之师!

人的大脑是一个过滤器,它总是将所经历的事,逐渐淡忘,只留下那些最为重要的东西,这种留下,既是自然性的生理的选择,更是理性的有意图的选择。正是为了不致将那些极为重要的苦难与教训忘掉,勾践才卧薪尝胆,试图用这样一种方式强化历史的记忆。

强化历史的记忆的方法当然是多种多样的,后世之人不必仿照勾践那样去卧薪尝胆,但是,采取合适的方式,有选择地强制记住一些重要的东西,并对这些东西不断地加以分析,从中吸取智慧,却是极为必要的。故"胆精神"的首要一条就是铭记苦难。

(二)坚韧持久——"胆"的精神之二

尝胆是为了不忘记苦难。尝胆,而且长时间地不断地尝胆,就是为了让斗志不致因时间的流逝而失去锋芒,因而,尝胆本身就是一种韧性的战斗。

光尝胆是不成的,重要的是要行动。越王勾践从吴国回来,处心积虑地图谋兴国报仇,然而要让国家真正强大起来,不是一朝一夕的事,需要做许多坚实的工作,需要一定的时间。这个过程是需要意志、毅力、耐心的,而且这意志、毅力、耐心均要化为具体的行动。只有一步步地、扎扎实实地去做,才有可能做到兴国。从吴宫回来后,勾践和他的大臣采取一系列措施,奖励农耕,训练精兵,联盟友国,等等。勾践自己的工作方式和生活方式也有所变化:他比过去关心百姓疾苦,比过去更能认真听取臣下忠言,在生活上也一改奢华,过起俭朴的生活来了。特别是他与他的夫人还亲自参加劳动。这日常工作和生活的点点滴滴，虽然不是战争，却也是战争。实际上，越国的复仇之战，从越被打败那一天就开始了。勾践君臣，还有百姓，每天都在战斗，只是没有硝烟炮火的战争。

自勾践返国之日起，勾践君臣差不多每年都讨论伐吴的时机问题。按范蠡的意见，一定要做到上应天时，下应人事，等条件完全成熟，才能够出兵。我们现在经常讲勾践兴国是"十年生聚，十年教训"，实际上，从他返国到灭掉吴国，整整花费22年的时间。

勾践的成功，原因是诸多方面的。从他个人的行为来说，坚忍不拔的战斗精神是重要的。这种精神我们也可以归之为"胆精神"的一个方面。

坚忍不拔的战斗精神内意丰富，它首先是要沉着，勿急躁；其次是在必要时，要能屈曲求全，以保护自己，以图东山再起；再次是，在艰苦的环境下，能坚持，不松懈，创造并等待有利的战机。这些勾践都是做得相当出色的。

关于坚忍不拔的战斗精神，近代的思想家、革命家、文学家鲁迅谈得最多，也最为透彻。

鲁迅对于中国革命的艰巨性有清醒的估计，他说："可惜中国太难改变了，即使搬动一张桌子，改装一个火炉，几乎也要血，而且即使有了血，也未必一定能搬动，能改装。不是很大的鞭子打在背上，中国自己是不肯动弹的。"[1]面对旧社会强大的反动势力，鲁迅主张韧性的战斗，反对毕其功于一役。鲁迅认为"震骇一时的牺牲，不如深沉的韧性的战斗"[2]。他说：

> 在进取的国民中，性急是好的，但生在麻木如中国的地方，却容易吃亏，纵使如何牺牲，也无非毁灭自己，于国度没有影响。我记得先前在学校演说时候也曾说过，要治这麻木状态的国度，只有一法，就是"韧"，也就是"锲而不舍"。[3]

鲁迅慨叹："中国一向就少有失败的英雄，少有韧性的反抗。"[4]鲁迅说的"失败的英雄"，是像勾践那样，不仅能勇于面对失败，忍辱负担，而且能清醒地认识现实，凭艰苦奋斗，更凭智慧谋略，最终取得胜利的人。慷慨赴

---

① 《鲁迅全集·坟·娜拉走后怎样》第1卷，人民文学出版社2005年版，第171页。
② 同上。
③ 《鲁迅全集·两地书·第一集北京》第11卷，人民文学出版社2005年版，第47页。
④ 《鲁迅全集·华盖集·这个与那个》第3卷，人民文学出版社2005年版，第153页。

死只是一时痛快,而长期地在痛苦中准备实力才是真正的艰难!

鲁迅虽然主张进击,但他不主张鲁莽从事,像《三国演义》中的许褚那样的赤膊上阵,那不是真正的勇敢,而是愚蠢。他不无痛心地说:"许褚赤体上阵,也就很中了好几箭。而金圣叹还笑他道:'谁叫你赤膊?'"①作为革命家的鲁迅清醒地知道:"改革自然常不免于流血,但流血非即等于改革。血的应用,正如金钱一般,吝啬固然是不行的,浪费也大大的失算。"②生命本就是宝贵的,何况战士的生命?战士固然需要勇敢,需要不怕死,但战士更需要智慧,需要珍惜自己的生命。敌人是狡猾的,他其实并不惮战士的勇敢,而更希望战士都像许褚那样白白地中箭。鲁迅主张"壕堑战",他说:"对于社会的战斗,我是并不挺身而出的,我不劝别人牺牲什么之类者就为此……中国多暗箭,挺身而出的勇士容易丧命,这种战法是必要的。"③

古往今来,不管做什么事,都需要坚决、彻底,持之以恒,没有韧性的战斗精神是做不成大事的。

(三)进击——"剑"的精神之一

剑在春秋时代是神奇的!

《越绝书》记载:铸剑高手欧冶子"乃因天之精神,悉其伎巧,造为大刑三,小刑二:一曰湛庐,二曰纯钧,三曰胜邪,四曰鱼肠,五曰巨阙"。五剑是采地之宝藏取其材,"因天之精神"铸其魂。

欧冶子铸的剑引发了多少人世间惊心动魄的斗争。先是吴王阖庐得到胜邪、鱼肠、湛庐三把宝剑,阖庐残暴不仁,他的儿女死了,他杀了不少老百姓去陪葬,结果,湛庐剑就像水一样地流失了。这剑被人带去秦国,经过楚国时,楚王梦中醒来,意外得到这剑,楚王喜出望外,赶紧在剑首上做个记号保存起来。秦王听到消息,便向楚王索取这剑,没有要到手,就兴兵攻打楚国,并公开申明,只要将湛庐剑给我,我就收兵。然楚王还是不肯将剑交出。吴王阖庐用鱼肠剑去行刺吴王僚,吴王僚身披三层肠夷铠甲,一般兵器刺不了他。阖庐派专诸打扮成献鱼的厨师,把鱼肠剑暗藏在鱼肚子里,鱼盆靠近吴王僚时,猛然抽出鱼肠剑向他刺去,将其杀死。

---

① 《鲁迅全集·华盖集续编·空谈》第3卷,人民文学出版社2005年版,第298页。
② 同上。
③ 《鲁迅全集·两地书·第一集北京》第11卷,人民文学出版社2005年版,第16页。

1956 年 12 月,在湖北江陵望山出土有越王勾践剑。此剑长 55.6 厘米,宽 4.6 厘米。剑上有"越王鸠浅〔勾践〕自乍〔作〕用剑"八个鸟篆铭文。此剑仍寒光闪闪,锋利无比。不知此剑是不是纯钩剑。

如果说"胆剑精神"的"胆"代表着一种忍让、等待、坚韧的精神的话,那么,"剑"则标志着进击、抗争的精神。

勾践十年生聚,十年教训,终于等来了报仇雪恨的日子。

《左传·哀公十三年》载:"六月丙子,越子伐吴,为二隧。"当时,吴王夫差不在吴国,他率兵北会诸侯于黄池(河南封丘),留下太子守城。勾践认为机会来了,他派出两支军队,一支由他亲自率领,直攻吴都;一支则由范蠡率领,断吴王夫差的归路。这场战争,越王大胜,攻入吴都,俘虏了吴太子。《国语·吴语》说这场战争,越王"焚其姑苏,徙其大舟"。

这次战争虽然取得胜利,但尚不能灭吴,因为吴王夫差还拥有一支大军。越王不失时机地同意吴王求和的要求,退出吴都。这场战斗虽然还没有做到完全报了仇,但吴越的地位发生了变化,吴强越弱变为吴弱越强。四年后,越王勾践发起第二次攻吴的战争。越王清醒地知道,这是灭吴的关键一战,所以他做了充分的准备。

大军出发之前,有人作歌,歌曰:"踥蹀摧长恶也,攉戟驭殳,所离不除兮,以泄我王气苏。三军一飞扬兮,所向皆殂。一士判死兮,而当百夫。道佑有德兮,吴卒自屠。雪我王宿耻兮,威振八都。军伍难更兮,势如貔貐。行行各努力兮,行乎行乎!"真是剑拔弩张,悲歌慷慨。

越王勾践十九年(前 478),这场战争在笠泽打响了。越军打得积极主动,吴军"三战三北",最后只能龟缩在都城之中了。越兵将吴都团团围住,一围就是两年,将吴国彻底拖垮了。越王勾践二十四年,在围吴两年之后,越军发动总攻,攻入吴都,吴王夫差兵败被擒,伏剑自尽。越王勾践终于取得了灭吴的彻底胜利。

吴王夫差在被围困在姑苏城时,曾派人向越王求和,越王也曾心动过,想放夫差一马。范蠡力谏不可:"臣闻之,圣人之功,时为之庸。得时不成,天有还形。天节不远,五年复反。小凶则近,大凶则远。先人有言曰:'伐柯者其则不远。'今君王不断,其忘会稽之耻乎?"范蠡告诉勾践,兴衰成败是在变化的。现在天时正在我,为我所用,为何不趁此机会灭吴呢? 正如《诗经·伐柯》所云"伐柯者其则不远"。难道大王忘了会稽之耻吗? 范蠡的提醒,使勾践顿时明白,此时需要的正是锋利的剑,而不是仁慈的心!

亮剑精神在勾践的兴国灭吴事业中发挥得淋漓尽致。如果略作归纳,它主要有这样三点:

第一,对敌斗争,必须做好充足准备。这正如铸造一口锋利的宝剑,需要诸多条件的会合,是相当不容易的。勾践灭吴的成功与他们准备工作做得充足关系极大。

第二,对敌斗争,必须果决、坚韧。勾践围吴都达两年之久,断绝吴的粮食来源,想通过此办法,造成吴都内乱,吴深知这一点,希望与越决一死战,一天之内多达五次出城挑战,然越不予理睬。

第三,对敌斗争,必须去掉不适当的仁慈心肠,做到坚决彻底。勾践伐吴大胜,夫差兵败被困,胜负已经明显。夫差求和,言词哀恳,勾践一度心有不忍,但最后还是接受了范蠡的忠告,拒绝夫差的求和。这无疑是正确的。

以上三点,归纳到一点,就是尚武。尚武是勇士的本色,是战斗的精魄。尚武的实质是进击。作为一种精神,它普泛地存在于人类的一切事业中。从本质上讲,它与《周易》中乾卦的精神是一致的,甚至可以说,它就属于乾卦的精神,乾卦的精神,《乾卦·象传》表述为“天行健,君子以自强不息。”乾卦是纯阳之卦,刚强之极,它的本质是:不懈地前进,发展,永不停息。

(四)反叛——“剑”的精神之二

越中名士中多慷慨之士,多狂勃之徒,多反叛之人,这慷慨、狂勃、反叛之中的主心骨则是刚烈,这是剑的另一重要精神。

这种精神在越中名士身上以各种不同方式、各种不同的形态,在许多不同的方面体现出来:

敢倡异端,独标新说:如东汉杰出的唯物主义哲学家王充,以大无畏的精神,以充分的说理,横扫东汉最高统治者所迷醉的谶纬神学。他坚决反对国家的意识形态——董仲舒的天人感应论,说国家的兴衰与天象毫无关系,全是人治所造成的。所谓天诛无道,纯然是自欺欺人的谎话。他说:“天道无为,如天以雷雨责怒人,则亦能以雷雨杀无道。古无道者多,可以雷雨诛杀其身,必命圣人兴师动军,顿兵伤士,难以一雷行诛,轻以三军克敌,何天之不惮烦也。"①更为大胆地是,王充还敢将矛头直指儒家礼教,说"礼者,忠信之薄,乱之首也"②。嵇康与王充一样,对儒家的观点诸多非议,在《与山巨源绝交书》中,他竟敢说"非汤武而薄周孔"。在这些方面,他与王充堪称伯仲。

犯颜直谏,英勇不畏:如钱塘籍唐代著名书法家褚遂良,在唐太宗朝,褚遂良是仅次于魏征的谏臣,他曾经多次向唐太宗进献谏言,一般情况下,唐太宗都还接受了。太宗也曾说:"自朕临御天下,虚心正直,既有魏征朝夕进谏。自征云亡,刘洎、岑文本、马周、褚遂良等继之。"③但是,在关涉到立太子的问题上,褚遂良的进谏,却惹恼了唐太宗。事情的原委是:太宗本已立承乾为太子,贞观十七年,承乾在侯君集等策动下起事,因而被废。后来立新的太子,长孙无忌等大臣主张立晋王李治,而太宗则一直想立魏王泰。为了获得大臣的支持,太宗将魏王泰的承诺编成一个故事,说:"昨青雀投我怀云:'臣今日始得为陛下子,乃更生之日也。臣有一子,臣死之日,当为陛下杀之,传位晋王。'人谁不爱其子,朕见其如此,甚怜之。"④这里说的青雀指魏王泰。魏王的意见是如果让他做皇帝,他快要死的时侯,要将儿子杀了,便于将皇帝位传给晋王。这显然是骗人的谎话,太宗却为它感动了。褚遂良洞察魏王的邪恶心思,向太宗进谏:"陛下言大失。愿审思,勿误也!安有陛下万岁后,魏王据天下,肯杀其爱子,传位晋王者乎?陛下日者既立承乾为太子,复宠魏王,礼秩过于承乾,以成今日之祸。前事不远,足以为鉴,陛下今立魏王,愿先措置晋王,始得安全耳。"⑤这话说得很直,很明快,不仅揭露了魏王的骗局,而且对太宗有尖锐的批评。太宗似有所悟,但问题还没有解决,第二天,在两仪殿上,这场斗争达到白热化的地步,以至于刀光剑影,惊现朝廷之上。真像一场激烈的白刃战,惊心动魄!两仪殿上,太宗有些失控了,他将佩刀抽出来,长孙无忌等都惊呆了,不知所措。唯褚遂良当机立断,抢上前去,从太宗手中一把夺过佩刀来,立即授给晋王,然后恳请太宗立晋王。此时,太宗已经别无选择了,只得同意大臣

---

① 王充:《论衡·感类篇》。
② 王充:《论衡·自然篇》。
③ 《旧唐书》卷七十四《刘洎传》。
④ 《资治通鉴》卷一九七《唐纪十三太宗贞观十七年(六四三)》。
⑤ 同上。

们的意见。褚遂良在此关键时刻的果断、英勇无畏,为晋王太子地位的确定起了决定性的作用。太宗后来也充分肯定褚遂良等的犯颜进谏。

为民抗争,不计生死:在越地,这样的贤者不少。最有名的应数东汉时做过会稽太守的马臻了。他最大的业绩是:"创筑镜湖以蓄水,旱则泄湖灌田,潦则闭湖泄田水入海"①,为当地人民做出了巨大贡献。但就因为这样的巨大工程,他得罪了权贵,有人向皇上告他筑堤淹没了百姓的冢宅,被诬以死。马臻是中国历史上少见的为了水利工程而获罪致死的官员。他的爱民精神,他的刚强意志,受到人民千古传颂。

明代英宗时,在萧山为官的苏琳,其事迹同样感人至深。《越中杂识》载:

> 苏琳,蒙阴人,初为御史,出知萧山,萧山岁贡樱桃,每令中官采取。多索常例。琳抗不与,遂与中官相格,械逮至京。英宗问曰:"尔何为格我内官?"对曰:"朝廷以口腹残民,内官以威势虐朝廷命吏,臣以是抗之。"上叹曰:"直臣也。"令还职。琳曰:"樱桃复贡,萧山民死过半矣,乞免之。"上许可,自是萧山免贡樱桃。

苏琳就为了进贡樱桃这样的小事与宦官发生冲突。在别的地方官,巴结宦官都来不及,苏琳竟敢打宦官。特别是当皇上问他为何要打宦官时,他不仅严词抗争,而且进一步提出,应免去萧山的樱桃进贡,实际上是说,这全是你的错。这不仅驳了皇上的面子,也损害了皇上的利益。罪可谓不轻。然苏琳就敢于这样做。

剑的叛逆精神在革命年月,焕发出最为灿烂的光辉。越地自古多爱国悲歌之士,而以推翻满清政府的斗争中出得最多。其中的突出代表是女英雄秋瑾。秋瑾,人称鉴湖女侠,在她身上集中地体现出越文化中最可宝贵的亮剑精神。虽然是弱女子,她毅然冲破各种封建枷锁,只身去日本留学,寻找救国之路。回国后,她积极参加武装起义的各项准备工作,最后为人告密,慷慨赴难。秋瑾爱剑,她有一帧照片,手握一柄短剑。秋瑾善诗,有一首名《剑歌》,很能反映秋瑾的精神。诗曰:

> 若耶之水赤堇铁,百炼寒锋凛冰雪。
> 欧冶炉中造化工,应与世间凡剑别。

---

① 吴悔堂:《越中杂识·名宦》。

夜夜灵光射斗牛，英风豪气动诸侯。

也曾渴饮楼兰血，几度功名上将楼。

何期一旦落君手？右手把剑左把酒。

酒酣耳热起舞时，天矫如见龙蛇走。

肯因乞米向胡奴？谁识英雄困道途？

名剌怀中半磨灭，长歌居处食无鱼。

热肠古道宜多毁，英雄末路徒尔尔。

走遍天涯知者稀，手持长剑为知己。

归来寂寞闭重轩，灯下摩挲认血痕。

君不见孟尝门下三千客，弹铗由来解报恩！

与秋瑾一道战斗的越籍著名人士还有徐锡麟、陶成章、王金发、章太炎、蔡元培等。他们身上同样闪耀着剑精神的光辉。

自勾践之后，"胆剑精神"世世代代都在讲，不只是越地人民在讲，全中国人民都在讲。这说明它已经内化为中华民族文化精神的重要组成部分。多少年来，一直是有志之士的力量之源，也是中华民族发展进步的力量之源。特别是在中华民族遭受灾难之时，"卧薪尝胆"的歌就唱得越高亢，越激昂，越有感染力，越有战斗力。它像卷地的狂风，像劈天的惊雷，在人民的心中生起。读历史，我们几乎在每个朝代的变换之时、奋进之时，都感受到它的威力，距现在最近的推翻满清的革命事业，驱逐日本军国主义的抗日战争，都曾在中国大地上响起卧薪尝胆的时代最强音。

在今日，在中华民族摆脱旧枷锁，向着光明幸福未来奋进的伟大事业中，是不是也需要这种胆剑精神？回答是肯定的。胆剑精神作为艰苦奋斗、发愤图强、且自强不息的精神与中华民族、与中国人民一同永恒。

第二章　越中名士的学术传统

一、会通创造

中国学术,肇自春秋,百家蓬起,创儒、道、墨、法、阴阳、农诸家。春秋时期,儒墨为显学。秦尊法家,统一中国。汉代,先是尊道家,创黄老之学,行无为而治;汉武帝则独尊儒学,儒学上升为国家意识形态,影响直至清末。东汉,中国本土宗教道教产生,又佛教传入中国。魏晋,道家著作《道德经》、《南华经》及《易经》受到知识分子青睐,玄风大畅。调和名教与自然的矛盾,成为玄学的重要使命。唐,韩愈倡"道统"之说,儒学大盛,融道兼释,理学始出。至北宋,分门别派,有理本体、气本体、心本体、数本体诸家。南宋,朱熹出,理本体派大盛;明,王守仁出,心本体居上。至清,理学渐趋衰颓,专务考据的乾嘉学派兴起,中国古典形态学术生命力微矣!

越中名士大部分系文化人士,文化人士中,又以学者最为突出。从历史上看,王充、虞翻、魏伯阳、智𫖮、朱熹、王阳明、陈亮、叶适、刘宗周、黄宗羲、龚自珍均为中国学术文化顶尖级的人物。他们的学术思想各不一样，但有一个共同的特点，就是善于会通融合，这种会通融合之前也可能有过不同学术观点的交锋，而在会通融合之后，则有属于自己的独特创造。这里，我们不能一一介绍，只能举经学、佛学、理学、心学中的一些代表性的人物及其事例做一评述。

（一）经学：虞翻

汉代至南北朝，中国学术相当繁荣，体现在经学、玄学、文学、史学、宗教等诸多方面。越中学术在这样一个大背景下，处于全国的前列，而在各个领域活跃着一批批著名的学者。

两汉经学是儒家发展的一个新阶段。汉武帝时立五经博士，每一经都置若干博士，博士下又有弟子。博士与弟子传习经书，分成若干"师说"，也就是若干流派。经学分今文经学和古文经学两种，今文经学是官方的儒家学说，古文经学是民间的儒家学说。前者主要通过阐释《春秋公羊传》，为汉统治者建立大一统的国家提供理论依据，在今文经学家眼中，孔子就是"为汉制法"的"素王"。古文经学兴起于《春秋谷梁传》。在古文经学家看来，孔子只是古典文献的整理保存者，是一位"述而不作、信而好古"的先师，"六经"是上古文化典章制度与圣君贤相政治格言的记录。显然，今文经学的研究立足于政治，而古文经学的研究则立足于学术。随着汉代由盛转衰，今文经学的主导地位逐步移给了古文经学。东汉的古文经学大师有贾逵、许慎、马融、服虔、卢植等，弟子众多，影响很大。东汉末年，古文经学的集大成者郑玄，网罗众家、遍注群经，对今古文经学进行了全面总结，自成一家之言。

汉亡后出现三国时期，越地出了一位大古文经学家，他就是虞翻（164—233）。虞翻，会稽人，在六经中，深研易经，是著名的易经学家，据《三国志·虞翻传》：

> 翻与少府孔融书，并示以所著《易注》。融答书曰："闻延陵之理乐，睹吾子之治？《易》，乃知东南之美者，非徒会稽之竹箭也。又观象云物，察应寒温，原其祸福，与神合契，可谓探赜穷通者也。"会稽东部都尉张纮又与融书曰："虞仲翔前颇为论者所侵，美宝为质，雕摩益光，不足以损。"？[1]

---

① 《三国志》卷五十七《吴书·虞陆张骆陆吾朱传第十三》。

虞翻的易学是一个相当复杂的体系,这里,我们不便做具体的介绍。仅就上面所引的文字中,它透露出这样几点重要信息:第一,虞翻的易学不只是做理论上的探究,还结合着观察,观天象,观人象,观物象,然后结合理论"原其祸福",达到"与神合契"的境地。这里,有这样几个重合,一是人与物合,一是事与理合,三是情与理合,最后,才是人与神合。第二,虞翻的易学为"探赜穷通者也"。探赜,意味着寻其源头,做到有根有据,这是科学的考察;穷通,意味着灵活运用,通达无碍,这是创造的化境。第三,虞翻的易学"前颇为论者所侵",意思是曾遭到人家的批评,而虞翻自然也批评过别人的易学,这种论辩对于虞翻来说,不是坏事,而是好事,恰如张纮所说:"美宝为质,雕摩益光,不足以损"。虞翻的易学,是美宝,它就是在学术性的"雕摩"中才打造出璀璨的光辉的。正是因为如此,虞翻的易学得到孔融极高的评价,说是"睹吾子之治《易》,乃知东南之美者,非徒会稽之竹箭也"。

虞翻经常用《易经》来预测人事,特别是战事。虞翻曾在东吴孙策、孙权手下谋职,当时,孙权与刘备争夺荆州十分激烈。荆州本为孙权所有,出于某种特殊的需要,孙权将荆州暂时借给了刘备,刘备让关羽据守荆州,成心有借不还。孙权无奈,只得用巧计奇取荆州,关羽虽中计大败,然生死不明,孙权让虞翻为之占筮。虞翻筮之,得兑下坎上,为节卦,第五爻变而为临卦,据卦,虞翻说"不出二日,必当断头",后来果然如此,孙权高兴地说:"卿不及伏羲,可与东方朔为比矣。"① 此事是否可信,不得而知,即便是虞翻主要依据自己对当时军事形势所做的判断,也足以显示出他不凡的才略。

虞翻曾经在给皇上的奏章中谈到过他治易的家学渊源及研究路数:

臣闻六经之始,莫大于阴阳,是以伏羲仰天县象,而建八卦,观变动六爻为六十四,以通神明,以类万物。臣高祖父故零陵太守光,少治孟氏易,曾祖父故平舆令成,缵述其业,至臣祖父凤为之最密。臣亡考故日南太守歆,受本于凤,最有旧书,世传其业,至臣五世。前人通讲,多玩章句,虽有秘说,于经疏阔。臣生遇世乱,长于军旅,习经于枹鼓之间,讲论于戎马之上,蒙先师之说,依经立注。……岂臣受命,应当

---

① 《三国志》卷五十七《吴书·虞陆张骆陆吾朱传第十三》。

知经！所览诸家解不离流俗,义有不当实,辄悉改定,以就其正。①

从以上这段话可以得知,虞翻治易路数有五个特点:一、有家学渊源,他先祖五代均治易,可为易学世家;二、先祖治易所宗不是一家,虞翻在接受家学之时,也接爱了各种不同的易学;三、注重经的文本,"依经立注";四、注重实际,虞翻习经于军旅,也用经于军旅,这与他后来在象数预测学上有重大成就有直接关系。五、不盲目服从权威。"所览诸家解不离流俗,义有不当实,辄悉改定,以就其正。"以上路数概而言之,也就是会通创造。虞翻治易,善于博取众家之长。如,他对困卦象辞"君子以致命遂志"的解释,就援用了京房的观点②,但最后还是构成了他自己特有的易学体系。

易学是经学中的重要一支。汉代,易学有重要发展,《汉书·艺文志》云:"凡易十三家,二百九十四篇。"两汉易学虽有今文经学系统与古文经学之分,基本上都属于象数派。虞翻是三国时的学者,他治易基本上属于象数派,象数易产生于西汉,著名的治易大家京房的易学就有明显的象数易倾向,这一系统发展下来,到虞翻这里,应是达到顶峰,从这个意义上说,虞翻易是象数易的代表人物。

(二)佛学(上):智顗与澄观

东汉,佛教传入中国,一般认为来中国最早传佛经者是安世高,安世高本名为清,字世高,是西域安息国的王太子,于东汉桓帝建和二年(148)来到洛阳。他很快通习汉语,翻译小乘上座部经典等 39 余部。《高僧传》赞他"义理明析,文字允正,辩而不华,质而不野"。汉灵帝时,天下大乱,为避乱,安世高来到会稽山区,在此传教。安世高是中国佛教的奠基人之一,他来会稽地区传教,说明会稽地区也是中国最早的佛教流行地区之一。

佛教自东汉传入中国后,其发展并不顺利,虽然有过兴旺,但也遭受过几次全国性的灭佛之灾。根本问题是与中国传统文化的会通。只有与中国传统文化实现会通,来自印度的佛教才能在中国站住脚跟,才能获得中国老百姓的真正的信赖。自东汉开始,就有不少人在探索佛教中国化的道

---

① 《三国志》卷五十七《吴书·虞陆张骆陆吾朱传第十三·注二翻别传曰》。
② 参见卢央:《京房评传》,南京大学出版社 1998 年版,第 435 页。

路,寻找佛教与中国传统的儒家和道家理论的会通之处。这个过程是漫长的,也是极为艰辛的。这中间,越地的高僧大德为佛教的中国化做出了重要的贡献。

隋朝在中国历史上是一个最短的朝代,然而它在佛教上的地位非常重要,其原因是,佛教天台宗就产生于此时。天台宗是佛教中国化的最为重要的一步。

天台宗的创始人为智顗(538—597),智顗俗姓陈,字德安,颍川(今河南许昌)人,后迁荆州华容(今湖北潜江)。他系南朝士族出身,自幼接受过系统的儒家经典及道家理论的学习。18岁,他在浙江湖州果原寺出家,30岁辞师在金陵瓦官寺说法,声名大振。陈宣帝大建七年(575),率20名僧人入天台山,遂将天台山开创为佛教道场。至德三年(585),他应陈后主诏请,回金陵讲授《法华经》,隋开皇十一年(591),晋王杨广迎其师,赐号"智者",故有"智者大师"之称。隋开皇十六年(596),再回天台山。由于智顗长住天台山,他所创立的佛教宗派后世称之为天台宗。

天台宗基本教义源于北齐的慧文,慧文再传于南岳的慧思,慧思再传之智顗,智顗深入思考其师慧思的佛学理论,又吸取其他佛学派别的精华,凭着他深厚的中国传统文化功底和创造性才华,创造性地建设了一个可以概括为"圆融三谛"的佛学体系。

"圆融三谛",溯其源则来自《大品般若经》中的"三智",即道种智、一切智、一切种智。慧文联系《大智度论》的"一心中得"说和《中论》的"三是偈"说,首创"一心三观"说。慧文将"一心三观"法传慧思,慧思联系《法华经》的"十如是"说,发展出"十如"实相说。智顗在接受其师的理论后,又做了新的开拓,且有很大的发展,由"三观"又导出"三谛"、"三智"、"五眼"等等,构成一个既庞大又灵动、既丰富又统一的佛学系统。

智顗的三谛圆融说最突出的特点是圆融性,不仅观照对象具有空谛、假谛、中谛三谛,观照主体亦具有空谛、假谛、中谛三谛。不仅观照对象的三谛是圆融的,观照主体的三谛是圆融的,而且,观照主体与观照对象也是圆融的,而归其总,在心。他说:

> 圆教者,此正显中道,遮于二边,非空、非假、非内、非外。观十法界众生,如镜中像水中月,不在内、不在外、不可谓有、不可谓无,毕竟非实。而三谛之理宛然具足,无前无后,在一心中,即一而论三,即三

而论一。观智既尔,谛理亦然,一谛而三谛,三谛即一谛。①

这种思想明显地含有中国传统文化的种种有关和谐的思想,我们在这里能品出《左传》、《国语》中的"和如羹"说,孔子的"中和"说、"和而不同"说,《周易》的"三才"、"阴阳"说,"太极"说,等等,但是,智顗将它们与佛教理论会通了,他在讲了上面所引的话后,即联系到《大品般若经》,说:"《大品》云:有菩萨从初发心即坐道场、转法轮、度众生,即于初心具观三谛、一切佛法,无缘慈悲,于一心中具修万行,诸波罗蜜。"②

天台宗立宗后,影响很大,并传至日本、朝鲜。在日本形成了以京都睿山为中心的天台佛教文化圈,有教徒 400 余万人,寺院 3200 所,还办有大正大学、睿山学院,出版有《天台宗报》。特别值得一提的是,对中日文化交流做出重要贡献的唐代高僧鉴真和尚,他去日本传的就是天台宗。

唐代佛教中国化程度比较高的宗教除天台宗外,还有华严宗。唐代是华严宗大发展的时期,华严宗溯其源,与智顗同一时期的终南山高僧杜顺是它的始祖,杜顺的弟子智俨对华严宗创立有重要贡献,但最后成就宗派的是智俨弟子法藏和澄观。

在中国佛教的诸宗派中,华严宗是理论思维最高的一个派别。澄观被推为华严四祖,实是华严宗的集大成者。澄观(738—839),山阴人。他 11 岁出家,21 岁遍游名山大川,遍访高僧,广学经藏。先学《法华经》,后习《华严经》,又遍学"三藏"。他曾从天台宗大师湛然学习天台宗的《止观》、《维摩》等经,又向惠忠禅师、径山道钦禅师等学习南宗禅法,晚年居五台山专讲华严经,提出一套很系统的佛学理论:"法界缘起"、"六相圆融"、"十玄无碍"。可谓体系大备。

华严宗深得唐朝统治者的青睐。公元 795 年唐德宗生日时,澄观被召入内殿讲经,唐德宗赐号"清凉法师",礼为"教授和尚"。唐宪宗时,澄观被加号"大统清凉国师",并敕有司铸金印。借助政治力量,华严宗得到空前发展。澄观有弟子一百余人,著名的弟子有僧睿、宝印、寂光等。澄观著述甚多,主要有《华严经疏》、《华严经随疏演义钞》、《贞元经疏》、《华严法界玄镜》、《华严经略策》、《新经七处九会颂释章》、《三圣圆融观门》等。

---

① 智顗:《观音玄义》卷上。
② 同上。

不管是天台宗,还是华严宗,均与原始的佛教相差太远,它已经融入了许多中国传统文化的东西。天台宗的创始人智顗以及他的弟子,华严宗的创始人澄观及其弟子,都在佛教与中国传统文化的会通上做出了重要贡献。

(三)佛教(下):禅宗

佛教中国化程度最高的是禅宗。禅宗分北宗和南宗,北宗讲渐悟,南宗讲顿悟,比较起来,南宗更符合中国士人的趣味,因而发展传播远较北宗要快,后来,北宗衰微,南宗成为禅宗的一统天下,言禅宗即言南宗。南宗的创始人为慧能,为禅宗的六世祖,他以下分成南岳、青原两系。这两系后来产生了五个禅宗的宗派,即南岳系下有沩仰、临济两宗,青原系下有曹洞、云门、法眼三宗。后来,临济下又派生出黄龙、杨歧两家。这诸多的禅宗宗派中,曹洞、云门、法眼三宗均为浙江的僧人所创。

曹洞宗的创始人是良价(807—869),越州诸暨人,他与弟子本寂共创了此宗派。曹洞宗的禅法主要有"五位"说,这五位又分别有"四种":正偏、功勋、君臣、王子。具体演化比较复杂,但有一个优点非常突出,那就是将中国封建伦理与佛学结合得非常好。

曹洞宗的突出特色是"圆融",而且主要是"理事圆融"。这一理论充分体现出中华民族的传统智慧。曹洞宗的影响很大,流传到日本,深受日本佛学界的欢迎。曹洞宗的传人,延寿禅师是浙江余姚人,所作《宗镜录》和《万善同归录》是禅宗史上的重要著作。

云门宗创始人为文偃(864—958),唐五代时嘉兴人,文偃幼年出家,曾参谒著名高僧雪峰义存,得到雪峰义存印可后,游疏山、曹山、天童山,最后定居韶州云门山弘扬禅法,自成一系,故云"云门文偃"。云门宗以教法简捷明快而形成特色,"函盖乾坤"、"截断众流"、"随波逐流"为"云门三句",是云门宗接引的三种方法。总的精神是让徒弟超出原有的思维,以别的途径去理解佛法。当弟子问他"如何是佛"时,他的回答是"佛是干屎橛",让弟子目瞪口呆。云门宗唐代创宗后,影响一直很大,直到南宋,才开始衰微。

法眼宗创始人为文益(874?—958?),余姚人,他俗姓鲁,七岁出家,曾参雪峰义存高足长庆慧棱,后云游,在樟州见到罗汉琛禅师,与之论道,深感自己有欠缺,遂留下学习禅法。后去崇寿院弘法,南唐国主崇佛,将文益法师请到报恩禅院,署净慧禅师。后又住清凉院,弘扬佛法,并将自己的佛学整理成一个系统。总起来看,法眼宗兼取华严宗的"六相"(总、别、同、异、成、坏),整合禅法中的"万法唯心"而形成一套体系比较严密、兼收并蓄的禅法。《五灯会元·清凉文益禅师》卷十载:

> 师一日与李王论道罢,同观牡丹花。王命作偈,师即赋曰:"拥毳对芳丛,由来趣不同。发从今日白,花是去年红。艳冶随朝露,馨香逐晚风。何须待零落,然后始知空。"

文益弟子很多,嗣法弟子中,著名的有天台德昭、清凉泰钦、灵隐清耸、归宗义崇等。

禅宗是佛教中国化的最后完成,所谓最后完成,也就是说,佛教这一外来的宗教,已经成为中国人的宗教了。而它之所以能成为中国人的宗教,同样也是与汇纳、吸收中国传统文化分不开,而且它所实现的中国传统文化与佛教会通的程度最高。虽然禅宗肇始不在越地,但禅宗后来产生的五个流派,有三个在越,越对禅宗的贡献不言而喻了。

(四)理学:吕祖谦

理学产生于北宋,又称为道学。主干是儒学,然又不同情况地整合道、佛诸家思想,构成新的学术形态。较之以前的儒家,不仅体系更加完整、庞大,而且形而上的程度更高。本来儒家学说不论在先秦,还是两汉,主要还是伦理学—政治学相结合的形态,还谈不上是一种完善的哲学,但到理学这里,哲理程度相当高了,是一种真正的哲学。北宋的理学,首创于周敦颐、邵雍、张载、两程(程颢、程颐)则各自有新的发展,在宇宙本体论上,分别为数本体、气本体、理本体。

南宋的理学承北宋理学,又有新的发展,在本体论上主要集中在理本体与心本体上。代表人物分别为朱熹和陆九渊。朱熹讲学主要在福建,陆九渊讲学主要在江西。浙江的理学代表人物为吕祖谦,在本体论上兼容朱熹的理本体与陆九渊的心本体,他创立的这个学派,称为金华学派。要论自南宋至清代,越地学术源流,学脉承继,不能不首先拎出吕祖谦、朱熹、陆九渊这一学术"三角"关系来。

吕祖谦(1137—1181),字伯恭。曾祖吕好问,南宋初年以恩封东莱郡侯,始定居婺州金华。吕祖谦家世显赫,八世祖吕蒙正,为宋太宗太平兴国二年(977)进士第一;七世祖吕夷简,真宗咸平三年(1000)进士;六世祖吕公弼、吕公著,以荫入仕,分别赐进士出身并登进士第。以上诸吕皆曾入朝为宰相。五世祖吕希哲、曾祖吕好问、伯祖吕本中、祖父吕弸中、父亲吕大器等,皆为朝廷命官。

吕氏家族除官位显赫外,学业上也颇有建树。《宋史·吕祖谦传》说:"祖谦之学本之家庭,有中原文献之传。"吕祖谦儿时,随父亲在福建任所,从师林之奇。林之奇字少颖,一字拙斋,学者称三山先生,是吕祖谦伯祖吕本中的弟子。吕祖谦后随父至临安,又从师于汪应辰和胡宪。汪应辰、胡宪均是当时第一流的学者。孝宗隆兴元年(1163),吕祖谦考中博学宏词科,接着中进士,从此走上仕途。曾升任太学博士,兼国史院编修官、实录院检讨官。

尽管入仕是吕祖谦的愿望,但他于此并不在意。他将大部分的精力用在学术研究上。吕祖谦为人谦和宽容,治学兼收并蓄,他与朱熹、陆九渊均相善,在调和朱熹学术与陆九渊学术上,起到特殊的作用。首先是,吕祖谦与朱熹的学术会晤,淳熙二年(1175)三月二十一日,吕祖谦与弟子潘景愈应朱熹之邀,从婺州启程去福建会朱熹。四月一日到达朱熹的家乡五夫镇,在朱熹的住地寒泉精舍,他们有过长达一个半月的聚会,经过反复的学术交流,达成共识,共同编成了《近思录》一书。他们还共同商定删节程氏遗书,约取精要,编成《程子格言》。寒泉之会后,经吕祖谦的安排,又有朱熹与陆九龄、陆九渊的鹅湖之会。鹅湖之会的时间,朱、陆、吕三家年谱均说是淳熙二年(1175)四月,按《朱子大传》作者束景南的考证,应是五月。

鹅湖之会的论战双方是朱熹与陆九龄、陆九渊兄弟。鹅湖之前,朱熹会过湖湘学派的张栻,也会过金华学派的吕祖谦,对这两家学说,进行了整合。陆氏兄弟在鹅湖会之前思想也不够一致,赴会前一天,陆九渊对陆九龄说:"伯恭约元晦为此集,正为学术异同,某兄弟先自不同,何以望鹅湖之同?"经过一天的论辩,陆九渊折服了陆九龄。鹅湖之会,大约开始于五月二十八、二十九日,结束于六月八日。

这场学术论辩具有多方面的重大意义,而于我们本书所要论述的越中名士文化来说,它的意义有三:

第一,这是理学历史上的最为重要的学术论辩,全面展示了理学中两大主流派别理本体派与心本体派的冲突,在一定程度上实现了两者的整合,不仅为整个理学的发展开辟了道路,而且于越地学术(可简称为浙学)的发展提供了新的基础,实际上,它为明代中期王阳明心学的异军突起,且大放光彩做了最为充分的理论准备。王阳明心学产生于越地,但显然不属于越地,它是具有全国影响的哲学思想,统治明代中期至晚期,长达数百年,其影响直达清末。

第二,这是一场非常出色的学术队伍的锻炼,不仅出席会议的所有的学人,特别是朱、吕、陆的弟子们受到极好的学术训练,而且其论辩的内容与方法,对全国所有的学人,也都是一份最为出色的教材与示范的样本。

第三,朱熹是南宋理学执牛耳的人物,他的学问得以成其大,除了他自己好学、精研以外,与各学派之间交流有很大关系。在学术领域朱熹是比较排斥异端的,他对湖湘之学、金华之学、金溪之学、永嘉之学开始均持批评态度,然在与他们交锋之中,还是有所吸取的。这对于朱子之学后来成为中国封建社会的主流意识形态有很大关系,鹅湖之会是朱熹的理学与陆九渊的心学最直接的交锋。会后,朱熹在致友人的信中说"讲论之间,深觉有益"①。陆九渊后来写了一篇《敬斋记》,对自己的心学做了最为深入的阐发,显然也是吸取了朱熹的批评。

第四,由于吕祖谦在鹅湖之会中所居的组织者的重要地位,吕祖谦的以浙江为根据地的金华学派受益最大,影响所及还有浙东以陈亮为代表的永康学派和稍后一些的以叶适为代表人物的永嘉学派。《宋元学案》卷五十一《东莱学案》说:"宋乾淳以后,学派分而为三:朱学也,吕学也,陆学也。三家同时,皆不甚合。朱学以格物致知,陆学以明心,吕则兼取其长,而复以中原文献之统润色之,门庭径路虽别,要其归宿于圣人则一也。"南宋的学术圈,虽然朱熹的影响最大,但因为吕祖谦与各方面的人物关系最好,其学问又具兼容并包的特色,各方面人物均能接受他,因而实际上处于组织者、协调者的地位。朱熹之认识当时学界重要人物薛季宣、陈亮、陆氏兄弟,均是吕祖谦牵的线。朱熹与浙东学者薛季宣、陈亮的接触,不仅于朱子之学的完善有益,也于薛季宣、陈亮的学说完善有益。

从某种意义上讲,吕祖谦才是南宋越地学术真正的领袖。

① 《朱熹文集·答张敏夫》卷三十一。

（五）心学：王阳明及阳明后学

王阳明是继朱熹之后最大的儒家代表人物。他27岁进士及第，步入仕途，虽然也有挫折，但总的来说还算辉煌。王阳明是中国封建社会少有的文武全才的知识分子，"内圣外王"两方面均达到了极至。他平定明藩王朱宸濠叛乱的大智大勇，是让人惊叹不已的极为辉煌的经历，他在许多地方做过地方官，也不乏政绩。但所有这些，均被他在学术上的巨大成就掩盖了。王阳明在学问上虽然宗儒家，但亦吸取了道家、禅宗的不少东西，可以说是典型的汇纳百川。

王阳明治学贵创造，他的学说通常归之于心学，似与南宋的陆九渊一路，其实，他有许多新的创造。其中最为重要的是，他所理解的心本体不是一般的心或者说精神，而是"良知"。"良知"是什么？王阳明认为是"仁"。因而，心本体实质是仁本体。王阳明深入研究朱熹的学说，吸收了不少东西，但又在很多重要的地方提出不同的观点，实现对朱熹的超越。比如，朱熹重"格物"，"格物"在朱熹主要是认识论，而王阳明将"格物"理解成"正心"，认为主体的"正心"应是能否正确认识世界的关键。这种先验论有些类似康德。

关于王阳明的学问，我们在"圣贤传统"一节有过比较详细的介绍，此不再细说。

王阳明学派在王阳明去世后有所分化，这种分化出于王阳明学说中内在的矛盾。这种矛盾，王阳明在世时就暴露了，当时，王阳明的两位大弟子王畿和钱德洪对王阳明学说的理解有分歧。

王畿的理解是："心体既是无善无恶，意亦是无善无恶，知亦是无善无恶，物亦是无善无恶。"总称"四无"。第一"无"是说"体"，后三"无"是说"功夫"。钱德洪的理解是："心体原来无善无恶，今习染既久，觉心体上见有善恶在，为善去恶，正是复那本体功夫。"①按钱的观点，心体本是无善无恶的，但受到各种习染，就有善恶之别，所以要用功夫去为善去恶。

嘉靖六年(1527)，王阳明奉命赴广西平定叛乱，九月八日出发前一天晚上，在绍兴天泉桥上向他的两位大弟子钱德洪、王畿谈自己的治学宗旨，

---

① 《王阳明全集·年谱》。

史称"天泉证道"。此后,两位弟子送王阳明至严滩。王阳明在严滩再次申说自己的观点。

针对王畿和钱德洪的分歧,王阳明说:"二君之见正好相取,不可相病。汝中〔王畿〕须用德洪功夫,德洪须秀汝中本体。"此话怎讲? 王阳明认为,钱德洪重功夫,强调人要为善去恶,这是很对的,只是对于本体的认识不够。关于本体,王阳明认为,那是心,亦是良知。"良知本体原来无有。本体只是太虚,太虚之中,日月星辰、风雨露电、阴霾噎气,何物不有? 而又何一物得为太虚之障? 人心本体亦复如是。"王阳明让钱德洪很好地吸取王畿关于心本体的思想,充分认识到心本体是为无有,为太虚。而对于王畿,他肯定了其关于心本体的观点,但又觉得他对功夫重视得不够,意思是:尽管心本体是无善无恶的,但不能因此就不重视功夫了,所以,他要王畿吸收钱德洪的功夫论。

王阳明肯定王畿,主要是在理论层面上;肯定钱德洪,主要是在实践层面上。

王阳明总结自己的观点是:"无善无恶是心之体,有善有恶是意之动,知善知恶是良知,为善去恶是格物。"这就是有名的"四句教"。"四句教"实际上是将王畿和钱德洪的观点整合起来。

表面上看,问题是解决了,而实际上没有解决,因为既然心之体是"无善无恶"的,怎么会产生"意",怎么会是"有善有恶"的? 逻辑上讲不过去,本体是无,功夫是有,本体与功夫怎么统一? 正是因为王阳明学说的内在矛盾,王学不可避免地分化了。

王阳明去世后,王畿与钱德洪并没有按照王阳明的思路,将本体与功夫统一起来,仍然各自照着自己的观点去教学,去实践,这样,各自形成自己的学派。在钱德洪,是"事上磨炼"说,重功夫;在王畿,是"心上立根"说,重本体。

钱德洪(1486—1574),本名宽,字德洪,号绪山,余姚人;王畿(1498—1583),字汝中,号龙溪,山阴人。两位均是越人。他们如乃师一样,具有乃师一样的治学品格:重会通,但更重创造,会通的目的是创造。

由于种种原因,阳明后学在晚明越来越流于浮泛空虚,甚至被讥为"野狐禅",这就引起一些有识之士起来反思、批判,以建立新的理论体系。这中间最为卓越的一位则是王阳明的同乡刘宗周。

刘宗周(1578—1645),字起东,别号念台,学界称念台先生。刘宗周的学问给人的感觉是精审严谨,他清醒地认识到阳明后学的弊病,从孔孟元典和程朱理学那里援引活水予以重建,在他这里,阳明学与朱子学实现了真正的统一。检阳明后学,不管是王畿,还是钱德洪,在会通与创造这两方面,似是创造重于会通,而刘宗周却是更重视会通。这不是刘宗周不重视创造,事实上,在会通中,他亦有很多的创造,对此,我们在"圣贤传统"一节中也做过一些评介,但为什么刘宗周的学说让人感到会通多于创造呢?这主要是学术发展的规矩使然,正如分久必合,合久必分一样,学术在各自标新立异走得太远、偏执一词之时,就有学人出来,进行必要的综合。刘宗周做的主要就是理学的整合工作。

刘宗周的弟子黄宗羲在评述明代学术时说:

> 有明学术,白沙〔陈白沙〕开其端,至姚江〔王阳明〕而始大明。盖从前习熟先儒之成说,未尝反身理会,推见其隐,此亦一述朱,彼亦一述朱……逮及先师蕺山〔刘宗周〕,学术流弊,救正殆尽。向无姚江,则学脉中绝,向无蕺山,则流弊充塞。凡海内之知学者,要皆东浙之所衣被也。①

黄宗羲说明代学术从陈白沙开始,就有反批朱熹的意思,到王阳明那里,这意思就明白了,而且许多方面确有矫朱学流弊的重要意义,然而延及阳明后学,这批朱学,就走得过头了,反过来,王学的流弊出来了,于是就有刘宗周出,力矫王学流弊。黄宗羲的评论是客观的。他说:"向无姚江,则学脉中绝,向无蕺山,则流弊充塞。"细检刘宗周的学说,王学与朱学会通,良知与格物共存。就此而言,刘宗周是宋明理学的集大成者。

会通与创造的综合本不是越地学人独有的治学之路,而是中国学人共同的治学之路,只是,越地在这方面做得比较突出,产生了一些大家。基于论题的限制,我们对学术的分化谈得不够,其实,学术的分化亦如学术的会通一样,都是学术发展的动力,王阳明后学的分化完全是正常的,不是坏事,而是好事。越地的学术一直非常活跃,不只是明代,早在南宋就出现了百家争鸣的可贵局面。除了著名的鹅湖朱陆论辩以外,还有很多论辩,只是没有鹅湖之会这么有名罢了。越地的学术就是这样,在论辩中发展,又

---

① 黄宗羲:《黄梨洲文集·移史馆论不宜立理学传》。

是在会通中壮大。

自汉以来的越地学术史非常丰富。我们发现，几乎在中国历史上产生过重要影响的学说均在浙江产生过，影响过，可以说"百舸争流"。这些不同学派或前后相继，或同时存在，彼此之间有争辩，有吸收，有发展，蔚为大观。其学术之路一直没有中断过，好比长江大河，汇纳百川，虽水浪相触，然总的趋向是前进，前进。

二、实学一脉

中国文化有"实学"的提法，关于其渊源，一种观点认为，北宋张载的关学是其开端。① 另一种观点认为，它始于唐代。具体来说，"实学"这一概念是代宗时礼部侍郎杨绾在其奏章中提出来的。杨绾在奏疏中说："……人伦之变，既曰实学，当识大猷。居家者必修德业，从政者皆知廉耻，浮竞自止，敦庞自劝，教人之本，实在兹焉。"②这里说的实学，主要为进德、修业，侧重于心性，应该说不是实学的主流，实学的主流是经世致用，而且主要是重经济、重农桑、重工商、重实测、重功利。

实学传统实肇始于先秦春秋时期。先秦诸子百家，多有实学思想，其中古越国勾践的谋臣集团有强烈的实学意识。肇始于勾践谋臣集团的实学意识，成为越地的一种文化精神，历代均有传承，其中南宋时期，还发展出以浙东陈亮和叶适为代表的事功学派，明代的王学，以商人为基本队伍，明显地依据于江浙的工商繁荣。近代，龚自珍的启蒙思想、洋务派的"中学为体，西学为用"的思想，明显地具有实学色彩。越地在实学方面，既是始作俑者，又是成其大者。

（一）"实学"开创者范蠡
越王勾践的重要谋臣范蠡可以称之为实学的开创者。

范蠡首先从"道"与"术"上提出"实"这一概念。见之于《越绝书》，

---

① 参见中国实学研究会编：《实学文化与当代思潮》，首都师范大学出版社 2002 年版，第 94 页。

② 《旧唐书》卷一九九《杨绾传》。

文云:

> 昔者,越王勾践问范子曰:"古之贤主、圣王之治,何左何右? 何去何取?"范子对曰:"臣闻圣主之治,左道右术,去末取实。"越王曰:"何谓道? 何谓术? 何谓末? 何谓实?"范子对曰:"道者,天地先生,不知老;曲成万物,不名巧,故谓之道。道生气,气生阴,阴生阳,阳生天地。天地立,然后有寒暑、燥湿、日月、星辰、四时、而万物备。术者,天意也。盛夏之时,万物遂长,圣人缘天心、助天喜,乐万物之长。故舜弹五弦之琴,歌《南风》之诗,而天下治,言其乐与天下同也。当是之时,颂声作。所谓末者,名也。故名过实,则百姓不附亲,贤士不为用,而外诸侯,圣主不为也。所谓实者,谷也,得人心,任贤士也,凡此四者,邦之宝也。"①

范蠡在这里谈了道与术、名与实两对关系。道是宇宙天地之本,它先天地而存在,相当于老子说的"自然"。道产生万物,这个过程是:道生气,气生阴,阴生阳,阳生万物。范蠡说的这个道生万物的过程,基本上来自《老子》,但是《老子》没有明说阴生阳。老子只是说"道生一,一生二,二生三,三生万物"。这"一"可以理解为气,这"二"可以理解成阴阳,这"三"可以理解成"三才"——天、地、人。由天、地、人再生出万物来。不过,老子看重"玄牝",认为万物皆生于"玄牝","玄牝"为阴,所以,说阴生阳,也符合《老子》的思想。"术",范蠡说是"天意"。这"天意",可以理解成自然规律,比如"盛夏之时,万物遂长",天意为圣人所认识,用之于社会实践,则为术。范蠡说:"圣人缘天心,助天喜,乐万物之长。"举例来说,舜弹五弦之琴,歌《南风》之诗,这琴乐、这诗意均合于天心,万民皆受此乐之洗礼,国大治。可见,"术"即为"道"之用。对于君王来说,"道"和"术"均是重要的,好比左右手,不可缺一,所以有"左道""右术"之说。"名",范蠡说是"末","末"与"本"相对,范蠡这里没有说何为本,只说名是末。本是根,一般是藏在土中的,而末则显露于外。末来自本,本决定着末,无本则无末。范蠡没有将"本"拎出来与"名"相对,拈出一个"实"来与"名"相对。他说,"名过实",则如何如何的不好。这"名"与"实"就存在一个关系。与"过"相对的是"不过","不过",又有两种情况,一种为"欠",另就是相符。相符,名与

---

① 吴平、袁康:《越绝书》卷十三《越绝外传枕中第十六》。

实恰到好处,名即是实,实即是名;"过"与"欠"均表现为名实不符。名过于实,当然不好,名欠于实,也不好。那么什么是"实"呢? 范蠡提出:谷帛充足,衣食不愁;大得人心,上下和谐;任用贤士,国势兴旺。这样看来,这"实"其实就是"道""术"在治国治民上的具体体现。而名,只是对这个"实"的语言表述罢了。

在勾践的谋臣中,范蠡是位哲学家,也是实践家,他将他的哲学观念与政治主张结合得非常好,他所有的治国方略均可以从哲学观念上找到依据,而他的哲学观念也决不停留在观念的层次上。换句话说,他既是务虚的,也是务实的,但归根到底仍是务实的。所以,虽然他只提出"实"这一概念,没有提出"实学"这一概念,但实际上是主张实学的。这可以从他与勾践讨论治国问题时所做的精辟论述看得出来,

第一,"中和"之理与治国的关系:"中和"是中国古代哲学中的精华,春秋时代就谈得比较地多了。范蠡也主"中和"说,而且在他与勾践讨论治国之理时,特别地谈到了中和。但是,他不去抽象地谈何谓"中",何谓"和",而是结合政治行为来谈,着重谈的是"执中和","执"者,行为也。他说:"百里之神,千里之君,汤执其中和,举伊尹,收天下雄隽之士,练卒兵,率诸侯兵伐桀,为天下除残去贼,万民皆歌而归之。是所谓执其中和者。"①

第二,重"道"尊"天"与爱民的关系:范蠡强调"知保人之身者,可以王天下,不知保人之身,失天下者也"②。这话的意思是,知道如何保护人民的生命,则可以王天下,不知道保护人民的生命,则失去天下。这是讲爱民,很具体,很实际,然当勾践问"何谓保人之身"时,范蠡则将这提到重道尊天的理论高度去了,说:"天生万物而教之而生,人得谷即不死,谷能生人,能杀人,故谓人身。"③"天生万物而教之而生",这话明显与老子说的"天地不仁,以万物为刍狗"相似,不同的是,范蠡还强调万物的"生"。万物既是天生,必然也是天成。这是大道理,落实到爱民上,则应让人民活,如何让人民活,就是要保证人民有饭吃。

第三,"天之三表"与"保谷"的关系:勾践问如何才能"保谷",即搞好粮食生产。范蠡说:"夫八谷贵贱之法,必察之天之三表。"意思是,粮食的

① 吴平、袁康:《越绝书》卷十三《越绝外传枕中第十六》。
② 同上。
③ 同上。

丰歉与天之三表有关系。所谓"天之三表",范蠡是用阴阳五行来解释的:"金、木、水、火更相胜,此天之三表者也,不可不察。"①这种解释似是很玄,其实就是讲天气,范蠡将这种理论落实在农事上就是讲不违农时。

第四,"天道"与"人治"的关系:勾践问:"春肃、夏寒、秋荣、冬泄,人治使然乎? 将道也?"意思是,这季节错乱了,是天道出了问题,还是人治出了问题。范蠡说,天是有常道的,"春者,夏之父也,故春生之,夏长之,秋成而杀之,冬受而藏之"②。如果自然界有些异常,不是春荣,而是春肃,不是夏热,而是夏寒,不是秋肃,而是秋荣,不是冬藏,而是冬泄,则应从人治方面找找原因。范蠡这样说,当然是为了勉励君王切实地做好自身的工作,做一个勤政爱民的好国王。

第五,阴阳理论与富邦强兵的关系:越王勾践问:"吾欲富邦强兵,地狭民少,奈何为之?"范蠡说:"夫阳动于上,以成天文,阴动于下,以成地理。审察开置之要,可以为富。"③富国强兵是勾践最关心的,范蠡将这样一个操作性很强的实际问题上升到哲学的高度,据此大谈了一通阴阳变化的道理,他说,阳气在上面活动,构成了日月星辰;阴气在下面活动,造就了山川湖海,只要掌握了开关天门和地户的要点,就可以使国家富强。

范蠡与勾践论治国,谈了很多大道理,多来自道家、阴阳家、易学,但都一一落实到治国上去。值得我们特别注意的是,范蠡也是中国最早的大商人。他在越国为官时,积极地发展工商贸易事业,推动越国经济的发展。越王灭吴后,他清醒地认识到,与越王勾践很难再继续合作下去了,便悄悄地离开了越国,用治国的办法用之于经商,在商业方面成就了另一番辉煌。《史记·货殖列传》有一段记载:

> 范蠡既雪会稽之耻,乃喟然而叹曰:"计然之策七,越用其五而得意,既已施于国,吾欲用之家。"乃乘扁舟浮于江湖,变名易姓,适齐为鸱夷子皮,之陶为朱公。朱公以为陶天下之中,诸侯四通,货物所交易也。乃治产积居,与时逐而不责于人。故善治生者,能择人而任时。十九年之中三致千金,再分散与贫交疏昆弟,此所谓富好行其德者也。

---

① 吴平、袁康:《越绝书》卷十三《越绝外传枕中第十六》。
② 同上。
③ 同上。

后年衰老而听子孙,子孙修业而息之,遂至巨万。故言富者皆称陶朱公。①

范蠡不仅是成功的政治家,也是成功的商人。范蠡不乏哲学,他大道理懂得很多,但他不去做玄思,不去尚虚谈,而是用之于政治,用之于经商,他理所当然地堪称为中国实学之祖。

(二)文种、计然之实学

越王勾践的谋臣中,文种和计然也许在哲学理论上不如范蠡,但在实际事务上并不让范蠡。他们同样尚实学。

文种,字子禽,楚平王时任宛令。至越后,得到越王重用,越王去吴国为奴,范蠡陪同,越国国内的事务全赖文种操持。他的政治思想集中体现在伐吴九术上。越王勾践曾问他:"何谓九术?"文种说:"一曰尊天地,事鬼神;二曰重财币,以遗其君;三曰贵籴粟槁,以空其邦;四曰遗之好美,以为劳其志;五曰遗之巧匠,使起宫室高台,尽其财,疲其力;六曰遗其谀臣,使之易伐;七曰疆其谏臣,使之自杀;八曰邦家富而备器;九曰坚厉甲兵、以承其弊。"②这"九术",后来真成为越对付吴的主要策略,其中重财币、贵籴粟槁、厉甲兵、邦家富这几条属于强越措施,是实学的具体实践;其他几条,除第一条外,均是削吴的诡计,不在此例。

越王勾践另外还有一个重要谋臣计然,又名计研,亦写作计倪。他姓辛,字文子,其先为晋国公子,曾南游于越,范蠡师事之。计然精通数学,工心算,后人将他与汉代桑弘羊并列,称"研桑心算"。计然懂经济,他对越国的贡献,主要是为越王在经济发展上献计献策。据史载,他曾向越王献《七策》。七策与九术不一样,它侧重于经济,可惜的是,《七策》已佚,不过,《史记》、《汉书》、《越绝书》尚保存了他的一些言论,这些言论在一定程度上反映了他的经济思想。

第一,兴师必须先做好物质准备。勾践对计然说,他欲图吴,又怕不能取胜,怎么办。计然说:"兴师者必先蓄积食、钱、布帛。"③俗话说,兵马未动,粮草先行。计然强调这一点,对于急于报仇的勾践来说是非常重要的。

---

① 《史记》卷一二九。
② 吴平、袁康:《越绝书》卷十二。
③ 吴平、袁康:《越绝书》卷四《越绝计倪内经第五》。

计然说:"师出无时,未知所当,应变而动,随物常羊,卒然有师,彼日以弱,我日以强。"①只要做好了充足的准备,敌人即使突然而来,也将把他们一天天拖垮下去,而我方则一天天强大起来,最后胜利仍然在我。事实上,对于军力、财力均落后的越国来说,灭吴,不是一朝一夕的事。后来的事实也充分证实了这一点。勾践公元前490年从吴国放回来后,光积极准备灭吴,就花了八年时间。公元前482年开始伐吴,直到公元前473年才灭吴,这场战争打了九年。如果不是采纳了计然的意见,发展生产,蓄足粮食、钱、布帛,这场战争是不可能取胜的。

第二,强国必须发展农业生产。勾践对于计然说的兴师必先准备足粮食、钱、布帛的观点很赞成,但如何才能备足这些军需物质呢?计然的意见是:"必先省赋税,劝农桑,饥馑在问,或水或塘。因熟积,以备四方。"②

第三,发展农业生产必须善"断时",用智。计然说:"臣闻君自耕,夫人自织,此竭于庸力,而不断时与智也,时断则循,智断则备,知此二者,形于体,万物之情,短长逆顺,可观而已。"③这话的意思是,君王您亲自耕田,夫人也亲自织布,这诚然不错,能起到带头作用,但最重要的是学会判断时令,用智慧去治国。能按时令去生产,您就会发现这里有规律可以遵循,能用智慧治国则万事则备。这两点,既体现在百物的外在形态上,也是百物内在的本质,明白这一点,短长顺逆,一目了然。计然强调的"时"可以理解成客观规律,在农业生产,时令最为重要,要按时令种植。"智"可以理解成科学技术,要提高农业产量,必须革新农具,改进耕作方法。

第四,强国必须重视商品流通。由于年成有好坏,各地气候变化亦不同,不可能做到年年农业产量都一样,也不能做到各地有一样的好收成。做好商品流通,加强农贸管理,以丰补歉,以多调缺,十分重要。计然说:"太阴三岁处金则穰,三岁处水则毁,三岁处木则康,三岁处火则旱。故散有时积,敛有时领。则决万物不过三岁而发矣。以智论之,以决断之,以道佐之。断长续短,一岁再倍,其次一倍,其次而反。水则资车,旱则资舟,物之理也。天下六岁一穰,六岁一康,凡十二岁一饥,是以民相离也。故圣人

---

① 吴平、袁康:《越绝书》卷四《越绝计倪内经第五》。
② 同上。
③ 同上。

早知天地之反,为之预备。"①这实在是一篇非常精彩的商业流通论。这其中的经济学原则即使放在今天也是有益的。

(三)陈亮的实学思想

由范蠡、文种、计然所开创的实学传统,在南宋被陈亮、叶适很好地继承。陈亮和叶适也因此成为中国实学传统中的事功学派的代表人物。

陈亮是南宋时期著名的爱国学者,他力主北伐,收复故地。他曾一连给孝宗皇帝上书四次,力陈治国方略,引古征今,说理透辟,意气纵横,一度也引得孝宗皇帝为之动心,亦曾想启用他为官,但最后不了了之。陈亮一生坎坷,多次遭奸人陷害,银铛入狱,幸得有辛弃疾等好友为之辩诬,才得出狱。直至晚年,陈亮才得中进士,被授予建康通判这样一个小官,但未及上任即死,终年不过55岁。叶适为陈亮的不幸遭遇慨叹不已,曰:"初,天子得同甫所上书,以为绝出,使执政召问,当从何处下手,将繇布衣径唯诸殿以定大事,何其盛也! 然而诋讪交起,竟用空言罗织成罪,再入大理狱,几死,又何酷也! 使同甫晚不登进士第,则世终以为狂疾人矣。呜呼,悲夫! 同甫其果有罪于世乎? 天乎! 予知其无罪也。同甫其果无罪于世乎? 世之好恶未有不以情者,彼于同甫何独异哉!"②

陈亮是中国历史上不多的奇才,他治学有一个非常突出的特点,就是古为今用,理为事用。

陈亮通晓历史,他著《酌古论》,纵论历史上的著名人物,对他们的功过的论断极富时代色彩,分明见出,要从历史人物身上吸取智慧与教训。比如,他谈诸葛亮,他说:"故夫谲诈者,司马仲达之所长也,使孔明而出于此,则是以智攻智,以勇击勇,而胜负之数未可判,孰若以正而攻智,以义而击勇? 以孔明之志也,而何敢以求近效哉! 故仲达以奸,孔明以忠;仲达以私,孔明以公,仲达以残,孔明以仁;仲达以诈,孔明以信。"③这话的弦外之音是仁者可敬,然仁者无用。诸葛孔明虽然其智其勇均不在司马仲达之下,然而诸葛孔明却不敌司马仲达,败就败在这个仁字上。陈亮在这里明确地说,北伐抗金,要想取得成功,靠儒家那一套是不成的,金不跟我们讲

① 吴平、袁康:《越绝书》卷四《越绝计倪内经第五》。
② 《陈亮集·叶适龙川文集序》。
③ 《陈亮集·酌古论三·诸葛孔明》。

仁,我们又何必讲仁呢?这里所表现出的基本立场明显不同于朱熹,朱熹是主张以儒家的仁义学说与金周旋,实质是讲和,并企图以儒家学说来保全这半壁江山的。陈亮为诸葛亮而慨叹,他说:

> 英雄之士,能为智者之所不能为,则其未及为者,盖不可以常理论矣。骐骥之马,足如奔风,升高不轩,履湿不濡,度山越堑,瞬息千里,而适值一马,盖亦能然,则虽有此骏,而不足以胜之也。于是驾以轻车,鸣以和鸾,步骤中度,缓急中节,铿锵乎道路之间,能行千里而能不行,虽无一时之骏,而久则有万全之功。何则,吾乘其所能而出其所不能,可以扼其喉而夺之气也。且谲诈无方,术略横出,智者之能也,去诡诈而示之以大义,置术略而临之以正兵,此英雄之事,而智者之所不能为矣。①

这话就再清楚不过了,骏马如不能用其能,则与普通的马没有什么区别。智者与谲诈是一回事,英雄是不要诡诈的,英雄要讲大义,但是英雄经常不敌智者,诸葛孔明不就打不过司马仲达吗?陈亮扼腕浩叹,其用心之良苦,可以想见。

陈亮通晓儒家典籍,他著《经书发题》,对《书经》、《诗经》、《周礼》、《春秋》、《礼记》、《论语》、《孟子》诸书,多所阐微,且精彩迭出。另,在其他文章中也多引儒家著作,加以评论、发挥。这些议论都有现实的针对性,明显地是我说六经,或者说今说六经。

陈亮在实学上的主要贡献,大致可以归为四个方面:

第一,"商借农而立,农藉商而行,求以相补,而非求以相病"②。陈亮在《上孝宗皇帝第一书》中,分析了金为什么能灭宋,主要在于宋的国力削弱了。他说:"夷狄之所以卒胜中国者,其积有渐也。立国之初,其势固必至此。故我祖宗常严庙堂而尊大臣,宽郡县而重守令;于文法之内未尝折困天下之富商巨室,于格律之外有以容奖天下之英伟奇杰,皆所以助立国之势,而不为虞之备也。"③他站在重商的立场上,对王安石的变化有所批评,认为"均输之法,惟恐商贾之不折也"。

在《四弊》一文中,他说:"古者官民一家也,农商一事也。上下相恤,有

---

① 《陈亮集·酌古论三·诸葛孔明上》。
② 《陈亮集·上孝宗皇帝第一书》。
③ 同上。

无相通,民病则求之官,国病则资诸民,商藉农而立,农赖商而行。求以相补,而非求以相病,何尝一日不行于天下哉!"他总的思想是社会协调发展,官民相恤,农商互利,"官民农商,各安其所而乐其生"①。

陈亮虽然重商,但还是更看重农业,他对王安石变法的批评,也是出于发展农业生产,他认为,王安石的"青苗之政,惟恐富民之不困也"②。他对皇帝的肯定,首先是"笃志爱民,每遇水旱,忧见颜色,是大有德于天下也"③。在致朱熹的《壬寅书》中,他对于永康一带"天作旱势",表现出极大的忧虑。关切地问起:"绍兴有梅雨否? 无不插之田否?"

重视农桑是中国历来国策,不算创见,但强调商业为强国之源,在陈亮之前,是不多的。

第二,义利、王霸应谋求统一。陈亮实学最主要的观点是义利、王霸应是统一的。在这个问题上,他与朱熹有过许多辩论。陈亮与朱熹是朋友,私交甚密,彼此赏识。淳熙九年(1182),陈亮至衢州、婺州访朱熹,相处旬日。朱熹也至永康访过陈亮。陈亮说朱熹"体备阳刚之纯,气含喜怒之正"④;而朱熹称赞陈亮的文章"纵横奇伟,神怪百出,不可正视,虽使孟子复生,亦无所容其喙"⑤。他们的讨论在众多层面上展开:

其一是关于天理与人欲之争。

朱熹认为,三代(夏商周)是王道盛世,"汉唐之君虽或不能无暗合之时,而其全体却只在利欲上"⑥。"老兄视汉高帝唐太宗之所为而察其心,果出于义耶? 出于利耶? 出于邪耶,正耶? 若高帝则私意分数犹未甚炽,然已不可谓之无。太宗之心则吾恐其无一念不出于人欲也。"⑦

陈亮不同意这种说法,他认为:"谓三代以道治天下,汉唐以智力把持天下,其说固已不能使人心服;而近世诸儒遂谓三代尊以天理行,汉唐专以人欲行,其间有与天理暗合者,是以亦能久长。信斯言也,千五百年之间,天地亦是架漏过时,而人心亦是索补度日,万物何以阜蕃而道何以常存乎!

---

① 《陈亮集·策·四弊》。
② 《陈亮集·上孝宗皇帝第一书》。
③ 同上。
④ 《陈亮集·朱晦庵画像赞》。
⑤ 《陈亮集·书·寄陈同甫书十五首(朱熹)》。
⑥ 同上。
⑦ 同上。

故亮以为汉唐之君本领非不洪大开廓,故能以其国与天地并立,而人物赖以生息。"①陈亮认为,汉唐其实也是以天理治天下的,不然何以如此强大?同样,三代虽以天理行,也不排斥人欲,天理与人欲是不能分的。将天理与人欲对立起来,不妥当,也不能说明历史。即使用之于论曹操也不恰当。曹操当然是以人欲为其行为动力的,但就没有一些天理在里面? 陈亮说:"曹孟德本领一有跷欹,便把捉天地不定,成败相寻,更无着手处。此却是专以人欲行,而其间或能有成者,有分毫天理行乎其间也。"②

其二是关于义利王霸之争。

与天理人欲问题相关,朱熹将义与利、王与霸对立起来,他自然是主义轻利、主王轻霸的。陈亮不同意将义与利、王与霸对立起来。他说:"义利之分,孟子辨之详矣。而赏以劝善,刑以惩恶,圣人所以御天下之权者,犹未离于利乎? 有所利而为善,有所畏而不为恶,则其入人也亦浅矣。"③孟子是最讲究义利之分的,但实际上,义本身就含有利,行义不是不能得利,行义的效果必然得利,而利也有义与恶之别,因义而利,其利为正,因恶得利,其利为邪。

至于王霸,也不能对立起来,王中有霸,霸中有王,以仁义取天下并不意味着不能使用武力,以武力取天下,也不意味着不仁义。陈亮以汉高祖唐太宗为例,说明他们实际上是王霸并用的,只是"诸儒自处者曰义曰王,汉唐做得成者曰利曰霸,一头自如此说,一头自如彼故;说得虽甚好,做得亦不恶;如此却是义利双行,王霸并用"④。

其三是关于"道"与"器"关系之争。

朱熹将"道"与"器"区分得很清楚,他说:"若论之常存,却又初非人所能预。只是此个自是亘古亘今常在不灭之物,虽千五百年被人作坏。终殄灭他不得耳。"⑤这就是说,道是永恒不变的,非人所能干预,影响。陈亮不同意这种说法,他说:"天下岂有道外之事哉!"⑥道与事是不可分离的,"道

---

① 《陈亮集·书·又甲辰秋书》。

② 同上。

③ 《陈亮集·问答下》。

④ 《陈亮集·书·又甲辰秋书》。

⑤ 《陈亮集·书·寄陈同甫书十五首(朱熹)》。

⑥ 《陈亮集·论·勉强行道大有功》。

非出于形气之表，而常行于事物之间者也"①。道不仅就在事物之中，而且也在人的喜怒哀乐的情感之中。陈亮说："夫道岂有他物哉！喜怒哀乐爱恶得其正而已。行道岂有他事哉！审喜怒哀乐爱恶之端而已。"②

其四是"成人"与"成儒"关系之争。

淳熙十一年(1187)四月，即甲辰年四月，陈亮第一次被诬入狱，刚脱狱之时，朱熹写信给陈亮："比忽闻有意外之祸，甚为惊叹，方念未有相为致力处。又闻已遂辨白而归，深以为喜。"然后，谈到做人，他委婉地劝陈亮"绌去义利双行、王霸并用之说，而从事于惩忿窒欲、迁善改过之事，粹然以醇儒之道自律，则岂独免于人道之祸"③。当然，这完全是出于一番好意，但是，它涉及做人的问题，朱熹的意见是要做"醇儒"，一个谦谦君子。而陈亮却不愿做醇儒，要做一个堂堂正正的人。他说："天地人为三才，人生只是要做个人。"④圣人也是人，只不过是"人之极则也"。不是每个人都要去做儒的，"人只是这个人，气只是这个气，才只是这个才。譬之金银铜铁只是金银铜铁，炼有多少则器有精粗，岂其本质之外，换有一般，以为绝世之美器哉！故浩然之气，百炼之血气也。使世人争惊高远以求之，东扶西倒而卒不着实而适用，则诸儒之所以引之者亦过矣。"⑤这话是说得非常实在的，陈亮虽然熟读儒家典籍，也尊崇儒家学说，但是，他不盲从儒家学说，明确地说："研穷义理之精微，辨析古今之同异，原心于秒忽。较礼于分寸，以积累为功，以涵养为正，睟而盎背，则亮于诸儒诚有愧焉。"⑥也就是说他不愿做朱熹说的"醇儒"。他的人生理想是：

> 至于堂堂之阵，正正之旗，风雨云雷交发而并至，龙蛇虎豹变见而出没，推倒一世之智勇，开拓万古之心胸，如世俗所谓卤块大臠，饱有余而文不足者，自谓差有一日之长，而来教乃有义利双行、王霸并用之说，则前后布列区区，宜其皆未见悉也。⑦

这就是陈亮，一个有理想、有抱负，重行动、重事功、有血性的大丈夫！

---

① 《陈亮集·论·勉强行道大有功》。
② 同上。
③ 《陈亮集·书·寄陈同甫书十五首(朱熹)》。
④ 《陈亮集·书·又乙巳春书之一》。
⑤ 同上。
⑥ 《陈亮集·书·又甲辰秋书》。
⑦ 同上。

（四）叶适的实学思想

与陈亮同一个时期，也同样持事功立场的还有叶适。叶适（1150—1123），字正则，浙江永嘉人，出生于临安，后居于永嘉水心村，所以，亦称为水心先生。叶适家境贫困，因水灾，迁居21处，因此，他比较能理解下层百姓的苦难，这也是他事功学说创立的思想基础。叶适15岁学诗，学时文，《宋史·叶适传》说他"为文藻思英发"。淳熙四年（1177），叶适中举人，次年春，中进士第二名，自此走上仕途，是年28岁。叶适也是当时的学术界重要人物，与朱熹、陈亮、吕祖谦、周必大、陈传良等均有很好的交谊。朱熹被诬下狱，叶适向皇帝上书，极力为朱熹辩护。叶适对陈亮尤其佩服。陈亮比他大7岁，居家不算太远，他们的政治思想、学术思想基本上一致。叶适为陈亮的《龙川集》写跋，说陈亮的文章"海涵泽聚，天霁风止，无狂浪暴流，而回旋起洑，萦映妙巧，极天下之奇险"①，可谓知音之言。陈亮去世后，叶适为之写祭文、墓志铭，对陈亮的为人、思想、学术有很高的评价，说是"绝代之宝，众岂同美"②，对陈亮壮志未酬充满深切的同情，实际上也是对自我同样命运的宣泄："呜呼同甫，心事难平，宠光易满，万世之长，一朝之短。余蚤从子，今也变衰，子有微言，余何遽知！"③

《宋史·叶适传》载他对宁宗皇帝奏议，陈述当今朝廷所面对的"四难"、"五不可"，非常实在，也非常犀利，击中要害。而解决问题的方法，则是"讲利害，明虚实，断是非，决废置"。"读未竟，帝蹙额曰：'朕比苦目疾，此志已泯，谁克任此，惟与卿言之耳。'及再读，帝惨然久之。"宋史之所以详细记载此事，大概这次的奏章，再准确不过地表现了叶适的见识、人格。叶适就是这样，敏锐，务实，功利，真诚，直率。

叶适的实学思想主要表现在：

第一，重实利。叶适在政治思想上与陈亮是一致的，他们都是慷慨激昂的主战派，只是叶适比陈亮更为稳重，他主张抗金，但他绝对不同意贸然出兵，认为"必备成而后动，守定而后战"。对于韩侂胄的仓促北伐，他不赞成。事实也证明了他的看法是正确的。韩侂胄的北伐最后落得失败的结

① 《叶适集·书龙川集后》。
② 《叶适集·祭陈同甫文》。
③ 同上。

局,产生很大的负面影响。其实并不是不要北伐,而是北伐的准备不足。叶适总结宋朝的历史教训,说:"天下之治乱,军旅、钱谷之大计,常先为之画而以意处之者,何其敢决不疑也!"①他痛斥空言误国:"后进之士,耳剽目习,以为言语文字之流,使之运奇于异说之余而求夸于陈言之外,足以败天下之定势,则夫朝廷之上,于其发谋举事之际,而何以为守!"②

他认为,对君王来说,言行关乎全局,尤要务实重功。他说:"唐之太宗,少而为将帅,长而为帝王,英锐明达,驾驭贤俊,利在仁义则行仁义,利在兵革则用兵革,利在谏诤则听谏诤,惟所利而行之,而天下之人,欢然毕力愿为之用,至于弊精罢力,继之以死而不悔。"③"仁义"也好,"兵革"也好,"谏诤"也好,都要根据是否有利而决定是否行之。

对于南宋的现实状况、军事、经济等实力,叶适有清醒的认识,他坦然地向皇上指出当前国家的弱势,但又强调不能甘于这种弱势。他说:"世闻甘弱而幸安者衰,改弱以就强者兴。"④具体做法则是:"先虑预算,思报积耻,规恢祖业。"⑤

第二,重民生。叶适认为,政治的基本原则,即所谓"王业",一定要落实到老百姓的生产、生活上去,一定要考虑老百姓的实际利益,也就是民生。他在《习学记言》中说:"七月之诗,以家计通国服,以民力为君奉。自后世言之,不过日用之粗事,非人纪之大伦也。"⑥

他指斥那种"以势力威力为君道,以刑政末作为治体"的暴政,甚至说,"汉之文、宣,唐之太宗虽号贤君,其实去桀、纣无几"。叶适说"命令之设,所以为民,非为君也"⑦,这话实际上超出"民为邦本"的思想,直接向"普天之下莫非王土"的旧观念挑战。

叶适在上宋宁宗的劄子中,历数北宋以来的恶政,其中包括"王安石大掣利柄,封椿之钱,所在充满",亦有"蔡京变茶盐法,括地宝,走商贾,所得

① 《叶适集·水心别集·卷之一进卷·序发》。
② 同上。
③ 同上。
④ 《叶适集·奏劄·上宁宗皇帝劄子开禧二年》。
⑤ 同上。
⑥ 黄宗羲:《宋元学案·水心学案·习学记言》。
⑦ 同上。

五千万,内穷奢侈,外炽兵革"①,不管评价是否准确,他的基本思想是建立在一个宽松的政治环境上,尽可能少扰民,让人民能够生存下去。他对宁宗皇帝明确地说:"治国以和为体,处事以平为极。"②这些思想虽然基本立场还是为了巩固宋的统治地位,但能如此关心人民的利益,还是非常可贵的。

第三,重商贸。重视商贸,是叶适重要的思想,这一思想与陈亮完全一致,只是叶适谈得更多,更具体,更透彻。叶适援古征今,说明商贾对于国家、社会的重要性,极力主张"通商惠工"、"扶持商贾"。在封建社会中,长期以来有一种观点,农是本,商是末,提出要"抑末厚本",叶适明确地说,此非"正论"。叶适批评王安石的变法损害了商贾的利益:"当熙宁之大臣,慕周公之理财,为市易之司以夺商贾之赢。"③除此以外,他还主张给工商以参政的机会,叶适说:"古盖曰无类,虽工商不敢绝也。"④

第四,尚财富。叶适重视国家的财政,他在许多上皇帝的奏章中谈到这个问题,与国家财政相关的诸如漕运、赋税、盐茶、折帛等,他都有切实可行的建议。与此相关,他非常重视人民的富裕,他有一个重要的观点:富人是应该保护的,对于俗吏的"抑夺兼并"之策,他认为不可取。他说:"破富人以扶贫弱者,意则善矣。此可随时施之于其所治耳,非上之所恃以为治也。"⑤在他看来,不是富人靠穷人来养活,反而是穷人靠富人来养活。"富人者,州县之本,上下之所赖也,富人为天子养小民,又供上用,虽厚取赢以自封殖,计其勤劳,亦略相当矣。"⑥叶适说的富人主要是指商贾,他坚决反对侵害商人的利益,他说:"开合、敛散、轻重之权,不一出于上,而富人大贾分而有之,不知其几千百年也。而遽夺之,可乎?夺之可也,嫉其自利而欲为国利,可乎?呜呼!居今之世,周公不行是法矣。"⑦

叶适重商尚富的思想是有社会依据的,南宋时期,商品经济比较繁荣,它实际上成为朝廷税收的重要来源。发展商业对南宋朝廷的稳固有利,对于社会的发展亦有利。

---

① 《叶适集·奏劄·上宁宗皇帝劄子三》。
② 《叶适集·奏劄·上宁宗皇帝劄子二》。
③ 《叶适集·财计上》。
④ 黄宗羲:《宋元学案·水心学案·习学记言》。
⑤ 《叶适集·民事下》。
⑥ 同上。
⑦ 《叶适集·财计上》。

第五，重通变。叶适重视历史的经验与教训，但是，他又主张通变，不能一味固守祖宗成法。他说："古之治足以为经，不待经以为治；后世待经以为治，而治未能出于经。"①"经"诚然是重要的，它是古之治的经验，但是，古之治最早还是"不待经"的，因为那时没有经。后世的治需要经，即"待经以为治"。但是，后世的治"未能出于经"，经毕竟只是后世治的借鉴、参考而已，不能搬用，后世的治还是要靠后世人的创造。叶适认为："上古圣人之治天下，至矣。其道在于器数，其通变在于事物。"②

道不是空洞抽象的，它表现在"器数"上，而器数又体现在实际事务中，实际事务是需要讲"通变"的。"通"，说明事务有一定的规律性，与以往同类事务有相通之处，于是有则可循；"变"，说明每一事务又是不同的，办事须根据实际情况有所变化。即使是尧、舜、禹的做法，后世也不能盲目搬用。因为"其世远矣，其事往矣，迂暗而不明，牵合则难通"③。天地在变化，治乱也在变化，一切都须根据实际情况去处理，即使是经也须创造性地去运用。南宋理学盛行，动辄以尧舜禹三代为圣则，叶适此说具有明显的反理学性质，难能可贵。

第五，重时势。叶适是看重时和势的，他的实学思想建立在时势观上。他说："时之为用大矣。发生于朽败之余，流行于缺绝之后。天地虽人物之主，而不自为，一皆听命于时而已。"④叶适重时的思想主要来自《周易》，他在文章中引用《周易》"不失其时而其道光明"。

"时"，在叶适不只是指时间，还指客观情况，客观情况是不以人的意志为转移的，而且它也是变化的。叶适说："时常运而无息，万物与人亦皆动而不止。"⑤叶适主张一切要从不断变动的客观实际出发，反对以意为之，这是他的实学的哲学基础。除此外，叶适也注重"势"，势指事物发展的态势，是时的具体展开，它对于决策特别重要。叶适说："故夫势者，天下之至神也。"⑥"知其势以一身为之，此治天下之大原也。"⑦根据他的"势"说，他深

①　《叶适集·水心别集·卷之五进卷·总义》。
②　同上。
③　同上。
④　《叶适集·时斋记》。
⑤　同上。
⑥　《叶适集·治势上》。
⑦　同上。

刻地分析了当时南宋王朝的形势，一方面客观地存在"积弱"之势，另一方面，也要看到它有兴旺发展的可能性。他主张效法越王勾践的"待时"，积蓄力量，待力量足够强大时再北伐。他批判"趁机"论，认为那是一种冒险，只会带来更大的灾难。

越地的人文传统其实有两翼，一翼重视经典理论的阐释，朱熹是卓越代表，他们的治学路子也一直在越地传承；另一翼则是陈亮、叶适的实学研究，这一翼虽然在学理上未见有大家接踵，却更多地深入到民间，深入到从事实际工作的基层。

肇始于范蠡、文种、计然，成就于陈亮、叶适的实学思想对越地影响之巨，是不可低估的。当今，越地（浙江）经济发展居于全国前列，就其思想渊源来说，完全可以追溯于此。尤其是陈亮与叶适的思想，他们的理论体系完备，虽着眼于南宋的时局，而所论却具有超时代性，在今天看来，仍然觉得非常深刻，且有现实的针对性。陈、叶的家乡永康、永嘉属于当今的温州地区，温州民营经济发展不仅让温州成为全国最富裕的地区之一，而且温州发展民营经济的经验对整个中国的现代化建设都具有重要的借鉴价值，人们将温州的经济发展方式誉之为"温州模式"。绍兴与温州同属于浙东地区，而且由于南宋时，绍兴处副都的地位，因此，陈亮、叶适的思想同样在绍兴地区生了根，发了芽，开了花，结了果。越地之所以能出现那样多的名人，之所以文化教育事业一直比较发达，与这块地方重视经济、重视农商有着极为重要的内在关系。

实学，按其本义是重民生，重经济，重工商，在其超出原有的理论形态之后，其蕴含的尊重事实、尊重实际的哲学意义，倒更值得我们重视。中国哲学固有的"实事求是"思想，虽然不能说来自于实学，但不容忽视的是，实学比之别的学派，更切近于这一哲学。这也许是当今我们重视实学的重要原因之一。

三、异端流风

"异端"这一概念，本来早在春秋就有了，它指儒家以外的其他各种学说，到东汉，"异端"，获得了新的含义。博士范升上疏指《费氏易》与《左氏春秋》为"异端"，此时，"异端"与"邪说"同义。异端就成了带有贬义的概念。明代的李贽敢批评孔子,他因此被目为异端。有些学人虽然尚不能与李贽相提并论,那主要是因为其学问不能相比,但其叛逆的思想、不同流俗的言论与行为,也足以异端视之。异端具有叛逆性,侧重于否定的层面,然而,叛逆的反面,则是创新,如果从正面言之,则为创立新思想、新学派、新社会、新国家,等等。

越地自古以来多狂狷之士、创新之士、革命之士,至少从汉代的王充开始就形成一股风,此风虽然在不同的时代有轻有弱,有大有小,但没有断过。于是,汉代有王充,魏晋有嵇康,唐代有王叔文、清初有黄宗羲,清末民国初有秋瑾、章太炎,民国有鲁迅等等。

(一)异端第一人——王充

在越中名士中,王充是"异端"第一人。他撰《论衡》,直斥当时主流的意识形态——谶纬神学,被当时及后世认为"异端"。

王充(27—104),《后汉书》有传,传云:

> 王充,字仲任,会稽上虞人也。其先自魏郡元城徙焉。充少孤,乡里称孝。后到京师,受业太学,师事扶风班彪。好博览而不守章句。家贫无书,常游洛阳市肆,阅所卖书,一见辄能诵忆,遂博通众流百家之言,后归乡里,屏居教授,仕郡为功曹,以数谏争不合去。

> 充好论说,始若诡异,终有理实。以为俗儒守文,多失其真,乃闭门潜思,绝庆吊之礼,户牖墙壁各置刀笔。著《论衡》八十五篇,二十万余言,释物类同异,正时俗嫌疑。

> 刺史董勤辟为从事,转治中,自免还家,友人同郡谢夷吾上书荐充才学,肃宗特诏公车徵,病不行,年渐七十,志力衰耗,乃造《养性书》十六篇,裁节嗜欲,颐神自守,永元中,病卒于家。①

这个传是比较完整的,但漏掉了王充在《自纪篇》里说的两个重要内容。一、王充家有"任侠"传统,《自纪篇》说王充的"世祖勇任气"。王充的父亲王涌、伯父王蒙也都"勇势凌人",因此,与豪强结怨,才举家迁到上虞的。这种传统对王充有深刻的影响。二、《自纪篇》说,王充"辞师受论语尚书,日讽千字。经明德就,谢师而专门,援笔而众奇"。这一方面说明他学

① 《后汉书》卷四十九。

越文化通论

第二章 越中名士的学术传统

于儒,但另一方面又说明他叛于儒。这里所谢的师不知指的是不是班彪,班是当时的大儒者,王充学于他,却在《自纪篇》中不提他的名字,反而说"谢师",明确地表示他谢离师门,标新立异,以至于"援笔而众奇"。

王充是两汉以来反对"正宗"思想与反对中世纪神权统治思想的伟大代表。他的反谶纬反宗教的思想,毫无疑问地是中世纪思想史上第一个伟大的"异端"体系,章太炎说他是"汉代一人"。

王充异端思想的产生与他所处的时代密切相关。汉代初期本是奉行黄老哲学,实现无为而治,而到汉武帝,则接受董仲舒的建议,独尊儒术。董仲舒是今文经学的代表人物,他重新解释儒家学说,附会上神秘的天人感应论和阴阳五行论,制造了一个庞大的神学的儒学体系。董仲舒重新定位了"天",这天虽然表现为自然界的现象,却代表的是神的旨意。而且,一切自然现象都是"天"对社会人事的预兆、警示、惩罚。董仲舒说:"天地之物,有不常之变者,谓之异,小者谓之灾。灾常先至而异乃随之。灾者,天之谴也;异者,天之威也;谴之而不知,乃畏之以威。"①"国家将有失道之败,而天乃先用灾害以谴告之,不知自省,又出怪异以警惧之,尚不知变,而伤败乃至。"②

在董仲舒那里,不仅"天"神秘化了,中国古老的哲学概念"阴阳""五行"也被他整合成神秘的模式,用来描述社会、人事的变化,而且与"天命"结合起来,体现为神的意旨。董仲舒的这一套为汉武帝所接受,成为官方哲学。继董仲舒"天人感应"一套成为社会的统治思想后,谶纬神学也伴随着经学在上层社会盛行着,到东汉,由于开国皇帝刘秀宣布"以图谶于天下",此风愈演愈烈。谶纬在战国以前是没有的,约在秦汉才出现。谶是符谶、图谶,是借助于经义而附会出的一种隐语。纬对经而言,汉代各经有纬,史称"纬书",这些纬书同样附会迷信,将经义解释得莫名其妙。汉的统治者一方面非常迷信,另一方面又利用迷信来糊弄天下人。东汉开国皇帝刘秀就利用"刘秀发兵捕不道,卯金修德为天子"的谶语,蛊惑民心,当上了皇帝。汉章帝在白虎观大会经师,所形成的《白虎通义》就是一部谶纬化了的儒家经学著作。

---

① 董仲舒:《春秋繁露·必仁且知》。
② 董仲舒:《春秋繁露·天人三策》。

王充所面对的就是这样一个乌烟瘴气的学术背景，一个极其荒诞却又十分强大的国家意识形态。王充以大无畏的精神，对这个意识形态进行了有理有据的挑战，他的言论如惊雷闪电，将黑暗夜空撕开了一道巨大口子，不仅对当时社会，对中国此后的历史都产生了巨大的影响。

王充唯真理是从，不唯权威是从，他对当时已经被统治者抬得很高了的孔子、孟子都进行了批判。《论衡》中有《问孔》、《刺孟》的专章。他说："世儒学者，好信师而是古，以为贤圣所言皆无非，专精讲习，不知难问。夫贤圣下笔造文，用意详审，尚未可谓尽得实，况仓卒吐言，安能皆是？不能皆是，时人不知难，而意沉难见，时人不知问。案贤圣之言，上下多相违，其文，前后多相伐者，世之学者，不能知也。"①从《问孔》、《刺孟》中所问、所刺来看，应该说都是问得有理，刺得得当的。比如，《论语》中说宰予这个人，白天睡觉，孔子说他没出息。王充说，人白天睡觉，怎么就品行不好？"以昼寝而观人善恶，能得其实乎？"②又如，孔子去拜见卫灵公美丽的夫人南子，子路不高兴了，孔子睹咒发誓，说："予所鄙者，天厌之，天厌之！"王充说：睹咒发誓有用吗？"使世人有鄙陋之行，天曾厌杀之，可引以为誓，子路闻之，可信以解。今未曾有为天所厌者也，曰'天厌之'，子路肯信之乎？"③王充说最重要的是事实，"子路入道虽浅，犹知事之实。事非实，孔子以誓，子路必不解矣"④。

王充就是这样，不唯书，不唯权，不唯人，而唯实，从这个基本立场出发，他提出一系列在当时看来属于"异端"，而实际上是正确的观点来，猛烈地批判掌控社会主流意识形态的天人感应思想和谶纬神学。

在董仲舒的天人感应说和谶纬神学中，"天"完全神化了。《白虎通义》说："天者何也？天之为言'镇'也，居高理下为人镇也。"什么是"镇"？《尔雅释文》引《礼统》云："天之为言，镇也，神也。"

王充完全反对这种观点，他认为，天是自然，没有神的旨意在，"天之行也，施气自然也，施气则物自生"⑤。"天地之性，自然之道也。"⑥"夫天覆于

---

① 王充：《论衡·问孔篇》。
② 同上。
③ 同上。
④ 同上。
⑤ 王充：《论衡·说日篇》。
⑥ 王充：《论衡·寒温篇》。

上,地偃于下,下气蒸上,上气降下,万物自生其中间矣。"①

既然天是自然,自然按其自己的运行规律运行,与人事是没有关系的,董仲舒将天事与人事一一对应起来,毫无根据。雷电,常被人用来说是天在发怒,王充说,完全不是一回事,"天用口怒,口怒能生火乎?"人们说,天地是人的父母,天是父,能作雷,表示怒,那么,作为母的地呢? 她会哭吗? "独闻天之怒,不闻地之哭,如地不能哭,则天亦不能怒。"②

不仅自然灾害不能看做是天对人的惩罚,而且所谓的"祥瑞"也不能看成是天对人的奖赏。古人很看重凤凰、麒麟,认为是祥瑞,传说,孔子看到麒麟,汉武帝捕获到麒麟,汉宣帝时还有凤凰集于上林苑,种种传说,不一而足,然无一可信。因为,麒麟、凤凰到底是什么样子,说法就不一样,王充说:鲁哀公、汉武帝、汉宣帝都说出现过麒麟,而且也描绘过麒麟的样子,然而都不一样,到底按哪种标准去判断以后出现的某动物是不是麒麟呢? 考察鲁国人捕获的骥,不能正名为麒麟,说是"像獐而长有角"。汉武帝让终军去评论这件事,终军说:"野禽并角,明天下同本也。"他不正名为麒麟,只说是"野禽",汉武帝也只得如此了。王充认为,这世上,本就没有凤凰、麒麟这样的祥瑞。王充说:"夫瑞应犹灾变也,瑞以应善,灾以应恶,善恶虽反,其应一也。灾变无种,瑞应亦无类也。"③一句话,以自然现象来认同社会人事,是毫无道理的。

汉儒有"十二肖兽"相胜论。意思是:"寅木也,其禽虎也。戌土也,其禽犬也。丑、未亦土也,丑禽牛,未禽羊也。木胜土,故犬与牛羊为虎所服也。亥水也,其禽豕也。巳火也;其禽蛇也。子亦水也,其禽鼠也。午亦火也,其禽马也。水胜火,故豕食蛇。火为水所害,故马食鼠屎而腹胀。"④王充认为"五行生克"毫无道理,比如,金克木,用于自然界,说斧头砍树,勉强说得过去,用到动物界,就明显不行了,王充说:"金胜木,鸡何以不啄兔?"⑤将它比喻人事,则荒唐。王充说:"人有勇怯故战有胜负,胜者未必受金气,负者未必得木精也。"⑥其实,五行,用之于自然界,多有说不通的,

---

① 王充:《论衡·自然篇》。

② 王充:《论衡·雷虚篇》。

③ 王充:《论衡·讲瑞篇》。

④ 王充:《论衡·物势篇》。

⑤ 同上。

⑥ 同上。

"鹰之击鸠雀,鹯之啄鹄雁,未必鹰鹯生于南方,而鸠雀鹄雁产于西方也,自是筋力勇怯相胜服也"①。

自古以来,迷信之事莫过于信鬼了。东汉时,伴随着谶纬神学盛行,相信人死后化鬼,几乎成为社会上最为普遍的观念。王充坚决反对鬼神观念,他说:"人之所以生者,精气也,死而精气灭。能为精气者,血脉也。人死血脉竭,竭而精气灭,灭而形体朽,朽而成灰土,何用为鬼?"②"人之死,犹火之灭也;火灭而耀不照,人死而知不惠,二者宜同一实。"这些说法虽有不严密之处,但基本观点无疑是正确的,在当时提出,不仅有破除鬼神迷信的作用,还有反对厚葬的作用,而当时的儒家之徒对厚葬是竭力为之辩护的,王充的薄葬论,对于儒家也是异端。

王充作为中国封建社会非主流思想的代表,他的思想不可能为统治阶级所接受,但是,这并不等于说,他的思想就不受到重视。即使是在东汉,对他的思想钦敬不已的就大有其人,大学者蔡邕就是一个,据说,王充的《论衡》主要是他保留下来的。此后,历朝历代,响应王充思想的学者都有。王充的伟大意义不仅在于他批评了孔子,批评了儒家,批评了谶纬神学,更重要的是,他在倡导科学的精神,这种科学的精神是中国走向进步、走向繁荣的最为重要的思想武器。尽管时代已经过去很久了,王充的许多思想并没有过时,他的科学精神更是永垂不朽的。

(二)嵇康批儒

魏晋出了个嵇康,他是绍兴上虞人,也是一个异端人物。关于嵇康,各种古籍有零星的记载。《三国志》卷二十一《王粲传》注引虞预《晋书》云:

> 康本性奚,会稽人。先自会稽迁于谯之铚县,改为嵇氏,取稽字之之上加山以为姓,盖以志其本也。一曰,铚有嵇山,家于其侧,遂氏焉。

嵇康少时父去世,母兄将其养大,在《与山巨源绝交书》中,他说:"加少孤露,母兄见骄,不涉经学。"看来,他自幼就不甚读儒家的书,在思想上,他比较地倾向老庄,也在《与山巨源绝交书》中,他说:"又读庄、老,重增其放,故荣进之心日颓,任实之情转笃。"③

---

① 王充:《论衡·物势篇》。
② 王充:《论衡·论死篇》。
③ 《嵇康集·与山巨源绝交书》。

嵇康最为突出的异端思想主要体现在对儒家思想的批判上。嵇康对儒家的批判在很多情况下是结合着批判司马氏的，当政的司马氏虽然凶狠、残酷、狡诈，却是尊奉儒家的，真可谓"满口仁义道德，一肚子男盗女娼"。嵇康与司马氏集团在政治上是对立的，这种对立，一方面，在于嵇康是魏长乐亭主的女婿①，司马氏处心积虑要夺取曹魏的江山，所谓"司马昭之心，路人皆知"，司马氏怎么不会处处防犯、处处打击曹魏的宗亲嵇康呢？另一方面，则是在思想上，嵇康素不喜欢儒家，明确地说他自己"非汤武而薄周孔"②。他说：

> 夫称君子者，心无是非，而行不违乎道者。何以言之？夫气静神虚者，心不存乎矜尚；体亮心达者，情不系于所欲。矜尚不存乎心，故能越名教而任自然；情不系于所欲，故能审贵贱而通物情，物情顺通，故大道无违，越名任心，故是非无措也。是故言君子，则以无措为主，以通物为美。③

嵇康明确地说要"越名教而任自然"，他将"名教"与"自然"对立起来，这就与玄学家们区别开来，玄学是企图调和名教与自然的，他们或将名教归于自然，或将自然归于名教，名教与自然并不构成对立，而嵇康则要"越名教"，这"越"即为超越，即为否定；而"任"不仅是奉行，而且含有自由意，那就是说，嵇康认为，在自然中他能获得自由与愉快。"无措"，意即无儒家所认定的礼义、是非，这样，明确地抛弃儒家，在当时属惊世骇俗之论。

在这个基础上，嵇康对于"公"、"私"做出不同于儒家的解释，在儒家，公，就是仁爱，就是"老吾老以及人之老，幼无幼以及人之幼"，说到底，是对社会的认同，而在嵇康，公是"任心"，只有心与社会、自然的认同，才是公。他说：

> 君子之行贤也，不察于有庆而后行也。任心无穷，不识于善而后正也。显情无措，不论于是而后为也。是故傲然忘贤，而贤与庆会；忽然任心，而心与善遇；倘然无措，而事与是俱也，故论公私者，虽云志道存善，心无凶邪，无所怀而不匿者，不可谓无私。虽欲之伐善，情之违

---

① 参见《世说新语·德行》："康以魏长乐亭主婿，迁郎中，拜中散大夫。"
② 《嵇康集·与山巨源绝交书》。
③ 《嵇康集·释私论》。

道，无所抱而不显者，不可谓不公。①

这段文字也可称得上千古奇谈。按说"志道存善，心无凶邪，无所怀而不匿者"，应该说是"无私"，可嵇康不认为是无私；而"欲之伐善，情之违道，无所抱而不显者"，一般说是不公，嵇康却说不一定，只要他"任心无穷""显情无措"，就称得上"公"。显然，嵇康的公私观来自道家，但又不是老庄哲学的照抄，而有所发展，有所创新。

嵇康是音乐家，他会弹琴，会作曲，他作的《广陵散》，当时就名气很大，可惜没有流传下来，嵇康的音乐美学思想也独树一帜，而与儒家格格不入。众所周知，儒家是非常重视音乐的。孔子说："兴于诗，立于礼，成于乐。"②乐是成就人格的最高境界。荀子说"乐合同，礼别异"③。礼的核心是"别"，即将人分成三六九等，以维护统治的秩序；乐的核心是"合"，即将各色人等统一起来，联合起来，团结起来。乐之所以有这样重大的功能，是因为乐通伦理，而乐之所以能通伦理，而乐之所以通伦理，是因为乐与情感是相通的，荀子说："夫乐者，乐也，人情之所必不免也，故人不能无乐。"④这样，不仅可以通过音乐来陶冶情操，而且可以通过音乐来了解民情。《毛诗序》里就说："治世之音安以乐，其政和；乱世之音怨以怒，其政乖。"

嵇康则认为，乐与情感没有必然的关系，他写了一篇重要的著作《声无哀乐论》。文章开头，他将矛头直指儒家的乐论："治世之音安以乐，亡国之音哀以思。夫治乱在政，而音声应之。"而且直刺孔子："又仲尼闻韶，识虞舜之德；季札听弦，识众国之风。"嵇康以深厚的音乐修养为本，以严密的逻辑说理为经，深刻地论述一种重要的音乐美学：嵇康明确地说："声之与心，殊途异轨，不相经纬。"⑤音乐只关形式，不关内容。既然音乐只关形式，只是声音的高低、轻重、快慢、亮浊而已，不是情感，也不是思想，当然就与政治无关，与道德无关了。

值得我们注意的是，嵇康主"声无哀乐论"，主要意图不在学术上立新说，而在批判已成为国家意识形态的儒家思想。在文章中，他除了充分说

---

① 《嵇康集·释私论》。
② 《论语·泰伯》。
③ 《荀子·乐论》。
④ 同上。
⑤ 《嵇康集·声无哀乐论》。

理外,还使用嘲讽戏弄的手段,对儒学的音乐观进行抨击。比如,他说:"设使下出,则子野之徒,亦当复操鸣管以考其音,知南风之盛衰,别雅郑之淫正也?"译成白话,是这样的:假如放个屁,那些儒学之徒,也把它当做演奏乐器,去考察它的声音,辨识它是《南风》还是《北风》,分别所谓雅郑、正淫吗?

嵇康何尝不想建功立业,成就一番社会事业,但是,这天下有他效力的地方吗?满地荆棘,满地陷阱,环顾四周,非虎即狼,即算他不惹政治,政治却要来惹他。一心想物化、想登仙的嵇康,最后不得终年,竟惨死在司马氏的屠刀之下。

嵇康的死,说法较多,吕安事只是钟会陷害嵇康的一个由头。吕安事并不复杂,基本事实是吕安兄吕巽淫吕安妻,反诬告吕安不孝,被司马昭下狱,吕安引嵇康为之作证,这样将嵇康牵扯进去。大贵族钟会趁机向司马昭进谗言,司马昭听信钟会,竟将吕安与嵇康均处以极刑。① 案件也许不会这样简单。司马昭处死嵇康的真正原因也许不在吕安案本身,而在嵇康不能像阮籍那样,从不言人过。他肯定说了一些对司马氏不利的话,而被钟会添油加醋夸大了,或者钟会编造了一些话,诬陷嵇康反对司马氏。据《世说新语·雅量》第二条注引《文士传》,钟会在法庭上是这样陷害嵇康的:"今皇道开明,四海风靡,边鄙无诡随之民,街巷无异口之议,而康上不臣天子,下不事王侯,轻时傲世,不为物用,无益于今,有败于俗。昔太公诛华士,孔子戮少正卯,以其负才乱群惑众也。今不诛康,无以清洁王道。"钟会据以置嵇康于死地的理由仍然是嵇康的异端思想,是他对儒家思想的叛逆,而司马昭氏正是打着儒家的幌子来掩盖其篡权夺位的狼子野心的,时人评司马氏,说是"满口仁义道德,一肚子男盗女娼"。嵇康在40岁的英年就这样去了,他是中国历史上第一个为"异端"而付出了生命的人物。

(三)"文妖"铁崖诗

元末明初,绍兴出了一个著名的诗人名叫杨维桢(1296—1370)。杨维桢,又名铁崖,因善吹铁笛,故又号铁笛道人。元朝时他中过进士,做过天

---

① 关于钟会与嵇康结冤,《魏氏春秋》载:"钟会为大将军所暱,闻康名而造焉。会,名公子,以才能贵幸。乘肥衣轻,宾从如云。康方箕踞而锻,会至,不为之礼。会深衔之。后因吕安事遂潜康焉。"

台县尹,江西儒学提举。明太祖洪武二年(1369)被召到南京编写史书,然留京只120日就请辞归。大学者宋濂赠诗赞曰:"不受君王五色诏,白衣宣至白衣还。"杨维桢的诗名之曰"铁崖诗"(又称"铁雅诗"),影响很大,元末明初风靡一时,竟形成一个流派。

后世对铁崖诗的评价截然不同。明代的大文学家宋濂对它赞赏有加,在他为杨维祯写的《墓志铭》中,说其诗"震荡凌厉,骎骎将逼盛唐"①,而明代学者王彝称之为"文妖",王彝说:"浙之西有言文者必曰杨先生,余观杨之文,以淫辞怪语裂仁义,反名实,浊乱先圣之道。顾乃柔曼倾衍,黛绿朱白,而狡狯幻化,奄奄以自媚,是狐而女妇,则宜乎世之男子者惑之也。余故曰会稽杨维祯之文狐也,文妖也。"②这种批评非常尖锐。清代著名学者赵翼在《瓯北诗话》中也说:"元末明初,杨铁崖最为巨擘。然险仿昌谷、妖丽仿温、李,以之自成一家则可,究非康庄大道。当时王常宗〔注:即王彝〕已以'文妖'目之,未可为后生取法也。"③除"文妖"的恶谥外,还有咒为"诗魔"的。清代学者鲁九皋在《诗学源流考》中说,"至杨铁崖以淹博艳丽之才,专学飞卿、长吉,作为乐府,怪僻诡异,诗道中又增一诗魔矣。"

那么,杨维桢的诗到底是怎样的,怎么会让人批评为"文妖"、"诗魔"呢?我们来看看他的诗。杨维桢的诗题材比较广泛,有言志咏怀诗,咏史怀古诗,也有宴游酬唱诗、香奁冶艳诗、游仙方外诗;就体裁来说,有古体诗、律诗,更多的是乐府诗,应该说体裁大备。

杨维桢的诗不为人看好,主要有三:一是他的香奁冶艳诗,被认为是学了五代的温庭筠,属靡靡之音。清代著名学者纪昀说:"杨铁崖词章奇丽,虽被文妖之目,不损其名。惟鞋杯一事,猥亵淫秽,可谓不韵之极。"④清代学者潘德舆在《养一斋诗话》卷三中举例说:"杨廉夫〔即杨维桢〕诗'一双孔雀行瑶圃,十二飞鸿上锦筝','别院三千红芍药,洞房七十紫鸳鸯','公子银瓶分汗酒,佳人金胜剪春花',又以杨妃袜为诗题,鞋杯为词题,江南坛坫,蒸梁殆遍,洵诗之妖也。"

第二是他的诗的风格。钱谦益说是"以其诗体言之,老苍臬兀,取道少

① 《峦坡后集》卷六。
② 《王常宗集·文妖》卷二。
③ 赵翼:《瓯北诗话·高青邱诗》卷八。
④ 纪昀:《阅微草堂笔记》卷十一《槐西杂志一·名士风流》。

陵,未见脱换之,窈眇娟丽,希风长吉,未免刻画之诮"①。就是说,学杜甫不像,学李贺也不像,是个怪东西。第三,是他诗中所宣扬的自我。杨铁崖的诗极为张扬自我,他自称"天子不能臣,王公不能侪"②,孔子、老子均不能与他相比,唯一可以效法就是女娲了:"手持女娲百炼笛,笛中吹破天地心。天地心,何高深! 八千岁,无知音。"③

尽管中国诗歌中不乏狂人的形象,但像杨铁崖这种形象还没有见过。

将杨铁崖的诗按中国古代的诗学的理论来评估一下,确是异端了。这主要是他的诗不符合中国儒家"言志"传统,中国古代要求诗有寄托,这寄托指的家国之志,一般不得在诗中抒男女私情。男女私情之类,在词中是可以写的,诗不行,故有"诗庄词媚"之说。杨铁崖的诗固然也有符合儒家诗教传统的作品,但那些香奁艳体诗写得太多也太出格了,连男女性爱也写了,而且津津乐道。如:"酥凝背甲玉搓肩,只讶红绡覆白莲。底事太阳藏火性? 狂夫夜夜为君然。"④"眉山暗淡向残灯,一半云鬟撒枕棱。四体着人娇欲泣,自家揉碎砑缭绫。"⑤这当然为卫道士所不容。此外,中国诗教讲究"温柔敦厚",杨铁崖的诗风与此也不合,他的诗中常裹挟着一种雷电般的悲愤、批判。至于他诗中的自我形象,那种自我中心主义,也是与儒家的诗教格格不入的,倒是与晚明出现的个性解放相呼应。晚明李贽的"童心"说、徐渭的"真我"说、汤显祖的"情至"说,与铁崖诗有着某种相似,能不能说铁崖诗开启了晚明启蒙主义文学思潮呢?

(四)黄宗羲批君权

明末清初,这在中国是一个翻天覆地的时代。在这个时代,又是在越地,出了个非常了不得的人物,那就是黄宗羲。黄宗羲(1610—1693),号南雷,别号梨洲老人,浙江余姚人,中国著名的启蒙主义思想家。

黄宗羲出生在明万历年间,此时,中国资本主义因素已经有相当的发展,工商业出现繁荣,许多手工业中心已经形成,如苏州是丝织业中心;松

---

① 钱谦益:《列朝诗集小传》。
② 《铁崖先生古乐府》卷三《大人词》。
③ 《铁崖先生古乐府》卷三《道人歌》。
④ 《铁崖先生复古诗集》卷五《香奁集·相见》。
⑤ 《铁崖先生复古诗集》卷五《香奁集·成配》。

江是棉织业中心,芜湖是染业中心,景德镇是瓷器业中心。商品流通也特别活跃,徽商、晋商,足迹遍天下,带动了中国的手工业生产,也推动了中国的农业生产。苏州、杭州、扬州、南京、广州成为中国南部著名的工商业都会。

　　新兴的资产阶级——商人已经开始争取自己的政治地位,这样势必与明朝统治阶级固守的封建专制发生激烈的矛盾冲突。中国封建社会以儒学作为国家的意识形态,儒学有专制的一面,也有民主的一面。虽然专制一直占主导面,但是仍然给予臣下有限的民主。这主要体现在皇帝与内阁的分权上,皇帝虽然有最高的决策权,但内阁仍然有较大的决策权。明王朝不一样了,开国皇帝朱元璋将内阁的决策权完全取消,将此权力集中在皇帝一人手上,内阁大学士名义上是宰相,实际上只是皇帝的顾问,君臣关系成为主奴关系。皇帝任意责打、诛杀大臣,可谓一意孤行,野蛮残忍之至。明武宗死后,无子嗣继位,嘉靖以明武宗堂兄弟的身份做了皇帝,嘉靖不顾祖宗礼制,硬要将自己的父亲兴献王追谥为皇帝,这就遭到了大臣的反对,然嘉靖一意孤行。为此事,180 名大臣遭杖刑,有些还因此送命,历经3 年之久的"大礼之争",最终以嘉靖的彻底胜利而告终。明末崇祯帝在位17 年,更换内阁大学士50 人,杀总督 10 人,巡抚 11 人。

　　明朝皇帝既然绝对不信任大臣,要将大权集于一身,然而实际上他又无法管理国家,于是,将许多权力交给了宦官。在中国历史上,虽然各朝代都有阉党专政的现象,但阉祸时间之长、之烈,无疑明朝应属第一。

　　所有种种,将君权的危害凸显出来了,黄宗羲就是在这种背景下,对君权进行猛烈批判的。

　　第一,关于"天下"与"君"的关系。黄宗羲比较了"古之人君"与"后之为人君"者的不同态度。古之人君,"不以一己之利为利,而使天下受其利;不以一己之害为害,而使天下释其害"。他们的全部工作,就是为天下人谋利益,舍私为公。后之为人君者恰好相反,他们"以天下之利尽归于己,以天下之害尽归于人"。"以我之大私为天下之大公"。"视天下为莫大之产业。"这样,他们与天下的关系就完全不同了,不是"我"为"天下",而是"天下"为"我"。这种关系,就是"君为主,天下为客"。①

　　①　以上引文均见黄宗羲:《明夷待访录·原君》。

越文化通论

第二章　越中名士的学术传统

以天下为自己的产业,而且要千方百计地保住这份产业,君主就变得极端地残忍,凶狠:

> 今也以君为主,天下为客,凡天下之无地而得安宁者,为君也。是以其未得之也,屠毒天下之肝脑,离散天下之子女,以博我一人之产业,曾不惨然,曰"我固为子孙创业也";其既得之也,敲剥天下之骨髓,离散天下之子女,以奉我一人之淫乐,视为当然,曰"此我产业之花息也"。然则为天下之害者,君而已矣。①

将天下视为一己之产业既然有如此多的利益,必然引起他人垂涎。黄宗羲说:"既以产业视之,人之欲得产业,谁不如我?摄缄縢,固扃鐍,一人之智力不能胜天下欲得之者之众,远者数世,近者及身,其血肉之崩溃在其子孙矣。"②

与这个问题相关的,有"法"的问题,黄宗羲说有两种"法":"天下之法"和"一家之法"。所谓天下之法,就是维护天下人利益的法,这是古之人君奉行的法。因为人君不以天下为己之天下,于是天下太平。"一家之法",则是为维护国君一己之私利而制定的法,制定这种法的目的,是保住人君的利益,"藏天下于筐箧者也"③。这样藏得住吗?藏不住,因为"天下之人共知其筐箧之所在,吾亦鳃鳃然日唯筐箧之是虞",这样,法就不能不密,然而"法愈密而天下之乱即生于法之中"。④

第二,关于君与人民的关系。与上面所说的问题相关,既然有两种"天下"与"君"的关系,也就有两种"君"与人民的关系。"古者天下之人爱戴其君,比之如父,拟之如天,诚不为过也。今也天下之人怨恶其君,视之如寇仇,名之为独夫,固其所也。"⑤当然,被人民视为寇仇的君是不会有安全感的。

第三,君与臣的关系。黄宗羲说,从来的观点就是认为,臣是君的奴仆,黄宗羲认为,君与臣的关系不应该是这样的,他说:

> 夫治天下犹曳大木然,前者唱邪,后者唱许。君与臣,共曳木之人

---

① 黄宗羲:《明夷待访录·原君》。
② 同上。
③ 黄宗羲:《明夷待访录·原法》。
④ 同上。
⑤ 黄宗羲:《明夷待访录·原君》。

也,若手不执绋,足不履地,曳木者唯娱笑于曳木者之前,从曳木者以为良,而曳木之职荒矣。①

君臣之名,从天下而有之也。吾无天下之责,则吾在君为路人。出而仕于君也,不以天下为事,则君之仆妾也;以天下为事,则君之师友也。②

从这来看,黄宗羲认为,君臣应是同事关系,好比曳木,一唱一和,共同努力;又,君臣应是师友关系,不是君为臣师,而是臣为君师。两者关系之基,是"天下"。天下不独是君的天下,也是臣的天下,老百姓的天下。

第四,君与学校的关系。为了建立一种比较民主的政治,同时也是为了限制过度膨胀的君权,黄宗羲提出了一种新的政治方案,那就是国家设立各种学校,学校不只是培养人才,而且还可以为国家制定各种政策法令,并且可以议论朝政,监督各级官吏。他说:

学校,所以养士也。然古之圣王,其意不仅此也,必使治天下之具皆出于学校,而后设学校之意始备。非谓班朝,布令,养老,恤孤,讯馘,大师旅则会将士,大狱讼则期吏民,大祭祀则享始祖,行之自辟雍也。盖使朝廷之上,闾阎之细,渐摩濡染,莫不有诗书宽大之气。天子之所是未必是;天子之所非未必非。天子亦遂不敢自为非是,而公其非是于学校。是故养士为学校之一事,而学校不仅为养士而设也。③

这种学校其功能相当于近代资本主义国家的"议会",但比议会的功能更多。这样,实际上,国家权力是由君主、内阁、学校三个方面控制,彼此约束。这种思想近似西方议会制。黄宗羲当时根本没有可能接触西方文化,他的君主、内阁、学校相互制约论,是完全从中国传统文化中产生的。

顾炎武读了黄宗羲的书,致信曰:"大著《待访录》,读之再三,于是知天下之未尝无人,百王敝可以复起,而三代之盛可以徐还也。"④当然,黄宗羲不是要复"三代",他谈的"古之人君",只是托名为三代之君,实际上是他心目中的理想。

黄宗羲的政治思想,相对于传统的儒学来说,也可以称为异端,他与前

---

① 黄宗羲:《明夷夷待录·原臣》。
② 同上。
③ 黄宗羲:《明夷待访录·学校》。
④ 黄宗羲:《南雷文定》三集附录。

面我们所说的王充、嵇康之不同,主要在于他不仅深刻地批判了正统的儒家思想,而且根据时代的需要,提出新的政治构想。这样,他不仅是叛逆者,而且是启蒙者。在晚清的资产阶级革命中,黄宗羲的《明夷待访录》被革命者印成数万本,秘密散发。无疑,对于旨在推翻清王朝的资产阶级革命,黄宗羲的思想发挥了积极的作用。

(五)鲁迅批判传统文化

鲁迅曾从太炎先生学习过国学,鲁迅对中国文化的许多看法,也是与别人大不一样的。在章太炎是尽力从传统文化中挖掘革命的因素,而在鲁迅则将中国传统文化基本上全盘批判,以为新的社会、新的人类、新的生活开辟道路。

读鲁迅的文章,我们随处都可以见到一些愤激之言。《内经》,又称《黄帝内经》,是中国一部医学书,也是一部哲学书,平心而论,它有很多有价值的东西,当然也有一些糟粕,有一些不科学的东西,鲁迅从弘扬西方的科学这个立场出发,对《内经》进行了尖锐的批判、嘲讽:

> 做《内经》的,不知道究竟是谁。对于人的肌肉,他确是看过,似乎单是剥了皮略略一观,没有细考校,所以乱成一片,说是凡有肌肉都发源于手指和足趾。宋的《洗冤录》说人骨,竟至于谓男女骨数不同;老仵作之谈,也有不少胡说。然而直到现在,前者还是医家的宝典,后者还是检验的南针:这可以算得天下奇事之一。①

鲁迅对中医是有些成见的。这一方面是因为中医中也的确有一些今日看来不太好理解的地方,比如,用蟋蟀一对作药引,还要用原配的;另一方面,也许他的目的主要还不是批判中医,而是借此批判中国封建文化中的糟粕,那些不科学的东西,那些戕害中国人灵魂的东西,那些为反动派屠杀人民张目的东西。

鲁迅对于中国的历史书,特别是正史,是警惕的,他说:"历史上都写着中国的灵魂,指示将来的命运,只因为涂饰太厚,废话太多,所以很不容易察出底细来。正如通过密叶投射在莓苔上面的月光,只看见点点的碎影。

---

① 《鲁迅全集》第3卷,人民文学出版社1973年版,第19页。

但如看野史和杂记,可更容易了然,因为他们究竟不必太摆史官的架子。"①

特别要注意的是,鲁迅对史书的批判并不是在做学问,他的许多感触其实都是针对现实的。他说:"试将记五代、南宋、明末的事情的,和现今状况一比较,就当惊心动魄于何其相似之甚,仿佛时间的流驶,独与我们中国无关。现在的中华民国也还是五代,是宋末,是明季。"②

对于鲁迅,是是非非很多,鲁迅的一些观点不是不可以商榷,人非圣贤,孰能无过? 鲁迅最可贵的是他的精神,对于旧社会、对于黑暗势力决不妥协的斗争精神,鲁迅是决不讲中庸之道的,在他身上没有丝毫的奴颜与媚骨,在这点上,他与他的乡亲嵇康很相像。鲁迅也是很敬佩嵇康的,他搜集整理嵇康的著作,编出《嵇康集》,另外,在《魏晋风度及文章与药及酒之关系》等文章中,毫不掩饰对嵇康的赞扬与钦佩。写文章,发表异端思想在嵇康时代是要送命的,在鲁迅时代也会有这样的危险,但鲁迅亦如嵇康一意孤行,从来也没屈服过。在嵇康,异端思想的提出意味着对封建礼教的叛逆,而在鲁迅,则是革命。

异端思想的,通常褒贬义均有,在笔者这里,取的是褒义。凡异端其主要特征是不合乎通常的思想的,通常的思想,当其不是社会的进步思想,而是反动思想抑或落后思想时,这种对通常思想的反对就成为革命的思想、进步的思想。因而异端可能具有革命义、进步义。异端也有可能走向片面,走向极端。有人抓住这一点,从批评异端的片面性入手,结果将异端中最为可贵的革命性、进步性否定了。这当然是不行的。异端具有超前性,其思想总是指向未来的,这一点也常为人指责为空想、幻想而轻易地予以否定。

持异端思想的人物,除思想不同凡俗外,行为举止及至言语,也都有一些怪异,难以为一般人所理解、所接受,因而总是孤独的。这让我们想起鲁迅小说《药》中写的夏瑜,一个革命者,然而他的思想不为老百姓所理解,小说写道,牢头红眼睛阿义与他攀谈,夏瑜说,"这大清天下是我们大家的"。这本来是很正确的话,然在当时属于异端,康大叔不能理解,说"这是人话么?"牢头阿义不仅不能理解,还很恼火,认为这是"老虎头上搔痒",便给了

① 《鲁迅全集》第 3 卷,人民文学出版社 1973 年版,第 23 页。
② 同上。

他两个嘴巴。这真是让人扼腕浩叹啊！打击异端的人物，许多其实并不属于反动派、坏人，而属于好人。能说康大叔、阿义是反动派、坏人吗？

从社会进程来看，异端实在是可贵的，它可能是先知，先行。世界历史上，异端思想遭受打击的事例多不胜数。欧洲中世纪的天文学家哥白尼、布鲁诺不都因为持异端思想而惨死在宗教裁判所的屠刀之下吗？中国历史上也不乏这类事例。这是悲剧，而这悲剧不可能终结，历朝历代总会继续下去。

从中华民族的历史来看，越地相对来说，异端人物是比较多一些的，除了上面所举的代表外，几乎所有的名士，均不同情况地具有一些异端思想。这种异端思想我们也可以理解成原创性、独特性。

政治上的革命性和进步性，科学上的原创性和独特性，均可以理解成异端。崇尚异端，是越地最为宝贵的精神财富！它实际上已形成一种传统，这种传统将鼓舞着越地经济、学术、文化永远追求原创，永远指向未来。

四、诗性浪漫

越地名士多文人，诗情浪漫可以说是越地名士人文精神的一个重要谱系。这种诗性浪漫，不只是说他们文彩风流，更重要的是说他们对人生持一种类似审美的态度。这种类似审美的人生态度主要表现为对外在的功名利禄的超越，放诞任性。越地名士大都不同程度地表现出对儒家入世思想的放弃，而对道家的生活态度尤其是庄子生活态度的向往。诗性浪漫的另一种表现则是好山水，喜游冶，表现出对自然美的格外看重。这种对自然山水的钟情，与一般的旅游不一样，他们的这种嗜好，明显地具有道家的意味。这些我们今日称之为浪漫的行为，均有几分不合时宜之处，因而或目之为狂，或目之为痴，或目之为呆，或目之为癫……

值得指出的是，由于名士们具体处境是不一样的，有的春风得意，有的淹蹇坷坎，因而即使都具有诗兴浪漫的风度，这浪漫的况味是大不一样的，有的浪漫是潇洒出尘，有的浪漫是佯狂悲歌，有的浪漫透显风流，有的浪漫深潜辛酸，有的浪漫豪情万丈，有的浪漫深情委婉。种种浪漫，均是人生之歌，或喜，或悲，或哀，或叹，或响遏行云，或低回涵泳……

（一）嵇康的悲情浪漫

上一节，我们谈到嵇康的异端思想，其实，嵇康此人不仅是异端之士，也是浪漫之士。

嵇康自述他的人生哲学："抗心希古，任其所尚。托好老庄，贱物贵身，志在守朴，养素全真。"①这种哲学核心是任性，也就是任自然。任自然，在当时的名士多表现为优游山水，这固然也是，但嵇康认为还不够，他提出一种人生理想——做"达人"，何谓达人？达人乃通达之人，通达之人不仅要超越功名利禄，不以做官为念，而且要"物化"。所谓"物化"，就是庄子讲的"齐物"，"齐物"的实质就是超越物我之界限，"与天为徒"，做到天人合一，当人能超越物我之界限时，当然也就没有雅俗的区分了。所以，嵇康说："达人与物化，无俗不可安。都邑可优游，何必栖山原？"②这种"无俗不可安"的生活，是神仙生活了，嵇康向往的是神仙的生活，"思欲登仙，以济不朽"③。

这种生活在现实生活中当然是很难实现的，但嵇康心向往之，身体力行之，他的现实生活中即有知识分子的高雅的一面，比如，他爱好音乐。在《琴赋》中，他以极尽美妙的想象描绘音乐之美："……尔乃理正声，奏妙曲；扬白雪，发清角，纷淋浪以流离，奂淫衍而优渥，粲奕奕而高逝，驰岌岌以相属，沛腾遌而竞趣，翕韡晔而繁缛。状若崇山，又象流波，浩兮汤兮，郁兮峨峨……"

在《四言十八首赠兄秀才入军》这一组诗中，有一首诗谈到音乐与自然、玄理相通："息徒兰圃，秣马华山。流磻平皋，垂纶长川。目送归鸿，手挥五弦，俯仰自得，游心泰玄。嘉彼钓叟，得鱼忘筌，郢人逝矣，谁可尽言？"实际上，音乐境界就是他所向往的神仙世界。这首诗前面几句说的是在现实生活中徜徉山水，这是当时名士喜欢的生活方式；后几句说"目送归鸿，手挥五弦，俯仰自得，游心泰玄"，就不是一般的名士能达到的精神境界了，所以，嵇康的浪漫更多的是精神领域中的浪漫。他喜欢庄子，但他所理解的庄子，实际上是现实生活中的神仙。

---

① 嵇康：《幽愤诗》。
② 嵇康：《秀才答四首》。
③ 嵇康：《四言十八首赠兄秀才入军》。

嵇康喜欢锻铁,这可是粗人或者说俗人干的活,但嵇康喜欢,他没有孔子那种看不起种田人种菜人的心理,所以腐儒的雅俗之别在他那时是不存在的。

嵇康的时代是中国历史上极其黑暗的年代之一,东汉末年,军阀混战,天下大乱,先是三国争雄,后魏一统天下。魏王朝自它建立始,其政权就从来没有稳定过,大权一直旁落司马氏。嵇康为魏宗室的姻亲,一直遭到司马氏的猜疑,嵇康性格倔傲,自然不肯依附,最后为当时主政的大将军司马昭杀害。听说嵇康将就刑于东市,三千太学生潮水般拥上刑场,请求嵇康答应他们,让他们以师礼告别,然而被军队严严地挡住。被押在刑场等候处斩的嵇康,神色不变,从容自若。他看看太阳的影子,想想还有一些时间,就喊道:"拿琴来!"监斩官拿来了琴,嵇康端坐,理琴,全神贯注地弹了一曲《广陵散》。这首曲子可是他精心的作品啊!当年袁孝尼想从他这里学习这首曲子,他都不愿教。嵇康弹完《广陵散》后,将琴一摔,仰天长啸:"《广陵散》从此绝矣!"

这故事是不是有点浪漫,是的,是浪漫,但这浪漫是不是有些凄婉,或者说残酷? 其实,嵇康整个的人生浪漫都是凄婉的,悲情的,也不独嵇康如此,整个魏晋名士的风流浪漫也都具有这种悲情的性质。

(二)王、谢家族的风流

西晋因内乱而衰竭,匈奴趁机攻入长安,俘晋愍帝,西晋遂告灭亡。晋室被迫南渡,在建业建立政权,是为东晋。离东晋都城建康不太远的绍兴,因为富庶,风景优美,成为江北名士的聚居地。始于魏正始年间的玄风、清议以及那种带有苦涩的诗性浪漫,并没有因为西晋的灭亡而终止,随着晋室南渡的北方士族依然是谈玄论道,因为江南风景佳美,倒更增加了一份游山玩水的雅趣。

论风流,论浪漫,首推著名的书法家王羲之。王羲之的生活是散漫自由的,他不重礼教,据《世说新语》,有人来相亲时,他竟露着一个大肚皮在睡大觉。著名的《兰亭序》的产生,实在不过是一次修禊活动,严格来说,修禊也只是个名,主要是游春。42位文人相约在一个风景优美的地方,做一个名之为"流觞"的游戏,然后写诗,最后,由王羲之将这些诗收集在一起,写一篇序。这就是引起过诸多的争端、产生过诸多故事的国宝《兰亭序》的来历。在王羲之，只不过是一次浪漫，一回雅兴，落笔为字，也是兴之所至，写错了，涂掉再写，故而稿面并不整齐。

王羲之的浪漫，为他的儿子们所继承。他的儿子王徽之又名王子猷，在这方面特别突出，与老父相比，有过之无不及。王子猷的才华并不怎么为人知晓，然他的浪漫声名远播。《世说新语》载有这样一个故事：

> 王子猷居山阴，夜大雪，眠觉，开室命酌酒，四望皎然，因起仿徨，咏左思《招隐诗》，忽忆戴安道，时戴在剡，即便夜乘小船就之。经宿方至，造门不前而返，人问其故，王曰："吾本乘兴而行，兴尽而返，何必见戴！"①

这种行为可谓浪漫之极！完全没有功利目的，只是情感的需要，只是尽兴。这在人生是极为难得的。浪漫之士多是不拘礼法的，率性自然，意之所致，情之所致，王子猷也就是这样。《世说新语》载：

> 王子猷出都，尚在渚下，旧闻桓子野善吹笛，而不相识。遇桓于岸上过，王在船中，客有识之者，云是桓子野，王便令人与相闻，云："闻君善吹笛，试为我一奏。"桓时已贵显，素闻王名，即便回下车，踞胡床，为作三调。弄毕，便上车去，客主不交一言。②

桓子野又名桓伊，当时为左将军，已是贵族了，而王子猷不过一名士，然而，王子猷就凭这名士的派头，让桓子野为他吹笛。而桓子野也冲着这王子猷是名士，竟然在旅途上停下来，为王子猷吹上一曲。最有意思的是，演奏完毕，主客两人都不说话，桓子野没有一句客套话，诸如"献丑了"之类；而王子猷也没有说上一句"谢谢"。此种风度，不是浪漫至极吗？中外古今可谓绝无仅有！

王子猷这人非常重情感。他与他的兄弟王子敬俱在病中，子敬先亡，他赶去吊丧。他知道王子敬素好琴，"便径入坐灵床上，取子敬琴弹，弦既不调，掷地云：'子敬，子敬，人琴俱亡！'因恸良久，月余亦卒"③。

重情，在魏晋名士中是风尚。竹林七贤之一的王戎的儿子死了，他伤心不已。山简安慰他，说："孩抱中物，何至于此。"王戎则说："圣人忘情，最

---

① 刘义庆：《世说新语·任诞》。
② 同上。
③ 刘义庆：《世说新语·伤逝》。

下不及情,情之所钟,正在我辈。"①

重情,本是人性之常,然在王子猷、王戎这些名士这里,因其特别的存在方式,成为一种浪漫,一种不同常人的高雅。

王子猷爱竹,《世说新语》载:

> 王子猷尝暂寄人空宅住,便令种竹。或问:"暂住何烦尔?"王啸咏良久,真指竹曰:"何可一日无此君!"②

竹在中国传统文化中为"四君子"之一。宋代的苏轼也爱竹,尝云:"宁可食无鱼,不可居无竹。"尽管爱竹是中国文人普遍的雅好,但像王子猷这样爱竹,还是极少见的,真可谓"竹痴"!

东晋两大政治势力——王家、谢家,均为北方世族,晋室南渡后,亦均居住在会稽。先是王家声势显赫,权倾当朝,后来,谢家的谢安出为太傅,加上又打了一场漂亮的淝水之战,为东晋朝的巩固立了大功,谢家的地位与影响就远超过王家。南宋词人辛弃疾曾有词曰:"谢家子弟衣冠磊落,车骑雍容。"可以想见谢家当年的风流倜傥,富贵豪华。谢家多军旅出身,然文彩风流不让王家。

谢家第一号人物为谢安,谢安有"风流宰相"的雅号,他是大政治家、大军事家,亦是玄学家、诗人、书法家。他参加过兰亭雅集,还写了诗。他交游广阔,不仅有达官贵人、文臣武将,也有和尚道士。

谢安做事有担当,有气魄,有胆量。《世说新语》载,有一次他与孙兴公、王羲之诸人"泛海戏",忽然,风起浪涌,孙、王诸人都吓得面无人色,高呼赶快返航。而谢安"神情方王,吟啸不言"。谢安的这些作风,也许称得上潇洒,王子敬也曾这样问过谢:"公故潇洒?"谢的回答是:"身不潇洒,君道身最得。身正自调畅。"③谢安强调的是"身正自调畅",那就是说,他的潇洒,身正使然,本性为然。

不仅谢安本人潇洒,谢家亦皆潇洒。关于谢家的潇洒,《世说新语》有诸多记载,其一云:

> 谢太傅寒雪日内集,与儿女讲论文义,俄而雪骤,公欣然曰:"白雪纷纷何所拟?"兄子胡儿曰:"撒盐空中差可拟。"兄女曰:"未若柳絮因

---

① 刘义庆:《世说新语·伤逝》。
② 刘义庆:《世说新语·任诞》。
③ 刘义庆:《世说新语·言语》。

风起。"公大笑乐。①

"兄女"是著名的女诗人谢道韫,谢道韫也是王羲之第二个儿子王凝之的妻子。她所著的诗、赋、诔、颂均传于世。中国历史上有名的女诗人,谢是第一个。这个故事在中国文学史上是一则佳话,就谢安家来说,他与儿女们赏雪,讲论诗文,既享天伦之乐,又得自然之乐,是一种浪漫,一种雅兴,而儿女们的咏雪诗,也颇为精彩。

东晋王朝在中国历史上也是一个屈辱的王朝,东晋统治者无力复国,而只得苟安江南,他们寄情山水,琴艺取乐,不能说其中没有某种自我麻痹的无奈,《世说新语》载:"卫洗马初欲渡江,形神惨悴,语左右曰'见此芒芒,不觉百端交集,苟未免有情,亦复谁能遣此!'②而消遣的方法之一,也就是这种浪漫了。

(三)"四明狂客"贺知章

历史的车轮驶到唐代,这是一个诗歌的时代,诗人的地位空前地高,李白等诗人,一袭布衣,在长安城拜公侯,仅凭诗名,就得到盛情款待,而诗写得好,甚至不要参加科举考试也能做官。当然,最好的是既参加科举,获取功名;又能写得诗,获取声誉。这样的文人是最为吃香的。贺知章就是其中的一位。

贺知章,字季真,原居浙江萧山,后移居会稽。越地的奇山秀水,培育他锦绣才华,善诗,亦善书。武后证圣元年(695),他进士及第,是年他19岁,可谓春风得意,少年成名。官场上,他一帆风顺,做过太子宾客、银青光禄大夫兼正授秘书监。天宝二年(737),他上表请为道士,还乡为民。唐玄宗诏许,赐镜湖剡川一曲,以为渔樵,又赐宅千秋观,以为居所,并且让他的儿子为会稽司马,就近照顾贺知章。天宝三年,贺知章辞别京城,唐玄宗赐诗送行,皇上如此赏脸,太子以及百官均赋诗为赠。一位文臣,谈不上什么大功劳,只是诗写得好,字写得好,就获得皇上如此恩宠的,古往今来,也许唯有贺知章。

贺知章在诗人中属于狂放的一类,《旧唐书·贺知章传》说:"知章性放

① 刘义庆:《世说新语·言语》。
② 同上。

旷,善谈笑,当时贤达皆倾慕之。""晚年尤加纵横,无复规检,自号四明狂客。"又引当时的工部尚书陆象先的话说:"贺兄言论倜傥,真可谓风流之士。吾与子离阔,都不思之,一日不见贺兄,则鄙吝生矣。"

贺知章喜欢喝酒,杜甫曾做《饮中八仙歌》,贺知章列为第一。诗云:

知章骑马似乘船,眼花落井水底眠。

汝阳三斗始朝天,道逢麹车口流涎。

恨不移封向酒泉。左相日兴费万钱。

饮如长鲸吸百川,衔杯乐圣称避贤。

诗中说,贺知章喝酒很厉害,喝起来像长鲸吸入百川,真是海量。他喝醉了酒,骑着马摇摇晃晃,像是乘船。醉眼朦胧,看不清路,竟掉进井里。道逢麹车,口水就流出来了。凡此种种模样,虽然有些狼狈,但很可爱。

中国文人与酒有不解之缘,酒既可以用来避祸,像竹林七贤中的阮籍、刘伶,整天醉醺醺的,不问世事,可以装糊涂,躲避政治上的不虞之祸。

酒又是创作的灵感之源,唐代的草书家张旭是贺知章的好朋友,《旧唐书》说:"旭善草书,而好酒,每醉后号呼狂走,索笔挥洒,变化无穷,若有神助,时人呼为张颠。"①贺知章有一批这样好酒的朋友,其中还有李白。李白好喝酒。杜甫的《饮中八仙歌》也写到他:"李白斗酒诗百篇,长安市上酒家眠。天子呼来不上船,自称臣是酒中仙。"李白初到长安,贺知章在紫极宫见到他,便奇其仙风道骨,状貌非凡,呼之为"谪仙人"。据说,他邀李白去喝酒,恰身边带钱不够,即解下腰间金龟,让人换酒去。

酒在中国文化中具有独特的魅力,中国文人的好酒,与西方文人的酗酒完全不一样。在西方文人,酗酒是劣习,是解愁,是麻醉,是病态;而在中国文人,那往往是雅兴,是佳话,是浪漫,是天才的创造。

贺知章以诗闻名,他的《回乡偶书》别有一番情调:

少小离家老大回,乡音无改鬓毛衰。

儿童相见不相识,笑问客从何处来。

不是伤感,绝对不同于"昔我往矣,杨柳依依;今我来思,雨雪霏霏";也不是恐惧,绝对不同于"近乡情更怯,不敢问来人";而是一种幽默,一种天真,一种特别亲和的温馨!当然,也是一种浪漫!

① 《旧唐书》卷一九〇《张旭传》。

据史载，贺知章也善书，他经常与张旭结伴，在城乡游历，看见人家的厅馆墙壁、屏幛，"忘机心发，笔落数行，如虫豸飞走"。当然，主人们欢喜不尽，因而有人端着笔砚跟着张、贺后背走，而张、贺只要高兴，不管何人求字，均不拒绝。"然每纸才十数字，世传以为宝。"①

自古以来，文人中称之为狂客的也不少，但绝大多数是因为命运不太好佯狂以愤世。而贺知章不属于这类，他的狂，不是愤世，而是乐世；不是佯狂，而是潇洒。如果要从正面来谈诗兴浪漫，贺知章算得上最为典型。

（四）"烟波钓徒"张志和

张志和是婺州即金华人，就行政建制来说，婺州不属于越州，但据载，张志和的哥哥张鹤龄担心张志和遁世而去，为他在越州东城盖了几间茅草房，这样说来，他也在越州生活过，据此，我们可以将他看做是越地名士。

张志和又号烟波钓徒。据说，他母亲梦见丹枫长在腹上，以后便生下了张志和。此事见于颜真卿为他写的碑《浪迹先生玄真子张志和碑》，亦见《新唐书·隐逸·张志和列传》。16岁那年，张志和取得"明经"擢第，大殿上，他曾向唐肃宗献策，深得肃宗赏识，特赐他为待诏翰林，并授予左金吾卫录事参军，还赐他"志和"这一名字。这种恩赐在唐代诗人中不是很多的。张志和可谓少年得志、春风无限的了。但张志和禀性是不适合做官的，后来，终于因事得罪了皇上，被贬官，放逐到南浦做县尉。虽然其后被赦回到长安，但他于仕途已心灰意冷，找一个借口，辞官归隐，过起他的"烟波钓徒"生活来了。

大历八年（773）春张志和参与颜真卿的会饮，在这次宴会上，他大大地展示了一下自己非凡的才华，从而赢得万世声名。

历史垂青湖州，著名的书法家颜真卿被派到此地做刺史，颜真卿当时声名已是很大，文人墨客、诗人画家均喜欢投奔他，这其中就有张志和。颜真卿豁达好客，经常与这些人宴饮，唱和。大历八年三月暮春某日，颜真卿与名士们会饮，时值桃花水涨，鳜鱼肥美，他们即以此为题，唱和古乐府《渔父词》。张志和首唱，一气咏出五首，其中就有现今几乎人人能背的《西塞山前白鹭飞》："西塞山前白鹭飞，桃花流水鳜鱼肥。青箬笠，绿蓑衣，斜风

---

① 陈思：《书小史》。

细雨不须归。"当时举座皆惊,公推此首诗为第一。

张志和的《渔父词》在文人中很快地传开了,历代评价都极高,晚清大文学家刘熙载说它"妙通造化"、"风流千古"①。张志和的《渔父词》后来还传到了日本,日本嵯峨天皇和他的臣子仿效张志和的《渔父词》,也写起这类歌词来了,嵯峨天皇就有《和张志和渔歌子》。嵯峨天皇君臣和作张志和的渔歌子,写于弘仁十四年(823),相当于唐穆宗长庆三年,距张志和写作《渔父词》仅50年。②

张志和从官场退出后,过着真正的隐居生活,住的是用原木搭盖的茅屋,穿的是褐色的粗布大袍,吃的是粗粝的食物,他仿姜太公钓鱼,不设饵,可见他本意不在鱼,而在钓的这份情趣。据说,颜真卿看到张志和驾着一条破旧的小船来看他,就想为他造一条新船。张志和则说:"倘惠渔舟,愿以为浮家泛宅,沿溯江湖之上,往来苕霅之间,野夫幸矣。"后来,颜真卿真的为他造了一艘舴艋舟。落成之日,颜真卿还为它写了一首歌。惜此歌已佚,当时的大诗人皎然写了一首和作,名为《奉和颜鲁公真卿落玄真子舴艋舟歌》,存于《皎然集》卷七。

尽管张志和离开了朝廷归隐于山林,唐肃宗还是念念不忘这位天才,他特赐给张志和奴婢一男一女,以照料他的生活,张志和将他们分别取名为渔童和樵青,配为夫妻,让他们自己生活去,根本不要他们照料。

也是大历八年,只不过是秋天,张志和为历史留下他一生最为浪漫的一段故事。这天,颜真卿聚门生、亲朋、宾客在平望驿游览,张志和亦在其中。酒酣耳热之际,张志和让人在湖面上铺了一张席子,他独自坐在上面,饮酒啸歌,戏水自如。这就引来一群仙鹤,回翔于他的头顶,不一会,张志和在人们的惊叹声中,乘鹤飞升了。这事见于《续仙传》。

这当然是传说,但人们用这样美好的故事来说张志和的去世,明显地是认为,张志和不是一般的人,他具有仙人的品格,应该是仙人,他的来到人间是仙人降世,他的离开红尘是仙人飞升。

---

① 刘熙载:《艺概》卷四。
② 参见陆耀东、陈思群主编:《浙籍文化名人评传》,浙江大学出版社2003年版,第191—192页。

（五）朱庆余科举悲喜剧

唐代越籍诗人中，其行为方式在今天看来，也称得上浪漫的，还有一位朱庆余。朱庆余出生于绍兴，家世已难考。与中国古代绝大多数读书人一样，朱庆余梦寐以求的也是功名，然而，中国封建社会的科举考试不是那么容易的，无数的悲剧、喜剧、悲喜剧，历朝历代在不断地上演着。

多年来为科场考试中，朱庆余很吃了些苦。为巴结上权贵，他流落在京城，一住就是好些年，有家归不得，心情之惨然，难以言表。他寄希望考上，如果考上了，就可以回家看父母妻儿了。不仅可以回家，而且身名显赫，朱庆余在《送李涂及第归蜀》一诗中就描绘这样的美景："从得高科名转盛，亦言归去满城知。发时谁不开筵送，到处争为与马骑。"

唐代科举是要考诗赋的，诗写得好，是中举必不可少的条件。另外，唐代科举有"行卷"的风气，所谓行卷，就是在考试前，可以将自己的诗文给包括考官在内的大官们看，如果得到他们的赞许，录取就要容易得多。李白、杜甫做过这样的事，朱庆余当然也这样做。当时考官之一是水部郎中张籍。朱庆余曾做《上张水部》表示过感激。诗云：

> 出入门阑久，儿童亦有情。
>
> 不忘将姓字，常说向公卿。
>
> 每许连床坐，仍容并马行。
>
> 恩深转无语，怀抱甚分明。

朱已是张籍家的常客了，但他仍怕张籍忘记了他的姓名，所以每次来晋见，都要将姓名再报一遍。张籍颇欣赏朱庆余的才华，尽管如此，朱庆余在宝历二年（826）再次参加进士科考试时，仍然有些紧张。这次张籍是主考官，考得如何，他当然极为关心，但又不敢明问，煞费苦心，写了这样一首诗：

> 洞房昨夜停红烛，待晓堂前拜舅姑。
>
> 妆罢低声问夫婿，画眉深浅入时无？[①]

这首诗妙极，想问的本是我考得如何？诗面上写的却是一位新嫁娘问夫婿：我的眉毛画得时尚不时尚？问"入时无"，而不问好不好，显然是想

---

① 朱庆余：《近试上张水部》。

问：我的诗文是不是符合时下的考试标准？

这首诗后来成为名诗，选入各种唐诗选本。朱庆余一生写过不少的诗，但没有一首比得上这首诗有名。细细品味朱庆余写的这几首与科举相关的诗，特别是《近试上张水部》这一首，我们感到其间的况味比较复杂：有几分苦涩，但也有几分甜蜜，有几分滑稽，也有几分的浪漫。这是一出戏，不是悲剧，也不是喜剧，而是悲喜剧。

（六）骆宾王的讨武檄

唐代诗人的浪漫很多，初唐四杰王勃、杨炯、卢照邻、骆宾王。闻一多说："他们都年少才高，官小而名大，行为都相当浪漫，遭遇尤其悲惨。"①这四人中，骆宾王是义乌人，也许他不能算是越中诗人，但说是越地诗人是完全可以的。

骆宾王的行为哪些说得上浪漫，闻一多先生没有细说，也许是指他七岁写的《咏鹅》一诗，成为中国人家喻户晓的名作吧，亦或指他代徐敬业写的那篇名垂青史的讨伐武则天的檄文。

不过，在笔者看来，最浪漫的不是骆宾王诗文写得非常棒，而是武则天读了那篇讨伐她的檄文后的感受实在奇妙。据《资治通鉴》载："太后见檄，问曰：'谁所为？'或对曰：'骆宾王。'太后曰：'宰相之过也。人有如此才，而使之流落不偶乎！'"②

不知骆宾王是否知道武则天如此评价，如果知道，他还会跟着徐敬业去造反吗？不过，如果不是徐敬业的造反，骆宾王又哪有这样一篇千古不朽的名文？

（七）奇人张岱

明代越籍最为浪漫的文人，应是张岱了。张岱，字石公，陶庵，山阴人，生于明万历二十五年（1597），卒于康熙二十八年（1689）。张岱出生于富贵人家，高祖、曾祖父、祖父三代均是进士，曾祖父还是隆庆五年的状元。父亲虽然科第不是很得意，也中了一个副榜，做过鲁献王的右长史。张岱晚

---

① 闻一多：《唐诗杂论·四杰》，中华书局 2003 年版，第 48 页。
② 《资治通览》卷二〇三《唐记十九则天后光宅元年（六八四）》。

年总结自己的一生,回忆早年的生活是:"少为纨绔子弟,极爱繁华,好精舍,好美婢,好娈童,好鲜衣,好美食,好骏马,好华灯,好烟火,好梨园,好鼓吹,好古董,好花鸟,兼以茶淫橘虐,书蠹诗魔。"①从这个自述可以看出,他早年的生活是相当放荡的,当然,这是文人的放荡,并不是堕落,准确地说是一种风雅。

张岱兴趣广泛,封建士大夫认为风雅的文化门类,举凡诗词歌赋、琴棋书画、茶道花道、古董珍玩,无所不晓,无所不精。

张岱不仅善茶道,善艺事,而且喜游山玩水。于山水,他称得上知音。他曾做《西湖梦寻》一书,将西湖之景分为"西湖总记"、"西湖北路"、"西湖西路"、"西湖中路"、"西湖南路"、"西湖外景"诸部分,对西湖诸多名景一一评点。自古以来,关于西湖的风景,诗文不啻汗牛充栋,但只要读读《西湖梦寻》,则不能不认为,张岱对西湖之美有独到的发现。比如,他说:

> 余弟毅孺,常比西湖为美女,湘湖为隐士,鉴湖为神仙。余不谓然。余以湘湖为处子,腼腆羞涩,犹及见未嫁之时,而鉴湖为名门闺淑,可钦而不可狎;若西湖则为曲中名妓,声色俱丽,然倚门献笑,人人得而媟亵之矣。……余尝谓:善读书无过董遇三余,而善游湖者,亦无过董遇三余。董遇曰:冬者岁之余也;夜者日之余也;雨者晴之余也;雪巘古梅,何逊烟堤高柳;夜月空明,何逊朝花绰约;雨色空濛,何逊晴光滟潋!②

在游山玩水中,他不只是以一位诗人、画家的眼光去欣赏,去品评,而且也以一位历史家的身份,去做历史的考证,辨析。会稽有兰亭,这是著名的《兰亭序》产生的地方,千百年来,不绝游赏,少有人对兰亭的真伪提出疑问,然而,张岱在实地考察后,写了《古兰亭辨》一文,认为,现在众人游赏的兰亭恐非王羲之与朋友修禊的地方,他认为,也许大章寺前的一块地方,有可能是真兰亭。不管哪儿是真兰亭,有张岱这样考察,质疑,也为后人寻访王羲之的遗迹增添了一份乐趣。

张岱交友有他自己的原则,他曾说:"人无癖不可与交,以其无深情也;人无疵不可与交,以其无真气也。"③其实,张岱就是这样的人。

---

① 张岱:《琅嬛文集·自为墓志铭》。
② 张岱:《西湖梦寻·西湖总记·明圣二湖》。
③ 张岱:《琅嬛文集·五异人传》。

他在《自为墓志铭》中说：

> 常自评之，有七不可解，向以韦布而上拟公侯，今以世家而下同乞丐，如此则贵贱紊矣，不可解一；产不及中人，而欲齐驱金谷，世颇多捷径，而独株守于陵，如此则贫富紊矣，不可解二；以书生而践戎马之场，以将军而翻文章之府，如此则文武错矣，不可解三；上陪玉皇大帝而不谄，下陪悲田院乞儿而不骄，如此则尊卑溷矣，不可解四；弱则唾面而肯自干，强则单骑而能赴敌，如此则宽猛背矣，不可解五；夺利争名，甘居人后，观场游戏，肯让人先，如此则缓急谬矣，不可解六；博弈摴捕，则不知胜负，啜茶尝水，则能辨渑淄，如此则智愚杂矣，不可解七。有此七不可解，自且不解，安望人解？故称之以富贵人可，称之以贫贱人亦可；称之以智慧人可，称之以愚蠢人亦可；称之以强项人可，称之以柔弱人亦可；称之以卞急人可，称之以懒散人亦可。学书不成，学剑不成，学节义不成，学文章不成，学仙学佛学农学圃俱不成，任世人呼之为败子，为废物，为顽民，为钝秀才，为瞌睡汉，为死老魅也已矣。[1]

"不解"处，确有啼笑皆非之尴尬；细品之，又有超凡脱俗之豁达。是极真挚之语，也是极沉痛之语。

张岱47岁那年，遭遇国破家亡之惨剧，生活发生重大改变，锦衣玉食没有了，日常生活是："折鼎病琴，与残书数轶，缺砚一方而已。布衣蔬食，常至断炊。"[2]此时，张岱对社会对人生的认识更深刻了，作为明代遗民，他最为推崇的是气节。他以冰雪为喻，说：

> 鱼肉之物，见风日则易腐，入冰雪则不败，则冰雪之能寿物也。今年冰雪多，来年谷麦必茂，则冰雪之能生物也。盖人生无不藉冰雪之气以生，而冰雪之气必待冰雪而有，则四时有几冰雪哉！

> 若吾之所谓冰雪则异是。凡人遇旦昼则风日，而夜气则冰雪也；遇烦燥则风日，而清静则冰雪也，遇市朝则风日，而山林则冰雪也。冰雪之在人，如鱼之于水，龙之于石〔注：疑"云"〕，日夜沐浴其中，特鱼与龙不之觉耳。故知世间山川、云物、水火、草木、色声、香味，莫不有冰雪之气，其所以恣人把取受用之不尽者，莫不深于诗文。盖诗文只此

---

① 张岱:《琅嬛文集·自为墓志铭》。
② 同上。

数字，出高人之手，遂现空灵；一落凡夫俗子，便成臭腐。此其间真有差之毫厘，失之千里。特恨遇之者不能解，解之者不能说。即使其能解能说矣，与彼不知者说，彼仍不解，说亦奚为？故曰：诗文一道，作之者固难，识之者尤不易也。

干将之铸剑于冶，与张华之辨剑于斗，雷焕之出剑于狱，识者之精神，实高出于作者之上。由是推之，则剑之有光芒，与山之有空翠，气之有沉瀣，月之为烟霞，竹之有苍倩，食味之有生鲜，古铜之有青绿，玉石之有胞浆，诗之有冰雪，皆是物也。苏长公："子由近作《栖贤僧堂记》，读之惨凉，觉崩崖飞瀑，逼人寒慄。"噫，此岂可与俗人道哉！笔墨之中，崖瀑何从来哉！①

文章可谓精彩极了。文章说："人生无不藉冰雪之气以生"，"世间山川、云物、水火、草木、香味，莫不有冰雪之气"。如此观点，让人心灵洞彻，光辉明亮。

越地文化长流中，虽然不是所有的名人完全具备张岱这种品格，但是，我们似乎看到，差不多每一个名人身上都或多或少有张岱所言的某种影子。越地的名人，就是这样的卓异，桀骜，旷达，豪放，怪诞，高雅，浪漫！

"浪漫"，这一来自西方的外来词汇，当其中国化后，是很难做一个准确解释的。它有些近似"风流"，但"风流"当其定义某一类人物时，浪漫似乎够不上这个档次，我们不好将"风流人物"说成是"浪漫人物"。与风流一样，浪漫也含有褒贬两义的，在我们这里，主要取其褒义。

浪漫最为本质的东西应是自由与独创，它是潇洒的，轻松的，活泼的，充满生命意味的。在我们看来，最可贵的浪漫，应是诗性的浪漫，加上"诗性的"，意味着，它是智慧的、审美的、温馨的。

浪漫不等于浪荡，也不等于放任，更不等于欢乐，消遣，浪漫也可以成为一种斗争的方式。明代南昌知府祝瀚与宁王朱宸濠做斗争亦可作为一例：祝瀚（1446—1517），绍兴人，明成化二十三年（1487）进士，累官至南昌知府。他在南昌知府任上时，宁王朱宸濠纵奴横行乡里，一日，有奴领一带牌之鹤在街市上徜徉，一家犬突起，将鹤咬伤。朱宸濠闻说，备谍诣府衙，要求严治犬主之罪。祝瀚气愤，写诗讥批："鹤虽带牌，犬不识字。禽兽相争,何预人事!"将朱宸濠的状纸弃之地上。这种斗争艺术,也算得上一种浪漫。

浪漫中当然有快乐,但浪漫中也会有痛苦,有悲伤。有些事,在人看来是浪漫,在当事人看来根本就不是浪漫。广为人知的陆游与唐婉的爱情,在我们看来,不失为浪漫,但在陆游、唐婉几曾有浪漫之感觉?朱庆余的《近试上张水部》一诗,在我们看来也是一种浪漫,在朱庆余也许就只有酸涩了。

尽管如此,浪漫有一个本质的东西是存在的,那就是至性至情,至性,一是说明它真,二是说明它善。当至性以至情形态存在时,这至性就焕发出奇异的光辉,呈现出美来了,这种风度,这种气概,这种形态,我们称之为浪漫。

浪漫就像阳光,它具有各种各样的色彩,但不管哪种色彩,它都是阳光,是生命力量与热量的喷射。当我们徜徉在越中名士的历史长廊,一位位名士随着历史的烟云向我们走来,我们发现,他们身上均有着自己独特的浪漫,因而我们可以准确地将他们区别开来:那是王充,耿介中似是过于自负;那是谢安,沉稳中有些故作矫情;那是王羲之,潇洒飘逸难掩生命的忧伤;那是谢灵运,嗜山水如酒世上绝无;那是王阳明,既文韬武略堪称庙堂奇才又斗鸡走马可谓市井高人;那是徐渭,落拓狂野而深情执著;那是秋瑾,诗剑飘零心藏万千女儿柔情;那是鲁迅,嬉笑怒骂皆成文章,热情如火,温顺如水……

这才是真正的人,一个有着自己面目、个性、气质、特殊生活方式的人——浪漫的人!

越中名士如此活法,活得精彩!

第三章　越中名士的山水因缘

一、风水宝地

　　中国文化有一个重要传统，就是天人合一，天人合一表现形式之一就是将人物与地理环境联系起来，将人物的产生以及人物产生后的命运归之于他的出生地、生活地。这种学问，通常叫风水，在中国古代，它又叫地理、堪舆、青鸟术、青鸾术等等。风水理论科学还是不科学，自古至今都有不同看法。在笔者看来，完全否认或完全肯定，都是不妥当的。如果将风水学中那些迷信的成分剔除掉，或者说将那些过去绝对的说法模糊化，或然化，它还是有合理之处的。现代科学其实也证明，人的成长与环境是有联系的，环境有自然环境与人文环境之分，风水说其实就是中国古代的环境学，主要为自然环境学，也有人文环境学。从这个角度看风水学，风水学无疑是具有重要参考价值的。

　　地灵人杰。这是风水学的重要理论，用现代地理环境学来解释，那就是说,地理环境优越的地方,比较容易出优秀人才。追溯越地名士辈出的原因,我们不能不考察越地的山水。

(一)越地山水——海内之秀

关于越地山水,早在东晋时代,就有这样的赞语:"不徒东南之美,实为海内之秀。"①《会稽记》云:

> 会稽境特多名山水,峰崿隆峻,吐纳云雾,松栝枫柏,擢干竦条,潭壑镜澈,清流泻注。②

越地山水的骨格是会稽山。在中国诸多的名山中,会稽山不算出名,风景虽然很美,但称不上奇异。不过,只要稍稍深入地考察一下它的历史,最好做一些实地观光,当不难发现,会稽山实在是一座伟大的山,神奇的山,是越中名士辈出的最为根本的原因。

会稽山概念,有大小两种不同范围的解释,大的范围指会稽山脉,此山脉介于曹娥江与浦阳江之间,绵延于绍兴、萧山、诸暨、东阳、嵊州、上虞诸市县,山势自西南向东北延伸,逐渐变低,最后没入萧绍平原,成为散落在平原上的座座小丘;小范围则指小舜江以北会稽山脉的几个山峰,其地域范围大体上可以界定为北起绍兴城,南过秦望山,西逾山阴道,东越若耶溪之间,其中有名的山峰有宛委山、射的山、石帆山、白鹿山、香炉峰、箬篑山、赤堇山、葛山、兰渚山、法华山、印山、何山、秦望山、望秦山、刻石山、若耶山、宝山等。清康熙《会稽县志》云:"会稽山者,诸山之通称尔,彼刻石、秦望皆可以会稽名之。"

越地的山可以分为两个系统,一个是绍兴城内系统,一个是整个越中地区的系统。绍兴城内的山,最为重要的是卧龙山,它一名种山,据说是越国大夫文种的葬处,又语讹,种成重,故此山又名重山。此山是浙东重要名胜。嘉祐年间,刁景纯撰《望海亭记》谈到此山:

> 越冠浙江,东号都督府据卧龙山,为形胜。之南亘东西鉴湖也;山之北连属江与海也。周连数里,盘屈于江湖上,状卧龙也。龙之腹,府宅也;龙之口,府东门也;龙之尾,西园也;龙之脊,望海亭也。③

---

① 刘义庆:《世说新语·言语》。
② 《绍兴府志》卷四《山川志一》。
③ 《会稽志》卷九《山·府城》。

刁景纯的分析非常精彩,这座山萃越都之精神,也因此绍兴历代为人们所看重。东晋与南宋都曾有人提议要在此建都,虽然未能实现,但东晋和南宋的最高统治者一直重视绍兴。赵高宗曾游览过绍兴,也因此,他将建炎的年号改为绍兴。公元1131年,他驻跸绍兴,故这年就改为绍兴元年。

府城内的山,重要的还有龟山,又名怪山,据说此山自海上飞来。此山有种种怪异之处,说是有巨人迹、锡杖痕、灵鳗井等。唐代诗人徐季海诗:"兹山昔飞来,远自琅琊台。孤岫龟形在,深泉鳗井开。"①这是一座很有些神秘的山,如果说,卧龙山张扬的是王者气概,那么这座山则可以说是灵异渊薮。古越精神,究其源头,从山水地理之源来说,不是可以追溯到这两座山吗?

越地的山有两个突出特点,一是山山皆秀丽,无山不精神;二是山山有文化,无山没典故。就后一点来说,越地的山可以分为三个系统:

一是大禹神话系统。主要有会稽山、宛委山。上面我们谈到会稽山有大小两种范围的解释,大的范围指整个会稽山区,小的范围是绍兴周围的一群山,另外,它还特指某一座山。这某一座山,在绍兴城东南12里,原名茅山,又名苗山、涂山。《吴越春秋》载,大禹治水成功后,即天子位,周行天下,归还大越,登此山以朝四方,大会计治国之道,于是名为会稽山。宛委山在绍兴城东南15里,说大禹在此山得金简玉字,于是知山河体势、百川之理,治水就不至于盲目。

二是秦始皇系统。这主要有秦望山、望秦山、刻石山。秦望山在绍兴城东南40里许,《舆地广记》说是"为众峰之杰"②,当年秦始皇南巡会稽,登过此山,故名秦望。望秦山一名天柱峰、卓笔峰,说是在县东南32里,《会稽志》说秦始皇也登过此山。与秦始皇相关的山还有一座,名刻石山,在府城西南50里,一名鹅鼻山,相传秦始皇刻石于其上。

三是勾践系统,这主要有赤堇山、鸡山、稷山、土城山、犬亭山、兰渚山等。这些山与越王勾践有关,赤堇山是欧冶子为越王炼剑的地方,鸡山是勾践养鸡的地方,稷山是越王种菜的地方,土城山是越王训练美女礼仪的地方,犬亭山是越王畜猎犬的地方,兰渚山是越王种植兰花的地方。

① 转引自《会稽志》卷九《山·府城》。
② 同上。

　　谈到越中,常称稽山鉴水,稽山为会稽山,鉴水为鉴湖。鉴湖是人工湖,是东汉越州太守主持修建的。说是湖,其实它不是一块团团的水面,而是若干湖面联缀起来的水系①,56.5公里的湖堤上设置了72处堰闸。据说,平原河道总长达2000余公里,水域达172.7公顷。宋代诗人王十朋说:"杭之有西湖,犹人之有眉目,越之有鉴湖,犹人之肠胃。"由此可见鉴湖在越的地位。鉴湖又名镜湖。《绍兴府志》云:"山阴镜湖在府城南三里,亦名鉴湖。任昉《述异记》:轩辕氏铸镜湖边,因得名。或云黄帝获宝镜焉。或又云本王逸少语:山阴路上行,如在镜中游。是名镜湖。"②唐宋代诗人多以镜湖称鉴湖。清代乾隆皇帝有御碑一面,上题"镜湖",于今仍竖立在残留的绍兴城郊的鉴湖湖畔。由于历史的原因,早在宋代,鉴湖就部分地湮没了。鉴湖的风光极为美丽,古往今来,吟咏鉴湖的诗歌可谓汗牛充栋,好诗举不胜举。

　　越地水量丰沛,就湖来说,决不只是一面镜湖,它还有许多的湖③,较为有名的还有:落星湖、湘湖、泉湖、回涌湖、白水湖、穴湖、孔湖等等。湖以外,就是河,越地河汊密布,大大小小的河道很多,著名的有浙江、曹娥江、府河、钱清江、筆醪河、菊花河、新河、长泠河、五夫河、白水河等。至于溪,著名的有若耶溪、巧溪、余支溪、钦牛溪、寒溪、南溪等等。我们还不要忘了,越地近海,《绍兴府志》云:"府境北边海,所属五县,萧山去海二十里,山阴去海四十里,会稽去海二十里,上虞去海六十里,余姚去海四十里。"④

　　山水与物产的关系不要说了,就与人的精神关系来说,孔子有一句著名的话:"知者乐水,仁者乐山。知者动,仁者静。知者乐,仁者寿。"⑤越地既多山,又多水,故越地既出知者,又出仁者。鲁迅曾说:"浙东多山,民性有山岳气,与湖南山岳地带之民气相同。"⑥这山岳气,可以理解成质朴、刚烈、直率,疾恶如仇,这一点在越中名士身上体现得非常突出。至于水,周

---

　　①　据盛鸿朗主编《鉴湖与绍兴水利》(中国书店1991年版),汇入鉴湖的溪流达43条,其中的若耶溪,其小游有72条水源,见该书第13—31页。

　　②　《绍兴府志》卷七《山川志四》。

　　③　绍兴一带有湖泊54面,到今天面积在20万平方米以上的还有12面,见任桂全总纂《绍兴市志》第2卷(浙江人民出版社1985年版)第219—235页。

　　④　《绍兴府志》卷七《山川志四》。

　　⑤　《论语·雍也》。

　　⑥　《鲁迅回忆录》下册,北京出版社1999年版,第1317页。

作人说:"水在五行中,柔媚最近人。"①其实,岂止是柔媚,水的灵动,特别是水的韧性更具有人性。我们从王阳明、徐渭、张岱、鲁迅这些越中名士身上分明看出这种灵动的智慧和坚韧的斗争精神。

越中山水萃江南山川之精华,汇华夏文明之瑰宝,它深厚而又丰富的精神内涵是无法穷尽的。千百年来,它所拥有的巨大活力,哺育着一代代的华夏子孙。《舆地纪胜》有一段文字,极尽会稽山川之美、人物风流,其中涉及诸多名士,如欧冶子、太史公、虞翻、严子陵、江淹、王羲之、谢安、谢灵运、谢惠连、贺知章、李白、李绅、元稹、白乐天、王十朋等。一方面,这里的丽山秀水,是培育众多英杰文豪的摇篮,另一方面,也正是诸多名士流冶其中,使其得享盛名。于是,这里就自然地形成诸多名胜。有:禹穴、刻石山、稷山、虞山、姚江、越台、涂山、乐野、乐国、龙井、鳗井、龙泉、龟山、渔浦、桃源、梅市、梅梁、梅溪梅湖、桐几、戴山、葛山、兰渚、干山、笔仓、玉山、石屏、石伞、石帆、铁屐、镜湖、东山、东溪、东府、南林、南岩、西陵、西亭、一曲、一邱、二元、重山、三如、双涧、六山、余暨、穿岩、钓川、浣浦、雷门、漾月堂、惠风亭、望海亭、好泉亭、蓬莱阁、棣萼堂、白凉馆、绿波亭、清白堂、招山阁、稽山阁、日月池、阳明洞、天姥山、天衣寺、云门山、日铸岭、菲饮泉、投醪河……等等,不下数百处。

(二)山水格局

会稽有山,有水,而且山是名山,水是名水。这是中国神秘文化——风水学对佳地的最为基本的要求,然最为重要的还是山与水的格局。越地的山水格局非常好,主要表现为:

第一,上应吉星,下得地利,得天人合一之妙。

东汉著名的《周易》学家越籍人士虞翻曰:

> 会稽上应牵牛之宿,下当少阳之位,东渐巨海,西通五湖,南畅无垠,北渚浙江,山攸居,实为州镇,山有金木鸟兽之殷,水有鱼盐珠蚌之饶,海岳精液,善生俊异。②

虞翻不愧为易学泰斗,他从总体上描述了会稽风水的好处,而且落脚

---

① 《周作人文类编》第6卷,湖南文艺出版社1998年版,第64页。
② 《绍兴府志》卷一《疆域志》。

在"善生俊异"上。这是从风水学上最早对越地多名士的一个解释,也是最为权威的解释。虞翻的说明其实并不神秘,他主要指出三点:其一是会稽这块地方星象好,它上应牵牛星宿,属于北方玄武七宿系统,地面则当《周易》说的"四象"中的"少阳"之位。玄武系统在"四象"中属于"老阴",老阴与少阳恰好相应。天地相应,是为第一吉。地面的环境又如何呢?虞翻说"东渐巨海,西通五湖,南畅无垠,北渚浙江",可以说四通八达;又物产丰饶,"山有金木鸟兽之殷,水有鱼盐珠蚌之饶,海岳精液"可以说得"地之利"。于是人口繁衍,聚居为镇。中国传统文化说的"天人合一"在此得到完美的实现。这样的地方怎么能不是风水宝地呢?

第二,形胜险要,进退有据,具建都的优势。

《绍兴府志·疆域志》介绍绍兴形胜时说:

> 绍兴枕大海,岸北吴兴,良田鳞次。左右两江,如夹曹娥,外四明、大兰为翼,东接明州,由西陵渡浙江。则臂天目诸山,控扼三吴。南山为前障,五泄、天姥错三邑,岩谷连绵,犬牙天台、永嘉,间与闽豫章相望,固东南一都会也。

这种描绘是什么意思呢?它主要是说,绍兴除良田鳞次、物产富饶这一优越条件外,它的形胜也是十分险要的,东西南北,均有险可凭,又有路可通,可谓进退有据,这样一种形胜实在是建都的好处所。所以,大禹在此会天下诸侯,计功认赏;勾践在此建都,不仅打败强吴,而且以此为基地实现称霸的野心;"二孙据江东,俱自领会稽太守;晋东渡之初,三吴豪盖请都会稽;五代之乱,钱氏据两浙,越独为完州;南宋都临安,则绍兴为股肱郡。"①事实上,东晋、南宋虽然没有建都于绍兴,却均以绍兴为副都。

以上这种论述不是孤立的,许多学者持同样的看法。明代学者周述学分析绍兴形胜后,思路更为清晰,他认为绍兴诸山,南从朱华峰起顶,北来分为三支,一支为犬亭山,入为绍兴府内的卧龙山;一支自小亭山、外山,入为绍兴府为飞来峰;一支自禹陵入城为蕺山。它的东西有两条小江,与浙江会合于三江口,注入大海。此地潮汐往来,以海为池。他赞叹:"壮哉,大都之胜也。"②如清代大学者顾炎武说到绍兴府:"东环娥江,北绕大海,襟

---

① 《绍兴府志》卷一《疆域志》。
② 同上。

海带江,浙东一大都会。"①

上面所说,是从浙东山势谈绍兴形胜的,还有学者以中国的山水形势为背景来谈会稽形胜。《南新志》就这样说:

> 天下之山祖于昆仑,其分支于岷山者为南条之宗,披江汉之流,奔驰数千余里,历衡逾郴,包络瓯闽而东赴于海,又折而北以尽于会稽,故会稽为南镇。镇,止也,南条诸山所止也,越郡正当会稽诸山之中。郡城之外,万峰回合,若连雉环戟而中涵八山。八山者,又会稽诸山之所止也。②

这样说来,会稽的地位就更重要了,它是中国祖山昆仑山向南一脉的终结处。昆仑是祖龙,岷山这一条龙为南龙,南龙蜿蜒奔驰于中国南部,自四川、湖北、湖南、广东、福建,折而北上,止于会稽。龙的精神最后凝结在此。再加上此地又居万峰之中,城内主山为卧龙山,具有明显的象征意味,城外又群山环绕,若连雉环戟。这样的形胜怎能不说上佳?

第三,山环水拥,负阴抱阳,得阴阳和合之意。

据《舆地记胜》的描述,绍兴的形胜是:

> 鉴水环其前,卧龙拥其后,稽山出其东,秦望直其南,自浙以东最为胜处。西界制河东奄左海堤封七州,今之会稽,昔之关中。南面连山万重,北带沧海千里,连山带海。③

这种山水格局的突出优点是,切合老子讲的"负阴抱阳,冲气以为和"。阴阳关系是风水第一要素。《素问·阴阳应象大论》云:"阴阳者,天地之道也,万物之纲纪,变化之父母,生杀之本始,神明之本府也。"阴阳和谐所产生的气,为冲气,冲气即和气,和气是吉气。阴阳是中国文化仅次于道、太极的第二层次的抽象概念。按《易经》的观点,宇宙本体为太极,太极分阴阳。天地万物无不可分成阴阳,天为阳,地就为阴,日为阳,月就为阴。而就大地来说,山为阳,水就为阴。会稽这种地理格局为"鉴水环其前,卧龙拥其后",按风水学,也可以理解成阴阳和谐了。

会稽的山与水的关系,一方面是群山拥湖,另一方面是长湖绕山④,所

---

① 顾炎武:《肇城志》四《绍兴府》。
② 《绍兴府志》卷一《疆域志》。
③ 王象之编:《舆地记胜》卷十。
④ 镜湖不是圆湖,类江,《绍兴府志》云:镜湖又名长湖。

谓"山转远转高，水转深转清"①。此种山环水抱的格局，在风水学中亦称佳局。

风水理论云："宛委自复，回环重复，若踞而候也，若揽而有也。欲进而却，欲止而深。来积止累，冲阳和阴。山高水深，郁草茂林。贵若千乘，富如万金。"②"山来水回，贵寿贵财。"③会稽的地形地貌大体上符合这种情况。会稽大地，河汉、湖泊纵横，与山岭构成极为丰富的相拥相交的关系，于是，整个大地，植物繁茂，生灵活跃，充满欣欣向荣的生命气息，焉得不富饶？焉得不美丽？

第四，据山走海，据南陵北，得势壮气盛之意。

会稽地理形势亦甚好。《会稽县志》概括其形势云：

> 东环娥江，北绕大海，南接衫岭，西倚山阴，东南陀雩山，西南阻驻日。

风水重势。这势，一是要着眼于整个中国的地势。中国西北为高原，东南面为海，如果总的走向与这一致，其势为佳。会稽的地形恰符合此格局。《舆地记胜》说："稽山出其东，秦望直其南，自浙以东最为胜处。西界制河东奄左海堤封七州，今之会稽，昔之关中。南面连山万重，北带沧海千里，连山带海。"

绍兴风水，其势不只在山势，也在水势，特别是潮势。绍兴近海，从其境内穿过的浙江即钱塘江以潮名闻天下。《绍兴府志》云，大潮来时，"善泅者溯涛出没，谓之弄潮"。弄潮是非常惊险的，它需要极大的胆量，更需要极高的本领。越籍名士虽然不一定会去弄潮，但无不受弄潮精神的影响，事实上，他们都是弄潮儿。

第五，地形复杂，藏风纳气，得气遒力壮之意。

风水格局不是刻板的原则，它讲究活，重在心理取向。绍兴近海，山从总的走向来说，是走向大海的，但山与海亦有犬牙交错状况，这就是"南面连山万重，北带沧海千里，连山带海"。这种山水格局的好处，一是藏风，风即气，气喻精华，将物华天宝藏于其中，喻《易经》乾卦"潜龙勿用"之意，当年，越王勾践在这块土地上十年生息，强国富民，竟将吴王瞒得个严严实

---

① 王象之编：《舆地记胜》卷十。
② 郭璞：《葬书》。
③ 同上。

实,不能说与这种格局无关。所以,会稽历来是藏龙卧虎之地,多少英雄豪杰、墨客骚人隐身于此。二是易出。虽然藏得严严实实,但一因通海,又因带湖,更因连山,要突然冒出来,亦非难事,此境兼取《易经》乾卦"见龙在田"和"或跃于渊"之意。

当然,绍兴这块地方的山水也还是有缺点的,一是过偏,不居中,难以制衡中国,影响天下,所以,立大国之都不适合;再者山水交叉过密,格局太小,视域狭隘,因而此地适修炼,适栖身,而不适大的发展,故而此地虽然出的名人很多,然都是走出来成其大业的。越王勾践虽在越地兴国,然在灭吴之后,即迁都山东,凭借山东地势之开阔,会盟诸侯,称霸天下。

绍兴多山,其山不只是一条脉,而是多条脉,呈散点展开,也就是说,既重绵延,又重曲折,绵延在其气盛,曲折在其力雄。腾挪、奔驰、簇拥的群山,既将生命之势充分地显露出来,又将生命之力深深地藏起来。

众所周知,风水学重气,气的解释难以备述,大体上分为物理上的气和心理上的气。物理上的气,一般是指此地生态环境好,适合于人实际的生活、生产;心理上的气,主要指它给人精神上的振奋和喜悦,有助于人的思考和审美。具体到某处山水,气是不是全,是不是盛,风水学上多从人的感受来说,也就是说,从山水的形态你感受到气盛,那就是气盛了。

风水学喜欢讲龙脉,龙脉其实并不神秘,一条山脉蜿蜒腾挪给人以强烈的动感就是龙脉了,如果山岭苍翠,充满着生气,那就更好。水也是气生的重要原因,风水学重水,水一要清,二要活,三要蜿蜒。郭璞云:"上地之山,若伏若连,其原自天。若水之波,若马之驰,其来若奔,其止若尸,若怀万宝而燕息,若具万膳而洁斋,若橐之鼓,若器之贮,若龙若鸾,或腾或盘,禽伏兽蹲,若万乘之尊也。"[①]会稽山水非常符合这种形势。而且这种符合,不是局限于某一小块地方,而是整个越中。

(三)人间天堂

越地山水秀甲天下,概而言之,它有这样四个特点:

第一,雄秀相宜,以秀为主。

越地山水有雄有秀,此雄主要在精神气概上,若论空间体量,在中国的

---

① 郭璞:《葬书》。

巨山大川中,算不得高大、雄阔。在总体上,它以秀为主。《舆地记胜》描述越地山水:"山阴南湖,应带郊郭;白水翠岩,互相映发。崇山峻岭,茂林修竹。……千岩竞秀,万壑争流。行山阴道上,如在镜中游。山川之美,使人应接不暇。"按中国的风水理论,雄壮、雄阔、雄伟的山水以气胜,多育慷慨豪迈之英杰,气概凌云;而秀奇、秀雅、秀美的山水则以韵胜,多育风流隽逸之俊士,文彩风流。越地虽然也出过像勾践这样的英雄,但总的说来,还是出文人多,出俊士多。

会稽山景色秀丽,非常适合人的生产和生活,其自然条件的亲人性和审美性实现了最为完美的统一,因此,会稽山是华夏的伊甸园,也可以说是人间乐园。

会稽山地处中国东南,气候温润,草木葱茏,早在魏晋时代,其美就为人所称道。《世说新语》载:"顾长康从会稽还,人问山川之美,顾云:'千岩竞秀,万壑争流,草木蒙茏其上,若云兴霞蔚。'"[1]南朝孔灵符《会稽记》云:"会稽境特多名山水,〔峰崿〕隆峻,吐纳云雾。松栝枫柏,擢干竦条。潭壑镜澈,清流泻注。王子敬见之,曰'山水之美,使人应接不暇'。"[2]

会稽山草木茂盛,山花繁盛,动物众多,给人的最突出的感觉是充满着生命的活力,又由于江南气候多变,雨水丰沛,就景观来说,一是云景奇幻,云兴霞蔚,色彩之繁,之艳,之变,让人叹为观止,另是浮云苍狗,变化万千,更是匪夷所思;另一是水景丰富,或溪,或瀑,或潜流,或明河,或平静如镜,或急湍如沸,或寂静无声,划响若惊雷。这样的景观,给人的一个最为突出的感觉是灵动。

会稽山并不高,也不险,它与中国著名的五岳(泰山、华山、衡山、恒山、嵩山)完全不一样,五岳均是雄伟的,有些甚至是险峻的。雄伟、险峻,让人在敬畏中生恐惧之感,人对山自然地生出一种对抗心理,似要征服它。会稽山给人的感觉完全不是这样,它给人的感觉是亲和,喜爱,不是因敬畏自然地后退,而是因爱慕油然地趋近。不仅人与山的心理上的对立完全没有,而且人与山在情感上自然地实现融合。这是一种最具人性的山,最易为人所接受的山,最为秀气的山。当然,会稽山也有雄伟之处,也有险峻之

---

① 刘义庆:《世说新语·言语》。
② 《鲁迅辑录古籍丛编》第3册,人民文学出版社1999年版,第310页。

地,只是这雄伟、这险峻不是与五岳相比的,而是它内部相比的。它的内部景观的构成中雄伟与秀雅、险峻与平易、旷远与幽深均为得宜,因而,从总体来看,会稽山风景应是兼多得宜,秀雅为统。

第二,融入生活,会心适意。

越地山水不是那种蛮荒之地,险山恶水,也不是那种顶着神圣光环的名山胜川。虽然它也有着许多动人的传说,也与华夏的始祖大禹有着某种联系,但这里的山水并没有被神圣化,

越地百姓就在此间生息、繁衍,人们在平地种稻,在山坡植茶,在深山狩猎,在湖海打渔。这里的山山水水完全地融入了人民的生活。由于这里的山山水水完全生活化了,又由于它本身并不是那样的险峻,凶猛,其主要审美特色为秀雅,因此,它对人民的审美心理并不构成威压,而是亲和的,如陶渊明在《饮酒》诗中所描绘的:"采菊东篱下,悠然见南山。"亦如辛弃疾词中所说:"我见青山多妩媚,料青山见我应如是。"人与自然达如此亲和的关系,极为有助于人类的生存,发展,当然也极为有利于人才的熏陶,成长。

第三,水陆均便,触目皆画。

越地多水,不仅有多条江河穿过,而且湖泊纵横,又临大海,因而农业、渔业均很发达。另外,水也是重要的交通途径,越地水的优势十分明显,越文化在很大程度上与水有关。另外,越地多山,由于越地雨水丰沛,这山的植被丰富,又山里有着极为丰富的物产,包括各种动物,植物,这些物产同样是越地富庶之源。越地名人辈出,不是不需要物质条件的,正是因为这是一块富庶的土地,加上这里几乎年年风调雨顺,自然灾害极少,因此,这里的经济状况远较其他地方好,这就为人才的培育创造了坚实的物质基础。越地教育发达,文明程度普遍较高,与这个地方的经济状况不能说没有关系。

会稽山处于人烟稠密的地方,山又不高,山坡多为人开辟为茶园或农田,这里产著名的日铸茶、瑞龙茶、剡溪茶。这样,农作物与自然物融为一体,鸡鸭牛羊等家禽家畜与野生的动物杂处,山谷、山坡宜居之处散落着诸多农舍村庄,道路相通,阡陌往来。人们在山间劳动,与自然和谐相处,这就形成了会稽山风景的重要特点:融入生活,人气兴旺。

会稽山名为山区,其实,这里多水,著名的河流有小舜江、若耶溪、剡溪,它们又都流入水量丰沛的富春江,宋代诗人陆游诗云:"稽山何巍巍,浙

江水汤汤。"山水连为一体,不仅造就了极为丰富美丽的风光,而且有利于农耕、商旅、交通,为这块地方的富庶、繁荣、开放创造了极好的条件。唐代刘禹锡诗云:"越中蔼蔼繁华地,秦望峰前禹穴西。"这也是会稽山风景的一个重要特点:山水相系,农商均便。

值得我们注意的是。这里的山山水水,不仅蕴含有极大的经济效益,同时又是审美的富矿,这是一片美丽的风景,可以说触目皆画,赏心悦目。像这样经济效益与审美效益兼得的山水不是很多的,而越地的山水几乎全部皆如此。

第四,云烟为隔,尘天两得。

尽管会稽山脉的诸多山峰不高,不大,比较适宜人的生活,但是,会稽山地区也有一些山比较高大,山上多白云缭绕,隔绝尘世。如秦望山海拔544米,要登上去并不是易事,从山腰崇福侯庙再往上,就没有路了。山腰已是多雾,山顶则为白云所护,难见峥嵘。

越地多山,山又多云烟,这就为人们的审美想象创造了良好的条件。云烟深处,为仙界,云烟下面,为红尘。李白梦游天姥山,不就是这样的吗?越地山水这样一种条件,使得越地人民的精神出入于仙凡两界。越地遍布佛寺、道观,宗教香火极盛,与越地的地理环境不能说没有关系。越地的人民既勤劳于凡间红尘,又寄望于仙界佛地。此岸与彼岸、现实与理想、执著与超脱、沉潜与乐观,在这种自然环境与人文氛围中实现了统一。

著名的天台山也在越地,此山距会稽山不是太远,从大的范围言之,天台也属于会稽山地域。这里,早在汉代就流传着剡县人遇神仙的动人故事,说的都是普通的人遇见了仙女,不是在天上遇的仙,而是在地面上遇的仙,说明神仙与凡人生活在同一个空间。仙人与凡人不仅可以交流,而且日常生活也差不多。故事中,凡人与仙女配成了夫妻,当然是美妙之致了。遇仙并不是件容易的事。仙凡既相通,仙凡又相隔。

会稽这块地方,产生过遇仙的故事,说明会稽这个地方,是仙人与凡人共处的地方,既是人间,又是仙境。这种地理与人文环境也在一定的程度上陶铸越地名士的精神品格。越地名士大抵均具有入世与出世两种品格,他们既是务实的,又是灵慧的,既是沉潜的,又是飘逸的。

中国大地,自然风光优美的地方很多,但许多著名的风景区只适宜于观赏,不适合于人生活。如中国西北的昆仑山,它是中国神话的奥林匹斯山,风光是神奇的,但不适合于人居住。中国内地的一些名山大川,虽说也有人居住,但交通不便,经济发展比较落后。而越中这块地方,风景优美,气候良好,田地肥沃,物产丰富,交通便利,既能让人宜居又能让人乐居,在中国可谓首屈一指,说它是"人间天堂"殊不为过。

中国文化讲每处地方好,名之曰"风水宝地"。风水理论讲阴阳,讲五行,讲气韵,讲星象,讲神鬼,讲命理,运用天干地支,河图洛书,将一切因素符号化,套用各种格局、公式,做出或吉或凶的判断。虽然操作极为复杂,实质仍然是天人合一,天人感应。而一切于人的生存、发展相关的条件,归纳起来不外乎三个方面:一是物理条件好,阳光、空气、雨水、空间、方位诸多物理因素,利于人的生活,也利于作物的生长。二是自然风景好,青山绿水,鸟语花香,触目皆景,赏心悦目,审美品位高,利于情操陶冶,也利于心智开发。三是文明传统好,文明开发早,历史遗存多,正面典型品位高。所有这一切,会稽山均具备,因而完全可以肯定,这是一块风水宝地。

二、华夏祖庙

自然地理是重要的,人文地理同样重要,所谓人文地理,其中之一,就是这块土地上是否留下足以供后人纪念的文化遗迹。自然地理对人的影响是潜移默化的,无形的,而人文地理对人的影响则要明显得多,直接得多。通常我们将具有重要文化纪念意义的地点称之为名胜。

越地自然地理、人文地理均集中在会稽山脉,会稽山不仅风景秀美,且名胜非常之多,其中最为重要的是,它与中国古代文明联系在一起,诸多对中国文明具有开创意义的圣君、帝王均与之有着血缘关系。中华民族的始祖尧、舜、禹在此均有重要的遗迹,秦始皇也在建立空前强大的秦帝国后来此巡视过,更不要说,这块地方曾经是春秋五霸之一古越国的疆域,西楚霸王项羽曾在这里起兵。这些重要的历史事迹,不只是被记录在文献资料里,还作为物质载体,与山河大地融为一体,虽然有些仅留存为废墟,有些则为新的载体绵延,比如新做的庙宇,但历史脉络仍然十分清晰,历史的精神仍然非常强劲。这些史迹足以说明越是中国文明的发源地之一。

（一）"三王"遗迹

会稽山不仅是美丽的,神奇的,而且是神圣的,这主要是因为这座山联系着中华民族的三位祖先:尧、舜、禹。

在会稽山腹地有一个小山村,名尧郭。顾名思义,它是古代帝尧的城廓。村内有尧王殿。遗址尚存。中国的古史,比较清楚的传承应始于尧,尧以后为舜,舜后为禹,禹后为启,启建立中国第一个朝代——夏。尧之前有三皇五帝的说法,谁先谁后就弄不清楚了。尧距今多少年,也不可考。但孔子、韩非子等都谈到过尧,尧的存在应是可信的。

尧是中国历史上第一位公认的仁君。尧的治国,据史载,最为重要的是两件事,一件是派舜治水,尧的时代曾发生过洪水,尧派舜去治水,取得了成功。另一件事就是,尧不让他的儿子丹朱继位,而让贤明的舜继位。这两件事向来为人称道。孔子对尧评价极高,《论语》载:"子曰:'大哉尧之为君也,巍巍乎,唯天为大,唯尧则之,荡荡乎,民无能名焉。巍巍乎,其有成功也,焕乎,其有文章。'"①

距尧郭不远,有一个车头村,车头村的陈后山脚下,有一座舜王庙。历经风霜,庙早已倾圮,从废墟依约可以想见当年香火兴旺的景象。让人特别有兴趣的是,会稽山不只这一座舜王庙,在绍兴东部双江溪畔,还有一座舜王庙,这座舜王庙所依之山为舜王山,不远处有一条江流入它门前的双江溪,这条江名为小舜江。

尧与越地的关系很模糊,史书上既没有说尧是越人,也没有说尧葬越地,而舜,不少史书说,他就是上虞人,故而舜又称虞舜。最权威的记载当属《史记》。《史记·五帝本纪》《正义》引《会稽旧记》云:"舜,上虞人,上虞三十里有姚丘,即舜所生也。"

大舜的故事有更多的浪漫色彩,特别是舜的二妃娥皇、女英的故事,大舜南巡,不归,二妃寻到洞庭湖,听说大舜死于苍梧,大悲不已,泪洒翠竹而呈斑。屈原九歌中有《湘君》、《湘夫人》二篇写到这一故事。越地的知识分子对于这一故事自然是耳熟能详,这对于越地名士浪漫主义精神的培育无疑起到了很大的作用。

---

① 《论语·泰伯》。

虞舜在越的纪念地颇多,虞舜庙在绍兴府境内就有多座,一在余姚的历山,一在上虞百官,一在上虞梁湖北面,一在稽东车头,一在王化寺前。这些大舜庙现今都已不存在,唯有王坛镇的舜王庙保存比较完好。越地有这样多的大舜庙,足见大舜在越地的影响非常之大。事实上,从古到今,纪念大舜巡会活动,在王坛镇每年都还在进行着。

舜之后,禹继承王位,禹是不是生于会稽,无权威记载,但禹葬于会稽,却是无争议的。有关的记载很多。《墨子·节葬下》云:"禹东教乎九夷,道死,葬会稽之山。"《史记·夏本纪》云:"帝禹东巡狩至于会稽而崩。……或言禹会诸侯江南,计功而崩,因葬焉,命曰会稽,会稽者会计也。"

从禹的儿子启开始,每年都要在这里祭大禹,《吴越春秋》载:"启使使以岁时春秋而祭禹于越,立宗庙于南山之上。禹以下六世,而得帝少康,少康恐禹祭之绝祀,乃封其庶子于越,号曰无余。"[①]无余是越的始祖,当初少康就是恐禹祭绝祀,才封无余于越的。这就是说,禹祭对于越国来说,是最为重要的国家祭祀。《史记·越王勾践世家》也明确地记载勾践"祭陵山于会稽"。此后历代都祭大禹陵。

明洪武三年(1370),朱元璋下令访查历代帝王陵寝,大禹陵被列为国家该祭的36座帝王陵寝之一。

大禹陵依山而建,由于年代久远,到明代,就不能确定其准确位置了。明嘉靖年间(1522—1566),礼部主事郑善夫考定了大禹陵的位置,明嘉靖十九年(1540),绍兴知府南大吉,在大禹陵立碑,碑文为"大禹陵"三个大字。

大禹陵一带,纪念大禹的建筑比较多,有大禹庙、禹祠、禹寺、禹井等,历代维修,改建,有些变化。最早的建筑应是夏朝少康所建的祠,《越绝书》云:"少康立祠于禹陵所。"这禹祠是姒姓的宗祠,大禹姓姒。禹祠屡废屡建。

据史载,大禹陵一带,除禹祠外,还有禹寺,说明佛教也在祭祀大禹,宋代时,禹祠、禹寺应同时存在,后来,两座建筑各有兴废,到清代,仅存禹祠了。禹祠内有"禹井"。贺循《会稽记》云:"会稽山有禹井,去禹穴二十五步,谓禹穿凿,故因名之。"

---

① 赵晔:《吴越春秋》卷六。

大禹陵一带的建筑除大禹陵外,最重要的是大禹庙,这是历代祭祀大庙的地方。大禹庙始建于何时,不可确考,一般认为,南朝梁大同十一年(545)就建有大禹庙了。

祭禹是国家大典,夏启时,一年祭两次,为春祭,秋祭。以后各代,大体如此。除了国家的祭典外,越州的地方官到任,都要去祭大禹,这成为通例。宋之问、徐浩、严维、孟简、崔词、元稹都留下相关的诗文,这也可以见出,大禹对越地文化、对越地名士、对越人有着多么巨大的影响。

(二)古越遗迹

会稽山是古越国国都所在地。关于越与会稽的关系的由来,《越绝书》说:"昔者,越之先君无余,乃禹之世,别封于越,以守禹冢。"也就是说,会稽这块地方,当初就因为是大禹的陵寝地,才让无余来此镇守的,目的主要还是守陵,但还是将无余封为诸侯,这就是越国的来历。

越国最初的都城在嶕岘,在会稽山的腹地,《水经注》载:"山南有嶕岘,岘里有大城,越王无余之旧都也。"《吴越春秋》中亦记载,勾践对范蠡说:"先君无余,国在南山之阳,社稷宗庙,在湖之南。"[①]这就明确说,无余建都是在嶕岘,距今4000年前,千余年后,传到勾践,勾践将国都迁至平阳。勾践在平阳驻的时间不是很长,后迁都到山阴,即今绍兴。

嶕岘古城位于秦望山南,相当于现今的王坛村。平阳,即今平水村,两处王城均不见痕迹。有的研究者认为,当时根本就没有建城,王宫即普通茅屋。勾践建都山阴,建城历史才算开始。据《越绝书》,山阴城有"大城""小城"之分,说:"勾践小城,山阴城也。周二里二百二十三步,陆门四,水门一。今仓库是其宫台处也。……山阴大城者,范蠡所筑治也,今传谓之蠡城。"[②]很可能小城是王宫所在地,而大城则是城市全体居民的居住地。蠡城建的大城有三座陆门,三座水门。城中,有诸多供越王活动的场所。如:稷山是勾践斋戒台,用以祭祀祖先;龟山是勾践的怪游台,用以观察天象。此外,还有驾台、离台、美人宫等。关于美人宫,《越绝书》还说得很具体:"周五百九十步,陆门二,水门一,今北坛利里丘土城,句践所习教美女

---

① 赵晔:《吴越春秋》卷六《越王无余外传》。

② 吴平、袁康:《越绝书》卷八《越绝外传记地传第十》。

西施、郑旦宫台也。女出于苎萝山，欲献于吴，自谓东垂僻陋，恐女朴鄙，故近大道居，去县五里。"①

当年，越这块地方，一部分为山区，山系穷山；另一部分临海，系沼泽之地，经常遭受海潮的袭击。整个大越之地，生产生活条件都相当艰难，自然文化也相当落后。《越绝书》中写道，孔子曾来到越地，说"能述五帝三王之道"，特来"奉雅琴至大王所"，也就是说要来越传授礼乐文化。勾践喟然叹曰："夫越性脆而愚，水行而山处，以船为车，以楫为马；往若飘风，去则难从；锐兵任死，越之常性也。夫子异则不可。"②这话应是实情，对于当时的越国来说，生存尚且不易，礼义又何谈得上？正是这样一种恶劣的生存状态，激发了越国人民的抗争意志。越人的坚韧、倔强与这块地方的生存条件不能说没有关系。

越王勾践与会稽山可谓血肉相连，不仅他建国于此，而关系越国命运的战争也发生在此。《越绝书》记载了这场战争，这就是历史上著名的"勾践栖会稽"。勾践被吴兵团团围困在会稽之山，眼看就要国破家亡了。为了保住社稷，保住性命，以图后复，他采用文种、范蠡的计策，向吴王提出愿入吴为奴。吴王同意了，伍子胥洞察勾践君臣之计，然未能说服吴王。这一场发生在会稽山的战争，不仅决定了吴越两个国家此后的命运，也不仅为越王勾践一度成为春秋霸主起了决定性的作用，而且对中国历史以后的发展产生了深远的影响。

会稽山上，与勾践相关的遗迹甚多，《越绝书》一一予以记载，其中有"独妇山"条，云："独妇山者，勾践将伐吴，徙寡妇致独山上，以为死士示，得专一也。去县四十里，后说之者，盖勾践所以游军士也。"③这事件颇为悲壮。也可以见出当年勾践复仇的那场战争打得如何的惨烈。

除了战争遗迹外，还有勾践十年生聚时亲自养鸡、养猪的地方，如鸡山、豕山。《越绝书》说："鸡山在锡山南，去县五十里；豕山，在民山西，去县六十三里。洹江以来属越，疑豕山在余暨界中。"④

这些遗迹不仅是记载着那一段悲壮的往事，而且一直在激励着越人。

---

① 吴平、袁康：《越绝书》卷八《越绝外传记地传第十》。
② 同上。
③ 同上。
④ 同上。

明末,越地著名学者王思任,在奸相马士英奔逃至浙时,就如此痛斥权奸:"夫越乃报仇雪耻之国,非藏垢纳污之地也。职当先赴胥涛,乞素车白马,以拒阁下。"①

让人感到非常可惜的是,由于年深月久,风雨剥蚀,有关越王勾践的遗迹逐渐消泯了,现在有遗迹可觅的尚有平水镇的"越剑三灶"。所谓"越剑三灶"是指越王勾践时,著名的铸剑高手欧冶子用过的灶。据《越绝书》记载,欧冶子为越王铸有大小不同的五把宝剑,名曰"湛卢"、"巨阙"、"胜邪"、"鱼肠"、"纯钩",号曰"五精",被视为绝世之宝。这些剑后来散落各地,各有其不同的命运。鱼肠落到吴国壮士专诸手中,用来刺杀吴王僚,演出一幕悲壮的历史故事。"湛卢"据说曾是南宋抗金名将岳飞的佩剑,岳飞死后,一度为奸臣张俊所得。张一次乘船时,此剑失落水中,遍捞未得。越王名剑甚多,除"五精"外,还有"干将"、"莫邪"。越剑不只是一种锋利的武器,它在很大程度上象征着越国君民的一种精神,这种精神就是果决勇敢,自强不息,所向披靡又视死如归。鲁迅先生是非常珍惜越剑精神的,他特作小说《铸剑》以歌颂之,小说中的铸剑者,是越剑精神的代表。

古越国的遗址散布在古越国大地,除会稽山外,最为著名的莫过于苎萝山和若耶溪了,因为这是美女西施的出生地。

几乎家喻户晓,越国出了一位美女,名曰西施。她所在家乡,史书上记载为苎萝村,此村在会稽山脉的苎萝山,面临若耶溪,西施每天都在这条溪浣纱洗衣,故而此溪又叫浣纱溪,西施也被称做浣纱女。

西施本是苎萝村一村女,姿色肯定是非常出众的,尽管如此,如果不是越王勾践之故,她只能埋没在芸芸众生之中,而绝不可能青史留名。

中国历史上号称有四大美女,即为西施、王昭君、貂禅、杨玉环。虽然在同为美女这一点上,他们是相同的,但其实各自的价值、意义完全不同。杨玉环,后世非议甚多,有人甚至认为是她导致了安史之乱,进而导致唐朝的灭亡。话是说过了,安史之乱不应由杨玉环负责任,不过,从政治上评价,杨玉环也乏善可陈。后世对杨玉环做正面评价的,只有她与李隆基的爱情,但这是文学作品中的杨玉环②,而非真实的杨玉环。貂禅其实很可

---

① 引自张岱:《王谑庵先生传》。
② 白居易的《长恨歌》和洪升的《长生殿》都正面描绘了杨玉环与李隆基的爱情。

怜,她只是王允、董卓、吕布等政客、军阀手中的工具,除了美貌以外,没有什么可以赞美的。王昭君有所不同,她为汉朝和亲政策、为汉蒙的民族友好做出了贡献。当然,站在汉朝的立场,这是一种屈辱,一种无奈。昭君就是这种屈辱的象征。

西施不是这样。越王勾践从吴国被放还之后,处心积虑,卧薪尝胆,图谋灭吴。为灭吴,他要采取一系列的措施,包括如何增强自己的实力,如何削弱吴国的实力。西施是作为灭吴的一种手段而浮现在吴越争夺的政治舞台上的。美色,是她被选中的先决条件,但是,这绝不是唯一的条件,除美色外,最为重要的条件是对越国的忠诚。西施不是越国安排在吴国的间谍,也不是打入吴国的内奸,她的主要任务是利用自己的美色,迷惑吴王夫差,让他沉迷酒色,不领或乱领政事。这是越王灭吴的一大阴谋,是文种向勾践献的灭吴"九术"中的第三术。站在越国的立场,这是无可非议的。

当年,越国君臣实施这一阴谋是下过艰苦的工夫的,第一步是在全国范围内选取合适的美女,第二步是对这些被选中的美女进行培训。《吴越春秋》详细地介绍了这一阴谋实施的过程。当时选中的女子有两位,除西施外,还有郑旦。越国得此二美女后,"饰以罗縠,教以容步,习于土城,临于都巷,三年学服而献于吴"。吴王夫差很高兴地接受了越王献的这一礼物。吴国谋臣伍子胥力谏,说是"贤士,国之宝,美女,国之咎",并引用"夏亡以妹喜,殷亡于妲己,周亡以褒姒"来证明,但无济于事。

西施、郑旦非常出色地完成了越王交待的任务,当然,不能说吴之亡国全是因为西施、郑旦的惑乱所致,但的确起到了特殊的作用。

西施、郑旦对吴王夫差当然是谈不上爱情的,她们是在执行任务,所谓的爱,只是一种阴谋手段,一种克敌的武器。她们的行动,站在越国的立场,是爱国,是忠。

正是因为如此,自古以来,对西施、郑旦多为褒奖,若耶溪因为出了这样的美女而名闻天下。历代咏西施、咏若耶的诗作,不可胜数。明人俞美作《苎萝茶》:

> 柴门潇洒苎萝中,石上桃花映水红。
>
> 碧海困龙稽岭后,西陵怨气浙江东。
>
> 英雄几夜乾坤博,忠义谁知女子同。
>
> 当日捐躯不复返,年年溪畔隔春风。

俞美明确地认定西施是英雄,其行为是忠义,这种看法大体上为共识。就这个意义而言,西施门前流过的若耶溪不是平凡的一条溪,而是忠义之溪,此溪自远古流至今,并会永久伴随着西施的佳话。西施理所当然是中国历史上第一美人,原因很简单,她不只是外貌美,更重要的是心灵美,而后者是其他美人无法与之相比的。

中华民族历史上存在过诸多的学派,但不管哪一个学派都重视对国家对民族对人民尽忠的。可以说,忠是一条基本的人伦原则。春秋战国时期,尽管列国纷争,谁是爱国主义者,似是不好评判的,但屈原对楚国的忠,都西施对越国的忠,都得到一致的肯定。可以说,屈原、西施是中国古代两面最鲜亮的爱国主义旗帜。即使在今天,他们仍然具有巨大的影响,而且这影响将会永远留存下去,与中华民族共存!

(三)会稽刻石

越国最后灭于秦。秦始皇统一中国后,有过一次东巡会稽。此事记载在《越中杂识》中,文云:

> 始皇三十七年,东巡会稽,刻石记功,丞相李斯书之,取钱塘岑石刻文,石长丈四尺,广六尺,立于越东山上。文以三句一韵,字四寸,画如小指,是小篆字。梁时,竟陵王子良守会稽,登山见碑,使主簿范云读之。姚令威《西溪丛语》云:予尝上会稽东山,登秦望山之巅,尽是黄茅,并无树木。山侧有三石笋,上无字迹。复自小径别至一山,俗名鹅鼻山,山顶有石如屋中开,一碑插其中,文皆为风雨所剥,仅隐约可见,其为大篆、小篆,均不可考。不知此石果岑石欤? 非始皇之力,亦不能插于石中也。此山险绝,罕有至者,其非伪碑可知云云。[①]

这段文字非常重要,它以翔实的材料,严密的逻辑,考证了会稽刻石的真实性,那么始皇巡狩会稽,也应是真的。秦始皇巡狩中国很多地方,但刻石记功不多。《史记》记载秦始皇泰山封禅,泰山在他心目中的地位是很高的,但泰山并没有三皇五帝活动过的事迹。这就是说,泰山是因始皇的封禅才享有崇高地位的,而会稽山不是这样一回事,会稽山是因为有尧、舜、禹三王活动过的事迹,秦始皇来此地,准确地说不是巡狩,而是朝先王。

---

① 吴悔堂:《越中杂识·碑版》。

会稽山的那块碑,据《越中杂识》说,"梁以前,文固无恙",字迹相当清楚;南宋,字就有些不够清晰了,然"字虽泐而石犹故也"。元代绍兴路推官申屠駉以家藏旧本摹勒于府学稽古阁。这就是现在人们可以看到的李斯的《会稽刻石》。

《会稽刻石》其价值是多方面的,就碑文的书写来说,它是中国最早的书法家李斯的重要作品,在书法史上无疑具有拓先的重要意义。但此碑的价值首先还应是政治上的,它是秦始皇的一次勒铭记功,也是朝先王、承先绪的一个昭示,是秦王朝向全国人民宣示权威和德政的宣言。其文曰:

> 皇帝休烈,平一宇内,德惠修长。三十有七年,亲巡天下,周览远方,遂登会稽,宣省习俗,黔首斋庄。群臣诵功,本原事迹,追首高明。秦圣临国,始定刑名,显陈旧章。初平法式,审别职任,以立恒常。六王专倍,贪戾傲猛,率众自强。暴虐恣行,负力而骄,数动甲兵。阴通间使,以事合从,行为辟方。内饰诈谋,外来侵边,遂起祸殃。义威诛之,殄息暴悖,乱贼灭亡。圣德广密,六合之中,被泽无疆。皇帝并宇,兼听万事,远近毕清。运理群物,考验事实,各载其名。贵贱并通,善否陈前,靡有隐情。饰省宣义,有子而嫁,倍死不贞。防隔内外,禁止淫泆,男女絜诚。夫为寄豭,杀之无罪,男秉义程。妻为逃嫁,子不得母,咸化廉清。大治濯俗,天下承风,蒙被休经。皆遵度轨,和安敦勉,莫不顺令。黔首修絜,人乐同则,嘉保太平。后敬奉法,常治无极,舆舟不倾。从臣诵烈,请刻此石,光垂休铭。①

这篇文章主要是宣示秦王朝统治中国的正义,其次是宣示了秦的治国纲领。这纲领大致有二:其一,秦王碑提出男子要秉"义程",女子要守贞节,禁止淫泆。在秦王看来,男女的道德,是社会道德的基础,显然,这是在昭示秦王朝治国的纲领之一——以德治国。其二,秦王碑强调所有的国民均要"奉法","顺令","遵度轨",显然,这是在昭示秦王朝治国纲领之二——以法治国。除此以外,秦王碑还昭示了治国的理想境界,这就是:"各安敦勉","人乐同则","嘉保太平"。所有这些主张其影响是极为深远的,事实上,它成为后世中国封建社会治国化民的基本纲领。

---

① 录自司马迁:《史记》卷六《秦始皇本纪》。

（四）项王故里

古越不仅是大禹、勾践的故里，还是项羽的发祥地。这一点也常为越中名士所提起，并引以为自豪。

在鉴湖水乡，有一个小村名项里村，相传秦朝时，项羽隐匿在这里。后人为纪念项羽，建了项羽庙，另外还为项羽的军师范增建了祠，名为范增祠。

项羽是赫赫有名的历史人物，他与刘邦在争夺天下时失败了，非常有意思的是，尽管中国历史上多的是以成败论英雄，但在项刘争霸这一件事上，失败者的项羽也被人们看做英雄。《史记》显然是同情甚至赞美项羽的。司马迁为项羽立了《本纪》，项羽虽然自封过西楚霸王，但不是正统，应是不算数的，但司马迁给了他君王的资格。至于老百姓，同情项羽者很多。一曲《霸王别姬》长唱不衰。

项羽虽系武人，但诚恳，讲信义，讲仁爱，他的对手刘邦却不讲。项羽曾经向刘邦挑战，说是我们单个来比试比试，胜者便为王，免得生灵涂炭。刘邦不屑理会。也许只有项羽这样头脑简单得可爱的人，才会提出这样的建议。项羽将刘邦的父亲绑起来，威胁刘邦，刘邦毫不在意，说我们曾结为兄弟，"吾翁即若翁"。这纯粹是一种流氓手段，可项羽听进去了，将刘邦父放了。

项羽本来有好几次机会可以消灭刘邦的。他们联手共同灭掉秦王朝时，项羽兵40万，刘邦兵才10万。项羽要击败刘邦可说易于反掌。最遗憾的是鸿门宴，刘邦明明是来送死的，项羽却因不愿担当"诛有功之人"之名，眼睁睁地让刘邦走了。

最可笑的是，他兵败自刎，还要将这颗头颅送给追击他的汉骑司马吕马童，其原因是吕马童曾是他的故人、老部将。

项羽是一个讲信义、讲情感的人。他被团团围住之时，为虞姬拔剑悲歌，"泣数行下"。他担心的不是自己的生命，而是虞姬怎么办，这匹马怎么办："骓不逝兮可奈何，虞兮虞兮奈若何？"[1]他的这份情感是极为真诚的，因此，"左右皆泣，莫能仰视"。

---

① 司马迁：《史记》卷七《项羽本纪》。

项羽与会稽的关系大体上有二：

其一，项羽与其叔可能是在会稽起事反秦的。《史记》上载："项梁杀人，与籍避仇于吴中。吴中贤士大夫皆出项梁下，每吴中有大徭役及丧，项梁常为主办，阴以兵法部勒宾客及子弟，以是知其能。"[1]"吴中"是哪里，是会稽吗？据史载，秦始皇一统天下后，曾南巡会稽，把大越改为山阴县。[2]也许对越地人民的强悍心存疑惧，始皇特将会稽郡的郡治设到吴地去，并强迫大量越人外迁。这样说来，"吴中"就有可能是会稽。

据《史记·项羽本纪》："秦始皇游会稽，渡浙江，梁与籍〔注：项羽又名项籍〕俱观。籍曰：'彼可取而代之。'，梁掩其口曰：'毋妄言，族矣！'梁以此奇籍。"[3]据此可以判断，项羽确是在会稽住过，不然不会在会稽见到秦始皇。据《嘉庆山阴县志》，山阴县令厉狄参与项羽的起事。《史记》说项梁在吴中广结民心，并"阴以兵法部勒宾客及子弟"，实际上是为起事做准备。越是为秦所灭的，对秦怀有仇恨，这与楚对秦怀恨、想报仇是一致的，因此，项梁容易在会稽准备队伍。如果这种推论不错的话，项梁的基本队伍应是越人。

其二，项羽兵败后，可能考虑回到会稽重振旗鼓。据《史记·项羽本纪》，项羽兵败欲东渡乌江，乌江亭长准备了一艘船，在江边等着。对项羽说："江东虽小，地方千里，众数十万人，亦足王也。愿大王急渡。今独臣有船，汉军至，无以渡。"项羽笑曰："天之亡我，我何渡为？且籍与江东子弟八千人渡江而西，今无一人还，纵江东父兄怜而王我，我何面目见之？纵彼不言，籍独不愧于心乎？"[4]他将战马送给亭长，令身边随从均皆下马，与汉军短兵接战。最后力竭自刎。

这段历史，涉及"江东"何指。据史载，会稽郡治到东汉晚期又从吴地迁回绍兴，其范围最小时也管辖过越、衢、处、温、台、明、婺七州。江东，是与江西相对而言，指的是富春江西边越中一带。绍兴民谚中有"难见江东父老"之语，指的就是项羽率八千子弟起义这件事。《鉴湖棹歌》中说："闻说当年楚霸王，英雄盖世莫能当。八千子弟从征去，不见何人返故乡。"

---

① 司马迁：《史记》卷七《项羽本纪》。
② 参见袁康、吴平：《越绝书》卷八《越传外传记地传第十》。
③ 司马迁：《史记》卷七《项羽本纪》。
④ 同上。

如果项羽说的无面见江东父老,其江东是指越中一带,那么,就有许多让人寻思的东西。项羽虽然没有能够成为一统天下的君王,但是,在司马迁的《史记》中,他是享受帝王待遇的,我们也可以将他当做帝王来看,是帝王,就有国的概念,项羽这个没有建立起来的国,其发源地是"江东",即越中,那么,越中就是项羽没有建立起来的这个国的家。项羽不肯过江东,说是无面见江东父老即家乡父老,这包含有极深的家国情感!

项里村有项王庙,此庙建于何时不得考,但至少南宋就有了。陆游有多首诗写到项里,写到项王庙。其中《秋晚杂兴·项羽庙》云:

> 江东谁复识重瞳,遗庙敧斜草棘中。
>
> 若比咿嘤念如意,乌江战死尚英雄。

项羽至死不屈的精神是越中名士一笔重要的精神财富,陆游就从项羽的事迹中吸取了很多精神营养。他在《项王祠》中说:"堂上君王凛八尺,大冠如其熊豹颜。筑祠不知始何代,典祀千秋谁敢删!肃清亭障息剥夺,扫荡螟螣囚神奸。范增玉斗久已碎,虞姬妆面留余潸。小人平生仰遗烈,近庙欲结茅三间。时时长歌拔山曲,醉倒聊慰穷途艰。"最为重要的是项羽的那股英雄气,这对于志在收复失地、光复大宋河山的陆游来说,该是何等的重要!

在项王庙旁建一范增庙,也颇耐人寻味。范增是项羽最为重要的谋士。从《史记》的记载来看,项羽几次关键性的失败,就在于没有听从范增的劝告。那么,反过来,是不是这样,如果项羽听从范增的计谋,就不会失败?项羽的最大教训是不识人,特别是不识范增这样的人才。如此说来,也许不是项羽,也不是刘邦,而是范增才是一身系天下安危的人物。如果是这样,那么,在项王庙旁建一范增庙,其警世的作用就非常明确,也非常重要了。毛泽东有诗句云:"不可沽名学霸王。"声若千钧,掷地有声,是对历史的回应,也是对未来的警省!

古希腊的神话中有奥林匹斯山,那是众神生活的场所,它具西方文化之源的意义;会稽山不是神话的山,但是,这座山在意义上与它有某种类似之处,它具华夏文明之源的意义。尧、舜、禹是华夏文明始祖,中国的历史虽然有人追溯到伏羲女娲时代,但上万年之前的事,那是不可考的,系神话,而尧、舜、禹时代却是有历史纪年的。前24世纪(前2400—前2301)相传帝挚、帝尧在位;前23世纪(前2300—前2201)相传帝舜在位,鲧、禹相继治水,前23世纪末,禹在位。前22世纪(前2200—前2101)相传禹传位子启,夏朝开始。这是中国的第一个朝代,自此,中国历史记年就更比较严密了,每一位帝王在位时间都有记载。会稽山与三王均有血缘关系,这就使这座山非同寻常。另外,它是中国春秋时代一度称霸的古越国的国都,中国第一位皇帝秦始皇在天下还未太平之日就急不可待地来此视察,并且在会稽山上勒石铭功,也许是想表示自己继三王之踵武,其功劳足以比三王。秦朝后期一支重要的反秦力量项羽的军队,起兵于会稽山区,因为有了它,才推翻了专制的秦帝国,为中国历史上第一个最强大的汉王朝的建立创造了前提。一座山在中国文明发端汇萃如此多的重要的历史人物、历史事件,是非常难得的,似乎还没有一座山能够与它相比。就这个意义上来说,会稽山当得上华夏文明的祖庙。

三、文化汇萃

古越是中国文化的发源地之一,不仅在于它拥有中国古代诸多圣王的历史遗存,而且在于它是中国文化主体——儒、释、道十分发达的地区。这些文化不仅泽被越地山水,而且与越地的山水结合得非常紧密乃至不可分。虽然活动在这块土地上的人物早已成为过去,江山也会有所变化,但是,这山还在,这水还存,它就成为一种文化联想的符号,成为一种文化意蕴的承载物。后代的人物寻访此地,自然会生发起对活跃在这块土地上的历史人物、历史事件的缅怀。于是,文化名胜连同它的自然载体就成为一种重要的文化资源,熏陶着、培育着一代又一代的学子,这也许是越地名士辈出的重要原因之一。

(一)曹娥与曹娥江

会稽山境内还有一条江,名为曹娥江。此江之所以名为曹娥江,是有来历的。据《越中杂识》载:

娥,上虞人,父盱,汉汉安二年五月五日溺于江。娥年十四,哀号江畔者旬有七日,求父尸不得,遂投江死,经五日抱父尸出。[1]

---

[1]　吴梅堂:《越中杂识·祠祀》。

这个故事前半部分很可能是真的,真有这么一个孝顺的女子,舍身投江救父。至于她投水五天后抱父尸出水,当然那是不可能的,是人们的希望了。

曹娥救父的精神无疑是可贵的,当时,上虞的地方官就在曹娥墓前立了一座碑,碑文是著名文人邯郸淳作的,文曰:

> 孝女曹娥者,上虞曹盱之女也。其先与周同祖,末胄荒沉,爰兹适居。盱能抚节按歌,婆娑乐神。汉安二年五月,时迎伍君,逆涛而上,为水所淹,不得其尸。娥时年十四,号慕思盱,哀吟泽畔。旬有七日,遂自投江死。经五日,抱父尸出。以汉安迄于元嘉青龙辛卯,莫之有表。度尚设祭,诔之辞曰:

> 伊惟孝女,烨烨之姿态,偏其反而。令色孔仪,窈窕淑女,巧笑倩兮。宜其家人,在洽之阳,大礼未施。嗟丧慈父,彼苍伊何,无父孰怙?诉神告哀,赴江永号,视死如归。是以眇然轻绝,投入沙泥。翩翩孝女,载沉载浮。或泊洲屿,或在中流。或趋湍濑,或逐波涛。千夫失声,悼痛万余。观者填道,云集路衢。泣泪掩涕,惊动国都。是以哀姜哭市,杞崩城隅。或有刻面引镜,剺耳用刀。坐台待水,抱柱而烧。呜呼孝女,德茂此俦。何者大国,防礼自修。岂况庶贱,露屋草茅。不扶自直,不斫自雕。越梁过宋,比之有殊。哀此贞励,千载不渝。呜呼哀哉!

> 铭曰:名勒金石,质之乾坤。岁数历祀,立庙起坟。光于后土,显昭天人。生贱死贵,利义之门。何恨花落,飘零早芬。葩艳窈窕,永世配神。若尧二女,为湘夫人。时效仿佛,以昭后昆。①

碑阴刻上东汉大学者大书法家蔡邕的题词:"黄绢幼妇,外孙齑臼。"有人将它译成"绝妙好辞",它可以看做是对邯郸淳碑文的赞美。

曹娥遭历代统治者的褒奖。宋代熙宁年间,皇帝下诏,为曹娥立庙并载于祀典,宋大观四年,封曹娥为灵孝夫人。宋政和、淳祐年间,屡加封号,甚至将其父也封为和应侯,其母封为善夫人。明代曹娥庙有所扩大,将许多孝女也配享于庙内。曹娥庙一直得到官府与百姓的维护,香火旺盛。

孝是中华民族最为看重的品德,是儒家学说的重要内容,孔子学生有

---

① 《会稽掇英总集》卷十六《曹娥碑》。

子说:"其为人也孝弟,而好犯上者,鲜矣;不好犯上,而好作乱者,未之有也。君子务本,本立而道生。孝弟也者,其为人之本与!"①孝这一道德,经扩展乃为忠,成为处理君臣关系的基本原则。这样,孝也就不只是立人之本,也是立国之本。整个封建制度就立足在孝这一最为基本的道德原则的基础之上。历代的统治者之所以那样看重曹娥救父的行为,原因就出在这里。

越中孝子孝女的故事甚多,而以曹娥最为有名,重要原因乃是这一孝行与曹娥江联系在一起了。曹娥江的自然风光诚然也是美丽的,但曹娥江的美更大程度上是因为曹娥的故事,可以说,是曹娥的故事美化了曹娥江。曹娥江从古流到今,不知流了多少年,它还会不断地流下去,同样,曹娥的故事也会世世代代传颂不休。

(二)蔡邕笛亭

在鉴湖核心地带,柯山西南麓,有一座仿汉代的建筑,是为笛亭,是纪念东汉著名的学者蔡邕的。

笛亭的来历,据《后汉书·蔡邕列传》注引《文士传》曰:"邕告吴人曰,吾昔尝经会稽高迁亭〔又说柯亭〕,见屋椽竹东间第十六可以为笛,取用果有异声。"后来,蔡邕取下这一根竹子,做成了一支笛子。后人感念其事,在原柯亭旧址建了一座亭,名之曰"笛亭"。

事情的真相当然是不得而知了,但根据蔡邕其人的才华,是很可能有其事的。蔡邕系东汉文学家、书法家。字伯喈,陈留圉(今河南杞县南)人。灵帝时召任郎中,校书于东观,迁议郎。后因弹劾宦官,遭诬陷,流放朔方。遇赦后,不敢归里,亡命江湖十余载。献帝时,董卓专权,强令邕入都为侍御史,拜左中郎将。迁都长安后,封高阳乡侯。董卓遭诛后,他亦被捕,死于狱中。因汉献帝曾拜蔡邕为左中郎将,后人也称他"蔡中郎"。蔡邕一生有三大贡献:

一是在儒学上的重要贡献。汉代自汉武帝独尊儒术起,儒家学说得到重视,朝廷立五经博士,专讲儒家经典。各地儒者学习、宣讲儒学,可谓蔚为风尚。由于俗儒穿凿附会,文字误谬甚多,各人所据儒学文本均不一样。

① 《论语·学而第一》。

汉灵帝熹平四年,蔡邕与光禄大夫杨赐、谏议大夫马日磾等,向汉灵帝奏请正定儒家《六经》文字。诏允后,邕亲自书丹于碑,命工镌刻,立于太学门外,碑凡46块,这些碑称《鸿都石经》,亦称《熹平石经》。太学旧址在今洛阳市,碑立太学门前,让大家来校正现行于世的各种儒学文本。据《后汉书·蔡邕列传》。这碑树起来后,"其观视及摹写者,车乘日千余两,填塞街陌"。《熹平石经》现在还有残碑,尚可一睹蔡邕隶书的风采。

二是在书法上的重大贡献:蔡邕是东汉大书法家,据说,他曾于鸿都门,见工匠用帚在墙上写字,受到启发,创"飞白"书。这种书体,笔画中丝丝露白,似用枯笔写成,见出书者用力的轨迹。唐张怀瓘《书断》评论蔡邕飞白书时说"飞白妙有绝伦,动合神功"。蔡邕是中国历史上最早进行书法理论探索的先行者之一。传世书论有《篆势》、《笔赋》、《笔论》、《九势》等。关于书法,他提出一系列非常重要的观点,如:"书者,散也。欲书先散怀抱,任情恣性,然后书之。"[1]"为书之体,若入其形。若坐若行,若飞若动,若往若来,若卧若起,若愁若喜,若虫食木叶,若利剑长戈,若强弓硬矢,若水火,若云雾,若日月,纵横有可象者,方得谓之书矣。"[2]"书肇于自然,自然既立,阴阳生焉;阴阳既生,形势出矣。"[3]这些观点可以视为书法作为艺术的理论基础。从某种意义上说,是这些理论的提出,书法才成为艺术,所以,蔡邕实际上是中国书法艺术、书法美学的奠基人。蔡邕因负盛名,所以后世把一些碑刻和论著附会成蔡邕名义的伪作也不少。据说其真迹在唐时已经罕见。

三是在音乐上的重要贡献:蔡邕精通乐律,善鼓琴,并善笛。他著有《瞽师赋》、《琴赋》、《乐意》、《琴赞》等重要的关于音乐理论的文字。他是中国古代音乐美学的奠基人之一。他的音乐美学吸收儒家与道家两家哲学的营养,将教化与悦情合为一体,特别推崇清和自然的风格。他在《琴赞》中说:

惟彼雅器,载璞灵山。体其德真,清和自然。澡以春雪,澹若洞泉。温乎其仁,玉润外鲜。

蔡邕曾"亡命江海,浪迹吴会",来过鉴湖,在柯亭发现合适于制笛的材

---

①　蔡邕:《笔论》。
②　同上。
③　蔡邕:《九势》。

料应是可信的。蔡邕文字中谈琴较多,谈笛的仅《瞽师赋》:

夫何曚昧之瞽兮,心穷忽以郁伊。日冥冥而睹兮,嗟求烦之愁悲。

抚长笛以摅愤兮,气轰锽而横飞。咏新诗以悲歌兮,舒滞积而宣郁。

何此声之悲痛兮,怆然泪以潜恻。类离鹍之孤鸣,似杞妇之哭泣。

在表达愁怨、悲愤的情感上,笛有它特别的长处,它清亮,激越,具有特别的感染力。中国的乐器中,笛其实有着悠久的传统。考古发现的"中华第一笛",经"碳十四同位素放射"及"树轮校正"等相关测试,距今已有8560年。笛声在中国古代是神奇的。《周礼·大师》有"大师执同律以听军声而诏吉凶"。《史记·律书》亦云:"武王伐纣,吹律听声,推孟春以至于季冬,杀气相并,而音尚宫。"我们不必去追究这中间的真实性,夸大事实肯定是有的,但它至少说明笛在中国音乐文化中所占的重要地位。

鉴湖笛亭,从东汉以来,拜谒的人不少。南北朝时梁武帝萧衍有《咏笛诗》:

柯亭有奇竹,含情复抑扬。

妙声发玉指,龙音响凤凰。

真乃诗为心声,萧衍是皇帝,他从笛声中听出是龙音,凤凰的鸣声。

唐代诗人胡曾有《柯亭》一诗,他的感受自然不同于萧衍,他感受深的是蔡邕的命运。其诗云:

一宿柯亭月满天,笛亡人没事空传。

中郎在世无甄别,争得名垂尔许年?

此诗充满感伤,虽然蔡邕身前的遭际确实让人悲伤,他无端地受到冤屈,被王允当做董卓的同党而杀害了,但是,蔡邕的声名却是在他身后,他应是不朽的。

明末著名爱国主义文学家祁彪佳有《笛亭》一首,他的感慨与胡曾不同。诗云:

识得中郎事,为亭足古今。

自传敲玉韵,犹剩拂云心。

花落新成谱,山空静有音。

卧听松石上,时作水龙吟。

祁彪佳从自然的声音中听出了水龙吟,何谓水龙吟?从字面,可以想象翻江倒海的龙是何等的威猛,何等地酣畅啊!如果知道水龙吟是一个词牌,当首先想到南宋辛弃疾的《水龙吟·登建康赏心亭》,词中"江南游子,把吴钩看了,栏干拍遍,无人会,登临意"不就是祁彪佳当时的心态吗?

蔡邕虽然多才多艺,但本色是儒家。他的书法虽贵为极品,并不以书法为业,而只是用它作表情达意,书经载道;他琴艺虽高,主要也是用以明心喻志,陶情悦性。他的思想包括他有关书法与音乐的思想也都是属于儒家体系。蔡邕堪称通才,在朝堂,他懂礼乐,助君治国;在社会,他诵经育人,培植英才。他的品格与才具可以视为儒者的典范。

儒家文化在越地的遗存是非常丰富的,比如书院,唐、宋、元、明、清五代,越地建过许多书院。虽然岁月淹忽,风流总被风吹雨打去,但从废墟上多次翻建过的学院,或废墟上的堆堆荒草,仍然可以让人想见当年儒家的风华。

会稽山腹地有一景,名"阳明洞天",又称"会稽山洞",虽名为洞,实为一群山回抱的山谷。相传黄帝曾建候神馆于此,后被道教列为三十六小洞中的第十一洞天。相传大禹在这里得黄帝"金简玉字书",识山河体势,穷百川之理,终于治平洪水,治水完毕,大禹将书藏于洞中,仅有一线缝隙,故又名"禹穴"。自司马迁"上会稽,探禹穴"以后,来此寻访禹穴,甚至隐居的名人不少。禹穴旁,明代著名学者王守仁曾结庐读书,潜心研究心学,终成一代儒学大师。所以,此洞又名"阳明洞"。一洞集如此丰富的文化内涵,令人惊叹!

(三)浙东名山名寺

自古名山僧占多。会稽山如此之美,自然吸引众多的高僧大德来此结茅建庙。从东晋起,会稽山地区就是佛教盛行的地方。

在浙东会稽山区腹地,有一座名山天姥山,李白曾有诗赞颂,可谓家喻户晓。在天姥山附近,有一座名寺——大佛寺。此寺建于东晋。据说,东晋永和初年(345),高僧昙光到此建寺,取名隐岳寺,为大佛寺的前身。

南齐永明年间(483—493),高僧僧护来隐岳寺修行,一天清晨,晨光微煦中,隐约见佛像,又似闻仙乐之声,于是,决定依山凿一尊弥勒佛像。在他为主持时,此工程并没有完成,他的后继者继续这一工程,直到梁天监十五年(516),这一旷代工程方才竣工。这一尊历经数十年之久才完工的弥勒佛像,高16米,两膝相距10.6米。石佛依山而坐,面容庄严,栩栩如生。

南朝著名的文学家刘勰为之撰写了碑文。碑文共2280字,文章赞颂造像为"命世之壮观,旷代之鸿作"。

在昙光建隐岳寺时,高僧于法兰在附近建立了元化寺,于法兰和他的继承者利用当地的山体,造出了1200尊石佛,形成了规模宏大的石佛群,被誉为"江南的敦煌石窟"。大佛寺和元化寺紧相依傍,成为中国江南最为重要的佛教名胜,其影响之巨,难以备述。

晋代玄风大畅,会稽山是风源之一,许多高僧试图将佛学与玄学整合起来,他们出入达官贵人之所,与名士文人唱和往还。这中间有白道猷、竺道潜、支遁。他们在会稽山区谈玄论佛,融儒道佛于一体,为越地玄学与佛学的发展起过重要的作用。

白道猷、竺道潜、支道林,他们在浙东山区结茅居住,虽然传为佳话,历代流传,但居处早已堙废。唐代元和年间,有头陀白寂然来游,看到白道猷、支循、竺道潜遗址,感慨万千。在当地官员的帮助下,他在原址建沃洲禅院。历经三年,寺院建成。白寂然派人去洛阳找到白居易,请白居易为禅院写记。白居易欣然从之。他在文章中写道:

　　……东南山水越为首,剡为面,沃洲、天姥为眉目。夫有非常之境,然后有非常之人栖焉。晋宋以来,因山洞开,厥初,有罗汉僧西天竺人白道猷居焉;次有高僧竺道潜、支道林居焉;次又有乾、兴、渊、支、遁、开、威、蕴、崇、实、光、识、斐、藏、济、度、逞、印,凡十八僧居焉。高士名人有戴逵、王洽、刘恢、许玄度、殷融、郗超、孙绰、桓彦表、王敬仁、何次道、王文度、谢长霞、袁彦伯、王蒙、卫玠、谢万石、蔡叔子、王羲之,凡十八人或游焉,或止焉。故道猷诗云:"连峰数十里,修林带平津。茅茨隐不见,鸡鸣知有人。"谢灵运诗云:"暝投剡中宿,明登天姥岑。高高入云霓,还期安可寻?"盖人与山相得于一时也。①

文章历数历代高僧、名士与此山的关系,感叹"有非常之境,然后有非常之人栖焉"。文章结束处,白居易言犹未尽,说:"昔道猷肇开兹山,后寂然嗣兴兹山,今乐天又垂文兹山。异乎哉,沃洲山与白氏其世缘乎?"这话说得好,山水与人物的缘分不尽,岂一代了之? 白居易后,又有不少高僧、名士来游,寻访道猷、支循、竺道潜、白寂然、白乐天的遗迹,绵延成一条浩

① 白居易:《沃洲禅院记》。

浩的文化之河。

谈到越地的名山与佛教的关系,不能不说著名的天台山。天台山在浙东台州境内,此山风景殊异,山顶为华顶峰,状如莲花,相传李白当年游天台,在山顶读书,居住了一些日子,故而后人在此建李白读书堂。李白曾有诗咏天台。诗云:

> 天台邻四明,华顶高百越。
>
> 门标赤城霞,楼栖沧岛月。
>
> 凭高登远览,直下见溟渤。
>
> 云垂大鹏翅,波动巨鳌没。
>
> 风潮争汹涌,神怪何翁忽。
>
> 观奇迹无倪,好道心不歇。
>
> 攀条摘朱实,服药炼金骨。
>
> 安得生羽毛,千春卧蓬阙。①

正是因为此山风景殊异,早在晋代,就有僧人来此建寺了。天台寺寺庙很多,最重要的有国清寺,它是中国天台宗的祖庭。隋代著名僧人智𫖮来此住持。智𫖮是中国佛学史上极为重要的人物,虽然天台宗亦可溯源于北齐的慧思,但佛学界现在公认,天台宗真正的奠基者是智𫖮。智𫖮曾游学大江南北,遍访高僧,佛学日渐丰满,他熟识北方的佛学,又精谙南方的佛学,创造性地将两者结合起来,终于创宗立派。他的学说佛学界影响很大,尤其是他的止观学说。② 不仅佛学界视为入佛的不二法门,在俗的知识分子也一度趋之若鹜。1200 年前,鉴真法师在东渡日本前曾专访国清寺,拜国清寺住持为师,得天台宗真谛,并将它传到日本。唐贞元二十年(804)日本高僧最澄来天台宗朝拜,回国后在风景类似于天台山的比睿山创延历寺,传播天台宗,至今仍有巨大影响。

(四)云门寺与《兰亭序》

绍兴是一个小盆地,环城皆山。在城南,青山怀抱之中有一名寺,名云

---

① 李白:《天台晓望》。

② 关于"止观",《大天藏》说:"止乃伏结之初门,观是断惑之正要;止则爱养心识之善质,观则策发神解之妙术;止是禅定之胜因,观是智慧之由藉。若人成就定、慧二法,期乃自利利人,法皆具足。"天台宗的止观学说大体上可归结为静、明二字,它通过善养心识、寂定,凭借智慧、神解等来达到对佛理豁然贯通的目的。

门寺。此寺原系东晋中书令王献之旧宅,东晋义熙三年(407),有五色祥云从天空徐徐而下,先是笼罩山顶,后移向屋顶,晋安帝听说此事,下诏建寺。

　　此寺在中国佛教史上的地位十分重要,据说,从西天竺来的高僧白道猷是此寺首任主持,此后主持寺院的方丈,均为高僧,有法旷、竺道潜、支循、弘明、昙一、智永、湛然、重曜等。明末时,云门寺的主持湛然大师曾东渡日本,在日本传佛教达13年之久,他的灵塔尚存于云门寺。

　　也许是因为云门寺原系王献之的旧宅,它与书法有着不同寻常的缘分。王羲之的七世孙智永曾为云门寺的主持。他是严守家法的大书法家,习字很刻苦,他用废的笔,埋起来像冢一样。"退笔成冢"的典故就是从这儿来的。明董其昌《画禅室随笔》说他的书法学钟繇《宣示表》:"每用笔必曲折其笔,宛转回向,沉著收束,所谓当其下笔欲透纸背者。"他所写的《千字文》,清何绍基说是"笔笔从空中来,从空中住,虽屋漏痕,犹不足以喻之"。

　　智永当时名气很大,求智永写字和题匾的人门庭若市,以致寺内的木门槛也被踏穿,不得不用铁皮把它裹起来。后来,这故事变成了一个典故,叫"铁门限"。

　　据说王羲之的《兰亭序》真迹原为智永收藏,后传到僧辩才手里,唐太宗派萧翼用计从辩才处骗到了《兰亭序》真迹,萧翼将它送给了唐太宗。

　　自晋以后,特别是自唐以来,不少名人与云门寺有着特殊关系,唐高宗上元二年(675)三月上巳日,著名文学家王勃曾在云门寺主持过一次类似兰亭的修禊会。唐代诗人来云门寺游览的甚多,著名的诗人中有李白、罗邺、钱起、项斯、顾况、宋之问、姚合、方干、刘长卿、严维、赵嘏、白居易、元稹、杜牧、张渭、朱放、许浑等,留下了不少脍炙人口的诗篇。明末云门寺曾立了一块碑,碑文为著名思想家、文学家王思任所拟,书法则出自著名文人范允。碑文下方有著名画家、书法家董其昌、陈继儒等人的跋语。一碑集中诸多名家的作品,殊为难得,也可以见出云门寺的重要地位。

　　我们考察越地的寺庙,发现有一个重要特点,就是它不仅在佛学上很有贡献,而且在别的文化方面也很有建树。故而在某种意义上,它是文化的集结地。云门寺就是代表。

　　(五)会稽玄风

　　魏晋玄学盛行,而会稽山正是玄风大畅的地方。晋室南渡,士人们多住在会稽山,此地风景优美,物产丰富,士人们要么有一官半职,要么家境富有,有的是时间谈玄论道。活跃在会稽山一带的士人很多,王羲之的兰亭修禊会,竟有42人参加,足见当时人才荟萃的盛况。

魏晋玄学始于魏正始年间,当时的大学者何晏、王弼等好谈老、庄、易,一时蔚为风气。顾炎武说:"正始时名士风流,盛于雒下。乃其弃经典而尚老庄,蔑礼法而崇放达,视其主之颠危,若路人然,即此诸贤之倡也,自此以后,竟相祖述。"①正始玄学的论辩是比较学术性的,辩论看重真才实学,并不以资格压人。何晏当时是名声显赫的大学者,亦是大官僚,王弼乃是小青年,然何晏并不因自己的资格与名望而看不起王弼,相反,颇有自知之明的何晏在看到王弼的老子注释比自己强以后,很知趣地放弃了自己的研究成果。

正始玄学是玄学的开端。至晋代玄风仍然昌炽,晋武帝登基之时,向臣下问治国之策,群臣都不敢回答,只有侍中裴楷进言,他说:"臣闻天得一以清,地得一以宁,侯王得一以为天下贞。"这是一段《老子》中的话,晋武帝一听,非常高兴,而群臣也叹服。②

西晋灭亡,谈玄之风随晋室南渡被带到了江南。

> 旧云:"王丞相过江左,止道声无哀乐、养生、言尽意三理而已,然宛转关生,无所不入。③

王丞相是王导,他与谢安均是山东望族,渡江后,主要生活在绍兴一带,他南渡后,喜欢讨论的"三理",均是玄学命题,其中"声无哀乐论"、"养生"二论出自嵇康。"言尽意论"出自欧阳坚。王导对玄学感兴趣,谢安呢?同样感兴趣。有这样一个故事:

> 王右军与谢太傅共登冶城,谢悠然远想,有高世之志。王谓谢曰:"夏禹勤王,手足胼胝;文王旰食,日不暇给。今四郊多垒,宜人人自效,而虚谈废务,浮文妨要,恐非当今所宜。"谢答曰:"秦任商鞅,二世而亡,岂清言致患邪?"④

看来,王羲之比谢安要保守得多,他担心清谈误国,玄风误国,力倡夏

---

① 顾炎武:《日知录》卷十三。
② 参见刘义庆:《世说新语·言语》。
③ 刘义庆:《世说新语·文学》。
④ 刘义庆:《世说新语·言语》。

禹、文王的艰苦精神,而谢安的的反驳很是有力,他说,秦用商鞅之策,严刑苛法,可是只传到二世就亡了,这岂是清谈造成的吗?

谢安作为政治家,头脑是清醒的,他不会用清谈、玄学那一套去治国,但在日常生活中,他会清谈,会去讨论"声无哀乐、养生、言尽意"这样的哲学问题。

尽管已隔了朝代,东晋士人对魏的竹林七贤很向往,谢安一次对谢鲲说:"若遇七贤,必自把臂入林。"①

玄学是以讨论"三玄"——《道德经》、《南华经》、《易经》而得名的。知识分子不仅以此为标榜,也以此为乐,以此为日常生活的一部分。殷仲堪云:"三日不读道德经,便觉舌头闲强。"②殷仲堪做过中军,故人称殷中军。他是玄学中的重要人物。一次,他与王导等论玄:

> 殷中军为庾公长史〔注:庾亮〕,下都,王丞相为之集,桓公、王长史、王蓝田、谢镇西并在。丞相自起解帐带麈尾,语殷曰:"身今日当与君共谈析理。"既共清言,遂达三更。丞相与殷〔注:殷仲堪〕共相往反,其余诸贤略无所关。既彼我相尽,丞相乃叹曰:"向来语乃竟未知理源所归。至于辞喻不相负,正始之音,正当尔耳。"明旦,桓宣武语人曰:"昨夜听殷、王清言,甚佳,仁祖亦不寂寞,我亦时复造心,顾看两王掾〔注:王濛、王述〕,辄翣如生母狗馨。③

真是妙极!玄学论辩,不只重玄理,也重言语。玄理深,用语妙,则受到称道,否则则受到嘲笑。王濛、王述(二人均为王导辟为掾)就被讥为"生母狗声"。

玄学是以清谈的形式进行的,清谈的内容也不独是"三玄",还有人物、山水、养生、音乐等等,相当活泼、自由。自然,也还会涉及名教,此中非议、批评名教的声音甚多,但不是不要礼仪,不要道德。他们的人物品评仍然是将德行放在第一位。比如:

> 阮光禄在剡,曾有好车,借者无不皆给。有人葬母,意欲借而不敢言,阮后闻之,叹曰:"吾有车,而使人不敢借,何以车为?"遂焚之。④

---

① 刘义庆:《世说新语·赏誉》。
② 刘义庆:《世说新语·文学》。
③ 同上。
④ 刘义庆:《世说新语·德行》。

谢奕作剡令,有一老翁犯法,谢以醇酒罚之,乃至过醉而犹未已。太傅〔即谢安〕时年七八岁,著青布绔,在兄膝边坐,谏曰:"阿兄,老翁可念,何可作此!"奕于是改容曰:"阿奴欲放去邪?"遂遣之。①

第一个故事的主人公阮当禄是陈留尉氏人,但他"筑室会稽剡山",也应算作会稽人了。故事很感人,在阮光禄看来,车本是为人所用的,虽为我所有,但不只是为我个人所用。阮当禄就因为这车人家不敢借,而将它焚掉了。事情做得似是有些极端,但它所反映的思想却是高尚的。

第二个故事的主人公实际上是谢安,谢安认为,老翁虽然犯法,但仍有可怜之处,他劝告他的兄长,不能用逼他喝酒这种方式来罚老翁。这里所显示出的仁爱之心就是孟子讲的"不忍之心"。

玄学中的论辩充满着哲理情思。在会稽的玄学活动中,特别耀目的是两位僧人,一位是支道林,一位是竺法深。他们与当时的文化名人、达官贵人关系密切,经常出入他们的家,而每次都是纵谈玄理。

《世说新语》有这样两条关于竺法深的记载:

竺法深在简文坐,刘尹问:"道人何以游朱门?"答曰:"君自见其朱门,贫道如游蓬户。"②

有北来道人好才理,与林公相遇于瓦官寺,讲小品。于时竺法深、孙兴公悉共听。此道人语,屡设疑难,林公辩答清析,辞气俱爽。此道人每辄摧屈。孙问深公:"上人当是逆风家,向来何以都不言?"深公笑而不答。林公曰:"白旃檀非不馥,焉能逆风?"深公得此义,夷然不屑。③

关于第一条,《高逸沙门传》有类似的记载,云:"师虽升履丹墀,出入朱邸,泯然旷达,不异蓬宇也。"在竺法深的眼中,这贵族家的朱邸与穷人的蓬宇是没有什么区别的。其意思是他竺法深虽出入豪门,其实并不在贪图富贵。

关于后一条,有一条注释:"王世懋曰:林公意谓波黎质多天树才能逆风闻香,白旃檀虽香,非天树可比,焉能逆风?以天树自许,而以白旃檀比深公。"竺法深虽然是一位僧人,以天树自许,何其清雅,何其飘逸,何其机

---

① 刘义庆:《世说新语·德行》。
② 刘义庆:世说新语·言语》。
③ 刘义庆:世说新语·文学》。

敏！竺法深善言词，与那位北来的道人论道，"辩答清析，辞气俱爽"，屡摧那位北来的道人。

支道林也一样。支道林，又名支遁，本姓关，河南陈留人，但长期住在山阴。他参加过王羲之的兰亭修禊，他长期在会稽山，在会稽的文人圈中，也是一位很重要的人物。《高逸沙门传》介绍他："少而任心独往，风期高亮，家世奉法，尝于余杭山沉思道行，泠然独畅。"此人是相当潇洒飘逸的，其风格类似于道家。

支道林已是如此优秀了，但与谢安比又略逊一筹了。有这样一次聚会：

> 支道林、许、谢盛德共集王家，谢顾谓诸人："今日可谓彦会。时既不可留，此集固亦难常，当共言咏，以写其怀。"许便问主人："有《庄子》不？"正得《渔父》一篇。谢看题，便各使四坐通。支道林先通，作七百许语，叙致精丽，才藻奇拔，众咸称善。于是四坐各言怀毕，谢问曰："卿等尽不？"皆曰："今日之言，少不自竭。"谢后粗难，因自叙其意，作万余语，才峰秀逸，既自难干，加意气拟托，萧然自得，四坐莫不厌心。支谓谢曰："君一往奔诣，故复自佳耳。"①

这次聚会共四个人物，支道林、许询、谢安、王濛。王濛是主人。讨论的是《庄子》的《渔父》篇，支道林先发言，仅说了七百字，大家就赞不绝口。待大家说完，谢安才说，他洋洋洒洒，滔滔不绝，总有万把字，把大家听呆了，然无不满意，因为都是自己的见解。支道林佩服不已，说"君一往奔诣，故复自佳耳"。这说得很到位，玄学家们很看重个人，议论以"自叙其意"为佳，反对陈言，反对拾他人唾余。

玄学是中国文化史上难得的一次思想解放，一次十分可贵的浪漫风潮。这样一次文化活动，经历长达上百年的时间，内化为中国文人的精神，形成了文化传统，从而一代代地陶冶着中国士人的精神品格。玄学始于魏，延及南北朝，直到唐才结束。东晋玄学以王谢两大家族为主体，其中谢安、王羲之两家子弟尤其活跃，他们的活动地点主要是会稽山。这也就是说，东晋玄学实际上以会稽玄学为代表。会稽玄学的特点是，不仅谈玄，还游山玩水，写诗写字，因而更显得文彩风流，风光万千。越中历代名士深受

---

① 刘义庆：《世说新语·文学》。

玄学陶冶，兼得自然之灵气与玄学之风雅，他们的诗性浪漫可溯源于此。

众所周知，儒道释是中国文化的骨干，这三种文化的融合产生过玄学、理学，所以我们也可以说中国文化五大板块：儒、道、释、玄、理。五大板块文化在中国各地的发展是不平衡的。儒家文化发源在齐鲁大地，而道家文化则主要产生于荆楚与中原交界一带，佛教文化则主要流播于中国西北、中原、江南各地，以江南的佛学中国化程度最高。玄学、理学相对集中在江南。

会稽这块地方，儒、道、释、玄、理五大文化均在此有相当大的发展。以儒家文化来说，孔子来过越地，他的学生子贡也来过，虽然勾践未能接纳孔子的理论，但实际上产生了影响；东汉大儒蔡邕在此活动过，留下的影响一直泽被后人，宋明两代，儒家大师辈出，其中最为重要的代表是朱熹、王阳明。不过，他们已不是传统的儒家了，而是融进道释的理学大师，理学在越地发展一直很好，杏坛道席，代有传人。

会稽山的道教文化，也是极为丰富的。会稽山上的龙瑞宫是越中历史上最负盛名的道观。唐神龙元年置怀仙馆，开元二年改称龙瑞宫。现存有其遗址，其间有巨石名"飞来石"，高 4 米，宽 9.8 米。传此石从安息飞来，上有索痕三条。又传晋葛洪炼丹于此，故又称"葛仙炼丹岩"，上有唐宋以来题记近 30 帧，其中《龙瑞宫记》一篇详细叙述了龙瑞宫的历史沿革和界止，全文字迹尚清晰可辨，系唐代著名诗人、书法家贺知章的手迹。据史载，唐代重要的道教大师司马承祯也在越地徜徉，新昌天姥山一带留下他不少遗迹和传说。司马承祯非常喜欢会稽山水，特意向李白推荐过，而李白，这位有着仙风道骨的诗人，一来以后，真个是乐不思蜀了。

东汉时从西域传来的佛教，数百年后遍布中国大地，它们专择风景佳美之处建寺，所以就有"天下名山僧占多"之语。越中天台山的国清寺、会稽山腹地新昌的大佛寺名闻天下。特别是天台山，佛教天台宗就是以它命名的，其原因就是天台宗的创始人智顗就是在这里创立此宗派的。

魏晋南北朝的玄学是中国文化史上的一道绚丽的风景线，玄学中的一些大学者，如嵇康、谢安、王羲之、支遁就活跃在稽山鉴水之间，他们的文化佳话与这块秀丽的山水紧紧地结合在一起。

越地山水集中国儒道释玄理诸多文化，而且品位如此之高，在中国，与之并肩的地方是不多的。这诚为越之幸也，更是越名士之幸也！

四、艺美渊薮

越文化有一个突出的特点,尚艺,这与越地出了很多顶尖级的文学家、艺术家有关。文学家、艺术家有一个共同的特点,对美极为敏感,而且特别爱美,因为他们本就是美的创造者。这种对美的热爱很大程度上来自于对自然的爱。从自然美到生活美再到艺术美,是文学家艺术家共同的成长之路。越地文学艺术极为发达,与越地山水有着内在的血缘关系。越地多山,错落有致,变化有序,以会稽总汇之;越地亦多水,河汊纵横,纲举目张,以鉴湖贯通之。不论是山,还是水,均秀雅可亲,灵气洋溢。这种风水适合于出文人雅士。事实上,越中名士也以文人雅士居多,其中又多以诗名画名书名著世。因此,我们也未尝不可以说,稽山鉴水即是艺山诗海。

(一)千古兰亭

王羲之著名的文学作品也是著名书法作品《兰亭序》产生于会稽山之兰亭。晋永和九年(353),在山阴县一个名叫兰亭的地方,有过一次雅集。时间是农历三月上旬巳日,这天为传统修禊日。修禊是一种古老的习俗,人们在河边溪旁戏水,以消除灾难。王羲之的这次聚会在修禊日,修禊只是一个由头,主要还是游春,赏景,写诗。参加这次聚会的多达42人,当时著名的人物如谢安、郗昙、孙绰、孙统、李充、支遁、许询都参加了,参加者中还有王羲之的儿子王凝之、王徽之、王献之等。这可是非常难得的一次雅聚。聚会是写诗为主,最后形成一个集子,共37首诗,为21人所作,王羲之为这个诗集写了一篇序,这就是著名的《兰亭序》,全文如下:

> 永和九年,岁在癸丑,暮春之初,会于会稽山阴之兰亭,修禊事也。群贤毕至,少长咸集。此地有崇山峻岭,茂林修竹,又有清流激湍,映带左右,引以为流觞曲水,列坐其次。虽无丝竹管弦之盛,一觞一咏,亦足以畅叙幽情。是日也,天朗气清,惠风和畅,仰观宇宙之大,俯察品类之盛,所以游目骋怀,足以极视听之娱,信可乐也。
>
> 夫人之相与,俯仰一世,或取诸怀抱,悟言一室之内,或因寄所托,放浪形骸之外。虽趣舍万殊,静躁不同,当其欣于所遇,暂得于己,快

然自足,曾不知老之将至,及其所之既倦,情随事迁,感慨系之矣。何之所欣,仰之间以为陈迹,犹不能不以之兴怀。况修短随化,终期于尽。古人云:死生亦大矣,岂不痛哉!

每览昔人兴感之由,若合一契,未尝不临文嗟悼,不能喻之于怀。固知一死生为虚诞,齐彭殇为妄作,后之视今,亦犹今之视昔,悲夫!故列叙时人,录其所述,虽世殊事异,所以兴怀,其致一也。后之览者,亦将有感于斯文。

有意思的是,这次聚会,有16人没有写诗,各罚酒三杯,这被罚者中就有与其父王羲之齐名的大书法家王献之。诗人孙绰为这个诗集写了个后序,文章写得也是很不错的,也许因为王羲之写的前序太有名了,这篇后序就悄无影响。

《兰亭序》成就了王羲之书圣的地位,而这篇书写手迹也就成为中国第一行书。由此产生的巨大影响及精彩的故事,是所有的人不可预见的。

王羲之(303—361),字逸少,祖居瑯琊,西晋末年南迁,定居于会稽山阴。王羲之虽然做过会稽内史,官至右军将军,但为官并没有可以青史留名的政绩,他后世的盛名全在《兰亭序》上。《兰亭序》面世后,一直由民间收藏,时至唐太宗方由民间进入内府。有关这一段历史,说法纷纭。《隋唐佳话》记:"帝崩,中书令礼褚遂良奏:'《兰亭》先帝所重,不可留。'遂秘于昭陵。"这大概是关于《兰亭序》命运比较权威的说法了。

《兰亭序》在中国文化史上的重要地位是公认的,一是文学上,它是一篇极为优美的散文,收入清代吴楚材、吴调侯编辑的《古文观止》。我们从李白的《春夜宴桃李园序》、欧阳修的《醉翁亭记》、苏轼的《赤壁赋》,分明可以看出《兰亭序》的影子。当然,《兰亭序》最高的地位是在书法上,它被公认为"天下第一行书"。

《兰亭序》影响、带动了一代一代的书法家,首先,王门四子因它成名。黄伯思《东观余论》云:"王氏凝、操、徽、涣之四子书,与子敬书俱传,皆得家范,而体各不同。凝之得其韵,操之得其体,徽之得其势,涣之得其貌,献之得其源。"唐太宗得到《兰亭序》后,还"命供奉拓书人赵模、韩道政、冯承素、诸葛贞等四人各拓数本"①。除以上这些拓本外,还有欧阳询、虞世南、褚遂

---

① 张彦远辑,洪丕漠点校:《法书要录》。

良的摹本。唐摹本外，还有刻本传世，定武本因发现于河北定武而得名，相传是欧阳询的摹本。此数者视为最接近《兰亭序》本真的作品。于是，《兰亭序》传世，逐渐形成两大体系，一是以虞世南本、褚遂良本、冯承素本、黄绢本（又作领字丛山本，褚遂良又一摹本，乃唐摹本中唯一绢本墨迹）为宗的帖学体系；另一是以定武本为宗的碑学体系。两种不同的传统各自在书法史上产生不同的影响。唐太宗不仅喜欢《兰亭序》，而且对王羲之其他书法作品及王羲之其人都很喜爱，他为王羲之写的传论中说："尽善尽美，其惟王逸少。"于是王羲之书圣的地位奠定。

王羲之的书法是属于唯美主义一路的，在风格上，偏于阴柔，于是，相应地就产生了一种反拨王羲之书法风格的新的书法流派。这就是中唐以颜真卿为代表的阳刚派书法。特别有意思的是，颜真卿虽然不是越人，但在距会稽不远的湖州为官，湖州亦属越地，颜真卿是不是来过会稽，寻访王羲之遗迹，史书无记载，但颜真卿认真学习过、研究过王羲之的书法，那是可以肯定的。

中唐因为颜真卿出，王羲之的书法略显沉寂，但是到宋代，情况发生变化，苏轼、黄庭坚、米芾、蔡襄都喜欢王羲之的作品，元代的赵孟頫对王羲之更是崇拜有加，赵继承并发挥由王羲之开创的"妍美流便"的书法风格，将阴柔派书法张扬到极致。

对《兰亭序》及王羲之的颂扬，明代继续。明代书画家董其昌说："右军《兰亭序》，章法古今第一，其字皆映带而生，或小或大，随手所如，皆入法则，所以为神品也。"①解缙也说："右军之叙兰亭，字既尽美，尤善布置，所谓增之一分太长，亏一分太短。"②

《兰亭序》在书法上的最大意义，乃在于它是王羲之自由洒脱真性情的自然流露。这一点，在后世的学习者中倒是被忽略了，元明出现的诸多书家终于因缺乏个性而流入平庸。明末，从复古主义的阵营终于走出一支叛军，他们是王铎、徐渭、傅山、倪元路、黄道周、八大山人等。他们在书法上强调张扬个性，在风格上注重自由潇洒，不再追求表面上的姿媚好看了。这些人物中，徐渭也许是最值得注意的一位。这是一位最具叛逆精神、最

---

① 董其昌：《画禅室随笔》。
② 解缙：《春雨杂述》。

尚个性的艺术家。他的诗、书、画均是当时最高水准,而他自己则认为书法第一,诗二,画三。徐渭是山阴人,可以说他就是在王羲之的《兰亭序》的熏陶下长大的。就追求个性、自由这一艺术的基本精神来说,徐渭是王羲之最好的继承人,如果就书法的外在形貌来说,徐谓的书法与王羲之的书法截然不同。王的书法,可以用一个"美"来概括,而且这美是女孩的那种美——秀美,而徐渭的书法,也许可以称得上"丑",是那种"丑到极处便是美到极处"的丑。

《兰亭序》涉及的文化,远不只是书法与文学,它在哲学上也很有地位,因为这篇散文实际上是一篇哲学论文,文章所表现出来的对道家思想的推崇是当时玄学盛行的体现,故而此文也应是玄学的文献。由于《兰亭序》的真迹已成为唐太宗的殉葬物,它的真迹人们不能确知,由此也引发人们诸多的猜测。不仅如此,这篇文章的真伪也有人提出来了,1965 年 5 月著名的历史学家郭沫若撰写一篇文章《由王谢墓志的出土论到兰亭序的真伪》。此文认为,《兰亭序》后半部的文字,兴感无端,不符合王羲之的性格、思想和情感。它是隋唐人伪托的赝品。此文 1965 年 6 月 10 日至 11 日在《光明日报》发表后,引起巨大的反响。南京市文史馆馆员高二适先生写了一篇《兰亭的真伪驳议》的文章,不同意郭沫若的观点。此文给章士钊先生看过,章士钊先生又将它推荐给毛泽东。毛泽东给章士钊复信,说:"又高先生评郭文已读过,他的论点是地下不可能发掘出真、行、草墓石,尚等地下发掘证实。但争论应该是有的,我当劝说郭老、康生、伯达诸同志赞成高二适一文公诸于世。"7 月 23 日,《光明日报》发表了高二适的文章,这场关于《兰亭序》真伪的讨论在中国展开了,在"文革"即将到来之际,在文化界有这样一场讨论,是特别难能可贵的。①

只要书法在,《兰亭序》的影响就会存在。王羲之死后,他的亲人将之葬在会稽山上,现在还可以在会稽山的腹地找到他的墓。②《兰亭序》不朽,兰亭不朽! 会稽不朽!

值得补充一说的是唐代著名诗人、少年天才王勃,在云门王献之山亭,也做了一次修禊活动,也写了一篇序。序文如下:

---

① 关于这一事件见穆欣《光明日报十年自述》,参见郭廉夫《王羲之评传》(南京大学出版社 1996 年版)第八章。

② 《嵊县县志》云:"书圣卒后葬于境内瀑布山。"

观夫天下四海，以宇宙为城池；人生百年，用林泉为窟宅；虽朝野殊致，出处异途，莫不拥冠盖于烟霞，披薜萝于山水。况乎山阴旧地，王逸少之池亭；永兴新郊，许玄度之风月。琴台寂落，犹停隐遁之宾；酿渚荒凉，尚有过逢之客。仙舟荡漾，若海上之查来；羽盖参差，似辽东之鹤起。或昂昂骋骥，或泛泛飞凫，俱安名利之场，各得逍遥之地。而上属无为之道，下栖玄邈之风。

永淳二年暮春三月，修祓禊于献之之山亭也。迟迟风景出没，媚于郊原；片片仙云远近，生于林薄。杂花争发，非止桃蹊；迟鸟乱飞，有余莺谷。王孙春草，处处皆青；仲统芳园，家家并翠。于是携旨酒，列芳筵，先祓禊于长洲，却申文于促席。良谈吐玉，长江与斜汉争流；清歌绕梁，白云将红尘并落。他乡易感，自凄恨于兹晨；羁客何情，更欢娱于此日。加以今之视昔，已非昔日之欢；后之视今，岂复今时之会？人之情也，能不悲乎？

宜题姓字，以倾怀抱。使夫会稽竹箭，则雄我于东南；昆阜琳琅，亦归予于西北。太原王勃序。

此文应该说写得还是很好的，可惜，有王羲之的序在前，则声名不显矣！

《兰亭序》是一个不尽的话题，它涉及的问题不只是书法，还有文学、哲学乃至政治，因此，实际上有一个兰亭学存在。值得我们注意的是，这《兰亭序》为何产生于会稽，特别是会稽之兰亭？首要的原因是这里的自然风景极好。王羲之的《兰亭序》描绘了它的自然风光之美，王勃也描绘了。美好的自然风景容易激发人的情感，王勃说得好："良谈吐玉，长江与斜汉争流；清歌绕梁，白云将红尘并落。他乡易感，自凄恨于兹晨；羁客何情，更欢娱于此日。"情因景生，景以情靓，情景相融，若形之于文字，则为妙文，图之于绘画，则为妙画；自然笔之于书法，则为妙书了。《兰亭序》的产生难道不应归功于兰亭风景吗？

（二）唐诗之路

浙东风光自晋代开始就非常有名，顾恺之从会稽归来，人问山水如何，他说："千岩竞秀，万壑争流，草木葱茏其上，若云兴霞蔚"；王羲之的儿子王子敬说："从山阴道上行，山川自相映发，使人应接不暇。若秋冬之际，尤难为怀。"①

　　其实早在秦汉,浙东山水就已进入文人的视野,宋代神宗熙宁五年(1072)编就的《会稽掇英总集》,凡20卷,选录自秦始皇三十七年(前210)至宋熙宁年间的诗文805篇,可谓蔚为大观。

　　若论用诗的形式描绘浙东山水,首推晋代诗人谢灵运。《会稽掇英总集》收入谢灵运的作品五首。其中,有不少佳句,如"白云抱幽石,绿篠媚清涟。"②"濯流激浮湍,息阴倚密竿。"③"浮舟千仞壑,总辔万寻巅。""托身青云上,栖岩挹飞泉。"④"隐汀绝望舟,鹜棹逐惊流。""秋泉鸣北涧,哀猿响南峦。"⑤"岩壑寓耳目,欢爱隔音容。""夕虑晓月流,朝忌曛日驰。""山桃发红萼,野蕨渐紫苞。"⑥

　　可以说,从晋以后,来浙东游历的文人络绎不绝。到唐代浙东风光声名更甚,不少诗人闻讯而来,据不完全统计,唐代诗人来浙东游历的多达四百多位,唐代诗坛最具代表性的三大诗人:李白、杜甫、白居易都来过浙东,其他著名的诗人中有崔颢、宋之问、贺知章、孟浩然、綦毋潜、刘长卿、严维、戴叔伦、韦应物、孟郊、张籍、朱庆余、刘禹锡、李绅、元稹、贾岛、杜牧、方干、赵嘏等等。自然,也写下了许多脍炙人口的诗篇。

　　《会稽掇英总集》收入唐代魏徵的一首诗。魏徵是唐代初期的政治家。诗云:

　　　　崆峒山叟到江东,荷杖来寻支遁踪。

　　　　马迹几经青草没,仙坛依旧白云封。

　　　　一声清磬海边月,十里香风涧底松。

　　　　何代沃洲今夜兴,倚栏来听赤城钟。⑦

　　《全唐诗》没有收录这首诗,但是《嵊县志》和《新昌志》均收录此诗,如果此诗没有疑问,也许魏徵是最早写诗歌颂浙东山水的诗人了。

　　据唐诗界已有的研究,比较早到剡中来游历的唐代著名诗人有孟浩

---

①　刘义庆:《世说新语·言语》。
②　谢灵运:《过始宁故墅》。
③　谢灵运:《往临川,忆始宁山中》。
④　谢灵运:《还旧园作,赠颜范二中书》。
⑤　谢灵运:《初发强中作,与从弟惠连》。
⑥　谢灵运:《酬从弟惠连》。
⑦　魏徵:《宿沃洲山寺》。

然。唐开元十七年(729)孟浩然来到浙东,第二年十二月,又来到新昌大佛寺游览,他在剡中停留的时间约摸二三年之久。孟浩然有一诗谈他的浙东之游:

> 遑遑三十载,书剑两无成。
> 山水寻吴越,风尘厌洛京。
> 扁舟泛湖海,长揖谢公卿。
> 且乐杯中酒,谁论世上名。①

这首诗说"山水寻吴越,风尘厌洛京",将洛京与吴越对立起来,一为名利,入世;一为自然,出世。孟浩然的吴越之游可以视为"出世"之游。

吴越山水,在诗人看来,是一片净土,也是心灵中的仙境。净土、仙境均为世外,李白三游浙东,是寻仙而来的。当然,这仙只能在他的想象之中,但是,越地风景却逗人遐思,于是,就有了著名的《梦游天姥咏留别》:

> 海客谈瀛洲,烟涛微茫信难求。越人语天姥,云霞明灭或可睹。天姥连天向天横,势拔五岳掩赤城。天台四万八千丈,对此欲倒东南倾。我欲因之梦吴越,一夜飞渡镜湖月。湖月照我影,送我至剡溪。谢公宿处今尚在,渌水荡漾清猿啼。脚著谢公屐,身登青云梯。半壁见海日,空中闻天鸡。千岩万转路不定,迷花倚石忽已暝。熊咆龙吟殷岩泉,慄深林兮惊层巅。云青青兮欲雨,水澹澹兮生烟。列缺霹雳,丘峦崩摧,洞天石扉,訇然中开。青冥浩荡不见底,日月照耀金银台。霓为衣兮风为马,云之君兮纷纷而来下。虎鼓瑟兮鸾回车,仙之人兮列如麻。忽魂悸以魄动,恍惊起而长嗟。惟觉时之枕席,失向来之烟霞。世间行乐亦如此,古来万事东流水。别君去兮何时还,且放白鹿青崖间,须行即骑访名山。安能摧眉折腰事权贵,使我不得开心颜。②

李白写这首诗是在天宝元年(742),这不是他第一次游浙东,他第一次游浙东是在开元十三年(725),这年,他25岁,在著名道士司马承祯的推荐下,自荆门乘船东下,他在诗中写道:"霜落荆门江树空,布帆无恙挂秋风。此行不为鲈鱼脍,自爱名山入剡中。"这次游浙东,他是否去过天姥,不是很清楚,不过,他有一首《别储邕之剡中》提到此行的目的:"辞君向天姥,拂石

---

① 孟浩然:《自洛之越》。
② 李白:《梦游天姥咏留别》。

卧秋霜。"也许是第一次游天姥给他留下深刻的印象,故而多少年后他真的梦见了天姥,于是写下上面所引的那首诗。此诗写的虽是梦境,却也是实情,而梦中的仙境,也正是现实的一种曲折性的反映,也就是说,天姥山本就具有仙境的意味。

大诗人杜甫略晚于李白、孟浩然来浙东游历,据有些学者研究,杜甫可能是在开元十九年(731)20 岁时来吴越一带游历的,他在吴越游历三四年,24 岁时才去洛阳应试。杜甫倾心越中山水及越中著名诗人贺知章。他有《遣兴》一首:

> 贺公雅吴语,在位常清狂。
>
> 上疏乞骸骨,黄冠归故乡。
>
> 爽气不可致,斯人今则亡。
>
> 山阴一茅宇,江海日凄凉。

因人及山,也因山及人,贺知章作为越人,他的性格,他的才华,他的气质,本就是越中山水陶冶而成,可以说贺的诗篇就是人心化了的越中山水,而越中山水是物态化的贺知章。

杜甫的思想与李白是不一样的,杜甫儒家思想比较强,渴求入世。所以,他视越中山水游为壮游,而不是仙游。他有长诗《壮游》。诗篇陈述自己的成长经历和志愿,寄慨遥深。因为我们此书不是论杜甫,且不去说它,我们要谈到的是杜甫对越中山水的感受,在此诗中,有这样几句:"越女天下白,镜湖五月凉。剡溪蕴秀异,欲罢不能忘。归帆拂天姥,中岁贡旧乡。"这种对越地的感受与李白应是差不多的。在杜甫,来浙东游历是人生的一种历练。浙东游历毕,他就去洛阳应试去了。

白居易与浙东的关系更是非同一般,他曾三次游览浙东。第一次约在建中四年(783)或兴元元年(784),那年,白居易还是少年,年约十三四岁,他随父避乱,从安徽符离来到浙东。第二次是长庆二年至四年(822—824)他在任杭州刺史时,此时,他的好友元稹在绍兴任刺史,应元稹之邀,他来过绍兴、上虞。第三次是太和三年(829)。

20 世纪 80 年代,竺岳兵考察唐代诗人进入浙东的路线①,认为唐代诗人游历浙东,所循的是一条古道,一般以钱塘江为起点,进入会稽山区,从

---

① 参见竺岳兵:《李白"东涉溟海"行迹考》,《唐代文学研究》1988 年第 1 期。

永兴(今萧山)、西陵(今西兴)出发,入越沿浙东运河入鉴湖水系东行,经山阴,上秦望山,游若耶溪,探禹穴,朝禹庙,然后到达上虞曹娥江而上至剡县(今嵊州),沿剡溪溯流而上经沃州、天姥,止于天台石梁。1991 年 5 月,在南京举行的中国首届唐宋诗词国际学术讨论会上,竺岳兵发表《剡溪——唐诗之路》,"唐诗之路"正式提出,并得到学术界的普遍认同。

(三)诗歌之湖

稽山鉴水与诗歌特别有缘,是诗神所钟之地,每一条溪,每一片湖,每一座山,乃至每一座庙,每一座农家茅舍,皆是诗灵,皆是诗情,皆是诗句。所以,这个地方所产生的诗人之多,诗歌之多,在全国可能是没有一个地方可比的。早在宋代,就有孔延之编的《会稽掇英总集》,收集了从秦朝到宋熙宁年间关于绍兴的文学作品 806 篇。

在会稽众多的自然风光中,鉴湖最受到诗人的青睐。这不只是因为鉴湖作为水景其气质最近于诗,还因为鉴湖的自然风光,与别的水景相比,更为绚丽,更为丰富,更为迷人。自晋代至明清,以鉴湖为描绘对象的诗歌数百篇,佳作甚多,举不胜举。

谢灵运(385—433),祖籍陈郡阳夏,世居会稽,他出身望族,是东晋名将谢玄的儿子。18 岁袭封康乐公,故称谢康乐。429 年刘裕建立宋朝后,他降公爵为侯,曾任永嘉太守、侍中、临川内史等职。后来辞官回会稽定居,建别业,尽幽居之美,他曾作《山居赋》对会稽山和四明山地带的自然景物做了精细的描绘。谢灵运有《石壁精舍还湖中作》:

> 昏旦变气候,山水含清晖。
>
> 清晖能娱人,游子憺忘归。
>
> 出谷日尚早,入舟阳已微。
>
> 林壑敛暝色,云霞收夕霏。
>
> 芰荷迭映蔚,蒲稗相因依。
>
> 披拂趋南径,愉悦偃东扉。
>
> 虑淡物自轻,意惬理无违。
>
> 寄言摄生客,试用此道推。

此诗写的石壁精舍在始宁县(今上虞县)东南,属于鉴湖水域范围,这里写到的湖,很可能是鉴湖的一部分。谢灵运写湖注重气候对湖光山色的影响。因为昏旦之别,阳光就有所不同,这样,湖上风光在不同时间就呈现出不同的面貌,且光影闪烁,极具变幻色彩,这种动态性地描绘自然风光,类似于西方现代派的印象派绘画。

唐代诗人写鉴湖诗篇很多,写得最好的应属李白。他的《送王屋山人魏万还王屋》描绘出一个空灵的水上世界。诗云:

> 遥闻会稽美,且度耶溪水。
>
> 万壑与千岩,峥嵘镜湖里。
>
> 秀色不可名,清辉满江城。
>
> 人游月边去,舟在空中行。
>
> ……
>
> 五峰转月色,百里行松声
>
> ……

万壑、千岩、五峰、月色、人、舟全融入湖里,于是,湖中有山,有壑,有峰,有月,有人,有舟。又因为以人为主体,而人在舟中,于是,整个景象就因舟行而动起来了,湖有月,有天,于是人就向月边去,向天空去。舟在行,月在行,水也在行,不仅有色,而且有声:桨声、水声、松声……如此美妙的意境,使人恍若进入梦境,进入仙境。

李白写鉴湖,不只是写自然风景,也写人物,特别是越女、采莲女。如《越女词》(五首选二),云:

> 耶溪采莲女,见客棹歌回。
>
> 笑入荷花去,佯羞不出来。
>
> 镜湖水如月,耶溪女似雪。
>
> 新妆荡新波,光景两奇绝。

景美,人美,融为一体。在李白的笔下,鉴湖有时是仙境,有时是乐园;有时是奇幻的,有时是平易的。而且李白写湖,写人,善于写动态,化美为媚,又善于突出细节,类似于电影里的特写镜头。

唐代诗人中写鉴湖的佳篇甚多,有宋之问的《泛镜湖南溪》、《早春泛镜湖》,贺知章的《采莲曲》,李颀的《采莲》,陈羽的《中秋夜临镜湖望月》、《小江驿送陆侍御归湖上山》,孟郊的《送淡公》,白居易的《酬微之夸镜湖》。

宋、元、明清四代,诗在越中更为兴旺,描写鉴湖的佳作比唐代更多,这里,我认为有必要介绍南宋著名诗人王十朋的《鉴湖行》。王十朋(1112—

1171），字龟龄，温州乐清人，高宗绍兴二十七年进士，以龙图阁学士致仕，曾官绍兴府签判。他在绍兴为官期间，游遍绍兴名胜，写了大量的关于绍兴名胜和自然景观的诗歌，如《马太守庙》、《蕺山》、《戴溪亭》、《过新昌》、《宿石佛》、《清白堂》、《望海亭》。《鉴湖行》是其中之一。此诗为歌行体。诗云：

> 苍茫凉凉红日生，葱葱郁郁佳气横。
> 鉴湖春色三百里，桃花水涨扁舟行。
> 花间啼鸟传春意，声落行舟惊梦寐。
> 胡床兀坐心境清，转觉湖山有风味。
> 鉴中风物几经春？身在鉴中思古人。
> 禹迹茫茫千载后，疏凿功归马太守。
> 太守湖成坐鬼责，后代风流属狂客。
> 狂客不长主鉴湖，唯有渔人至今得。
> 日暮东风吹棹回，花枝照眼入蓬莱。
> 回首湖光何处是，欸乃声中图画来。

王十朋以一种愉快的心情写鉴湖，景物的描写与历史的追溯结合成一体，其中突出描写的是开凿鉴湖的马臻，也可以见出王十朋对先贤的向往。王十朋在南宋的官场中算是有正义感的爱民的官员，虽然此诗主要是描摹鉴湖风光，依然见出王十朋爱民的拳拳之心。

元代的杨维桢（1296—1370）是一位很值得注意的诗人，他也是绍兴人。关于他家乡的鉴湖，他写过好些诗，其中《镜湖》一首比较有特色。诗云：

> 与客携壶放画船，春波桥下柳如烟。
> 林间好鸟啼长昼，席上高歌乐少年。
> 醉里探书寻禹穴，醒来访隐过平川。
> 樵风泾上神仙窟，知是阳明几洞天。

明代大画家兼大诗人、大书法家徐渭（1521—1593）也写遍了家乡胜景，其中有竹枝词二首写镜湖，诗云：

> 越女红裙娇石榴，双双荡桨在中流。
> 憨妆又怕旁人笑，一柄荷花遮满头。
> 杏子红衫一女郎，郁金衣带一苇航。

堤长水阔家何在？十里荷花分外香。

诗写得很美，很有李白写越女的风味。鉴湖其实是多面的，她的世俗的一面，生活的一面，也很美，特别是有采莲女在湖面劳动之时。

不须更多地引用，介绍，有关鉴湖的好诗是说不尽的，没有鉴湖就没有这些好诗，鉴湖是名副其实的诗歌之湖。

（四）贺知章与鉴湖

鉴湖是唐代诗人贺知章的故里，说是故里可能不准确，因为贺知章原籍永兴，今日萧山，但贺知章退休后，却没有回归永兴，而是在鉴湖寻了一块地方住了下来。因为贺知章自号四明狂客，又称"秘书外监"，故以贺监简称贺知章。贺知章在鉴湖有故宅，《康熙会稽志》、《嘉庆山阴志》的鉴湖图中，都标明了位置。

贺知章上疏退隐获准，临行之时，唐明皇李隆基"命六卿庶尹三事大夫，供帐青门"，为之赋诗赠行。唐明皇除了自己写诗后，还为诗集（共38首诗）作序。

贺知章回到家乡，看到久别的鉴湖，心情十分激动，作诗云：

离别家乡岁月多，近来人事半消磨。

唯有门前镜湖水，春风不改旧时波。①

从此，贺知章就在鉴湖旁住了下来，他的住宅名为"千秋观"，他所住的村庄，后人叫做道士庄。贺知章在鉴湖定居后，每日欣赏鉴湖美景，诗情如湖水，终日荡漾，写了不少好诗。最为有名的是《咏柳》：

碧玉妆成一树高，万条垂下绿丝绦。

不知细叶谁裁出，二月春风似剪刀。

这诗写的就是鉴湖的实景，贺知章还有一首《采莲曲》：

稽山罢雾郁嵯峨，镜水无风也自波。

莫言春度芳菲尽，别有中流采芰荷。

此诗写的是鉴湖女子采莲的情景，实际上是将自己幻化为采莲女，将劳动的愉快融入欣赏美景的愉快了。

贺知章天宝四年（745）归乡隐居，天宝五年病故。天宝六年，李白来鉴

---

① 贺知章：《回乡偶书》。

湖道士庄访贺知章时,不意贺已于天宝五年故去,不胜伤感,赋诗道:"欲向江东去,定将谁举杯? 稽山无贺老,却棹酒船回。"此后,李白经常怀念贺知章,一次,他在饮酒时,想起当年在京城贺知章解金龟换酒的情景,感慨不已,作《对酒忆贺监二首》,诗前有序,序并诗云:

> 太子宾客贺公,于长安紫极宫一见余,呼余为谪仙人,因解金龟换酒为乐。殁后对酒,怅然有怀,而作是诗。

> 四明有狂客,风流贺季真。

> 长安一相见,呼我谪仙人。

> 昔好杯中物,翻为松下尘。

> 金龟换酒处,却忆泪沾巾。

又

> 狂客归四明,山阴道士迎。

> 敕赐镜湖水,为君台沼荣。

> 人亡余故宅,空有荷花生。

> 念此杳如梦,凄然伤我情。

继李白道士庄寻访贺知章后,历代均有不少文人墨客造访道士庄,留下不少诗文,凭吊贺知章。宋代,鉴湖已是许多文人游览的胜地,顺道访问道士庄,祭奠千秋观,也就成为平常事。大诗人苏轼也来了,他写了一首《四明狂客》:

> 毫端偶集一微尘,何处溪山非此身?

> 狂客思归便归去,更求敕赐枉天真。

在苏轼看来,何处溪山不可以栖身? 然贺知章非要归隐鉴湖,而且要求得皇上的敕赐,这似乎算不得"天真"了。在诸多赞颂贺知章的诗文中,苏轼此诗可谓不和谐音,但别具一格,也很有见地,难得!

(五)陆游与鉴湖

最爱鉴湖、最懂鉴湖,与鉴湖关系最亲近的人莫过于南宋大诗人陆游(1125—1209)了。是鉴湖养育了陆游,也培育了陆游。从某种意义上讲,正是鉴湖造就了陆游这样一位绝世诗才。

鉴湖是陆游之家。陆氏原是中原人氏,大约是唐末,因战乱,陆氏迁到嘉兴、钱塘,然后再迁到山阴,从此就在山阴居住下来。乾道元年(1165),

陆游在鉴湖一个名为三山的地方筑宅。三山为行宫山、韩家山、石堰山,陆宅建于行宫山与韩家山之间,它临湖,风景优美。陆游筑此宅时,年41岁,此时,陆游已为官多年,累遭挫折,虽壮志未衰,然已萌退隐之意。陆游有多首诗描绘三山的家园,如《吾庐》,诗云:

> 吾庐虽小亦佳哉,新作柴门断绿苔。
>
> 柱杖每栏归鹤入,钓船时带夕阳来。
>
> 墟烟隔水霏霏合,篱菊凌霜续续开。
>
> 千里安期那可得,笑呼邻父共传杯。

陆游在这里生儿育女,咏诗作文,课子读书。这是仕途疲惫的陆游休憩的场所,一个为他疗治政界创伤的场所,一个不断为他供应生命能源、诗情活力、旺盛斗志的场所,一个温馨的可爱的家。一次,陆游月行归来,途中的景象是可怖的:"渔歌起远行,鬼火出破墓。"到家已是半夜,然"伫立叩蓬户",听到"稚子犹读书",陆游的心中忽然涌起一股暖流,"一笑慰迟暮"。①

在陆游的眼中,鉴湖的自然风光是非常美丽的。他曾说:"予居镜湖北渚,每见村童牧牛于风林烟草之间,便觉身在图画。"②他在许多诗中描绘鉴湖的美,如《赠湖上父老》:

> 一镜三百里,环以碧玉峰。
>
> 天公赐我厚,极目为提封。
>
> 烟收见石帆,雨霁望卧龙。
>
> 嵯峨宝林塔,迢遥天章钟。

陆游一度在四川、福建许多地方为官,虽然远离家乡,然家乡无时无刻不在他的心中。且看他在建安提举福建常平茶事任上写的《思故山》:

> 千金不须买画图,听我长歌歌镜湖。
>
> 湖山奇丽说不尽,且复为子陈吾庐。
>
> 柳姑庙前鱼作市,道士庄畔菱为租。
>
> 一弯画桥出林薄,两岸红蓼连菰蒲。
>
> 陂南陂北鸦阵黑,舍西舍东枫叶赤。

---

① 陆游:《夜出偏门还三山》。

② 陆游:《跋韩晋公牛》。

正当九月十月时,放翁艇子无时出。

船头一束书,船后一壶酒。

新钓紫鳜鱼,旋洗白莲藕。

从渠贵人食万钱,放翁痴腹常便便。

暮归稚子迎我笑,遥指一抹西村烟。

这首诗深情地描绘了他三山别业一带的风景。讲历史人文,有柳姑庙,有道士庄。柳姑庙始建于梁,陆游多首诗谈到柳姑庙,其中一绝句云:"汀月生眉黛,溪梅试额妆。幽闺元不出,莫道嫁彭郎。"在古代,青年女子被立祠祭祀,不是孝,就是贞。道士庄,即唐代大诗人贺知章的故居。陆游将柳姑庙、道士庄,在诗中郑重地写进去,含意应是深邃的。当然,镜湖自身是陆游更倾心的,他回味在镜湖行船读书钓鱼饮酒的情景,回味"暮归稚子迎我笑,遥指一抹西村烟"的天伦之乐,字里行间充溢着对家乡深沉的爱。

在陆游眼中,鉴湖不只是一片美好的自然风光,也是一片美好的民俗风光。不只是祭祀时"小巫屡舞大巫歌,士女拜祝肩相摩"①的场景让人激动,日常生活中的"翠篮满山路,不数荔枝筐"②、"舟行以当车,小伞遮新妆"③也极为迷人。在对鉴湖风光的描绘中,陆游情不自禁地表现出对人民特别是农民的深切的同情和爱。他慨叹:"妻啼儿号不敢怨,期会常忧累官府"④;他高兴:"自然粟帛如流泉,储积不愁无九年";他欣慰:"新年倘有丰年喜,买酒渔村看太平"。

因为在政治上迭遭失败,统治者已经不再重用陆游了,真是"报国欲死无战场",最后只能归隐鉴湖,他在诗中言道:

书剑当年遍两川,归来垂钓镜湖边。

老皆有死岂独我,士固多贫宁怨天。

物外胜游携鹤去,琴中绝谱就僧传。

莫言白首诗才尽,读罢犹能意爽然。⑤

---

① 陆游:《秋赛》。
② 陆游:《稽山行》。
③ 同上。
④ 陆游:《秋赛》。
⑤ 陆游:《书剑》。

舍前烟水似潇湘,白首归来爱故乡。

五亩山园郁桑柘,数椽茅屋映菰蒋。

翻翻小伞船归郭,渺渺长歌月满塘。

却掩柴荆了无事,篆盘重点已残香。①

薄云韬日不成晴,野水通池渐欲平。

绿叶忽低知鸟立,青萍微动觉鱼行。

醉游放荡初何适,睡起逍遥未易名。

忽遇湖边隐君子,相携一笑慰余生。②

在这个时候,鉴湖不只是他身体的家园,也成了他精神的家园。鉴湖充当着他的知心朋友,深情地抚慰着他受伤的心灵。

为什么陆游的家国主义情感总是让人感到那样的厚重,那样的强烈,那样的丰满?这与他对家乡——鉴湖的情感是分不开的,而他之所以成就为一位伟大的诗人,相当程度上也在于家乡山水特别是鉴湖的培育。

清代浙江才子李渔说:

李子遨游天下,几四十年,海内名山大川,十经六七,始知造物非他,乃古今第一才人也。于何见之,曰:见于所历之山水。洪蒙未辟之初,蠢然一巨物耳,何处宜山,何处宜江宜海,何处当安细流,何处当成巨壑,求其高不干枯,卑不泛滥,亦已难矣,矧能随意成诗,而且为诗之祖,信手入画,而更为画之师,使古今一切文人墨客,歌之咏之,绘之肖之,而终不能穷其所蕴乎哉?故知才情者,人心之山水;山水者,天地之才情。使山水与才情判然无涉,则司马子长何所取于名山大川,而能扩其文思,雄其史笔也哉!③

李渔此说给我们很多启发。他的基本观点是山水与人心是相通的,造物主是第一等的诗人、画家,而山水就是美好的诗,美好的画。古往今来,一切文人墨客其锦心绣口无不来自于自然,而其诗其画,只不过是模仿自然,或效仿自然罢了。

江山助才情,江山助诗兴,这是屡试不爽的客观规律。《旧唐书·元稹传》有一段文字谈到元稹与越中山水的关系:"在郡二年,改授越州刺史、兼

---

① 陆游:《秋日徙倚门外久之》。

② 陆游:《初夏闲步村落间》。

③ 李渔:《笠翁文集·梁冶湄明府西湖垂钓图赞》。

御史大夫、浙东观察使。会稽山水奇秀,積所辟幕职,皆当时文士,而镜湖、秦望之游,月三四焉。而讽咏诗什,动盈卷帙。副使窦巩,海内诗名,与積酬唱最多,至今称兰亭绝唱。"我们在本书第一章"天下情怀"一节谈到元積,说元積为越州百姓做了不少好事,越州百姓应感谢元積,而就元積诗歌成就来说,那元積应感谢越州,因为是越州的秀山丽水让他写出不少好诗。

古越幸甚! 上天将佳绝之山水赐予它,于是,不仅培育、陶冶了千千万万的越中文人墨客,创造出不少优秀的艺术作品,而且吸引了无数外地文人来此游览,同样写出千古绝唱。检阅产生于这块土地上的艺术作品,我们足以自豪地说,稽山鉴水是艺美渊薮。

第四章　越中名士的社会因缘

一、教育为本

　　众所周知,教育是人才培养的根本,越地名士辈出,究其因缘,教育应列为第一,越地教育从两汉以来就非常发达。这与这块地方比较富庶诚然有关,但更重要的是,与这块地方有着从来没有中断过的儒家文化传统有很大关系,儒家重教育。儒家知识分子不能做官就教书。有些儒家知识分子,即使做官,也抽暇教书,而且每到一地为官,首要一事就是推进当地教育事业的发展。

　　越地百姓也有重视教育的传统,不论贫富,均将孩子受教育列为第一大事。元代大画家王冕小时候家贫,无力上学,为他人放牛,只能在教室外听老师讲课,以致让牛跑了。王冕的母亲得知后,不仅没有责怪孩子,还毅然决定不再让王冕放牛,尽力满足王冕读书的要求,这虽然只是个案,却是有代表性的。由于越地百姓重视教育,越地的学校不仅有官府办的,也有民间办的,不少还是百姓集资办的。

经济、文化、教育是一个良性的循环圈,相互影响,相互促进,互为前提,互为因果。越地之所以成为全国的发达地区,就与这种良性循环密切相关。正是因为多方面的原因,才使得越地教育一直处于全国的前列。

(一)两汉教育

两汉,越地完全融入大一统的中国思想文化体系,儒学成为中国教育的主流,越地的教育自然也以儒家教育为主。中国的教育有社会教育与学校教育并重的传统,而且非常看重社会教育。汉高祖设乡三老掌管教化,一直延续到汉结束。《后汉书·百官》云:"三老掌教化,凡有孝子顺孙,贞女义妇,让财救患,及学士为民法式者,皆扁表其门,以兴善行。"从汉代起,乡间间,孝子、贞女、义士等德行高尚者皆可获得朝廷的奖励,甚至为他们立牌坊。优秀的人才还可以通过乡间的荐举,走向仕途。

东汉重视教育,班固《东都赋》云:"四海之内,学校如林,庠序盈门。"越地的教育在全国处于领先地位。上虞、余姚都有学校。山阴县种山(亦称重山,今卧龙山)南有白楼亭,曾官江夏太守的著名学者宋辅曾在此立校教学。又,余姚人黄昌,"居近学官,数见诸生修庠序之礼,因好之,遂就经学"[①]。当时的学校办得怎样,我们从王充《论衡·自纪》中的描述可见一斑:

> ……六岁教书,恭愿仁顺,礼敬具备,矜庄寂寥,有臣人之志。父未尝笞,母未尝非,闾里未尝让。八岁出于书馆,书馆小僮百人以上,皆以过失袒谪,或以书丑得鞭。充书日进,又无过失。手书既成,辞师,受《论语》、《尚书》,日讽千字,经明德就,谢师而专门,援笔而众奇。所读文书,亦日博多。

看来,学校的教学管理是严格的,学生的学习是认真努力的。王充作为东汉最为重要的名士,幼年在家乡受到良好的教育,这种教育是他成才的重要原因。

东汉时期,越地的教育办得好,原因是很多的,原因之一,由于西汉末中原动乱,一些中原的文人避乱江南,他们大多被延聘到学校任教,这些人

---

① 《后汉书》卷七十七《黄昌传》。

中有著名的隐士严子陵。东汉初年,会稽都尉任延感于"避乱江南者皆未还中土,会稽颇称多士","聘请高行者董子仪、严子陵等,敬待以师友之礼"①。会稽的地方官有重视教育的传统,东汉和帝永元年间(89—104),太守张霸重视人才,誉满会稽,不少儒生争为所用,而张霸也根据其长处,相应授职,其中一些安排在学校教书。由于张霸重视儒学教育,会稽郡出现"道路但闻诵声"的情况,这样一种环境氛围,自然有利于人才的培养。

与教育相关的是,越地士人研读儒学经典、著书立说蔚然成风,太守张霸就是一位经学大师。西汉时,当时属于会稽郡的吴地,出了庄助、朱买臣等重要名士,他们均善辞赋,亦通《春秋》,可谓出入骚儒之间,为汉武帝所器重。东汉时,越地士人著书之风亦盛。成书于东汉初年的《越绝书》是一部极有价值且风格诡异的历史著作,作者袁康、吴平均系会稽人。产生于这一时期的越人的著作还有:吴君高所著《越纽录》、周长生所著《洞历》、赵晔的《吴越春秋》、王充的《论衡》、魏伯阳的《周易参同契》、魏朗的《魏子》等。

王充对于故乡人氏撰写了如许重要的著作是深以为然的,他说:"才有高下,言有是非,不论善恶而徒贵古,是谓古人贤今人也。案东番邹伯奇、临淮袁太伯、袁文术、会稽吴君高、周长生辈,位虽不至公卿,诚能知之囊橐,文雅之英雄也。观伯奇之《元思》,太伯之《易章句》,文术之《咸铭》,君高之《越纽录》,长生之《洞历》,刘子政、杨子云不能过也。"②

特别值得一说的是,儒学在越地有深厚的基础,儒学在汉代的形态——经学在越地有着重要的成就,形成诸多经学世家,如山阴庆氏治经,世称庆氏学;山阴贺氏治礼,世称贺氏学;余姚虞氏治易,更是声名显赫,出了易学大家虞翻。虞翻自述其家学,曰:"臣高祖父故零陵太守光。少治孟氏《易》;曾祖父故平舆令成,缵述其业。至臣祖父凤为之最密。臣亡考故日南太守歆,受本于凤,最有旧书,世传家学,至臣五世。"③

由于教育的泽被,儒家的道德观念在会稽扎下根来,社会普遍的道德水准较高,忠孝之风盛行,虞翻说起会稽,云:"山有金木鸟兽之殷,水有鱼盐珠蚌之饶,海岳精液,善生俊异,是以忠臣继踵,孝子连闾,下及贤女,靡

---

① 《后汉书》卷七十六《任延传》。
② 王充:《论衡·案书》。
③ 裴松之注:《三国志》卷五十七《虞翻传》注引《翻别传》。

不育焉。"①这其中就有著名的孝子董黯、孝女曹娥。

孝在越地深入人心，还可从会稽郡中一个名为乌伤县的县名看出。乌伤本为古越的一个地名，秦朝用这一地名设县。为何用乌伤这一名字？原来它出自一个故事。据南朝宋时刘敬叔《异苑》卷十载："东阳颜乌，以纯孝著闻。后有群乌衔鼓，集颜所居之村。乌口皆伤，一境以为颜至孝，故慈乌来萃。衔鼓之兴，欲令聋者远闻。即于鼓处立县，而名为乌伤。王莽改为乌孝，以彰其行迹。"群乌衔鼓当然是不可能的，但有颜乌这人，且颜乌至孝，可能是真的。

自汉武帝独尊儒术，推行儒家忠孝观念以来，中国各个地方都出现很多孝子的故事，但都不太知名，独会稽一地出现的孝子故事，在全国产生重大影响，这一事实是耐人寻味的。它至少说明这样两点，一是会稽地带在道德文明方面确实走在全国的前面，是一面旗帜；另是，会稽一地在全国本已有相当的知名度、美誉度。

会稽郡成为名士之乡，实际上起自东汉。东汉之前，儒家思想的影响还是不够的，此地的文明程度普遍不高，巫风则相当流行。东汉，越地重视教育，儒学得以深入，整个社会文明程度大幅度提高，正是在这样的社会基础上，才产生了像王充、魏朗、虞翻、袁康、赵晔、吴君高、韩说这样的大学者。在中国文化史上的天空刷上一道浓重的亮色，以血与火著称的古越地，经过了凤凰涅槃，以儒雅的风采展露于世。

（二）唐代教育

唐、宋是越中教育大发展时期。唐、宋朝均十分重视儒学，以儒家为国家的正统思想，以儒学治国，必然也就以儒学育士，以儒学取士。

唐代设置国家的教育机构——国子学、太学和四门学，教学的内容主要是儒家思想。唐太宗下诏让当时的大学者颜师古、孔颖达等编纂《五经正义》，以之作为基本的教材。唐代地方有州学、府学、县学。越州有州学，相邻的湖州、明州、衢州、处州均有州学。越地建立县学的有诸暨、余姚、嵊县、富阳、象山、新城，松阳等七所。中央与地方的各级学校培养了不少饱学之士，其优秀者更是一领风骚，成为国家的重要官员，或大学者、大文人。

---

① 裴松之注：《三国志》卷五十七《虞翻传》注引《会稽典录》。

唐武德四年(621),秦王李世民在秦王府设文学馆,招天下名儒于此论学,其中杜如晦、房玄龄、陆德明、孔颖达等18人任文学馆学士,号称"十八学士"。这十八学士中有:钱塘(今杭州)人褚亮、武康(今德清)人姚思廉、越州(今余姚)人虞世南、新城(今富阳)人许敬宗。

开元十三年(725),唐玄宗改集仙殿为集贤殿,并改丽正殿书院为集贤殿书院,诏张说、徐坚、贺知章等18人为学士、直学士,号称"开元十八学士"。这其中,又有好些越地人氏。如贺知章,越州永兴(今萧山)人;徐坚,湖州长城(今长兴)人;康子元,越州会稽(今绍兴)人。

《新唐书·儒学传》列传68人,属越籍人氏的有徐齐聃、徐坚、徐峤、沈伯仪、孔若思、孔至、孔桢、褚遂良等。这其中,孔若思、孔至、孔桢均为越州山阴(今绍兴)人。孔若思,唐中宗时,官至银青光禄大夫,卒谥"惠"。史书称"以博学闻"。孔若思是南朝陈朝时重要学者孔奂的四世孙,孔若思的祖父孔绍安、伯祖父孔绍新,亦均为六朝名儒。孔至是孔若思的儿子,官历著作郎,孔桢为孔若思的从父,唐高宗时为绛州刺史,孔桢子孔季诩也任右补阙。孔氏一门数人进入儒林传,堪称风光无限。

(三)宋代教育

宋代,越地的教育在全国亦处于前列,同样是人才辈出。特别值得提出的是,南宋,孔庙的南迁带来了越地儒学新的繁荣。靖康之变,金兵南下,横扫中原,北宋朝终结。高宗仓皇南渡,在江南建立政权。期间,本在山东曲阜的孔子第48代孙孔端友也率千余族人,随驾南渡,辗转于浙江衢州定居。孔子衢州家庙始建于南宋绍兴六年(1136),孔子衢州家庙在南方的建立,就等于在南方树起了儒家的一面大旗,不仅对南方儒学的发展起了重要的作用,而且有力地推动了江南教育事业的发展。

南宋定都临安后建起了太学、宗学、武学、医学、算学等中央学校,太学是最高学府,宗学是供皇族子孙读书的学校,武学是培养军事人才的学校。此外,还有医学,建于绍兴二十六年(1156),校址在通江桥北,有学生250人。算学是培养天文、数学人才的学校,属太史局。除中央学校外,地方政府办的官学也很多,各州有州学,南宋越地建立州府学有临安府学、台州州学、婺州州学、严州州学、嘉兴府学等五所,基本各县都建立了县学,越州地带建有县学的有山阴、会稽、萧山、上虞、新昌。

南宋州县学的管理比较完善。州府县学的教官，称为"教授"，由科举下第举人或贡生担任，教官须经考试选拔，一般来说均有真才实学。教学制度也有一套，重视考试，实际上是为科举做准备。学校校舍一般也比较齐整，是当地最好的建筑。

唐宋教育机构除了官方的州学府学县学外，还有私学，私学的最高形式是书院，学者们一般都很看重书院，或筹备、主持书院，或在书院授课，有些学者还不只办一所书院，如大儒朱熹。朱熹一生事业主要在办学，他的代表性著作《四书集注》，其实就是教材。后来，竟成为科举考试的试题与标准答案之源。南宋著名学者叶适虽然出仕后历任太学正、太学博士、国子司业等重要官职，仍然不弃教育事业，他一生从事教育达三十多年，他说："求天下豪杰特起之士，所以恢圣业而共治功。"越地学院之多在全国堪称翘楚，据史载，南宋时，现今浙江省地带有书院78所，其中越州地带的书院有：绍兴稽山书院、上虞月林书院、新昌石鼓书院、慈溪慈湖书院等。书院是人才渊薮，南宋的名士均与书院有着各种不同的关系。

书院一方面是育人的场所，这里有相对比官学更为活泼的教学，更为适宜培养各类人才，另一方面，又是学术研究的机构。不少学者一边教学，一边研究，从而形成了自己的学说体系，其中最大的是朱熹的理学和陆九渊的心学，同时也形成了一些不能简单归属于理学与心学的学派，如以吕祖谦为代表的金华学派、以陈亮为代表的永康学派、以叶适为代表的永嘉学派。

在对教育的贡献上，南宋学者王应麟有其特殊的成绩。王应麟（1223—1296），字伯厚，鄞县人，官至礼部尚书，他是南宋儒学的殿军，学问赅博，撰有《困学纪闻》、《玉海》、《汉书艺文志考证》等重要著作，他在辑古考证学上具有重要成就，开启清代考据学的先河。这些且不说它，就教育这方面言之，他著有《小学讽咏》、《蒙训》、《小学绀珠》、《姓氏急就篇》、《补注急就篇》、《三字经》等六部普及基础教育的书籍，可以说，为蒙学做出了巨大的贡献。王应麟编撰的六部蒙学书，大部分传承下来了，只《小学讽咏》、《蒙训》佚失。

（四）明代教育

明代越地的教育仍然处于中国的前列，其突出的成就仍然在书院教育上。书院萌生于晚唐五代，大兴于两宋。明代前期，兴办书院已成风尚。

嘉靖以后,朝廷党争剧烈,由于涉及书院,各地一度也出现过毁废书院的现象,但到晚明,随着官学的废弛,书院开始复兴。

明代江浙地区最早出现资本主义萌芽,经济较中国其他地区繁荣,此地人民读书识字的要求也就较其他地区的人民更为迫切。与之相应,书院得到蓬勃的发展。

特别值得一说的是,明代余姚出了一位大学者王阳明。王阳明一生极其重视办书院,他官做到哪里,书院就办到哪里。嘉靖初年,王阳明一度辞官在家乡闲居,即在绍兴建立了稽山书院。王阳明具有很大的人格魅力,说他"每临席座,诸生前后左右,环坐而听,常不下数百人"[①]。王阳明在主诗稽山书院的同时,还经常到别的书院讲学。

实际上,绍兴城也不只有稽山书院,还有南明书院、五云馆、阳和书院、蕺山书院、证人书院、太傅书院,城外会稽县还有念斋书院、康州书院。当然,这些书院并非都同时存在。绍兴城以外临近的书院还有:萧山的道南书院,诸暨的紫山书院,余姚的姚江书院、古灵书院,上虞的泳泽书院、中峰书院、水东精舍,嵊县的二戴书院、慈湖书院、鹿山书院、宗传书院、艇湖书院,新昌的石鼓书院。

与绍兴府平级别的台州府、金华府、衢州府、严州府、温州府、处州府均有很多书院。学生选择书院的自由度大了,往往是在这个书院学习一段时间后,又转到另一书院去学习。这样"转益多师",自然于成才有利。

明代书院在学术思想上多数持王阳明心学,心学对朱熹的理学是有一定的对立性的,而朱熹的理学在明代已经成为官方的正统意识形态,这就触及政治的要害。加上书院多有反对宦官专政的主张,这就自然地引起了朝廷与宦官的不满,因此,从嘉靖十六年(1637)至天启五年(1625),朝廷先后四次下诏禁毁书院。不过,书院并没有因此遭到毁灭性的打击,由于实际上的需要,加上统治者内部的矛盾,书院的发展仍然有相当的空间。

(五)清代至近代的教育[②]

清代,地方教育也仍然是书院为主。清初,统治者忌于明代书院参与

---

① 《王文成公全书·旧序·刻文录叙说》。
② 本节有关清代的资料除特别注引者外,均来自《浙江通史·清代卷》,浙江人民出版社1999年版。

党争、批评时事的事实，担心士人借书院生事，对书院采取禁抑的政策，康熙朝开始解禁，书院又趋兴盛。清代浙江的书院数目远超过前代，除重建、改建、复兴的前代书院外，还新建了很多书院，据《浙江通史》载，清代新建的书院共179所（至道光年间计），一一有案可稽。其中建在绍兴府地带的有：龙山书院（绍兴）、四明书院（新昌）、辅仁书院（嵊县）、鹿鸣书院（嵊县）、剡山书院（嵊县）、毓秀书院（诸暨）、听雨楼（诸暨）、松林书院（上虞）、承泽书院（上虞）、经正书院（上虞）、清惠书院（萧山）、西山书院（萧山）、丰乐书院（余姚）、信成书院（余姚）、龙山书院（余姚）。

清代的书院受各级政府管理，书院经费主要由政府拨款，另外也接受绅商的捐赠，书院的主持人为院长或山长，由各级政府聘任，多为饱学之士。书院学生多为童生、生员，也有贡生、举人，这些人是科举的后备大军。尽管书院接受政府管理，但在教学上，书院有很大的主动权。除了相对比较固定的老师外，书院经常有来自全国各地的硕儒前来讲学，学术风气相当自由活泼。

明代出了两个最大学者，一是王阳明，一是刘宗周，王阳明处明中期，是明代心学的开创者，刘宗周处明末，是明代心学的殿军。王阳明系余姚人，刘宗周系绍兴人，均属古会稽郡、越州府。刘宗周明末执教于绍兴的蕺山书院，其学生中走出了黄宗羲、陈确这样的著名学者，黄宗羲是清代初期中国最重要的学者，他诸多方面的成就当得上中国文化史上的不多的几座最高峰之一。黄宗羲在康熙六年（1667）恢复了由刘宗周创办但已中断了二十多年的证人书院，将刘宗周的事业在新的历史时期继续下去，其学说多为经世致用，一时，各地学者蜂拥而来，论道讲学，推求治国方略，遂形成晚清著名的浙东学派。王阳明、刘宗周、黄宗羲，可以概括成"越州三杰"。他们均是中国历史上顶尖级的学者。越地在明代之后直到清结束，不断涌现全国最为优秀的人才，影响着中国的政治、文化、科学技术发展，与他们三位自身的学术成就，更重要的与他们三位坚持办学育人有着密不可分的关系。

自汉至清，越地的教育一直走在全国的前列，学校不仅量多，而且因为拥有一批名儒为师，质量也很高。也正是因为有名儒执教，教育与学术研究紧密联系，相互促进，学术因教育得到发展，教育因学术而得以提高。

晚清，由于欧风美雨的侵入，特别是民主主义革命的开展，中国封建的政治体制摇摇欲坠，清代统治者力图挽大厦于将倾，亦采取了多种改良措施。其中包括教育的改革。教育的改革首先肇始于新式学校的创办。光绪年间，新式学堂在浙江产生。光绪十一年（1885），陈虬在瑞安办一所新式的医学校，起名为瑞安利济学堂，教授的是西方医学。到1899年，浙江省共办起了21所新式学堂。这些学堂中，最为重要的是光绪二十三年（1897）杭州知府林启办的浙江求是书院，这所书院1901年改为浙江求是大学堂，第二年又改名为浙江大学堂，1903年再改名为浙江高等学堂。这所学校最后发展成著名的浙江大学。这是完全新式的学校，教授的是西方的科学技术，虽然也有中国的古典文化，但完全是以新的视角来审视的，与旧式书院的讲授完全不一样。这所大学聚集了中国当时最为优秀的人才，教师中，不少是留学西方或日本的科学家，如竺可桢、钱三强、谭其骧等，也有一些有着西学修养的著名的人文大师，如熊十力、马一浮。从这所大学走出的人才有获得诺贝尔奖的李正道、军事家蒋方震、著名报人邵飘萍、国民党政要兼著名记者陈布雷，等等。

浙江两级师范学堂也是一所重要的新式学校，它创办于1906年，分优、初两级，其中优级属高等师范教育，设史地、理化、博物、数学四科。同年，浙江法政学堂建立，设有法律、政治两科。1908年，原铁路学堂改为浙江高等工业学堂，1910年，又开始筹办浙江高等农业学堂。至此，浙江省的高等学校大致完备。文、理、工、农、法、医均有。这种情况当然极为有利于人才的培养。

不仅是新式的高等学校在浙江蓬勃发展，新式的中等学校也如雨后春笋在浙江各地涌现。中学堂中，绍兴的中西学堂是全省最早的新式中等学校，此学校后来易名为绍兴府学堂、绍兴府中学堂。虽然只是一所中学堂，却有不少名人在此任教。其中有蔡元培、徐锡麟、周树人、杜亚泉、陈去病、刘大白等。从这所学校毕业的学生中亦有不少人后来成为国家的栋梁。如著名的教育家许寿裳、蒋梦麟，著名的文学家夏丏尊、孙伏园，数名的数学家陈建功，著名的语言学家、出版家胡愈之，著名的医学家金宝善等。

浙江人民办学的积极性在全国走在前面，晚清浙江捐款办学数额居全国第一，其间出现了不少感人的事迹。杭州满族妇女瓜尔佳·惠兴（一作惠馨）创办贞文女学，自任校长，学堂成立之日，惠兴割臂盟誓，曰："今为贞文女学成立之期，妾以此血为纪念。如此校中止者，妾必以身殉之！"①学堂

---

① 《惠馨女士殉学记》，《东方杂志》第三年第5期。

后因经费不足,难乎为继,惠兴虽多方奔走,求助于士绅商贾,仍未能从根本上解决,只得向官府求助,然官府态度不积极,无奈之际,惠兴慨然服毒自尽,希望以其死促使官府支持贞文女学。这一事件引起极大的社会反响。官府也赫然震惊,终于对女学给予了支持。此校后来转为官办,易校名为惠兴女学堂。

浙江的新式学校除了官办和民办的从高等学校到幼儿园等各级学校外,还有一类由外国人办的教会学校。1842 年,清政府被迫与英国签订了南京条约。浙江宁波成为最早的通商口岸之一。与之相关,殖民主义也就最早进入宁波,进行西方文化的传播。浙江省第一所教会学校在南京条约签订两年之后的 1844 年在宁波建立了。这是一所女子学校,名为宁波女塾,这也是中国第一所女子学校,主办者为英国女子蔼尔德赛,她是奉伦敦基督教长老会东方女子教育之命,特来宁波办这样一所学校的。学校条件很优惠,学生免交一切学费、食宿费。紧随宁波女塾,浙江省第一所由英国人办的男子学校——崇信义塾于 1845 年在宁波挂牌,这也是一所教会学校。基于当时中国社会对西方的敌视与不了解,两所学校入学人数都极少,崇信义塾开办时不过 30 名学生,至 1866 年,在校学生还减至 16 人,不过,这丝毫没有阻止教会学校在浙江的迅速发展。1865 年,英国基督教圣公会在慈溪办了圣约翰学堂,1867 年,美国基督教南长老会在杭州办了贞才女塾,1875 年,法国天主教会在绍兴办了若瑟学校,1876 年,英国圣公会也在绍兴建了一所女子学校。至 1917 年,浙江各地的教会学校达 128 所,其中男子学校 113 所,女子学校 15 所,教师 466 人,其中外国教师 103 人,学生达 5188 人。

随着西方文化在中国的广泛渗入,中国人对西方社会、西方文化的了解也就越来越多,有识之士也逐渐认识到西方文化确实有它的先进性,一些开明的政府官员对教会学校不再采取敌视的态度,而是给予一定的扶持,而具有救国抱负、具有远大理想的青年,也乐于进入教会学校。

于是,系统的新式的近代教育体系在浙江省建立起来,从小学到大学均有。像小学,比较著名的有:金华的作新小学堂(1898 年,美国基督教浸礼会)、开化的华埠初级小学堂(1909 年,天主教会)、天台的光启小学堂(1902 年,天主教会)、绍兴的英华初等学堂(1903 年,英国基督教圣公会)、杭州的正则小学堂(1908 年,美国基督教会)。中学,比较著名的有:杭州的惠兰书院(1899年,美国北浸礼会)、嘉兴的秀州中学(1900年,美国南长老会)、永嘉的艺文中学(1903年,英国基督教教会)、宁波的中西毓才学堂(1903年,法国天主教会)、绍兴的承天中学堂(1907年,英国圣公会)。还有一些中等专科学校,如广济产科学堂(1904年,英国圣公会)。中学也有升格为大学的。如1897年开办的育英书院,它是在1845年创立的宁波崇信义塾的基础上建立起来的,本系中学性质,1897年,崇信义塾迁至杭州,易名育英义塾,1897年,更名为育英书院,升级为高等学校,1911年再改名为之江学堂,1914年,定名为之江大学。这是浙江省一所重要的由教会主办的的高等学校。它有一套完整的西方教育体系。

客观来说,教会学校既具有文化侵略的一面,又具有传播先进的科学技术知识和人文主义思想的一面。热衷于在中国办学的西方殖民主义者,他们的目的是多方面的,不只是为了培养奴才,以便将来更好地控制中国,也不只是为了布道,以推行基督教文化,还想为中国,为世界,培养出真正的人才。美国传教士狄考文在《怎样使教育工作更有效地促进中国基督教事业》一文中,就谈到这一点,他认为,教会学校仅着眼于培养布道和基督徒是不够的,"应看得更远,他们要进而给受洗入教的学生以智慧和品德的训练,使其成为社会上和教会中有影响的人物,成为一般人民的教师和其他方面的领袖"①。狄考文的这一看法具有一定的普遍性。事实上,教会学校在教学内容上不只是基督教的教义,还有现代的科学技术、西方的人文精神。狄考文主张实施完整的教育,让学生对现代的科学文化有一个比较全面的深入的了解。

不可否认,当时的西方,不论在科学技术上,还是在政治、经济、军事上以及现代人文精神上,都比较先进。与西方教育接轨,就意味着与世界先进文化接轨。这对于培养现代型人才无疑具有极其重要的意义。受教于新式学堂,后来成为中国近现代重要人才的越中人物不胜枚举,如:蒋梦麟(1886—1964,余姚人,中国著名的学者),马叙伦(1889—1970,余杭人,中国著名学者),蒋百里(1882—1938,海宁人,中国著名军事家),竺可桢(1890—1974,上虞人,中国著名的科学家),范文澜(1893—1969,绍兴人,中国著名的历史学家)。

---

① 引自《浙江通史》清代卷(下),浙江人民出版社2005年版,第253页。

中国近代的教育基本上可以分成两个部分,一个部分,也是主体部分是国内办教育,人才在自己的国土上培养,这里有新式教育,也有旧式教育,以新式教育为主。另一部分,则出国留学,让国外的教育机构为中国培养人才。浙江省的留学始于19世纪的70年代,在早期的改良思想家容闳等的努力下,清朝政府同意在全国选派幼童赴美留学,同治十一年(1872),这项具有重要历史意义的人才工程启动,先后送去四批幼童,每批30人,第一批没有浙江学生,第二批、第三批、第四批均有浙江省的学生。

这些中国幼童到达美国后,安排住进美国人家中,很快过了语言关,先后进入美国的学校学习,成绩相当优秀。由于他们的生活方式很快地美国化了,引起了国内守旧势力的无端恐惧,清政府迫于压力,于1881年将这些幼童全部召了回来。

虽然第一批出国留学生没有取得成功,但留学的步伐是不可阻止的。官费、自费留学继续在进行着。中日甲午海战,中国大败,国人极为震惊,反思失败的原因,认为其中之一就是日本的明治维新取得成功,于是转而向日本学习。赴日留学成为当时一股潮流。光绪二十四年(1898),中国政府让东南各省督抚选派学生赴日留学,浙江选派8名学生赴日学习,其中4名学习军事,他们是谭与沛、萧星垣、徐方谦、段兰芳。另外4名学习社会科学和自然科学,他们是:钱承志、陈榥、陆世芬、何时。这以后,赴日留学人数迅速增加,途径也不只有官费,也有自费。到1901年,浙江省中国留日学生达39人,到1903年,又迅即增加到153人。

留学日本的浙江省人士,不少后来成为中国近代革命的先驱,还有一些成为中国著名的学者、作家、科学家,其中有:蔡元培、秋瑾、鲁迅、王国维、钱玄同、周作人、蒋百里、邵力子、经亨颐、孙德卿、许寿裳、夏丏尊、刘大白、陈仪、陈建功等。

赴欧美留学虽然在晚清留学初期锋头不敌日本,但很快后来居上,浙江省在这个问题上态度是很积极的。在社会有识之士的大力促使下,浙江巡抚衙门决定在浙江的盐斤加价税项下每年拨款3万两白银,作为派遣欧美留学生经费,资助赴欧美的留学生20名。基于过去官费出国留学生水准参差不齐的情况,为了不致浪费国家资金,决定举办出国留学生选拔考试。1908年,这场考试如期举行,报名者500余人,实际参加者200人。最后择优录取20名。其名单是:蔡光贲(石门人,赴美国,学矿学)、胡文耀

（鄞县人，赴比利时，学工科）、严鹤龄（余姚人，赴美国，学法科）、徐新陆（钱塘人，赴美国，学造船学）、孙显惠（仁和人，赴美国，学矿学）、翁文灏（鄞县人，赴比利时，学铁路工科）、沈慕曾（会稽人，赴美国，学铁路工科）、韦以甫（归安人，赴美国，学工艺化学科）、徐名材（鄞县人，赴美国，学工艺化学科）、包光镛（鄞县，赴美国，学工艺化学科）、葛燮生（钱塘人，赴美国，学电器机械）、张善扬（乌程人，赴美国，学电器机械）、叶树梁（慈溪人，赴美国，学法科）、钱宝琮（秀水人，赴美国，学铁路工科）、胡衡青（秀水人，赴美国，学铁路工科）、孙文耀（嘉善人，赴比利时，学铁路工科）、章祖纯（乌程人，赴美国，学应用化学科）、胡祖同（鄞县人，赴美国，学商科）、丁紫芳（山阴人，赴美国，学铁路工科）。另外，谢永林已在英国留学，作为特补。

1908年，美国政府宣布减免清政府的庚子赔款1078万美元，将这些钱用于中国留学生赴美国留学费用，这样，中国学生留美掀起新的浪潮。用庚子赔款留美，须经全国性考试。宣统元年（1908），第一次考试举行，这次考试共录取官费留学生43人，其中浙江8人。1910年，举行第二次考试，全国录取70名，浙江14人；1911年，举行第三次考试，全国录取63人，浙江为7人。三届考试，浙江省共选派留美学生29人。在全国录取的留美学生中，占的比例是很高的。

留学欧美人士同样出了一大批人才，其中有：马寅初（留美，经济学家）、竺可桢（留美，气象学家）、蒋梦麟（留美，教育家）、何炳松（留美，历史学家）、施肇基（留美，政治活动家）、梁希（留美，林学家）、何育杰（留美，物理学家）、王琎（留美，化学家）、王钟声（留美，戏剧家）、俞同奎（留英，化学家）、翁文灏（留比利时，地质学家）、胡文耀（留比利时，医学家）。

晚清，越地的教育成功地实现了它的转型，由传统教育转向近代教育，这样，使它为培养近现代的新型人才创造了条件。在清政府被推翻后，中国进入新的历史阶段，浙江的教育仍然处于全国的前列。教育是人才之源，正是因为教育的发达，才使得这块地方英才迭涌，为中国的发展进步做出了巨大的贡献。

我们只能极其简略地描述浙江历代教育发展状况，由于资料的欠缺，我们不能将浙江的教育与同期其他省份相比较，但几乎人们公认，浙江的教育在历史上乃至现在，均是居于全国前列的。值得说明的是，教育带有一定的流动性，就是说，越地人士不一定在越地受教育，他可以去外地接受教育,同样,在越地接受教育的也不只是越籍人士。

另外,教育的发展是与经济发展成一定的比例的,越地的经济长期以来居于全国前列,这也使得当地有较大的财力用来办教育。再就是风气,一个地方是不是有尊重文化的风气,对于教育发展关系极大。越地至少从汉代以来,就形成了尊重文化、尊重知识、尊重人才的传统。稍许有钱的人家,首先想到的是送孩子上学。而地方上,不论是官府,还是士绅,对于办学也是不遗余力,乐此不疲。不少地方官视办书院为己任,不少士绅乐于捐款,而有些才学的士人,也无不把在书院任教,特别是任山长视为最大荣耀。只要去翻看绍兴的各种地方志,就会发现许多这样的事例。

还需要强调的是,任何人才既是地区的,也是全国的,甚至是世界的,与之相关的教育也是这样。只有具有全国的乃至世界的视野,才能办出第一流的教育,也只有第一流的教育,才能培养第一流的人才。越地的教育,至少宋代以后,就具有全国性视野,朱熹、王阳明办的书院应该是全国最好的书院,越地教育进入近现代,学术视野扩及世界,故而培养的人才许多不只是全国第一流的人才,还是世界第一流的人才。

二、文化移民

越地名士辈出,与移民大有关系。移民有两种情况,一种是移入,另一种是移出。越地的移民两种情况都有,大体来说,在古代,以移入为主,而在近代,以移出为主。越地移民有一个突出特点——文化性,这就是说,越地的移民,移的不只是人,还有文化,是文化的移民。

中国历史上曾经有过几次南北分治,北方为非汉族的少数民族统治,北方的人民部分南迁。由于长期以来北方一直是儒家文化的大本营,文化较南方发达,这种南迁就带来了先进文化。近代,由于邻近的上海、杭州较绍兴发达,绍兴一带的士人就近赴上海、杭州,远赴海外求学,这种人才移出同样有利于人才的成长。

(一)秦汉移民
秦汉移民有多种方式:其一,秦代和汉代均实行郡县制,郡县官员均是朝廷派来的,基本上是北方人;其二,朝廷将有功之臣封赏到这里,这些功臣举家南迁,遂定居于此;其三是朝廷有组织地将北方的一些居民移民到此定居;其四,为避乱或逃罪,零散地迁居南方。

秦汉之际,由朝廷颁布命令,有组织地较大规模地移民,出现过多次,第一次是秦始皇南巡之后,秦始皇基于越民剽悍,非常担心再出现勾践复国那样的事件,于是,采取措施,一方面,将越人迁移到外地,另一方面,将北人,特别是有罪的人迁移到越地。这件事,《越绝书》有记载,云:"是时,徙大越民置余杭、伊攻、故鄣,因徙天下有罪适吏民,置海南故大越处,以备东海外越,乃更名大越曰山阴。"①

第二次有组织的移民是在汉武帝时代,汉武帝雄才大略,平定闽越、东瓯的叛乱后,除了将部分越人北迁外,也有组织地将北人迁移到越地。西汉末年、东汉末年还出现过两次大规模的移民,这两次主要是为了避乱。

不少名士祖籍北方,是移民才来到越地的。我们试举一些例子:

王充,东汉著名的哲学家、学者。王充原籍魏郡元城(今河北魏县)。祖上从军有功,封会稽亭侯,从元城迁到会稽。后虽失去爵位和封地,仍定居于会稽。

贺循,汉代名宦。据《元和姓纂》"贺"条载:"姜姓,齐公族庆之后庆克,生庆封,以罪奔吴,汉末徙会稽山阴。后汉庆仪为汝阴令,庆普之后也。曾孙纯,避汉安帝父讳,始改贺氏。"这个姓氏产生过多位著名人物,其中最为重要的是贺循,东晋时为会稽内史,主持开凿西兴运河,为越中的经济发展做出巨大贡献。贺循知识渊博,善诗文,其所撰《会稽记》、《石簧山记》,具有重要的地理文献价值。

徐元泊,汉代名宦。徐姓出于伯益,三十二世为西周徐国的君主徐偃王,徐偃王是历史上著名的仁义之君。七十世为徐元泊。汉阳朔二年,为避王莽乱,徐元泊自江北迁移到太末南泊鲤村(今龙游灵山乡),汉成帝时为江夏太守。徐元泊避乱来到越地后,发展成当地久负盛名的大族,子孙后代出了不少官宦。徐元泊子徐寿,为平阳太守;徐寿子徐悌,为雁门太守、幽州太守、始兴侯;徐悌孙为镇北将军。

朱买臣,汉代名宦。据《汉书》,扶风平陵(今陕西咸阳)人,朱云为槐里

---

① 袁康、吴平:《越绝书·越绝外传记地传第十》卷八。

令,汉元帝时,第八代孙朱宾徙居钱塘。这一家族后出了著名的朱买臣。据说朱买臣家贫,卖薪自给,每日砍柴,置书树下而读。负薪回家时,就将书置于担头边走边读。他的妻子不能理解他,愤而离家。朱买臣不为所动,坚持学习,终于满腹经纶,名气很大。汉武帝经人推荐,让他做了会稽太守。朱买臣为官清正,颇有政绩。朱买臣的儿子朱山拊也官至太守。

杨茂,汉代名宦。杨茂本为北方人,从光武帝征伐,为威寇将军,封乌伤新阳乡侯,其子孙遂定居越地。

王望,汉代名宦。王望原籍山东琅琊,朝廷授官会稽,遂居会稽,后迁青州刺史。王望官声甚好,汉明帝初年,时为尚书仆射的山阴人钟离意曾向朝廷上书举荐王望。①

北方的移民中,有些大家族为世代簪缨之家,如东汉时移入会稽、吴兴等郡的丘氏家族、姚氏家族、沈氏家族、费氏家族、钱氏家族。这些家族中出了不少官宦、名流。姚氏家族一度改姓妫,汉桓帝时,官居尚书郎的妫皓,声名显赫,槐里侯窦武给汉桓帝上书时,列举一系列国家重臣,其中就有妫皓。沈氏家族也世代簪缨,传至沈戎时,仕州为从事,因说巨贼尹良来降,立下大功,汉光武帝封他为海昏县侯,沈戎坚辞不受,后避地徙居会稽乌程县。子孙中为官的甚多,戎子酆,零陵太守;第二子浒,安平相;少子景,河间相。浒子鸾,辟州别驾从事史……

因种种原因南迁的北方人,对越地还是存有一定的鄙视心理的,他们自认为来自文化发达的地区,属于华夏地区,而越地属蛮夷地区。这些人来到越地,是不得已的,一旦条件允许,还是要千方百计返回北方。汉代更始元年时任会稽都尉的任延、建武六年时任丹阳太守的李忠,为安抚北方的移民,让他们留居下来,采取不少举措。由于措施得力,丹阳郡三年内吸纳北方的流民达五万人。

秦汉之际,北人南迁是人口流动的主要趋势,为越地经济文化带来繁荣,越人北迁多为放逐的性质,但也有少数杰出的越人,他们的北迁则是另一种性质,大体上有两种情况:一是仕宦,不管是立命朝廷,还是效力边疆,都为国家做出了贡献。东汉时会稽郡人为政载入史册的有王充、郑弘、谢夷吾、钟离意、赵晔、綦毋俊、董昆、盛吉、梁宏、驷勋、郑云、贺纯、黄昌、王

① 参见《后汉书》卷三十九。

修、任光、戴就、沈勋、魏朗、孟政、孟英、孟章、孟尝、淳于翼、虞国、虞歆、杨扶、杨乔、杨璇、朱儁、周规、陈修、徐弘等。另一种情况是游学,如王充、赵晔、郑弘、任尚。这些人物,不少后来也回归故里,他们的业绩不仅为郡国增光,也起到文化交流的作用。

(二)晋、六朝的移民

六朝是一个人口大迁徙的时代,北人先后两次大规模地南下。一次在东汉末年至三国吴,一次在西晋永嘉之乱后。与秦汉时的移民相比,此次的人口迁移具有更高的文化素质,越地成为名士之乡,这次移民起到关键性的作用。

东汉末年至三国吴期间的北人的南迁,与孙氏集团的兴起有直接关系。孙氏世居富春,东汉末年,趁天下大乱,举兵兴业,逐渐占据江东六郡,成为北方豪强的劲敌。兴平年间,孙策渡江进据江东,建安四年(199),孙策攻克皖城,获袁术留下的百工及鼓曲三万余,将他们迁到吴地,随着孙策及其弟孙权势力范围的扩大,政权相对较为稳定,江东经济逐渐得到发展。而北方,军阀混战造成的局面,正如王粲《七哀诗》所云:“西京乱无象,豺虎方遘患。复弃中国去,委身适荆蛮。亲戚对我悲,朋友相追攀。出门无所见,白骨蔽平原。”[①]相比较而言,南方就要好得多。北方人王粲不得已流寓荆州,荆州属于吴国,虽然在王粲看来是蛮荒之地,也要较北方安全得多。在这种背景之下,北方一些家族,特别是有地位的豪族就想法辗转来到吴越一带,如琅琊莒人徐盛就率家迁居吴地。徐盛是一个人才,东吴孙权主政时任为别部司马。广陵韩氏一支迁于吴郡嘉兴,韩氏族人韩建仕吴至大鸿胪。据史载,中州士人避乱居钱塘县者多达百数,其中也有不少后来在吴国任职。淮阴人步骘,避乱江东,求食于会稽,以种瓜自给。后为孙权征为主记,后徙交州刺史,拜征南中郎,骠骑将军,军功显赫,封广信侯、督西侯。《吴书》中有《步骘传》。

东汉末年,孙策势力达于长江中下流,楚地湖南、湖北均属他的势力范围,随着孙策的军事行动,不少湖南、湖北的百姓、士人也进入到吴越一带,后定居于此。

---

① 王粲在《七哀诗其二》中说:“荆蛮非我乡,何为久滞淫?”

孙氏割据江东造成的北人南迁,规模还不算大,规模最大的北人南迁,还是西晋末年永嘉之乱后的这一次。永嘉之乱极大地削弱了晋统治者的力量,蛮族趁机进入中原,轻而易举地夺取了晋政权,黄河流域再遭兵燹,一片混乱。晋统治者仓皇渡江,南逃江东,大批士族也随之南来。会稽成为北方士族聚集之处。他们之所以选择会稽落脚,当然不是因为这里的风景很好,而是因为这里比较安全,另外,经济状况也较好,在当时算是比较理想的生活场所。这些人中不少出自望族,多是有文化的学者,他们经常在一起,议论国是,谈玄论道,似是很快乐,其实亡国之痛,刻骨铭心。且不时来到江边,眺望对岸,怀念北方故国。《世说新语》就有不少这样的记载。如:

> 过江诸人,每至美日,辄相邀新亭,藉卉饮宴,周侯中坐而叹曰:"风景不殊,正自有山河之异!"皆相视流泪。唯王丞相愀然变色,曰:"当共戮力王室,克复神州,何至作楚囚相对!"①

> 卫洗马初欲渡江,形神惨瘁,语左右云:"见此茫茫,不觉百端交集,苟未免有情,亦复谁能遣此!"②

越中名士中最为知名者,几乎全出于随晋室南渡的士族之中,首先是王导家族,上面引文中说的"王丞相"就是王导。王导生于晋武帝咸宁二年(276),卒于晋成帝咸康五年(339),字茂弘,琅琊临沂(今山东临沂)人。琅琊王氏自太保王祥以来,一直是名门望族,王祥族孙王衍累任至司空、司徒、太尉,是朝中数一数二的人物。王导是王衍的族弟。王导的祖父王览,官光禄大夫;父亲王裁,任镇军司马。王导在少年时代就很有识量,陈留高士张公曾对他的从兄王敦说:"此儿容貌志气不凡,是将相的才器。"及长为司空刘寔所知,被任为东阁祭酒,迁秘书郎、太子舍人,后参东海王司马越军事。王导家族在会稽定居,其子孙后裔出了不少名人,最为著名的当属书圣王羲之了。

其次是谢氏家族。西晋时,陈郡谢衡为国子祭酒。西晋灭亡后,谢衡家族迁徙至上虞始宁东山,谢衡长子谢鲲,避地于豫章,为王导从兄王敦的长史,后随王敦入朝,来到建康。谢衡次子谢裒在东晋成帝咸和二年(336)

---

① 刘义庆:《世说新语·言语》。
② 同上。

为吏部尚书。谢裒长子谢奕在成帝咸和初年曾任剡县令,谢裒的第三子为谢安。谢安是东晋最著名的政治家,也是当时最大的名士。他心怀大志,又善韬晦之计,在桓温气炎嚣张之时,隐居东山,与王羲之等徜徉山水,吟风弄月,朝廷屡召不应,谢绝仕进。升平四年(359),谢安弟谢万兵败革职,为避门户中衰,谢安不得不于次年应召入仕,人称"东山再起"。谢安入朝为太傅,掌管军机,其弟谢石、侄谢玄率大军大败前秦苻坚,取得淝水之战大捷,一时声望显赫,于是,谢氏家族成为东晋最大的贵族集团,也是最大的名士集团。

除王、谢家族外,从北方南迁至会稽一带的名士尚有:

孙统、孙绰,太原中都人,二人为兄弟,均有奇才,永嘉乱时,随同家族南迁。孙统有奇才,征北将军褚裒闻其名,命为参军,辞不就,家于会稽,优游山水,后为余姚令。孙绰是著名的文学家,东晋玄言诗的代表人物,虽然其诗作大都枯淡乏味,但亦有佳篇,他的《秋日》诗,描绘秋日山中种种自然物的变化,极为真切细腻,且情感充沛。其诗曰:"萧瑟仲秋日,飂唳风云高。山居感时变,远客兴长谣。疏林积凉风,虚岫结凝霄。湛露洒庭林,密叶辞荣条。抚菌悲先落,攀松羡后凋。垂纶在林野,交情远市朝。澹然古怀心,濠上岂伊遥。"孙绰的《天台山赋》是文学史上的名篇,比之他的诗,在文学史上有更高的地位。孙氏兄弟均是王羲之兰亭雅集的参加者。

戴逵,即戴安道,谯郡(今安徽亳州)人,居会稽剡县,终生不仕,据《晋书》记载:"逵能鼓琴,工书画,其余巧艺靡不毕综。"又载戴逵"碎琴不为王门伶"的故事,说的是:武陵王司马晞闻戴逵擅鼓琴,召他去府演奏,戴逵素来厌恶司马晞,严词拒绝。司马晞不死心,派戴逵的一个朋友去请,并附上厚礼。戴逵深感受辱,取出心爱的琴,当着朋友的面,摔得粉碎,并大声呵斥:戴逵非王府艺人,休得再来纠缠!朋友惊骇不已,只得灰溜溜地走了。戴逵是大画家,善画佛像。一次他给一家寺院画佛像,想听听大家的意见,又担心别人不会当面说,于是,把画好的佛像放在寺院里供人参观,自己躲在帷帐后面听别人的评论,然后参考别人的意见进行修改。戴逵的儿子戴勃、戴颙都以琴名世。

郗鉴是东晋权贵之一,高平金乡(今属山东)人,郗氏家族南渡后,郗鉴以军功不断升迁,一度官至安西将军、车骑将军、司空、太尉。郗鉴亦善文,有文集十卷传于世。

《世说新语·言语》:"郗太尉拜司空〔案:在咸和四年,329年〕,语同坐曰:'平生意不在多,值世故纷纭,遂至台鼎,朱博翰音,实愧于怀。'"《礼记·曲礼》下:"鸡曰翰音。"《易·中孚》:"翰音登于天,贞凶。《象》曰:'翰音登于天,何可长也?'"郗鉴之意,以为自己只不过是朱博那样的平常之吏才,值世道纷纭,得登于台鼎,做上高官,像鸡飞上天一样,不会长久。东晋的政治是很黑暗的,郗鉴的担心不无理由。郗鉴官拜司空,居朝廷"三司"之列,地位是很高的,但未入主中枢,他的家族在江左也从未曾获得最高的社会地位,像王、谢家族那样。不过,郗鉴在儒林间的名望亦不稍减,这与子侄辈出了不少名士很有关系。郗鉴的女儿郗璇,书法颇有造诣,被称为"女中笔仙"①,嫁与王羲之为妻。郗鉴的儿子郗愔、郗昙均有文才,与王羲之、许询等高士为友,并有迈世之风。郗愔在晋废帝时为会稽内史,简文帝继位,加镇军,都督浙江东五郡军事,亦为显赫。郗家善聚财,郗愔积钱数千万。郗愔的儿子郗超则善为散财。郗超好名士,闻说有欲退隐者,则为之建造屋宇。他就曾为戴逵造了一座精致的别墅。戴逵感谢地说:"近至剡,如官舍。"

郗超识见超群,当时就有很高声誉。一次,谢安与他的子侄们聊天,谢安说:"贤圣去人,其间亦迩。"意思是圣贤与普通人没有太大差别,他的子侄们则不同意这个观点。谢安叹口气,说:"若郗超闻此语,必不至河汉。"意思是如果这话郗超听了,他就不会感到难以接受。②

值得我们注意的是,东晋时的文化移民,不仅是儒家文化、道家文化的移入,而且还有佛家文化的移入。这主要表现在,好些名气甚大的高僧从外地来到越地,并且大都在此建庙立寺,定居于此。这其中有:

竺道潜。竺本姓王,字法深,琅琊人。他属于王导家族,是王敦之弟。竺道潜隐居于剡县。

支遁,即支道林,陈留人,25岁出家为僧。支遁于建元间(343—344)入剡,向竺道潜买峁山之侧沃洲小岭,竺道潜笑说:"未闻巢由买山而隐!"送了一块地给他,于是,支遁在此创一精舍。永和年间(345—356),支遁来到会稽,结识时任会稽内史的王羲之,两人一见如故,甚为相投,王羲之留支

---

① 马宗霍:《书林记事·闺阁名媛》:"王羲之妻郗氏,鉴之女也,甚工书,兄愔与昙谓之'女中笔仙'。"

② 参见刘义庆:《世说新语·言语》。

遁在灵嘉寺讲经,又邀其参加兰亭修禊。《世说新语》中支遁的故事甚多,他虽然是尘外人物,却完全是一派名士风流。如:

> 支道林常养数匹马。或言:道人畜马不韵。支曰:"贫道重其神骏。"①

> 支公好鹤,住剡东岇山,有人遗其双鹤,少时翅长欲飞,支意惜之,乃铩其翮。鹤轩翥不复能飞,乃反顾翅垂头,视之如有懊丧意。林曰:"既有陵霄之姿,何肯为人作耳目近玩!"养令翮成,置使飞去。②

大批高层次的北方士族南下会稽,极大地改善了越地的文化状况,首先,西晋开始的玄风被带到了南方,并且出现新的兴旺局面。玄学是一种新的文化思潮,它是产生于先秦的儒道思想加上传入中国并不久的佛学最初的融合,这种新的文化思潮在中国文化史上的影响是极为深远的。来自北方的谢氏、王氏家族以及许询、孙绰、李充、支遁等人均好谈玄,会稽郡一时成为玄学的中心。与玄学相关的是人的意识的觉醒,源自东汉末年的人物品藻发展到对人的才学、品德、言语、风度、识鉴、容貌的重视,这是一个从来没有过的全面地认识人、重视人的时代,王羲之等在当时其实不是以其书法而是以其综合气质赢得士人最高评价的。"时人目王右军,飘如游云,矫若惊龙。"③这样一种品评,我们在先秦、两汉、西晋是看不到的。嵇康虽然不为司马氏集团所喜欢,但在士人中具有极高的声誉,不仅以其才学、品格,而且以其风姿深孚众望。《世说新语·容止》云:"嵇康身长七尺八寸,风姿特秀。见者叹曰:萧萧肃肃,爽朗清举。"新的妇女形象也在这个时候出现了,谢安的侄女谢道韫是当时的才女,诗人,在一个冬日的雅集上,她赋的咏雪诗获得了最高的评价。与之相关,山水之美也被发现了,人们懂得了应如何欣赏自然之美。《世说新语》有大量的这方面的记载,如:

> 王武子、孙子荆各言其土地人物之美。王云:"其地坦而平,其水淡而清,其人廉且贞。"孙云:"其山巍以嵯峨,其水泮渫而扬波,其人磊砢而英多。"④

> 简文帝入华林园,顾谓左右曰:"会心处不必在远,翳然林水,便自

---

① 刘义庆:《世说新语·言语》。
② 同上。
③ 刘义庆:《世说新语·容止》。
④ 刘义庆:《世说新语·言语》。

有濠濮间想也,觉鸟兽禽鱼自来亲人也。"①

与之相关,文学艺术在越地得到长足发展,王羲之、王献之父子的书法,孙绰的玄言诗,王羲之、吴均的散文,嵇康的琴艺,还有戴逵的绘画,均成为中国当时文学艺术的巅峰。重要的还不是这些作品本身,最为重要的是形成了一种重视人才、重视文艺的风气,并且形成一种传统,为越地以后的人才辈出奠定了良好的基础。东晋时代的北方士人的南下,对越地成为名士之乡起到了举足轻重的作用,影响深远。

(三)南宋移民

历史有时是以某种相似的方式而重演的,北宋末年,崛起于中国北部的女真族多次南侵,开始只是掳掠百姓、财物,后来,则是据疆占地,最后则是攻占宋朝的都城东京,掳走了宋徽宗、宋钦宗两个皇帝,整个地端掉了宋王朝的江山。宋室仓皇南逃,赵构在江南建立了另一个政权,是为南宋(1127—1279)。南宋与金对峙长达百年,后来,金被元灭掉。南宋则与元对峙多年,在这样一个长时期的南北分治的背景下,北方士族、百姓不断地有人逃到南方。

南宋朝廷对于北方的移民采取比较优惠的政策,一、想法设法赈济、安置北方移民,准许其耕垦区荒地,直至围水垦田。二、实行北方移民入籍制度,从绍兴十一年与金人签订和约后,则开始对定居下来的北方移民实行入籍工作。三、在科举方面,对北方士子实行特殊政策。建炎年间,宋廷对北方来的士子实行流寓试的方法,即对他们实行单独考试。绍兴二十六年,北方移民的入籍工作完成,才取消这一制度。尽管如此,对于有移民的州府,宋廷适当增加科举名额,并立为定制。四、北方移民尽管入籍南方,仍可以使用北方籍贯,尊重北方移民对故国的感情。据《宋会要》,淳熙元年六月,礼部侍郎齐庆昌为此专上了一个奏折,说是"后生晚辈但见生长于是,慷慨仗义谁与共之? 乞自今科举流寓士人烟爨七年与土著混试自依新法外,其籍贯听依旧用西北旧贯"。按宋代的官制,当地人不得在本地为官,北方人在南方入籍后,却可以在当地为官,因为他的籍贯在北方。这实际上是对北方移民的一种优惠。五、尽管予以北方移民诸多的优惠,但是,

① 刘义庆:《世说新语·言语》。

为了便于统治,也为了让北方移民更好地融入当地社会,南宋朝廷普遍实行户籍本地化。

南宋朝廷的人才政策是"北人主军,南人主政"。这样,北方的移民成为南宋军队的主体,诸多军队统帅、大将均来自北方。这里有:

岳飞,字鹏举,相州汤阴(河南安阳)人。北宋宣和中,其母在背上刺字"精忠报国",鼓励他应募从军,遂投抗金名将宗泽。屡破金兵,战功卓著,宋高宗手书"精忠岳飞"四字,制旗赐之。岳飞累官至太尉,授少保兼河南北诸路招讨使。1129 年,金兀术渡江南进,攻陷建康,岳飞坚持抵抗,誓师北伐,于 1130 年收复建康,又大破金"拐子兵",又收复郑州、洛阳等地,两河(淮河、黄河)义军纷起响应,复欲进军朱仙镇。正当复国有望之际,奸相秦桧揎掇高宗,力主求和,一日降十二面金字牌,召其退军。最后,被诬以"莫须有"的罪名而死于狱中。岳飞是中国历史上最为著名的爱国主义英雄,他不仅是著名的军事家,而且是优秀的诗人,所著《满江红》词流传百代,经久不衰,成为爱国主义诗词的经典。

岳飞之后,爱国主义将领中最有影响的当属韩世忠,他是陕西省绥德县砭上村人,出身贫寒,18 岁应募从军,在抵抗金兵南侵中屡建奇功。最为著名的战役莫过于长江黄天荡大破金兀术。史载,韩世忠率军在其间已与金兵鏖战 48 天,第 49 天,韩世忠妻梁红玉亲上前线,擂鼓助战。宋军奋身争先,金军溃败,夺路北归。金军统帅兀术恳请韩世忠放路,韩世忠说:"还我两宫,复我疆土,则以相全。"兀术无语。此次战役,韩世忠以 8000 兵大战 10 万金兵,著名于史册。

韩世忠生性耿直,岳飞陷冤狱,满朝文武官员无一人敢言,唯世忠仗义执言,为秦桧所恨。韩世忠解兵罢政后归家十余年,淡然自若。晚年喜释、老之学,自号"清凉居士",不失儒将风采。

宋军来自北方的大将还有刘光世、张俊、杨存中、刘锜、王彦等人。

南宋朝廷的文职官员,以南方人为多,但也有一些北方人,说明"南人主政"执行并不严格。据统计,高宗时有籍贯可考的宰执共 80 人,其中北方移民 34 人,南方籍 46 人。南宋初期,一些重臣如吕颐浩、赵鼎、范宗尹是北方人;南宋中期,韩侂胄也是北方人。吕颐浩、赵鼎、范宗尹、韩侂胄既是政治家,也是名士。其中,韩侂胄也许更值得注意。韩侂胄字节夫,相州安阳(今河南安阳)人。他是名相韩琦的曾孙,人们只是注意到他在政治上、军事上的作为,其实,他也是一名文人,善水墨竹石,所画大叶琅轩自称"太师竹"。卷轴上用"安阳开国"印记。关于韩侂胄的是是非非,已经谈了近一千年,还会讨论下去,不管怎样,有一点应是无疑义的,他的抗金符合历史潮流,顺应民心,应该肯定。他的失败用得上恩格斯关于悲剧的定义:"历史的必然要求和这个要求的实际上不可能实现之间的悲剧性的冲突"①。

籍贯为北方的南宋名士中,陆游与辛弃疾是比较特别的。陆游家族是北方人,陆游曾自负地说:"陆氏自汉以来,为天下名族,文武忠孝,史不绝书。"②陆游先祖历代为官,其中不少还是国家重量级的人物,如五世祖陆贾,是汉代著名的政治家、学者。陆游的父亲陆宰在宋徽宗朝任直秘阁、淮南计度转运副使,他学识丰富,能诗善文,家中藏书上万卷。陆游出生于北宋宣和七年(1125),陆宰此时奉召赴京师途中。这样说来,不仅陆游之父,就是陆游也应说得上南迁之士。陆游是南宋最伟大的诗人,他虽然做过官,由于官职卑微,尽管也有政绩,但影响甚小,他的主要成就是在诗歌创作上。他一生写诗上万首,留存的也有九千余首,是古今诗人存诗最多的一位。陆游之伟大,也不只在诗上,还在爱国主义思想上,他的爱国主义主要体现在诗歌创作上。中国历史上,就爱国主义言之,军事上属岳飞第一,诗歌上,则屈原、陆游为翘楚。他的名篇《示儿》:"死去元知万事空,但悲不见九州同。王师北定中原日,家祭无忘告乃翁",成为千古绝唱,激励着一代一代的中华儿女,将爱国主义的大旗永远地打下去。

辛弃疾也是一位爱国主义诗人,也来自北方,但与陆游有些不同,他的身世颇具传奇色彩。辛弃疾是山东历城人,他出生前13年,山东已为金兵所占。辛弃疾自小受到良好的爱国主义教育,21岁参加抗金义军,是一名骁勇善战的小将。他最为传奇的经历是于千军万马之中将叛徒张安国捉获,缚在马上,送往南宋。辛弃疾因此受到南宋朝廷的嘉奖。在南宋的官员中,辛弃疾是抗金的坚定派,也因此累遭投降派的打击。辛弃疾在南宋官员中是少见的文武全才。在政治上,他有主张,有决断,有谋略,他曾进奏《美芹十论》,又上宰相《九议》,显示出卓越的政治眼光,但统治者根本不

① 恩格斯:《致斐·拉萨尔(1859年5月18日)》《马克思恩格斯选集》第4卷,人民出版社1995年第2版,第560页。
② 陆游:《渭南文集·右朝散大夫陆公墓专铭》。

予理睬。在军事上,他是抗金战将,本可以统领大军,驰骋疆场,收复故土,但到南宋后,根本没有这样的机会,只是周转在江南各地做一些闲官。辛弃疾唯一可以尽情发挥的只有文学才华了,这其中,又以词的成就最高。有人这样赞美过他:"稼轩者,人中之杰,词中之龙。"刘辰翁《辛稼轩词序》说:"词至东坡,倾荡磊落,如诗,如文,如天地奇观。"刘辰翁是将辛弃疾比做苏东坡的,认为他与苏东坡同为豪放派的首领,后世接受这一观点,将辛弃疾与苏轼并提,号称"苏辛"。

来自北方的南宋诗人中,还有一位女词人,名李清照。李清照,山东历城人,号易安居士,其父李格非,齐鲁著名学者、散文家。母王氏,知书善文。夫赵明诚,为吏部侍郎赵挺之之子、著名的金石考据家。李清照早年生活优裕,工书能文,通晓音律。婚后,与赵明诚共同致力于书画金石的整理,编写了《金石录》。中原沦陷后,李清照与丈夫南流,过着颠沛流离、凄凉愁苦的生活。后赵明诚病死,李清照境遇更为孤苦,其词作亦更为凄绝。李清照在词坛上被誉为婉约派魁首,是少数顶尖级的词人之一,因为她与辛弃疾均为山东历城人,也被人誉为"历城二安"。李清照是中国历史上唯一一位名字被用做太空环形山名的女性。

总起来说,由于南宋存在的时间长,陆续从北方来的人才比较多,他们来到南方后,与南方文化的融合也做得很好,由于南方经过多年的开发,儒道佛文化也甚为发达,北方士人来到南方并没有文化上的冲突,相反,倒是有着更多的切磋,相互学习。来自北方的辛弃疾与南方的学者陆游、陈亮、朱熹均有很好的友谊,这一切,都促进了南方文化的发展,为越地名士的产生培育了更为肥沃的土壤。

越地的移民以后仍然不断,只是没有出现高潮。移民带来各种各样的人才,带来新的文化血液,有力地促进了越地经济、文化的发展,同时,也为越地更多的人才涌现创造了条件。特别值得指出的是,上面我们说的是移民主要是内移,即外地人才移到越地,而在近代,由于上海成为中国最大的工商业大都会,同时也是西方文化进入中国的最大口岸,越地人才外迁上海,则成为越地移民的主流。近代的越中名士,几乎都在上海生活、工作过,或长期在上海工作、生活,如鲁迅,他的光辉岁月主要是在上海时期。除了上海,越地人士也有北迁北京的。北京明清两代均为首都,是中国政治文化的中心,对于人才来说,自然有更大的发展空间。中华民国成立后,蔡元培先是在民国政府做教育总长,后任北京大学校长,他的光辉业绩是在北京创造的。

人才是在流动中成长的,也是在流动中发挥作用的。这牵涉到环境与人才的关系问题,人才的成长与发挥作用均离不开环境。某一环境对某人很合适,对另一人也许不合适。人虽然可以改造环境,但也需要适应环境,在无力改造之时,要做到适应,而不能适应之时,就只有流动了。伍子胥不能在他的故国楚得到发展,而且还有性命危险,于是来到吴,成就了一番事业。同样,作为楚人的范蠡、文种也因为不能适应于楚地的政治环境,而来到越,得到了越王勾践的赏识,也做出一番惊天动地的大事业。

环境对于人是非常重要的,环境包含的内容很丰富,包括地理的、经济的、文化的、政治的诸多因素,其中政治的因素尤其重要。越地之所以能吸引那么多的移民,而且许多移民在这里获得了良好的发展机会,与这个地方的环境的优越有重要的关系。地理、经济上的优越性自不必多说,此地风景优美,气候温润,交通便利,经济发达可谓众所周知。我要说的是这里的政治环境。就政治环境来说,东晋建都建业,南宋建都临安,绍兴距两地均不远,可以说得两利:一是离政治中心很近,取信息便捷之利,二是不处于政治中心,相对少政治凶险之虞,比较安全。晚清近代,上海地位开始重要,绍兴离上海很近,这也是吸引外地人才的一个重要因素。

我们还要注意,出人才与用人才不是一回事。历史上有"楚才晋用"之说,其实,楚才可以晋用,晋才也可以楚用。春秋战国时,人才流动性很大,全国一统之后,人才也同样流动性很大。越地的人才流动到别地,别地的人才流动到越地,这是很正常的事。

不管在什么年代,合理的移民总是经济、文化发展的重要助力,总是人才培养的重要途径。中国历史上的几次大的移民,越中是最大的受益者。

没有千里奔驰,造就不了千里马。没有移民,不可能造就真正的人才。感谢移民!

三、家族恩泽

越地名士辈出有一个重要的现象,那就是其中许多名士有着相当优越的家庭背景,这里说的优越,有种种情况:首先宗族乃望族。望族顾名思义,乃是有名望的家族,东晋最大的望族为王导、谢安两族。唐代时,山东有崔、卢、李、郑四大望族,唐太宗李世民一直心存倾慕,直到做了皇帝,才敢说他们没有什么了不起。望族一般有功名,即有做官的特权,但也不都是如此,唐代山东的崔、卢、李、郑四族就"全无冠盖"。有些家族虽然称不上望族,但或为仕宦世家,或为书香门第,或为殷实人家。以上所说的这些家族或家庭均有一定的经济实力和政治背景。一般来说,这样的家族或家庭容易出人才。

虽然富家易出人才,但亦不可一概而论。有些家族或家庭虽然贫寒,并无政治背景,但家长深明大义,懂得如何教育好子弟,这样的家庭或家族应该说也是具有某种意义的优越条件的。

(一)东晋王氏家族

东晋是越中名士出得比较多的一个时期,个中原因,与士族的兴起有很大关系。士族由汉代豪族发展而来,魏晋形成一个特殊阶层。这些人不仅经济上享有特权,在政治上也享有特权,一般均为朝廷官宦。曹魏统治者选官采用"九品中正制",看起来似乎公正,其实,能选拔进入高官行列的尽是士族,因为门第是定品的主要条件,而且能担任选拔人才的中正官的,必须是二品的官员,因此,在西晋便形成了"上品无寒门,下品无士族"的现象。东晋是士族势力发展的鼎盛时期。东晋政权是司马睿倚仗琅邪王氏的策划和支持建立起来的,故谚称"王与〔司〕马,共天下"①。其后,门阀士族颍川庾氏、谯国桓氏、陈郡谢氏等轮流执政,而形成"庾"与"马"、"桓"与"马"、"谢"与"马"共天下之局。士族势力与皇帝分权甚至超越皇权,于是皇权政治演化成门阀政治。士族一般均受过良好的教育,在东晋,凡名士基本上均出身于士族。

东晋朝,"三吴"是其战略后方,而会稽又是"三吴"的腹心。这里,气候温润,风景优美,田地肥沃,物产丰富,在南北夹峙形势中比较安全,所以晋成康以后南渡的王、谢、郗、蔡等士族争相在此置业,且筑室建屋,卸官后,亦都遁迹于此。《宋书·隐逸·王弘之传》载谢灵运与庐陵王曰:"会稽既

---

① 《晋书》卷九十八《王敦传》。

丰山水,是以江左嘉遁并多居之。"

居于会稽的几大家族中,对东晋政局影响很大的是王氏家族和谢氏家族。两大家族先后掌握着东晋的政治命脉。与此相关,两大家族也出过不少风云人物。

先看王氏家族。王氏家族有两支,最早登上东晋政治舞台的是琅琊王氏。① 随同晋室南渡王氏家族首领王导(276—339),此时担任东晋的丞相。东晋早期的门阀政治所云"王与马共治天下",这王即指王导。王导从兄王敦(366—324)为镇东大将军、开府仪同三司,加都督江、扬、荆、湘、交、广六州诸军事、江州刺史,封汉安侯,掌握长江中上游的军队。士族专兵,这是东晋特有的现象,前此的汉魏西晋没有,后此的南朝也没有。据有重兵的王敦以清君侧为名,发动叛乱,杀戮了王氏家族的仇人刘槐、刁协、戴渊等人,引起晋室严重不安。晋明帝依赖郗鉴所统领的流民的力量平定了王敦之乱。在这个过程中,王导扮演了重要的角色,他既要维护晋帝的利益,不让晋室倾复,又要暗暗支持王敦,剪除王氏仇人。王敦灭亡后,晋室政权得到稳固,王导受到晋帝猜疑,不久也在政治上失意,退出政坛后过着纯粹的名士生活。

王导处事尚简。据《世说新语·政事》载:"丞相尝夏月至石头看庾公,庾公正料事。丞相云:'暑,可小简之。'庾公曰:'公之遗事,天下亦未以为允。'"王导晚年,有人说他处理政事有些糊涂。王导自叹曰:"人言我愦愦,后人当思此愦愦。"②此话耐人寻味。

王导和王敦虽然均为军政首长,但亦是文人,王导书法甚好,工行书、草书。史载:"晋元、明二帝并攻书,皆推难于导,故当世尤所贵重。"③王敦也善书,《宣和书谱》说他"初以工书得家传之学,其笔势雄健。"王导这一辈中,以书法名世的还有王廙(276—322),晋室过江前,他的书法就很有名,号为独步。张怀瓘《书断》说他"工于草隶,飞白,祖述张〔芝〕、卫〔瓘〕遗法……其飞白志气极古,世将书独为最,垂雕鹗之翅羽,类旌旗之卷舒……"他同时还是史学家、文学家、画家、音乐家。《晋书·王廙传》说他："工书画,善音乐,射御、博弈、杂技。"当得上一位大名士了。王廙是晋元帝的姨表兄,教过幼年的晋明帝绘画。王廙去世时,"帝以亲故,深痛愍之。丧还京都,皇太子亲临拜枢,如家人之礼"①。

书圣王羲之(303—361)在这个家族产生,看来不是偶然的。这个家族有书法的传统。王羲之父王旷,是王导的堂弟,他也善书,只是名气不大。王羲之的成长,主要来自家庭教育。王导、王敦、王廙均看重这位族侄。王敦曾谓羲之曰:"汝是我佳子弟,当不减阮主簿。"②阮主簿即阮裕,博学多才,为人豪爽,史称"兼有众人之美"。王羲之学习书法、绘画,受王廙指点尤多。王羲之七个儿子,长子早卒,余六个皆善书,名气最大的是第七子王献之。《晋书·王献之传》说他"工草隶,善丹青……尝书壁为方丈大字,羲之甚以为能,观者数百人"③。

王羲之的书法,梁武帝萧衍评论为"字势雄强,如龙跳天门,虎卧凤阙"。至唐代,唐太宗说是"尽善尽美,其惟王逸少〔王羲之〕乎?"④以后虽然有人认为评价欠准确,但均不否定他在中国书法史上至高无上的地位。王献之的书法,唐以前评价一直很高,与其父并列,但李世民不喜欢献之的书法,说是"字势疏瘦,如隆冬之枯树,览其笔踪拘束,若严家之饿隶"⑤。然唐玄宗喜欢王献之书法,故一百来年后,王献之的书法又获美誉了。唐代著名书论家张怀瓘对于王羲之、王献之父子的书法持论比较客观。一方面,他认为,王羲之的书法"格律非高,功夫又少,虽圆丰妍美,乃乏神气",又一方面肯定王献之的书法"精魄超然,神彩射人","笔法体势之中,为最风流者也"。比较父子书法,各有千秋:"逸少秉真行之要,子敬执行草之权。父之灵和,子之神骏,皆古之独绝也。"⑥王氏家族在书法史上留名的不少,只是因为王羲之、王献之名气太大,其他均不显了。

除王羲之父子外,在张怀瓘《书断》中得到很高评价的王氏子弟还有王恬、王洽。王恬是王导次子,他善隶书,张怀瓘说"隶书能品廿三人,王恬列

① 《晋书》卷七十六《王廙传》。
② 刘义庆:《世说新语·赏誉》。
③ 《晋书》卷八十《王羲之传》。
④ 同上。
⑤ 同上。
⑥ 张怀瓘:《书议》。

第十四"。王恬此人多才多艺,《考异》"王丞相相梦"条注引《中兴书》云:"恬少卓荦不羁,疾学尚武,不为公门所重。晚好士,多伎艺,善弈,江左第一。"王洽是王导的第四子,"书兼诸法,于草尤工,落简挥毫,有郢匠乘风之势"①。

(二)东晋谢氏家族

就文化方面来说,王氏家族的成就主要在书法上,与王氏家族相异,东晋四大士族之一的谢氏家族的成就则主要在诗歌上。

就起家来说,谢氏家族与王氏家族一样,均需凭借政治。谢氏家族原居阳夏(河南太康),一世祖谢衡,仕于西晋武帝、惠帝,史书说"以儒素显"②,官至太子少傅、散骑常侍。渡江前并非显赫的家族,随晋室渡江的是谢哀、谢鲲。据说,谢哀曾为儿子向诸葛恢的小女求婚,诸葛恢说:"羊、邓是世婚,江家我顾伊,庾家伊顾我,不能复与谢哀儿婚。"③显然是看不起当时还没有名望的谢哀,后来,谢家兴起了,诸葛恢还是将女儿嫁与了谢哀儿谢石。

谢哀虽然官至吏部尚书,但比较地少作为,因而具体记载不多。倒是其弟谢鲲真个是名士风流。谢鲲(280—323)又名谢幼舆,此人官场上不见好,只做过东海王越府的掾、大官僚王敦的长史,却是一改其父儒者习尚,纯然是玄学风度。他随王敦入朝,晋明帝问他:"君自谓何如庾亮?"他的回答是:"端委庙堂,使百僚准则,臣不如亮;一丘一壑,自谓过之。"④此公自谓搞政治不如庾亮,而在游山玩水方面,过之无不及。因此,当时著名画家顾恺之为他画像,背景则是岩石,人问为什么,顾的回答是"谢云:'一丘一壑,自谓过之。'"⑤由儒入玄,在当时是提高身价的重要手段。谢鲲由此进入名士行列。谢鲲的儿子谢尚(308—357),也是名士,据说,他幼时被人目为儒家的复圣颜回,可见儒家的书读得很好,品德很高,稍长,又有人将他比做竹林七贤的王戎,说明他又有玄学家的风度。谢尚的仕途比其父好得

---

① 张怀瓘:《书断》。
② 《晋书》卷四十九《谢鲲传》。
③ 刘义庆:《世说新语·方正》。
④ 刘义庆:《世说新语·品藻》。
⑤ 刘义庆:《世说新语·巧艺》。

多,他做过江州刺史、豫州刺史,当时的刺史不只是文官,还握有重兵。这样,谢尚成为屏藩东晋王朝的一方重镇,与当时亦为一方诸侯的桓温、庾翼相抗衡。谢尚的从政,为谢氏家族陆续进入政界开辟了道路。

谢鲲兄长谢衷虽然没有大作为,但他的儿子谢奕、谢据、谢安、谢万、谢石、谢铁均不错,其中最有成就的是谢安。谢安虽然学问很好,极有才具,但一直隐居东山,与王羲之等饮酒赋诗,朝廷屡次征召,婉拒不出。《世说新语》有这样一条记载:

> 谢公在东山,朝命屡降而不动,后出为桓宣武司马,将发新亭,朝士咸出瞻送。高灵时为中丞,亦往相祖,先时多饮酒,因倚如醉,戏曰:"卿屡违朝旨,高卧东山,诸人每相与言:'安石不肯出,将如苍生何!'今亦苍生将如卿何?"谢笑而不答。①

关于谢安不愿早出仕的原因,人们的推测很多,可能主要的还是为了谢氏家族的利益。上面提到的谢安的堂兄谢尚,在晋穆帝升平元年(356)死了,谢尚死后,豫州刺史为谢安弟谢奕担任,但谢奕只做了一年豫州刺史,接着由谢奕的弟弟谢万担任,也只做了一年,因为对北用兵败逃而归,被权贵桓温奏了一本,结果被废为庶人。这样,谢氏在朝中没有人做官了。这于谢氏家族大不利,谢安这时不能不出山了,是为晋穆帝升平四年(360),谢安已过40岁。这年纪出仕,在东晋算是很晚的了。谢安善韬晦之计,先是在桓温处做司马,当时,桓温在朝气焰嚣张,东晋四大士族中的殷、庾两氏均被桓温诛杀,谢安见桓温,远远地就打拱作揖了。一次,谢安与王坦之同去拜谒桓温心腹郗超,郗超迟迟不出来,王坦之不高兴了,挥袖欲去,谢安则劝道:"不能为性命忍俄顷耶?"谢安是一个伟大的政治家,他最大的成就是部署淝水之战并取得了重大的胜利。谢安虽然是淝水之战的决策者,却没有亲临战场。在前线指挥战事的是他的弟弟谢石,职务是征讨大都督。他的侄子谢玄是先锋,儿子谢琰为辅国将军,也参加了这场战争。可以说,谢氏家族在这场战争中占尽风光,一时谢氏权倾朝野,在中国历史上,还没有那一个家族在决定国家命脉的战争中取得如此重大的功勋。

谢氏家族在文化方面比较突出的是诗,谢安、谢万均善诗,他们都参加

---

① 刘义庆:《世说新语·排调》。

了王羲之的兰亭修禊诗会,而且都写了两首诗。谢家还出了一位女诗人,名谢道韫。正是这种诗学传家的传统,使得谢氏家族后来出了不少大诗人,最重要的首推谢灵运(385—433),谢灵运属于谢衰后裔,其谱系是:谢衰——谢奕——谢玄——谢瑍——谢灵运。谢灵运袭其祖谢玄的爵位,为康乐公。谢灵运虽然也做过官(永嘉太守,临川内史),但其志在山水,后隐居始宁。《宋书·谢灵运传》载其《山居赋》自注云:"余祖车骑〔谢玄〕建大功淮淝,江左得免横流之祸。后及太傅〔谢安〕既薨,远图已辍,于是便求解驾东归,以避君侧之乱。废兴隐显,当是贤达之心。故选神丽之所,以申高栖之意。经始山川,实基于此。"

谢玄解驾东归,标志谢氏家族在政治上走向衰势,后来的情况也正是如此,孙恩叛乱,谢琰奉命去镇压,结果兵败为部将所杀,遇害的还有他的两个儿子。谢氏家族中许多人物包括谢奕之女,著名的女诗人谢道韫也未能幸免于难。

也许是对政治险恶的清醒认识,谢灵运将全部心血放在文化事业上,他的诗文无疑是当时最优秀的,不仅如此,他还工书画,善琴艺,于佛教、庄学也颇有研究。他跟庐山东林寺的名僧慧远为忘年交,尽管慧远比他大五十来岁,两人很投缘。慧远圆寂后,他特地写了一篇祭文《庐山慧远法师诔》,一时洛阳纸贵。谢灵运一心想逃避政治,然而他最后还是死于政治。因为他曾在诗中说:"韩亡子房奋,秦帝鲁连耻。本自江海人,忠义感君子。"这就引起刘宋王朝猜疑,莫非谢灵运以张良、鲁仲连自比,要像他们那样为被灭亡的故国复仇雪耻吗?于是诬他犯下叛逆罪,将他处死。他死时仅49岁。谢灵运的死与嵇康的死颇为相似,两位都是悲剧性的人物。谢灵运的诗在中国文学史上一直评价很高。钟嵘的《诗品》,说他的诗"名章迥句,处处间起;丽典新声,络绎奔会。譬犹青松之拔灌木,白玉之映尘沙,未足贬其高洁也"①。唐代李白、王维、孟浩然均极推崇谢灵运的诗风,由他开启的清丽新风成为中国诗歌的一种主流风格,直至近代古典诗歌的没落。

谢灵运在中国文学史上的重要地位其实主要还不在他开启了一种诗风,而是他创立了一种新的诗派——山水诗派。说是派,是不准确的,因为

---

① 钟嵘:《诗品注·宋临川太守谢灵运》卷上。

没有另一种诗派与其并列。事实上,中国的古典诗歌自南北朝以后,主流一直是山水诗。由《诗经》开创的抒情诗、叙事诗传统,只是在精神上为后代继承,而在题材上则居于山水诗之下。

第二位诗人为谢惠连(397—433),他是谢灵运的族弟,也系谢衷之后,为淝水大战征讨大都督谢石的孙子。谢惠连10岁即能写诗,其才情为谢灵运叹服。钟嵘《诗品》引《谢氏家录》云:"康乐每对惠连,辄得佳语。后在永嘉西堂,思诗竟日不就,寤寐间,忽见惠连,即成'池塘生春草'。故尝云:'此语有神助,非我语也。'"①

谢朓(464—499)字玄晖,南朝齐诗人,系谢安兄谢据之后,晚谢灵运一辈。谢朓母是史学家范晔之姐,母亲为宋文帝之女长城公主,可谓门第显赫。谢朓于公玩495年出任宣城太守,故有谢宣城之称。他的诗清丽自然,与谢灵运并提,谢灵运为"大谢",他为"小谢"。谢朓的结局与谢灵运差不多,也是因政治原因,被人诬陷死于狱中。谢朓的诗一直为人欣赏,李白有句云:"中间小谢又清发",对其清丽自然的风格赞不绝口。钟嵘说他的诗"一章之中,自有玉石。然奇章秀句,往往警遒,足使叔原失步,明远变色"②。清代诗人沈德潜也很推崇谢朓,说:"玄晖灵心秀口。每诵名句,渊然冷然。觉笔墨之中、笔墨之外,别有一段深情妙理。"③可谓至评。

在中国历史上,一个家族出的诗人如此之多,而且品级如此之高,恐怕没有哪一个家族比得上阳夏谢氏的。从这个意义上看,阳夏谢氏当得上中国诗歌第一家族。

(三)宋代陆氏家族

门阀政治至东晋灭亡而结束,但是它的影响一直继续到近代。而就会稽郡来说,虽然因为时代的变迁,已不是士族聚居之地了,但它优越的地理条件、文化基础,对历代达官贵人择居仍然有着巨大的吸引力,因而这里名门望族仍然很多。

宋仁宗庆历二年(1042),来自北方的大官僚陆珪(1020—1073)将全家迁到会稽吼山。陆珪是国子博士,后因其子陆佃(1043—1104)的功绩,朝

---

① 钟嵘:《诗品注·宋法曹参军谢惠连》卷中。
② 钟嵘:《诗品注·齐吏部谢朓》卷中。
③ 沈德潜:《古诗源·齐诗·谢朓》卷十二。

廷追赠为太尉。陆佃字农师，号陶山，神宗熙宁三年（1070）中进士，官至尚书左丞，卒后追赠为太师楚国公。此人是大学问家，一生著书 240 卷，参与《神宗实录》、《哲宗实录》的修撰，著有诗文集《陶山集》，流传下来的诗歌达二百多首。

陆佃子陆宰（1088—1148）因父功绩补官，累官至西路转运使，赠少师。陆宰是宋代著名的藏书家。中国历史上伟大的爱国诗人陆游是陆宰的儿子。陆游有幸诞生在这样一个家庭中，这对于他日后成为大诗人，无疑有着极其重要的意义。陆游对于这一点有着清醒的认识，他在《宋会稽陆氏重修宗谱序》中，对陆家的谱系做了比较细致的描述。他说陆氏出自妫姓，始祖为陆通，这陆通本为齐宣王少子，封于平原般县陆乡，因以为氏。自陆通至陆游为 52 世。这 52 世中，代代为官，出过不少名人。陆氏始祖陆通与孔子同时，推原为楚狂接舆，他见过孔子。接舆是楚狂人，在思想上与孔子不是一路。很有意思的是，陆游特别欣赏楚狂，亦以楚狂自称，其诗《广都道中呈季长》云："天上石渠郎，能来伴楚狂。"

陆氏家族第二位最有影响的人物是陆氏五世祖陆贾（约前 240—约前 170）。据《史记·郦生陆贾列传》，陆贾一生所做的事情主要有三件：一是两次为刘邦出使南越，劝说南越王赵佗去帝号，向刘邦称臣。二是在吕后专权、刘氏天下岌岌可危的时候，劝说丞相陈平与太尉周勃捐弃前嫌团结一致，从而为日后平定诸吕之乱奠定了基础。三是劝说刘邦读《诗》、《书》，使其明白"逆取顺守"、"文武并用"的道理。

陆氏历史上第三位大名人是陆氏三十九世祖陆贽（754—805），他 18 岁中进士，德宗朝为翰林学士。陆贽处于晚唐，藩镇割据，天下已经不太安定了。陆贽辅佐德宗，在平定叛乱、稳定时局上做了重要贡献。唐德宗一度想改年号，提出在"圣神文武"前再加两字。陆贽则说，古来君王称号，有的称皇，有的称帝，有的称王，虽只一字之差，然大有讲究。德合天者称皇，德合地者帝，德合人者称王。以天为父，以地为母，养育百姓做得很得体者称天子。暴秦兼用皇帝二字，然而，德不合天，也不合地，更不合人，最后灭亡了。君王在百姓中的地位的高低，其实不在年号，而在德政。唐德宗听他这一说，不再坚持原来的意见，只是将年号改成"兴元"二字。

陆游对祖上的事迹是非常熟悉的，祖上的德行、学问，均是陆游精神上的不尽源泉。陆游之成为伟大的爱国主义诗人，与这种家世不能说没有关系。

（四）吕氏家族、王氏家族、张氏家族、周氏家族

同样的例子我们还可以举出很多。浙东金华学派创始人吕祖谦也家世显赫。他出身官宦世家，其八世祖吕蒙正，字圣功，为宋太宗太平兴国二年（977）进士第一；七世祖吕夷简（979—1044），字坦夫，真宗咸平三年（1000）进士；六世祖吕公弼（1007—1073）和吕公著（1018—1089）亦均以荫入仕，分别赐进士出身和登进士第。以上诸吕皆曾入朝为宰相。自五世祖吕希哲（1039—1116）以下，包括曾祖吕好问、伯祖吕本中、祖父吕弸中、父亲吕大器等，皆为朝廷命官。吕氏家族除官位显赫外，学业上也颇有建树，吕氏家族进《宋元学案》的，有17人之多。

明代大学者王阳明（1472—1528），祖籍余姚，青年时期随父迁山阴，他28岁中进士，历任诸多地方官和京官，因大功，升任为南京兵部尚书，封为新建伯。他不仅是中国明代最有影响的思想家、政治家、教育家，也是一位卓有谋略的军事家。在儒家的"立德""立功""立言"三个方面，王阳明均兼而有之。王阳明有如此大的成就，原因当然是很多的，其家族的影响不容忽视。据历史学家研究，王阳明的先祖是琅琊王氏，即东晋王导一系，这一系中名士最多，最为著名的除书圣王羲之外，还有二十四孝中"卧冰求鲤"的王祥。琅琊王氏后来分系很多，王阳明属"三槐堂"系，这一系从上虞迁移至余姚后，即属于"姚江秘图山派"系。

对王阳明影响最大的是阳明六世祖王纲。王纲以文学知名，朱元璋为帝时，征到京师，担任兵部郎中。不久潮民作乱，朱元璋派他去广东担任广东参议，督运兵粮。王纲带儿子彦达赴任。王纲父子在广东有德政，作乱的潮民感悦，叩首服罪。王纲父子在返回增城的途中，遇到海盗曹真截船，海盗强迫王纲留下，要推他为帅。王纲坚决不从，骂声不绝，遂被杀害。海盗本来也想将彦达一并杀之，想不到的是，彦达亦不畏死，贼首终为感动，说"父忠而子孝，杀之不祥"①，最后将他放了。朝廷感王纲忠义，颁诏为王纲立庙，世代祭祀；又录用彦达为官，然"彦达痛父以忠死，躬耕养母，粗衣

---

① 《王阳明全集》卷三十八《世德纪》。

恶食,终身不仕"①。嘉靖七年(1528),王阳明上书告病,路经增城湛甘泉故居时,曾提诗于壁,诗云:"我祖死国事,肇裡在增城。荒祠幸新复,适来奉初蒸。"②我们从王阳明后来的平息叛乱、征讨宁藩等英雄事迹中,可以看出王纲对王阳明的巨大影响。且看他平息叛乱写的一首诗:"见说韩公破此蛮,貔貅十万骑连山。而今止用三千卒,遂尔收功一月间。岂是人谋能妙算,偶逢天助及师还。穷搜极讨非长计,须有恩威化梗顽。"③这里明显见出乃祖忠义之风。

另一位对王阳明影响较大的是王阳明的祖父王伦。王伦是一位大学问家,他生性爱竹,气节高尚,又酷爱读书,尤善诗词,据《阳明年谱》,阳明5岁就能默诵王伦平日读过的古书。11岁时随王伦往京师,路过镇江金山寺,即席赋诗,语惊四座。

王阳明的父亲王华是一位大学者。成化二十年(1481),举廷试一甲第一,授翰林院修撰。弘治十五年(1502)迁翰林院学士,授庶吉士,奉命修《大明会典》,后历官至南京吏部尚书。王华著书甚多,有《礼经大义》、《诸书杂录》20卷、《龙山稿》15卷、《垣南草堂稿》10卷、《杂录进讲余抄》等著作行于世。

明代大学者张岱(1697—1689),在史学、诗文诸多方面有所成就,这与他的家族也同样有着直接的关系。张岱高祖张天复,官至云南按察副使,甘肃行太仆卿。曾祖张元汴,隆庆五年(1571)状元及第,官至翰林院侍读。祖父张汝霖,万历二十三年(1595)进士,官至广西参议。父张耀芳,副榜出身,为鲁藩右长史。张岱的先辈均是饱学之儒,精通史学、经学、理学、文学、小学和舆地学。张天复、元汴父子曾撰修《绍兴府志》、《会稽志》及《山阴志》,"三志并出,人称谈迁父子"。张岱博洽多通,一生笔耕不辍,老而不衰。所著除《自为墓志铭》中所列15种(《石匮书》、《张氏家谱》、《义烈传》、《琅嬛文集》、《明易》、《大易用》、《史阙》、《四书遇》、《梦忆》、《说铃》、《昌谷解》、《快园道古》、《傒囊文集》、《西湖梦寻》、《一卷冰雪文》)之外,还有《石匮书后集》、《奇字问》、《老饕集》、《茶史》、《夜航船》、杂剧《乔坐衙》、传奇《冰山记》等共三十余种。其中《夜航船》一书,内容殆同百科全

---

① 《王阳明全集》卷三十八《世德纪》。
② 王阳明:《书泉翁壁》。
③ 王阳明:《平八寨》。

书,包罗万象,共计二十大类,四千多条目。这样的博学,很大程度上来自家庭的教育与影响,也得自家庭藏书丰富。

近代,越中最大的名士鲁迅,也得益于家族。鲁迅家族世代书香,其先祖可以追溯到宋代理学的开山祖周敦颐。正是因为家境的富庶、父辈的博学、藏书的丰富和对教育的重视,鲁迅三兄弟才有可能均成为大学者。

鲁迅祖上读书人很多,不少人也做过官,鲁迅对家谱应是很清楚的。他对前代祖先中有成就者均很敬仰,但不是每人对他都有重大影响。先辈中,对鲁迅影响最大的是他的祖父介孚公。介孚公名福清,字震生,介孚是其号。周福清是同治辛未科,点了翰林。这是非常荣耀的事,周家的兴旺达到了极盛。三年后,周福清外放为江西金溪知县。翰林做知县,好像是有些吃亏,但是不要紧,只要京官有空缺,回京也是很容易的。对周福清来说,如果不发生意外,仍然有辉煌的前景。意想不到的是,一场科举舞弊案,将周福清拖进了大狱。局势发生了根本性的变化,周福清美好的前途顿时化为泡影,且生死未卜,周家顷刻天坍地陷,族人连夜分散各地,奔走逃命。鲁迅兄弟也不得不走避于城外皇甫庄外婆家中。这一年,鲁迅13岁,作为周家的长孙,对这一场变故他的感受最为深切。世态的炎凉、人情的冷暖、社会的黑暗、命运的无常,噬咬着幼年鲁迅的心,也陶铸着他的个性、人生观。无疑,家族的这一场变故对鲁迅的影响是极为深远的。鲁迅的作品为什么有那样多的悲凉,那样多的愤懑,那样多的黑暗,与这有着内在的联系。这种影响是正面的还是负面的?是好的,还是坏的?似乎都不好说。但它实实在在地成就了鲁迅。

家族对后人的影响是多方面的,正面的反面的都有,而于人的成长来说,积极的方面自不必说,它是助力,作用非常之大。消极的方面就难说了,它的作用有两重性:一是对人的发展不利,其作用是负面的;另一是对人的发展有利其作用是正面的。这种有利,其实是从负面的不利转化而来的。鲁迅祖父的科场事件对鲁迅一家当然是一场巨大的灾难,因这场灾难鲁迅所感受到的痛苦深入到骨髓,这当然不能说是一件好事。但是,正是这种家族的灾难,让鲁迅过早成熟了,对于世态,对于人情,有着同龄少年不可能达到的深刻认识,这种人生的阅历,有助于鲁迅的成长。设想如果没有这场科场舞弊案,鲁迅家族一直风光无限,聪明好学的周家大少爷日后能否能成为中国近代最伟大的思想家、文学家、革命家,就难说了。

（五）姻亲

谈到家族对人才的影响,不能不注意到姻亲。家族是直系关系,姻亲是旁系关系。中国封建社会非常重视姻亲,在上层,主要出于政治上的考虑,在下层,则主要出于经济上的考虑。文化一般是不作为考虑的因素的,但是在魏晋时代,婚姻的缔结,其中也包含有文化上的考虑,而这种考虑对于人才的培养起到了相当的促进作用。试以王羲之家族的婚姻为例:

王羲之的岳父为郗鉴(269—339),郗鉴也系士族,东晋早期,郗鉴是政坛上唯一能与王导相抗衡的人物,官至太尉。有意思的是郗王两家没有成为仇敌,还结成联盟。郗氏、王氏都想保住晋室,这才有了东晋早期政权的稳固。郗、王两家联姻,郗鉴将女儿郗璇许给了王羲之。据说,郗鉴派人去王导家族中去选婿时,王导让使者自去东厢挑选。使者在东厢房遍看王导子侄,只见一个个衣冠楚楚,谦恭有礼,温文尔雅,只有一人若无其事,袒腹东床。使者回来向郗鉴汇报,郗鉴说,那就选定东床袒腹者吧。此人正是王羲之。此事《晋书·王羲之传》、《世说新语》均有记载,可能真有其事,这颇能说明王羲之不拘礼法、放任潇洒的个性。应该说,这种个性与他能写出《兰亭序》那样灵动优雅的书法作品有一种内在的联系。

郗家与王家结亲不只是一代,王羲之的儿子王献之就娶了郗鉴的孙女儿郗道茂为妻。王家与谢家也有姻亲关系,谢奕的女儿、诗人谢道韫就嫁与王羲之的儿子王凝之。

在东晋,士族之间因为政治上的需要而联姻是很普遍的事。然而郗王两家的联姻却有着另外一种意义。郗鉴虽以军功立足于朝廷,但实是一位文人。他出身于儒学世家,其曾祖郗虑,汉献帝时为御史大夫,是著名经学大师郑玄的弟子。《晋书·郗鉴传》说他"博览经籍","以儒雅著名"。《晋中兴书》还说:"郗鉴为太尉〔案:在咸康四年,338年〕,虽在公位而冲心愈约,劳谦日厌,诵玩坟索,自少及长,身无择行。家本书生,后因丧乱,解巾从戎,非其本愿,常怀慨然。"可见,郗鉴一直保留着儒者的本色。郗鉴书法上造诣颇深。他的女儿、后来成为王羲之妻子的郗璇是大才女,诗书琴画无不工,其书法更是卓然独秀,其兄郗愔、郗昙谓之"女中笔仙"①。王献之的妻子郗道茂是郗昙之女,也是一位才女。所以,王、郗两家的联姻,不只是政治上的联姻,也是文化的联姻。

王羲之的表姑母卫铄(272—349)是东晋著名的书法家,王羲之少年时向她学习过书法。这一姻亲对王羲之的成长无疑帮助很大。卫铄是西晋著名书法家,也是大学者卫恒的从妹,她师钟繇,善隶、楷,唐代著名书法理论家张怀瓘称赞她的书法是"破玉壶之冰,烂瑶台之月,婉然芳树,穆若清风"②。王羲之向她学习书法,自然进益不少。

(六)贫家子弟王冕

家族对人的影响是巨大的,这是人才学的一条普遍规律,古今中外概莫能外。问题是怎样看待家族的影响。

一般来说,官宦、士族、富豪这样家庭对人的成长特别有利。因为家境富裕,至少上学不愁交不起学费。出身士族,属书香门第,其子孙比较容易养成读书的习惯,且这样的家庭,藏书一般也比较丰富,可以比较充分地满足儿孙求知的愿望。至于官宦家庭,优越条件更多,在中国封建社会,官做得比较大的,子孙还有可能荫袭父辈的爵位。

我们上面说到的越地几个大家族,均属于上面说的这几类。

不过,我们也还要看到,贫寒家庭也不是不能出人才的。元代诸暨人王冕,出身农家,然而他后来成为大画家、大学者,这道理又何在呢? 是不是这说明成才与家庭没有关系呢?

王冕家境贫寒,父母无力供他读书,他只能给人放牛谋生,但他想读书,也爱读书。放牛时,他将牛放在山上,任其吃草,自己却偷偷地溜进学堂听学生念书,而且听了就默默记住。由于心全放在默书上,有时竟忘了牵牛。好在村人将牛牵了回来,牛没有跑丢,但牛有时踩了别人家的田,这就引起纠纷。王冕的父亲愤怒了,狠狠地揍他,不让他再去学堂听学生念书。好在王冕有一位懂事理的好母亲,她理解儿子的心,也知道读书的好处,于是劝说王冕的父亲成全王冕的志向。虽然王冕父母还是无钱供他上

---

① 马宗霍:《书林记事·闺阁名媛》,引自郭廉夫《王羲之评传》,南京大学出版社 1996
年版,第 19 页。

② 张怀瓘:《书断》。

学念书,但不用放牛了,白天可以在学堂旁听,晚上借住在寺庙时,就着长明灯读书。正是有这样开明的、懂得如何爱儿子的父母,王冕才有可能读了很多的书,这对于王冕的成长关系极大。

王冕的成长当然首先是父母满足了他读书的愿望,使他得以读了许多的书。其次,与他遇上一位好老师有关,这老师名韩性,安阳人。韩性听到王冕好学的故事,甚为惊异,主动将王冕录为弟子,在韩性的精心培养下,王冕遂得成为通儒。

这里有一个值得注意的问题。王冕家住诸暨,距安阳上千里,韩性又是如何知道王冕好学的?肯定是乡间流传。这就是说,王冕好学的故事,得到乡间父老们的一致肯定,进而得到全社会的肯定,于是才有美名传扬,从而达到上千里的安阳人韩性的耳里。

当然像王冕这样家境极为贫寒,因为好学,也因为其好学之志得到家庭、宗族乃至社会的尊重和肯定从而成就为人才的美事,在封建社会是不会太多的。但它的存在,哪怕是不多的存在,也足以让我们深思:成才,固然个人的天分和努力是至关重要的,但不管怎样,还是离不开家庭、宗族、社会环境的支持和帮助的。

家庭对人才的培养关系重大,其中,家庭的经济条件如何,也许是第一位的,因为要成才,至少要上学,而要上学,就需要交学费。家庭的经济条件的确很重要,但这也不是绝对的。王冕家贫,无力上学,不也通过自学成才了吗?笔者认为,家庭或家族的诸多条件中,也许最为重要的是家庭或家族的主要成员对于孩子受教育重视的程度如何。富家子弟有些成不了才,除了子弟自身的素质外,可能与家庭或家族的主要成员对孩子受教育不重视或重视不够有关。贫家子弟王冕得以成才,离不开他的母亲的观念,正是因为他母亲对他受教育的高度重视,他才得以有机会去接受教育,去自学。其次是所谓的家学渊源了。王羲之家族有书学的家学渊源,因而书家出得多;谢安家族有诗歌的家学渊源,因而诗人出得多。再其次,就是家庭或家族的社会关系了,社会关系好,特别是政治背景好,于孩子的成长当然是非常有力的,上面说的吕祖谦、陆游均世代仕宦,他们做官相对别人就容易得多,不仅做官容易,就是做别的事业包括文化事业,也较别人容易。

会稽是一块宝地、福地,由于经济繁荣,山水优美,且在东晋和南宋两个朝代都曾作为副都而存在,因而在此聚居的官宦、富贵人家相对较多。这些人家又均有重视教育、重视文化的传统,这样为人才的成长准备了优秀的摇篮。

四、师友相携

师友与名士有着割不断的内在联系,是名士,须从良师受教,无良师哪能成为名士? 不仅如此,凡名士,须有益友相携,一是在学业上相互切磋,相互学习,二是相互欣赏,也相互宣扬。明代大学者徐渭自视甚高,学问也的确很好,但他没有做官,一生颇为潦倒,死后,如果没有大文学家袁宏道的推崇,还有同乡名士亦为文学家的陶望龄为之写传,恐怕就难以显达于后世了。

中国古代的师生关系可以分为两种:一种是老师设坛,弟子通过一定手续,正式入门受教;另一种是,弟子没有正式入门,但仰慕老师,通过比较灵活的方式接受老师的教导,这种关系通常称之为"私淑",弟子称为私淑弟子。

在中国古代社会,师友关系一般通过两种方式存在:一种是学派包括文派、诗派、艺派。这中间有师生关系,也有朋友关系。学派内的师友关系,建立在学术观点一致或近似的基础上,这种关系,有些有一定的组织联系,有些没有。另一种师友关系中,虽可能有学术观点上的一致性,但没有学派的存在,也就是说,他们之间的联系不以学术观点上的一致性为纽结,而以情感为纽结。这两种师友关系均对人才的成长产生巨大的影响。

(一)嵇康的交游录

名士均尚交游,交游不仅能开拓心胸,扩大视界,丰富知识,而且能结交师友。交游既是名士成因之一,又是名士本色!

嵇康是魏晋之际越中最大的名士,他出身寒微,祖上没有出过什么显达的人物,他自己也未能出入仕途,一生白衣,他的兄长嵇喜倒是中了秀才,做了官,而且官并不小,历江夏太守、徐州刺史、扬州刺史、太仆、宗正卿。宗正卿多为皇室成员担任,嵇喜能做上此官,说明深得皇上信任。嵇康后来娶曹魏宗室女,是不是与此有关,不得而知。嵇康妻是曹操孙穆王林之女。这重关系倒是没有给嵇康带来什么好处,反而因此重关系,遭到司马氏的猜忌,最后,竟死在司马氏的屠刀之下。

对嵇康在玄学、文学、诗艺诸多方面获得重大成就有助的,不是这重姻亲,而是他的交游。嵇康的交游很广,其中最为著名的就是"竹林七贤"(嵇康、阮籍、山涛、向秀、刘伶、王戎、阮咸)了。"七贤"均是当时学识、才华极为突出之士,他们之间的交往不仅构成魏晋文化一段佳话,而且其本身就是当时炽烈玄风的一种反映。嵇康是"七贤"之一,他与其他人物的关系有密有疏,交往并不一样,留下的记载,均是很有文化意味的。

> 嵇康以高契难期,每思郢质,所与神交者,唯阮籍、山涛,遂为竹林之游,预其流者,向秀、刘伶、阮咸、王戎。①

> 刘伶与阮籍、嵇康相遇,忻然神解,便携手入林。②

看来,与嵇康交往最好的是阮籍、山涛、刘伶三人。这三人中,他对阮籍最为推重,在《与山巨源绝交书》中,他说:"阮嗣宗〔阮籍〕口不论人过,吾每师之,而未能及。至性过人,与物无伤,唯饮酒过差耳。至为礼法之士所绳,疾之如仇,幸赖大将军保持之耳。吾以不如嗣宗之贤,而有慢弛之阙。"③嵇康了解阮籍。阮籍深懂祸从口出,绝不论人过而守口如瓶,虽终日沉醉酒乡,心中其实是非常清醒的。嵇康说他想学阮籍,然禀性如此,学不来。这实在是极为沉痛之语。

嵇康与山涛(山巨源)的关系更为密切,山涛当时做吏部郎,后升迁为散骑常侍。山涛荐举嵇康去顶替自己的位子,这本来是一件好事,嵇康却坚辞,坚辞也罢了,还写了《与山巨源绝交书》,要与山涛绝交。其实,嵇康写这封信,与其说是要与山涛绝交,还不如说是为了明志。事实上,嵇康一直将山涛当做朋友,临终前特意委托山涛照顾自己的幼子。山涛也果真履行了嵇康的嘱托。山涛明白,嵇康虽然自己"非汤武,薄周公",坚持不致仕,其实并不希望儿女学自己。所以,后来他推荐嵇康的儿子嵇绍出仕,从这事来看,他山涛也算是嵇康的知音了。

竹林七贤之中,向秀是学问最好的一位,向秀专攻《庄子》。嵇康与向

---

① 《太平御览》卷三七六引《晋书》。
② 同上。
③ 《嵇康集·与山巨源绝交书》。

秀的交往主要是讨论学问，不是讨论《庄子》，而是讨论养生论。他们的讨论成果组成一组文章，这就是嵇康的《养生论》、向秀的《难养生论》和嵇康的《答难养生论》。《晋书·向秀传》说这场论战，在向秀是"欲发康高致也"，因此，"辞难往复"。这样，一论，二驳，三辩，就产生了绝好的文章。如果没有向秀，嵇康的两篇佳作就不会产生了。

不是"竹林七贤"之一的吕安也是嵇康的朋友，《世说新语·简傲》第四条曰："嵇康与吕安善，每一相思，千里命驾。"可见关系非同一般。二人不仅常在一起锻铁、灌园，而且常在一起讨论学问。嵇康的《明胆论》实际上就是两人辩论的结果，文章开头即曰：

> 吕子者，精义味道，研核是非，以为人有胆可无明，有明便有胆矣。

嵇先生以为明胆殊用，不能相生。

这就是辩论的由来。嵇康好写驳论式的文章，驳论的对象应该说均是他的交游者。除了向秀、吕安外，还有一位阮德如，他有《宅无吉凶摄生论》，嵇康不同意此文的观点，写了《难宅无吉凶摄生论》。阮德如答辩，写了《释难宅无吉凶摄生论》；嵇康再驳，作《答释难宅无吉凶摄生论》，如此往返论辩，产生诸多文章，实是文坛佳话。嵇康与阮德和不仅著文论辩，还写诗唱和。《嵇康集》中有《五言诗一首与阮德如》，诗中曰"良时遭吾子，谈慰莫如兰"，阮德如则做《五言诗二首》答之，诗中有"常愿永游集，拊翼同回翔"[1]，可见二人交往之深。

张邈，字叔辽，辽东太守，"为人弘深有远识，恢恢然，使求之者莫之能测也"[2]，张邈是嵇康另一位学术界朋友，嵇康与他亦辩论过。张邈作《自然好学论》，嵇康则作《难自然好学论》。

郭遐周、郭遐叔是嵇康两位诗友，生平事迹不详。二人均与嵇康有诗歌往来，收入《嵇康集》中有郭遐周赠嵇康诗三首，郭遐叔赠嵇康诗五首，嵇康则做《五言诗三首答二郭》。

以上与嵇康交游的人物虽然年龄未必与嵇康相当，但属朋友辈。从有关史料中，我们发现还有两位学生辈的人物与嵇康有交往，其情其义也值得一说：

---

① 《嵇康集·五言诗二首阮德如答》卷一。
② 《三国志·邴原传》卷十一注引荀绰《冀州记》。

袁准,字孝尼。《三国志》卷二十一《王粲传》注引《康别传》云:"康临终之言曰:'袁孝尼尝从吾学《广陵散》,吾每固之不与。《广陵散》于今绝矣!'"另,《太平御览》卷五十九引《竹林七贤传》和《世说新语·雅量》第二条,均说到嵇康就刑,其中也提到袁孝尼想学《广陵散》,看来,确有其事。袁孝尼想向嵇康学《广陵散》,肯定与嵇康交往有一段时间了,嵇康说他"固之不与",说明袁提出学琴不止一次。袁是不是也向嵇康学习过别的什么?史上未载。但《三国志》卷十一《袁涣传》注引《袁氏世纪》说,袁孝尼是"忠信公正,不耻下问","以世事多艰,故常恬退而不敢上进"。又说,袁孝尼"著书十余万言,论治世之务,为《易》、《诗》传及论五经滞义,圣人之微言,以传于世"。可见袁孝尼是一位真正的学者。这样的人,嵇康想必是愿意与之交往。除《广陵散》外,袁孝尼很可能向嵇康请教过别的学问,受过嵇康的影响,应该说也发挥了嵇康的某些思想。

赵至,这也是一位向嵇康请教过的人。赵至的材料比较丰富,《晋书》卷九十二有他的传。嵇康的儿子嵇绍还写过一篇《赵至叙》。赵至,字景真,代郡人,汉末,其祖流宕客居缑氏。赵至13岁那年,缑氏县新县令到任,赵至与他母亲在道旁观看。母亲指着打马游街、风光无限的新县令说:"汝先世非微贱家也,汝后能如此不?"赵至曰:"可尔耳。"回来后,便求师诵书,学习十分刻苦。一天早上,他在读书时,听到父亲耕地叱牛声,不禁放声大哭,老师问他为何,他说:"自伤不能致荣华,而使老父不免勤苦。"这故事,《晋书》和《赵至叙》均有记载。赵至14岁去洛阳,见到了嵇康。关于这段经过,嵇绍的《晋书·赵至传》是这样说的:

> 年十四,诣洛阳,游太学,遇嵇康于学写石经,徘徊视之不能去,而请问姓名。康曰:"年少何以问邪?"曰:"观君风器非常,所以问耳。"康异而告之。[1]

这里说的石经即著名的《熹平石经》。嵇康在洛阳临写此碑,围观的人不少,赵至也在其内。赵至为嵇康的风神而倾倒,故而问嵇康姓名。嵇康觉得此少年不寻常,也就告诉了他。

洛阳这次见面给赵至留下深刻印象,回家后不久,他得知嵇康在山阳,即去寻嵇康,不遇,怏怏而还。回家后没住多少日子,又要去寻嵇康,母亲

---

[1] 《晋书》卷九十二《赵至传》。

不让,因为按照当时的政策,士家子弟是要在家待命,随时准备征调去当兵的,而赵至正是士家子弟。不得已,赵至只得装疯,终于跑了出来,仍然四处寻找嵇康。16 岁那年,赵至在邺城意外地与嵇康相遇了。

赵至对嵇康如此一往情深,实是一段佳话。师生之间惺惺相惜,赵至对嵇康极为敬佩,而嵇康对这位学生也很欣赏,嵇康对他说:"卿头小而锐,童子白黑分明,有白起之风矣。"①嵇康去世后,赵至跟随魏兴太守张嗣宗,甚得优遇,后来,去了辽西,做了幽州三辟部从事,史称"断九狱,见称精审"②。

从交游看人,我们清楚地发现,交游即人品,即学问,即风度,即命运,不独嵇康如此,所有的名士皆如此。

(二)南宋理学师友录

南宋,越地出了一大批名士,这与理学在南宋的承传和发展有直接关系,如果溯其源,北宋二程的理学是南宋理学的渊薮,但它在南宋的发展却是朝着两条路子,一条是坚持并发展理本体思想,坚决与心本体区别开来,是为朱熹之学;另一条路子则经杨时,将禅学引入,到张九成,然后到陆九渊,建立起完善的心本体学说。

心学在越地的传承,张九成的作用是不应被忽视的。张九成(1091—1159)字子韶,号无垢居士,浙江钱塘人。绍兴二年(1132)中进士第一名。因忤权相秦桧,反对和议,被弹劾落职,多次遭贬,直至秦桧死,才被起用,知温州。张九成在学术上有重要建树,他是二程理学与陆九渊心学的中间环节。就学派谱系来说,张九成是杨时的学生,而杨时是程门弟子。杨时的学说有援佛入禅的倾向,程门弟子中不只杨时这样,谢良佐、吕大临也这样。张九成与当时的佛学大师宗杲(大慧禅师,1089—1163)有交往,是宗杲的世俗弟子。宗杲是一位很有学问的和尚,他的学术思想是以佛兼儒的,著有《正法眼藏》2 卷、《临济正宗记》。其徒集其法语,共 30 卷,名为《大慧禅师语录》。张九成受他的影响很深,说"吾与杲和尚游,以其议论超卓可喜故也"③。乾道二年(1166)时知会稽的学者洪适将张九成的著作刊

① 《晋书》卷九十二《赵至传》。
② 同上。
③ 《横浦文集·横浦心传》。

刻,一时间,影响很大,人称刮起了一股禅学旋风。

陈亮对此不满,说是"其为人心之害,何止于战国之杨墨也"①。朱熹说"此祸之烈,不在洪水猛兽之下,令人寒心"②。我们且不必去评论陈、朱的批评是否得当,张九成的影响之巨是不容置疑的,其最大影响则是陆九渊心学进一步禅学化。后来出现的"甬上四先生"则基本上承张九成、陆九渊的路子。"甬上四先生"为杨简、袁燮、舒璘、沈焕。四人同为明州人,又"师同门,志同业",是朋友,但学术思想仍然有所不同。

杨简,慈溪人,乾道五年(1169)进士。陆九渊乾道八年(1172)也考上进士,归家时路过富阳,与时任富阳主簿的杨简有过半个月的聚会。半个月的论学,使得杨简对陆九渊佩服得五体投地,终生师事之。杨简政绩平平,学术上却很有成就,有《慈湖遗书》、《慈湖诗传》、《杨氏易传》行世。

袁燮,字和叔,鄞县人,人称"絜斋先生"。淳熙八年(1181)进士及第。袁燮也是陆九渊的弟子,不过,逐渐地接受朱熹的思想,有折中朱陆的学术倾向。其主要著述收入《絜斋集》。

舒璘,字元质,奉化人,学者称"广平先生"。乾道八年(1172)进士及第。他也是陆九渊的弟子,不过,如同袁燮一样,在学问上不主一家,亦有折中朱陆的倾向。

沈焕,字叔晦,世居定海,后徙鄞县,人称之"定川先生"。亦为乾道八年(1172)进士。他师事陆九渊的兄长陆九龄,亦为陆门,受陆九渊心学影响甚深,不过,在史学上,他亦接受吕祖谦的由经入史、经史致用说,所以清代的学者全祖望说,他的学问实兼吕祖谦一派,只是世上罕知之罢了。

朱熹学说是承北宋二程的,为理本体。朱熹是江西婺源人,但在越地做过官,他的学说在浙江一带传播在相当程度上是借重吕祖谦的。朱熹与吕祖谦有过半个月的寒泉之会,鹅湖之会后,还有过三衢之会,时当淳熙三年(1176)三月,他们在一起讨论学问七八天,通过这次讨论,两人的学术观点基本上实现了统一,这样也就为朱学进入浙东扫除了障碍。金华地区本是吕学的天下,因吕学接受朱学,也就成为朱学的势力范围了。

金华朱学的主要传人是何基(1188—1269),人称北山先生。何基一生

---

① 《陈亮集·与应仲实》。

② 《朱熹文集·答石子重》卷四十一。

未仕。他原受学于吕祖谦,后拜朱熹弟子黄榦(1152—1221)为师,在家乡传播朱学,他的学说明显地兼有朱、吕的特色。

何基的主要传人是王柏(1197—1269)。王柏终生未仕,致力性命之学,亦关心国家和社会民生问题,比较注重现实。他曾做《书疑》、《诗疑》,对《尚书》和《诗经》两部儒家经典提出疑问,难能可贵。

王柏的主要传人为金履祥(1232—1303),金履祥字吉父,号次农,人称仁山先生。宋恭帝曾授他迪功郎、史馆编校,辞不就,入元亦未仕,终生以著作为业,在《尚书》研究上很有成就。

金履祥的主要传人为许谦(1270—1337)。金履祥收许谦为弟子时,年已七旬,门下弟子本不少,然独赏识许谦。金去世后,许谦专事讲学,远至幽、冀、齐、鲁,近而荆、吴、越,慕名者风从,盛况又远胜于何基、王柏、金履祥三人讲席。当时,北方理学名家为许衡,许谦与之齐名,人称"南北二许"。

何基、王柏、金履祥、许谦,均是金华人,故关于金华朱学有"金华四先生"之说。朱学在浙江的传播,还有一位重要人物黄震(1213—1280)必须提及。黄震,慈溪人,他是朱熹四传弟子。南宋亡后,他饿死在宝幢山中。黄震的理学思想近接朱熹,远溯二程,但对程、朱均有所修正。

南宋时,理学在越地传承发展之时,产生了一种后人名之为"浙东学派"的新学派,这个学派是以崇尚事功为特色的。[①] 这个学派的内部观点其实也不完全一样,其中主要有以陈亮为代表的永康学派、以叶适为代表的永嘉学派。这两个学派人物很多,因系同时,相互之间多有交流。除陈、叶外,比较重要的学人还有薛季宣、郑伯英、陈传良、戴溪、陈谦、徐元德、蔡幼学、徐谊等。其中薛季宣比较重要,薛季宣人称常州先生,永嘉人。与朱熹、吕祖谦均有交往,为学重事功,强调"步步着实"。《四库全书总目》称其"学问淹雅,持论明晰,考古详核,立说精确,卓然自成一家"。一般认为,薛季宣开永嘉学派先声。

南宋理学学派传承脉络清晰,它为越地造就了不少人才,功不可没!南宋理学经元代到明代又有新的发展,其中产生于越地的阳明心学影响甚

---

① 冯友兰先生称浙东的事功学派的思想家为道学外的思想家。将朱熹与他们的论争称为道学外部的思想斗争,见《中国哲学史新编》下册,人民出版社1999年版,第253页。

巨,超过了朱熹的理学。王阳明去世后,其弟子承其学说,又有新的发展,出现了好几个不同的派系,瓜瓞连绵,人才辈出,蔚为大观。

(三)铁崖诗派师友录

元末明初,越地出现过一个"铁崖诗派",诗派的创始人为杨维桢,杨维桢在《玉笥集叙》中列"铁崖宗派"13 人,其中李孝光、张雨、陈樵、夏溥、顾瑛、郯韶、张映、叶广居、陈基等 9 人为唱和友。郭翼、章木、宋禧、张宪等 4 人为弟子。据杨维桢的其他文字及他的实际交往情况,此诗派还拟增列倪瓒、钱惟善、陆仁、张简、王逢、袁凯、刘柄、于立、良震、福报、行方等 11 人。①

铁崖诗派首领是杨维桢。他的名字很多,其一为杨廉夫。虽然后世有学者称他为"文妖",对其诗颇多批评,但他在元末明初诗坛的领袖地位是不能否定的,另也有不少学者对其诗评价甚高,如明代著名诗学家胡应麟。胡应麟说:"宋乐府小诗殊胜,元酷尚传奇,诸大手集中亦罕觏。惟杨廉夫才情缥缈,独步当代,名下士信无虚也。"②

铁崖诗派成员主要由两类人组成,一类是与铁崖唱和的诗友,这些成员中,相当一部分系越地人士,其中,李孝光最为重要。

李孝光(1285—1350),字季和,号五峰。温州乐清人,长期隐居,"以文章负名当世"。至正四年(1344)应诏入京,授著作郎,七年升文林郎秘书监丞。有文集 20 卷,今存《五峰集》10 卷。其卷二为乐府。《元诗选》收其诗最多,达 352 首。李孝光长期生活在下层,对社会人生有很深的了解,其诗多悲怆之言。而其词对农村生活有清丽的描绘,质朴天然。

李孝光在元末明初的文坛上地位一度高于杨维桢,就资历、年龄来说,李孝光居长。天历元年(1328)杨维桢与李孝光在吴下相会,虽然杨维桢此前已经写过不少作品,于诗甚有功底,但在文坛上尚没有名气,而李孝光已是声名显赫的大诗人了。李孝光非常看重这位家乡的小兄弟,对他的才华很是欣赏。这次聚会,他们不仅广泛地讨论诸多的文学观点,也相互唱和,后来,他们二人还有很多的唱和,产生了很多优秀的作品。明代学者胡应麟在《诗薮》中谈到他们二人,说:"李孝光季和,东瓯人。古诗歌行豪迈奇

---

① 参见黄仁生:《杨维桢与元末明初文学思潮》,东方出版中心 2005 年版,第 391 页。
② 胡应麟:《诗薮·外编卷六·元》。

逸,如惊蛇跳骏,不避危险。当时语云:'前有虞、范,后有李、杨。'谓廉夫也。"①

很长一段时间,李、杨并称,李排在杨前,后来,杨铁崖的声名逐渐超过李孝光,才将李、杨改为杨、李。尽管二人在排位上有变化,两人关系一直很好。杨对李尤其尊崇,在《两浙作者序》中,杨维桢将李孝光列为两浙七家的首位,在《郏韶诗序》中,又将李孝光称为东南诗人之首。李孝光死后,杨维桢在许多文章中表示对李孝光的不胜怀念,说李孝光是他的"唱和友"、"诗文友"。在《潇湘集序》中,杨详细地追忆他与李孝光初次唱和的情形,更是情意殷殷,溢于言表。

杨维桢给铁崖诗派的许多诗人的诗集写过序言,如《李仲虞诗序》、《赵氏诗录序》、《周月湖今乐府序》、《沈氏今乐府序》、《沈生乐府序》,这些文章不仅提出了很重要的文学见解,也显示出对诗友、对弟子的拳拳的关爱之情。也许正是这种文人相亲、师友提携,才造就了许多诗人,成就了中国诗歌史上这一很有影响的诗派。

铁崖诗派并无严格的组织,说它是诗派,也是后人说的。其实它只是一群诗风相近的诗人。杨维桢的领袖地位也没有经过什么组织程序,如公推、选举之类,只是因他的诗成名最高,后人以他为这一种诗风的代表罢了。铁崖诗派一度很兴旺,除了这一诗风的带头人杨维桢、李孝光的作品的感召力外,还与这一诗风内部人士的友情相关。文人相亲向来遭到挑战,因为文人相轻的事实也许更多,但是,也不能否定文人相亲的存在,以杨维桢为领袖的铁崖诗派大概可以算做一个代表。

(四)徐渭的交游录

明代的大学者徐渭(1521—1593)在有些方面类于嵇康,他们均为旷世奇才,均孤标傲世,最后均为悲剧命运。徐渭的成就是多方面的。第一,作为总督胡宗宪的幕府,参赞军务,充任书记,多次取得抗倭的战绩。第二,诗、文、书、画、戏曲,均取得巨大成就。他自己评价是书一,诗二,文三,画四。第三,在心学、易学、医学、佛学、风水学等方面亦取得不凡的成就。他注《庄子·内篇》、《黄帝素问》、《参同契》、郭璞《葬书》各若干卷,又做《四

---

① 胡应麟:《诗薮·外编卷六·元》。

书解》、《首楞严经解》各数篇,皆有新意。

徐渭世代书香,亦为当地望族,其祖辈亦曾为官,但并不显赫,科场顺遂、进士及第者鲜见。徐渭父只是中了武举,在云南一个偏僻的地方做过知州,虽然祖荫是谈不上,但诗书传家,富贵安逸,还是说得上的。

徐渭出生后不久,父亲去世,家庭衰落,徐渭根本不可能依仗家族背景获得一官半职,他唯一的道路是科举。然而徐渭的科举很不顺,参加童试三届,方得了个秀才,这秀才还是给提学副使上了书、提学副使生了怜才之心准予他破格复试才得中的。[①] 此后,他参加过八次科举考试,均不中。此时,他的文章已名满天下,甚至惊动皇上,然而运交华盖,竟无一个试官看中他的卷子。

徐渭一生经历非常丰富,他虽然未能凭科举获得功名,但他有幸结识许多赏识他的人,有的是手握重兵的军界统帅,有的是学富五车的硕儒哲匠,有的是诗文冠世的文豪圣手,当然,更多的是意趣相投、惺惺相惜的知音挚友。正是在与这些人的交往中,徐渭的才华得到培育、激发和淋漓尽致的展示。如果说,科场失败是徐渭的不幸,那么交游的成功则是他的大幸。

徐渭曾在《畸谱》中将他的老师一一记明,其中《纪师》列 15 位,《师类》列 5 位,《纪恩》列 16 位。其中,季彭山三处皆列了,可见最为重要。季彭山(1485—1563),名本,字明德,号彭山,会稽人。正德五年(1517)进士,历官至长沙知府,故人称季长沙。季本是王阳明的入室弟子,但是,他不满阳明学的空疏,比较注重经典文本。黄宗羲说他"闵学者之空疏,只以讲说为事,故苦力穷经"[②]。

王阳明的弟子王畿是徐渭的表兄,徐渭在《畸谱·师类》中也列了王畿,说明他也受教于王畿。王畿与季本在学术上有分歧,徐渭在接触了季本以后,更服膺的是季本,不过,他没有抛弃王畿,而是试图将季本的观点与王畿的观点统一起来,兼融二师。

季本、王畿对徐渭的影响主要是在哲学上的,这于他日后成长为一位思想家,在晚明的思想启蒙运动中叱咤风云,无疑是有很大帮助的。

① 参见徐渭:《上提学副使张公书》。
② 黄宗羲:《明儒学案·浙中王门学案三》卷十三。

文学上对徐渭有着重大影响的老师是唐顺之（1507—1560）。唐顺之，号荆川，武进人，嘉靖八年（1529）会试第一，任翰林编修，后擢金都御史，巡抚淮、扬，抗剿倭寇。唐顺之是明代著名的唐宋派文学大师。徐渭非常喜欢唐顺之的文章，而唐顺之也认为徐渭的文风像自己。徐渭与唐顺之结缘，始于他为浙江总督胡宗宪代写《白鹿表》。陶望龄的《徐文长传》生动地记叙了他们见面的因缘：

> 时都御史武进唐公顺之，以古文负重名，胡公尝袖出渭所代〔注：指徐渭代写的《白鹿表》〕，谬之曰："公谓予文若何？"唐公惊曰："此文殆辈吾！"后又出他人文，唐公曰："向固谓非公作，然其人谁耶？愿一见之。"公乃呼渭偕饮，唐公深奖叹，与结骧而去。

徐渭与唐顺之日后交往的具体情景，史书记载不是很多。徐渭有诗记载了两人的亲密聚会。一次是唐顺之从海上入越，路过会稽。季本、王畿两位当地的大学者尽地主之谊，招待唐顺之。唐顺之主动提出要见徐渭，于是，将徐渭招去，他们在一只船中谈诗论文。唐顺之离开会稽，徐渭与季本、王畿等送唐顺之至柯亭而别。徐渭还写了一首诗，送别恩师。

徐渭年轻时在家乡结交了一批好朋友，这批朋友均学问甚好，他们在一起说儒论道，谈禅礼佛，人称"越中十子"。据《绍兴府志》，越中十子为徐渭、萧勉、陈鹤、杨珂、沈炼、朱公节、钱八山、柳少明、诸龙泉、吕光升。

这些人均对徐渭有着重要的影响，而就徐渭日后的成就来说，陈鹤的影响也许是最值得注意的。陈鹤，字鸣野，一字九皋，号海樵山人。此人好学博识，精于词曲，善画水墨花草，亦精于书翰，名重一时。明代著名的戏曲理论家王骥德在《曲律》中说："陈山人鸣野之《息柯余韵》，皆入逸品。"[①]在越中十子中，陈鹤比徐渭年龄要大得多，在尚是少年的徐渭的眼中，修养如此全面技艺又如此精湛的陈鹤，形象是十分高大的。在日后为陈鹤做的墓表中，徐渭回忆第一次见到陈鹤的情景，笔致如此生动：

> 居数年，始得会山人于甥萧家，酒酣言洽，山人为起舞也，而复坐，歌啸谐谑，一座尽倾。自是数过山人家，见山人对客论说，其言一气万类，儒行玄释，凌跨恢弘，既足以撼当世学士，而其所作为古诗文，若骚

---

① 王骥德：《曲律》卷四。

赋词曲草书图画,能尽效诸名家,既已间出己意,工赡绝伦。①

陈鹤的书画艺术对徐渭影响很大。徐渭在《书陈山人九皋氏三卉后》云:"陶者间有变,则为奇品,更欲效之,则尽薪竭钧,而不可复。予见山人卉多矣,曩在日遗予者,不下十数纸,皆不及此三品之佳。瀚然而云,莹然而雨,泫泫然而露也,殆所谓陶之变耶?"徐渭看重的是陈鹤花卉画的不可重复性,它的生动,它的气韵,而这也正是他的绘画艺术的特色。

越中十子中,对徐渭在人格上、诗风上影响最大的是沈炼(1507—1557)。沈炼字纯甫,别号青霞君,大徐渭 14 岁,嘉靖十七年(1538)进士。道德文章均为一流,徐渭《赠光禄少卿沈公传》中,称他"生而以奇骛世"。此人性格刚烈,疾恶如仇,因为反对奸相严嵩而多次遭贬,最后被人诬陷而死。沈炼人格对于徐渭有着很大的影响。

徐渭的身份和经历与沈炼不同,他不得不在胡宗宪幕府谋生,有着许多难言的无奈,比如,他不得不委屈自己为胡宗宪做一些具阿谀色彩的文字,也不能不随承胡宗宪,与严嵩、赵文华周旋,但他内心深处总是充溢着一股正气,这股正气亦源自沈炼。

徐渭在隆庆六年(1572)保释出狱后,有过几次游历,这些游历中与一些朋友的交往,对他学术、艺术上最后达到顶峰具有重要的意义。

南京虽然此时已不是明朝的政治上的首都,但仍然是明朝文化中心。徐渭大概是万历三年(1575)或万历四年(1576)有过南京之游,在这次游览中,他与"明后七子之一"的王宗沐有过聚会,亦与刘雪湖、盛行之、璩仲玉等切磋过画艺。

南京之游后,他应宣化巡抚吴兑之邀,去西北游历。吴兑(1525—1596),字君泽,号环洲,山阴人,他本是徐渭的同学。也许在他来说邀请徐渭去一趟西北只是出于友情,而实际的效果远大于此。西北边疆壮丽的自然风光,边塞将士雄迈的气概,还有边庭战场的种种军事设施,无不激发徐渭的壮志豪情。这是一次壮游,它对于徐渭诗、书、画在思想境界上的提升,无疑具有重要的意义。值得一提的是,徐渭在赴宣府途中,在北京结识了辽东总兵李成梁之子李如松。李如松骁勇善战,英气逼人,又雅好诗画,徐渭与他一见如故。徐渭画竹以赠,并题诗《写竹赠李长公歌》。他们之间

① 徐渭:《陈山人墓表》。

的交往,对于文人出身的徐渭增添了一股英雄气概。

徐渭西北归来,在家中休息了两年,这两年完成了《四声猿》,北塞的亲历亲闻,对于这部剧作的创作产生了深刻的影响。

此后,徐渭还有过北京之游。这中间,他亦结识了许多朋友。有学者考证,徐渭在居京期间可能读到了汤显祖的《问棘堂集》,感而赋诗,并托人寄去尺牍。① 关于此事,徐渭在《与汤义仍》书中云:"某于客所读《问棘堂集》,自谓平生所未尝见,便作诗一首以道此怀,藏此久矣。顷值客有道出尊乡者,遂托以尘,兼呈鄙刻二种,用替倾盖之谈。《问棘》之外,别构必多,遇便倘能寄教耶? 湘管四枝,将需洒藻。"非常遗憾的是,这两位剧坛巨擘并未能见面,但汤显祖后来还是看到了徐渭写的《四声猿》,评价是:"《四声猿》乃词坛飞将,辄为之唱演数通,安得生致文长,自拔其舌。"②徐渭的《四声猿》能得到汤显祖这样高的评价,他们也算是真知音了。

在徐渭的一生中,最重要的人物是胡宗宪。胡宗宪不是他的老师,是他的上司,不过,徐渭与他的关系之密切的程度,又像是朋友,如果将老师的概念放大,将知遇之恩放进来,那么,胡宗宪之于徐渭则兼上司、朋友、老师三重关系。徐渭一生的事业中,影响最大的莫过于胡宗宪了。

胡宗宪(? —1565),号梅林,绩溪人,嘉靖十七年进士,嘉靖三十六年,任浙江巡抚兼总督,承担东南抗倭指挥重任,徐渭在他的幕府任书记,一方面参赞军务,出谋划策,另一方面,则为胡宗宪起草奏章及各种文件。徐渭军事与文学两个方面的才华在这里得到充分实现。重要原因,就是胡宗宪对徐渭不仅赏识,而且给予他格外的优宠。袁宏道的《徐文长传》云:"文长与胡公约,若欲客某者,当具宾礼,百时辄得出入。胡公皆许之。文长乃葛衣乌巾,和揖就坐,纵谭天下事,旁若无人。"徐渭在胡宗宪处做的第一桩漂亮事是为胡宗宪写的《白鹿表》。这件事,给胡宗宪带来了极大的好处,本来,胡宗宪已为朝廷所诉,政治前途已出现险象,因为向皇上献了白鹿,再上徐谓这样一篇华美的奏章,皇上大喜,"告谢玄极宝殿及太庙,百官称贺,加宗宪秩"③。胡宗宪的地位稳固了。徐渭为胡宗宪写的奏章,虽有阿谀之词,仍获得文人们的理解,这与他高超的写作技巧、华美的辞章有极大关

---

① 参见周群、谢建华:《徐渭评传》,南京大学出版社 2006 年版,第 91 页。

② 《汤显祖集·诗文集》附录。

③ 《明史》卷二〇五《胡宗宪传》。

系。胡宗宪对徐渭是真正赏识、关心的,他曾热心为离异的徐渭找继室,又试图为徐的科举找些关系,应该说,在胡宗宪幕府的生涯,是徐渭一生最为得意的时期。虽然徐渭在胡宗宪幕府中一直没有出什么事,但胡宗宪因为党争风波下了大狱,徐渭自然地感到祸将及身,整天处于恐惧之中,最后,不得不以装疯保全其身。不管怎样,徐渭是感激胡宗宪的,胡宗宪死后,他一度想去安徽绩溪去为胡宗宪扫墓。

粗粗地了解徐渭的经历,我们不难发现,交游对于他具有何等重大的意义!

(五)白马湖文学现象

这种主要以师友共同创造的地域文化现象在近代以别的方式在越中延续着,最为突出的则是20世纪早期在浙江上虞白马湖畔所出现的"白马湖文学"现象。自20世纪20年代开始,上虞春晖中学陆续来了一批名人,这其中就有著名作家夏丏尊、朱自清、丰子恺、朱光潜、刘薰宇、刘叔琴、俞平伯、叶圣陶、李叔同、刘大白等。他们先后在此任教,写作,在美丽的白马湖畔创造了中国文学史上一道绚丽的风景。他们在此所创作的散文具有大致相同的美学风格:清丽、自然、恬淡。1981年,台湾学者杨枚在编选《中国近代散文选》时将"五四"以来的中国散文分为七类,其中"白马湖散文"成为一类,而夏丏尊的《白马湖之冬》为这类散文风格代表。

这么多人聚集在春晖中学,不是行政的力量,也不是金钱的驱动,而是友情的召唤。始作俑者,或者说开创人是经亨颐(1877—1938),经亨颐,上虞人,早期曾参加过推翻满清的革命活动,一度避难澳门,是同盟会会员。曾留学日本,1910年,任浙江两级师范教务长、校长,浙江第一师范校长,并任浙江教育会会长。五四时期提倡新文化,大胆改革教育,他所主持的浙江一师是浙江省鼓吹新文化的一个重要基地,因此遭到反动派的仇视。1920年,浙一师发动学潮,经亨颐被迫离开学校,回到家乡,偕同乡贤王佐说动上虞商绅陈春澜创办春晖中学。1922年春晖中学建成。

经亨颐是春晖中学的创办者,领导者,但他不是作家,于白马湖文学这个团体来说,居于核心地位的是夏丏尊(1886—1946)。夏丏尊也是上虞人,也在日本留过学,也是新文化的倡导者,其背景与经亨颐有些类似。他1908年应聘为浙江两级教范通译助教,后应经亨颐之聘在浙一师做国文教员。同在浙一师做国文教员的还有刘大白、李次九、陈望道，他们一起推行白话文，号称"四大金刚"。一师学潮后，经亨颐校长职务被罢免，夏丏尊也离校，去了湖南一师，与毛泽东一起任教。1921 年，春晖中学筹办就绪，夏丏尊应经亨颐之聘，成为春晖中学最早的教师。夏丏尊在文化界有很高的威望，朋友甚多，春晖中学的那一批名人许多是夏丏尊推荐给经亨颐的。

"白马湖文学"这一文学现象有许多方面是耐人寻味的。不是通都大邑，不是高等学府，也不是风景胜地，只是一个乡下的私立中学，虽说它附近有一个名字很好听的白马湖，其实也只是一个荒湖，为何一下子就聚集了那么多的中国当时顶尖级的人才，大家高高兴兴地在这里教中学，写文章，而且出了那么优秀的文学作品，竟然形成了一个散文学派，个中的原因恐怕不是简单的，但有一点可以肯定：友情。来春晖中学任教的名人们都是朋友们的引荐而来的，他们不是冲着金钱而来，也不是冲着名望而来，而是冲着友情而来。

自东晋起，越就成为名士之乡。王羲之能在兰亭轻易聚集 42 名文人雅士修禊，说明会稽当时名士之多。魏晋南北朝之际，会稽的山水之美已被人发现，士人们口碑相传，会稽也就成为游览胜地，这样，全国其他地方的名士来越中就多了。越中就成为名士相遇、相识的场所。唐代，越中形成的这条旅游路线引来了许多诗人，李白来了，杜甫来了，白居易来了……后人将这条路誉之为"唐诗之路"。其实，这条路上产生的何止是诗歌，还有许多，许多。

一条山水风景线，何止是一条旅游线，它也是一条友情线。文人雅士从四面八方来到会稽一带，不只是因为风景的召唤，还是友情的召唤，而印在这条线上的足印，均化成了绚丽的智慧之花。

第五章　越中名士的时代因缘

一、救亡之际

中华民族所建立的国家有史可载起自夏,自夏到中华人民共和国,历经了许多政权的迭替。另外,在中国历史上有些时期,同时存在诸多的小国,比如,西周实行分封诸侯制,每一诸侯即一小国,共同尊奉周天子。这是中央与地方分权。其间,也存在过周王朝实际已灭亡而全国新的统一的政权尚未出现的一个短暂时间。汉末出现过一段不长时间的中央政权缺失、魏蜀吴三足鼎立的状况。西晋亡后,南北分治。北方,走马灯式地政权迭代;南方,则为统一的东晋。唐代结束后,中国出现五代十国分治状况。北宋亡后,北方主要的政权为金,亦存在过别的政权,后一统为元;南方则为南宋。元后,中国再未出现南北分治的状况,相继替代为明,为清,为中华民国,为中华人民共和国。

中国大地上出现的中央政权、地方政权,大部分系汉人为统治阶级的政权,也有少数民族为统治阶级的政权。以上这种复杂的情况造成的一个比较棘手的问题,就是如何看待中国历史上的爱国主义。

在这个问题上不宜一刀切,而应取历史主义的态度,具体问题做具体分析。基于中国大地上同时存在过许多具国家性质的政权这一复杂的现实,应容许不同的爱国主义存在。

中华文化虽然是以家为本位的,但最高利益却不在家,而在国。中华民族最基本的道德准则是"孝",然"孝"不是最高的道德,最高的道德是"忠",在"忠"、"孝"不得两全之时,要存"忠"弃"孝"。当然,中华文化从根本上是将家与国统一起来的,将国看成家,所谓"国家",指的其实只是国。中国知识分子尚气节,气节有属于个人,所谓"士可杀不可辱";也有属于国家的,强调"慷慨成仁,舍生取义",为国家民族的根本利益不计生死。中华民族长达五千年的历史中,有过许多朝代兴亡,这些朝代兴亡,在某种意义上也可视为国家兴亡。正是这个关键时刻,中华民族的精英分子显示出其卓异不凡的风采!

(一)古越国的兴亡

春秋战国时期,诸侯国均有自己的政权,属于这个国家的人民忠于自己的诸侯国,就是爱国主义。春秋时期,吴越争霸,吴人为夫差效力,越人为勾践效力,都是忠,都是爱国主义。

春秋时期吴越争霸,原来一直是吴胜,越国曾经落到家国存亡之际,越王勾践被围困在会稽山上,走投无路了。当时摆在勾践面前只有两条路:一、赴死,或战死,或自杀,越国不存,人民为奴;二、投降,献身为奴,越国可保全,人民可保全。是赴死还是受辱? 勾践进行了激烈的思想斗争,最后选取受辱。

三年的吴宫为奴,不论为吴王接溺还是尝粪,虽然极苦极难,但毕竟只需一个"忍"字,更难的是回国后,如何强国,如何富民,如何兴兵,最后报仇。这里不仅需要坚强的意志,更需要最大的智慧。后人将勾践回国后所做的一切概括为"十年生聚,十年教训"。这中间所要付出的极大的努力,就非一个"忍"所能包含的了。

勾践复国给我们启迪非常多,其中重要的一点是,在价值选择上如何选其大。具体来说,在家国存亡之秋,应将家国的保全置于最高利益,其他一切包括个人的生命、个人的荣辱,与之相比都不重要。

价值的选择是关键,方法的选择从属之。勾践为了救国,在当时的条件下选择了献身为吴王奴的方法,这是无奈之举,却是最管用之举。对于好大喜功、刚愎自用的吴王夫差来说,这一着也确实管用。而在别的历史条件下,这一着就不行了。

不必详说勾践为灭吴所做的种种准备,更不必说勾践在这个过程中所经历的犹如炼狱般的精神煎熬,这些已是人们耳熟能详的了,我们要强调的只是由越王勾践所体现出来的这种精神成为越文化的重要组成部分,甚至也成为中华民族重要的精神传统之一。

(二)南宋存亡

宋代的历史有些类似于晋,晋有西晋、东晋,宋有北宋、南宋。西晋、北宋均亡于外族,而东晋、南宋均偏安江左。凡偏安江左的政权总是有几分悲壮色彩的,东晋一直将北伐作为国家的头号大业,其间也颇有几次声势不小的北伐,但最终没能收复故土。东晋最后亡于大将刘裕之手,国家的旗号由晋换成宋,东晋的历史结束,南朝的历史开始,直到隋的南下,统一中国。

南宋的命运同样是悲壮的,自将首都由北方的东京搬到南方的临安,南宋朝也一直在忙着复国的大业,先是抗金,后是抗元。其间虽也有过短暂的胜利,给南方的百姓,也给北方的遗民以欣欣鼓舞,但欣欣都是昙花一现,顷刻之间转化成更让人伤感的丧权辱国。绵延上百年的南宋史,是一部真正的痛史,它的正面意义是培育出了不少爱国的诗人,如陆游、辛弃疾、陈亮、张元干、刘过、张孝祥等。诗人们虽然对现实均不抱多大的希望,但均坚信未来还是大宋的天下,或者说汉人的天下。陆游《示儿》诗云:"王师北定中原日,家祭无忘告乃翁。"可历史硬是残酷地打碎了诗人所有的幻想,南宋最终无可挽回地灭亡了。

南宋抗元英雄最大代表是文天祥(1236—1282)。文天祥出生于吉水,按出生地不能算做越人,但是他在南宋时官至右丞相,主要活动区域仍然是临安(杭州)为中心的古越之地。文天祥是南宋国破之际最为主要的抗元统帅。即使是临安陷落,即使是皇帝被俘,他也决不放下抗元的武器。其间,他奔走于大江南北,驰骋于通都僻壤,亡命于大陆海洋,历尽艰辛,九

死一生。这些莫不是为了打击元军,恢复宋室。他在《指南录后序》中坦陈心迹:

> 呜呼!予之生也幸,而幸生也何所为?求乎为臣,主辱臣死,有余;所求乎为僇,所求乎为子,以父母之遗体,行殆而死。将请罪于君,君不许;请罪于母,母不许;请罪于先人之墓,生无以救国难,死犹为厉鬼以击贼,义也。赖天之灵,宗庙之福,修我戈矛,从王于师,以为前驱,雪九庙之耻,复高祖之业。所谓誓不与贼俱生,所谓鞠躬尽力,死而后已,亦义也。①

文天祥谈到了中华民族的大义观。按君臣之义,君辱臣当死,按母子之义,身体发肤受之父母,须是爱惜,当不能随便死。这些义虽然也是大义,但不是最高义,最高的义是什么?文天祥认为是国家的根本利益,首先是国家的保全。为了这最高义,什么都可以放弃,哪怕是上面说的君臣之义、母子之义。至于生命,那当然在所不计了,而且这义,即使在死后,也要继续。"生无以救国难,死犹为厉鬼以击贼,义也。"

文天祥抗元几经失败,从不屈服。1279 年,文天祥被俘,元将张弘范逼迫文天祥写信给当时正在海上坚持抗元的南宋将领张世杰,文天祥断然拒绝,说:"我自救父母不得,乃教人背父母乎!"文天祥说的"我自救父母不得",这"父母"就是国,就是君,也就是家。

南宋的灭亡,对于越地人民来说是一件最为伤感的事,抗元的武装斗争直到元灭亡一直没有中断过。一批有气节的南宋知识分子,或隐迹山林,或遁入空门,拒绝元朝的征召,不愿入士。如会稽人鲁颂,宋末官知嘉兴府,宋亡,遂隐居镜湖之南曰西浦村,裹足不入城市。后来,元朝的宰相阿沙不花,派人来征召他,他绝食而死。②

不少南宋的诗人写诗表达对故国的思念和亡国的痛苦。钱塘人汪元量(1241—1317)就是其中杰出的一位。汪元量字大有,号水云,宋度宗咸淳三年(1267)或稍后,以词章事宫廷,为宫廷琴师。宋恭帝德祐二年(1276),元兵入杭州,俘恭帝、皇太后全氏、太皇太后谢氏赴大都,汪元量随谢氏北行。文天祥兵败被执,囚于大都,汪元量曾屡至囚所探视。恭帝等

---

① 《文山先生全集》卷十三《指南录后序》。
② 参见乾隆《绍兴府志》卷五十五《人物志·忠节一》。

至元十九年被迁往上都（今属内蒙古自治区正蓝旗）；二十一年，恭帝一行又被迁往今西北内地，汪元量仍随行，到过祁连山一带。汪元量南归后，将这些经过写成诗歌，这些诗歌不仅表达了诚挚深厚的爱国主义情感，同时还具有重要的史料价值。

元世祖至元二十二年，西域僧人杨琏真伽在元朝当朝丞相桑哥的纵容下，带人挖开了在绍兴的南宋六个皇帝的陵墓，将墓中的珍宝洗劫一空，而将南宋几位皇帝、皇后的骸骨胡乱抛弃在荒郊野外。杨琏真伽的罪行激起越地人民的极大愤怒。山阴人王英孙，邀集唐珏、林景熙、郑宗仁、谢翱等志士，分路上山，将帝后的骸骨一一捡拾回来，藏以石函，埋于兰亭天章寺前。上种冬青为记号，人们称这五位义士为"冬青五义士"。

在中国历史上存在过许多朝代，每一朝代都曾有过自己的辉煌，但每当朝代衰落，异族入侵，国土沦丧，改朝换代，国家就陷入巨大的灾难之中。尽管国家的统治者与普通百姓一直存在着严重的矛盾，但到这个时侯，国内的矛盾则降到次要的地位，民族矛盾则上升为主要地位，于是，举国一致对付外族的入侵。这种情况在中国历史上是屡见不鲜的。金兵南下，殊死抗金的，不只是南宋的国家军队，还有南宋的百姓，其间可歌可泣的英雄事迹是难以穷尽的。

（三）明朝存亡（上）

宋以后，亡国之痛在明代重演。1368 年朱元璋在灭元之后，又灭掉了他最后的对手张士诚，招降了方国珍，于是称帝，建立明朝。明朝虽然没有出现南北分裂的局面，却有过多次皇帝不正常去位的情况，按中国的礼制，这亦属于亡国。

1402 年，北京的燕王朱棣依仗军事势力，夺取了建文帝的江山，自称为皇帝，并将首都移到北京。皇祚的这一改变，于礼法不容。以非法手段夺取帝位的朱棣遭到许多大臣的反对，其中最为激烈者是浙江宁海人方孝孺（1357—1402）。惠帝时，方孝孺为翰林侍讲，不久升为学士，是当时大学者，名声很大。朱棣强使他起草登位诏书，说："诏天下，非先生草不可！"在朱棣，起草诏书其实并不是找不到他人，他的目的是借士人领袖方孝孺臣服天下士人，然方孝孺当廷掷笔于地，曰："死即死耳，诏不可草！"朱棣大怒，遂斩之于市，此事件方家连坐遭杀戮者达847人。

这一事件震动天下，虽然中国历史上同类事件也发生过，但最惨最烈莫过于方孝孺事件。表面上看，朱棣是成功了，但实际上朱棣失败了。这说明什么？说明在中国知识分子心目中，最高的存在其实并不是可以操纵人生死的皇上，而是"理"，这理同于天地，因而称之为"天理"。朱熹最为强调的就是这至高无上的"天理"。天理落实到人间，为"制"。虽然"制"也是人订的，但一经订定，就不能随便改动，要改动必须经过一定的程序，因为它是"天理"。方孝孺的事件关系到国家的政权，国家政权自然是"制"之最大者，即使是皇上也不可擅自改动。方孝孺宁肯一死也要维护的正是这"制"，正是这"理"。应该说，方孝孺的思想境界远远高出于忠君的行列。他的这一思想境界对今天仍然有着重要的借鉴学习的价值。

明正统十四年(1449)，明代又发生了一次不正常的皇位转移。是年，发生了震惊天下的土木堡之变。这次事件的由来是明朝与蒙古瓦剌部的严重冲突。明朝建立后，元顺帝率蒙古人退归大漠，后蒙古人分裂为鞑靼、瓦剌和兀良哈三部。三部相互冲突，最后，瓦剌部打败了其他二部，势力最为强大。瓦剌部本接受明朝的封爵顺宁王，每年均向明朝进贡，然在其势力强盛之后，则不服明朝管束，且不时制造边衅，甚至大军侵犯明朝内地，掳掠明朝人民及其财物。明正统十四年(1449)，瓦剌部首领也先率大军攻入大明内地，连战皆捷，军情告急。明英宗听信太监王振的主意，不顾大臣的强烈反对，轻率地御驾亲征，结果，在河北怀来县一个叫土木堡的地方全军复没，英宗被俘。

消息传到北京，明廷顿时大乱。明侍讲徐珵言星象有变，倡议迁都，朝廷一片附和之声。在此关键时刻，时任兵部侍郎的浙江仁和人于谦(1398—1457)挺身而出，力斥南逃主张，厉声说："言南迁者，可斩也。京师天下根本，一动则大事去矣，独不见宋南渡事乎？"

于谦的坚定立场稳定了局面，负责监国的英宗弟郕王朱祁钰任命于谦为兵部尚书。于谦临危受命，立即筹划战事，积极迎击也先的进攻。朝廷顿时出现兴旺之象。然朝廷中王振余党尚十分嚣张，大殿之上，主战派大臣纷纷提议诛杀王振余党，竟遭王振余党锦衣卫马顺的辱骂，大臣们被激怒，一拥而上，竟在大殿上将马顺打死。此时，王振其他余党毛贵、王长顺欲反抗,亦遭群臣痛打,一时"朝班大乱。卫卒声汹汹"①。郕王惊恐万状,起身欲逃祸,于谦大步上前,紧紧攥住郕王的衣襟,不让其躲避,并请他当场宣布马顺罪当容诛,大臣们无罪。事情才得平息。

于谦拥立郕王为帝,改元景泰。同时即从全国各地调集兵马、粮草,坚固城防,严阵以待。是年十月,瓦剌军挟持英宗,打到北京城下。英宗被迫阵前招降,于谦不予理睬,披甲执锐,亲上战场。明朝将士与蒙古军队在北京城下展开一场大战,蒙古军队大败而逃。北京保住了,明朝的江山保住了。

大败返回大漠的瓦剌部首领也先,原以为挟持被俘的英宗,可以让明朝听命,即便不俯首称臣,也可以割地赔偿,然而,他失算了。此时,也先认为英宗于他已没有什么用处,于是将其放回。英宗回到北京后,联络旧党,于景泰八年(1457)发动"夺门之变",夺回帝位,于谦以谋逆罪被处死。

于谦死后,越人将他葬于西子湖畔,与岳墓一起受到人民的凭吊、祭奠。于谦虽然最后被杀了,然而,因为他在危难之中挺身而出,才保住了明朝的江山,也保住了明朝百姓的生命财产。于谦是不朽的。他有一首诗名《石灰吟》。诗曰:"千锤万击出深山,烈火焚烧若等闲。粉身碎骨全不怕,要留清白在人间。"这可以看做是于谦的自我表白。

于谦的英雄事迹不同于方孝孺,他维护的更多的不是"制",他并不反对英宗,也不认为英宗做皇帝不合制,而是认为,在国家面临严重灾难的时候,作为国家最高统治者的皇上不可缺位。正是从国家民族百姓的根本利益出发,他才毅然决然地推举郕王为帝。于谦并不是郕王的亲信,更不是死党,英宗在位时,他与郕王没有亲密的关系。这种出于国家根本利益的改换皇上的行为不仅不是不义,而且是大义;不仅不是不忠,而且是大忠;不仅不是违制,而且是最为正确地遵循了制,最为灵活地运用了制。于谦是伟大的,他与岳飞同为民族英雄,而且从某种意义上讲,于谦的英雄事件寓有更为深刻的思想启迪意义。

(四)明朝存亡(下)

上面所说的明朝两次帝位的转移,并不影响明朝帝位的朱家血统,江

---

① 《明史》卷一七〇《于谦传》。

山依然是朱元璋的。但是到 1644 年,李自成攻入北京,崇祯帝煤山自缢,这明朝的天下就完了。紧接着清兵入关,做皇帝不几天的李自成仓皇离京,不久就死了。满人坐了江山,改国号为清。明王室在南方建立起小朝廷,指挥抗清,力图复明。在这个天崩地塌的时候,越人再次显示出其不屈的民族气节,高昂的爱国主义激情。这中间涌现出不少气壮山河的民族英雄,创造了不少可歌可泣的英雄事迹。

张煌言(1620—1664),字玄著,号苍水。浙江鄞县人。崇祯举人,曾官至南明兵部尚书。为人刚正不阿,能文能武。弘光元年(1645)清兵大举南下,连破扬州、南京,擒杀弘光帝。张煌言组织义军坚决抗清,与郑成功配合,连下安徽二十余城。他坚持抗清斗争近 20 年,其间三渡闽江,四入长江,在反清势力中坚持时间最长,给清廷打击也最大。

清康熙三年(1664),张煌言被俘,他断然拒绝了清政府的招降。1664 年 10 月 25 日张煌言被清军杀害于杭州弼教坊。赴刑场时,他抬头举目望见吴山,叹息说:"大好江山,可惜沦于腥膻!"就义前,赋《绝命诗》一首:"我年适五九,偏逢九月七。大厦已不支,成仁万事毕。"临刑时,他"坐而受刃",拒绝跪而受戮。张煌言亦是诗人,他的诗多在战斗生涯中写成,质朴悲壮,有《张苍水集》传世。

朱舜水(1600—1682),字之喻,绍兴府余姚人。朱舜水出身名门望族,自小博览群书,然绝意仕进。崇祯末两举征辟,均不就;清顺治元年(1644),南明福王朱由崧两次诏征授职,亦不受。清兵占领浙江后,他出入浙东义军诸部,积极参与抗清事业。顺治四年至十五年(1647—1658),他四次东渡日本借兵,以图恢复明室,均未成。途中辗转安南、交趾(均今越南)等地,历尽艰险。抗清失败后复流亡至日本。被水户藩主德川光国聘为宾师,迎至水户讲学。1682 年卒于日本,享年 83 岁。朱舜水身在日本,心在中国。他的《避地日本感赋》二首云:

> 汉土西看白日昏,伤心胡虏据中原。
>
> 衣冠虽有先朝制,东海翻然认故园。
>
> 廿年家国今何在,又报东胡设伪宫。
>
> 起看汉家天子气,横刀大海夜漫漫。

朱舜水对故国十分怀念,他从日本寄信国内子孙,宁可"农圃渔樵,自食其力,百工技艺,亦自不妨,惟有虏官决不为耳!"

刘宗周（1578—1645），字起东，山阴人。明万历三十二年（1604），刘宗周27岁赴京授行人司行，自此开始了他的仕途，历任礼部主事、光禄寺丞、尚宝司少卿、太仆寺少卿、通政司右通政、顺天府尹、工部左侍郎、吏部左侍郎、左都御史等职。刘宗周具有经世之才，但因为性格耿直，敢逆权贵，因而不被见用，只得多次请辞。"崇祯十四年九月，吏部缺左侍郎，廷推不称旨。帝临朝而叹，谓大臣'刘宗周清正敢言，可用也'，遂以命之。再辞不得，乃趋朝。"①但刘宗周本性难改，仍然直言，甚至敢忤崇祯皇帝，最后革职，被斥为民。

刘宗周回家乡后不到两年，北京陷落，崇祯自缢。刘宗周徒步荷戈，来到杭州，督责巡抚黄鸣骏发丧讨贼。"黄鸣骏诚以镇静，宗周勃然曰：'君父变出非常，公专阃外，不思枕戈泣血，激励同仇，顾藉口镇静，作逊避计耶？'"②福王监国于南京后，刘宗周自称草莽孤臣，疏陈时政，为福王采纳，然因文中触犯了权贵马士英等，遭到他们的嫉恨。此后，不断遭到马士英辈的反对。1645年五月，南京陷落，潞王投降。刘宗周绝望以极，自杀而死。死前有《绝命诗》，诗云："决此一朝死，了我平生事。慷慨又从容，何难又何易。"关于他的死，《明史》写道：

明年〔1645〕五月，南都亡。六月，潞王降，杭州亦失守。宗周方食，推案恸哭，自是遂不食。移居郊外，有劝以文、谢故事者。宗周曰："北都之变，可以死，可以无死，以身在田里，尚有望于中兴也。南都之变，主上自弃其社稷，尚曰可以死，可以无死，以俟继起有人也。今吾越又降矣，老臣不死，尚何待乎？若曰身不在位，不当与城为存亡，独不当与土为存亡乎？此江万里所以死也。"出辞祖墓，舟过西洋港，跃入水中。水浅不得死，舟人扶出之。绝食二十三日，始犹进茗饮，后勺水不下者十三日，与门人问答如平时。闰六月八日卒。

刘宗周以非常清醒的头脑赴死。他说："身不在位，不当与城为存亡，独不当与土为存亡乎？"那就是说，杭州沦后，他不是地方官，可以不与杭城共存亡，但是他是越民，他理当与越地共存亡。今越地沦落外族手中，他如苟活着，做清的子民，在精神上是不可接受的，所以，他只有死了。

---

① 《明史》卷二五五《刘宗周传》。
② 同上。

刘宗周的死兼有多重意义：一是殉大明政权；二是殉中华国土；三是殉华夏文明；四是殉越地家乡，这四者是统一的。

祁彪佳（1602—1645），字虎子，又字宏吉，号世培，山阴县梅墅村人。祁彪佳少年有为，明熹宗天启二年（1622）中进士，时年21岁。初为官，当地吏民因其年少而轻视他。处理了几件事后，剖决精明，下皆畏服。祁彪佳为官，坚守为国为民这基本的一条，为老百姓做过许多好事，他在福建兴华府任推官时，"治猾吏、访衙蠹、禁豪右、征刁讼、绝苞苴，做到弊绝风清"。崇祯四年，他授福建御史，屡次上疏，直言谏诤，条陈民间疾苦。祁彪佳的仕宦之途充满艰险，不断遭到权贵弹劾，但他绝不屈服。

祁彪佳最为后人称道的是以身殉国。清兵入关，明王朝"忽喇喇似大厦倾"。祁彪佳坚决抗清，不屈不挠。1644年，明朝灭亡后，祁彪佳与史可法等拥戴福王，建立南明政权，祁彪佳出任右都金御史，巡抚江南，激励将士反清复明，因为奸相马士英等所忌，于年底辞归。南明弘光元年（1645），清兵南下，攻破南京，执福王，南明灭亡。潞王监国，祁彪佳再度出任苏松总督，亲赴前沿，日夜督战。五月，杭州陷落，潞王降清，祁彪佳重返故里，移居城外寓山别业，笑曰："山川人物，固属幻境，而人生已一世矣。"①清贝勒李罗闻祁彪佳名望，派人持书信及礼物相邀祁彪佳，祁彪佳断然拒绝。书到日为闰六月初四日，祁彪佳知复国无望，决心以身殉国，他自六月四日起绝食三天。六月六日夜，他留下遗书，自沉于梅墅村自家住所寓山园水池中，时年44岁。据吴梅堂老人的《越中杂识》记载，祁彪佳落水时，他的儿子祁理孙梦中似闻开窗户的声音，惊起，发现几案上有祁彪佳写的别庙文及绝命词，急忙出门遍园中搜寻，没有找到。天明，发现柳陌浅水中，露出角巾寸许，祁彪佳端坐在水中，脸上还怡然有笑容。祁彪佳留下绝命词，其词云："图功为其难，洁身为其易。吾为其易者，聊存洁身志……含笑入九泉，浩然留天地。"祁彪佳夫人商景兰是明吏部尚书商周祚的长女，能诗，与祁彪佳有"金童玉女"之称。在看到祁彪佳的绝命诗后，她和泪以诗作答："公身成千古，吾犹恋一生。君臣原大节，儿女亦人情。折槛生前事，遗碑死后名。存亡虽异路，贞白本相成。"②商景兰因"儿女皆幼，不敢从死"，

---

① 引自吴梅堂：《越中杂识·忠节》。

② 商景兰：《悼亡》。

这种选择无疑是正确的。

与祁彪佳同一时代,且具有同样的爱国主义情感的,还有一位王思任。王思任(1574—1646),号遂东,又号谑庵,字季重,亦是山阴人。他在明神宗万历年间中进士,担任过袁州推官、九江佥事等小官。

王思任是一位放浪形骸、性格旷达的文人,他出生于万历年间,国势尚称强盛,但内忧外患积重难返,明朝很快走入衰颓,农民起义风起兴涌,严重地打击了明朝的统治势力,并最终灭掉了明王朝,关外的满清贵族趁明王朝集中力量对付农民起义军时,早就强大起来,并多次严重挫败明朝大军,几出几进山海关,在李自成刚刚夺取明朝江山之时,即刻挥兵入关,直入北京,并将都城移到北京,建立了中央政府。明朝王公贵族,在江南成立小朝廷,坚持抗清。小朝廷都是奸臣当道、阉官横行,明王朝的黑暗腐败哪怕到了这个严重时刻,依然没有丝毫改变。

王思任是坚决抗清的忠臣,1645 年清兵攻陷南京,鲁王监国,以王思任为礼部侍郎,但遭到马士英等奸臣排挤打击,不得不辞职回乡。不久,马士英称皇太后制,逃奔至浙江。王思任以书诋之曰:

> 阁下文采风流,吾所景美。当国破众败之际,拥立新君,阁下辄骄气满腹。政本自由,兵权在握,从不讲战守之事;而但以酒色逢君,门户固党。以致人心解体,士气不扬。叛兵至则束手无措,强敌来则缩颈先逃,致令乘舆迁播,社稷邱墟。观此茫茫,谁任其咎!职为阁下计,无如明水一盂,自刭以谢天下,则忠愤之士,尚尔相原。若但求全首领,亦当立解枢柄,授之守正大臣,呼天抢地,以召豪杰。今乃逍遥湖上,潦倒烟霞,效贾似道之故辙,人笑褚渊,齿已冷矣。且欲求奔吾越,夫越乃报仇雪耻之国,非藏垢纳污之地也。职当先赴胥湖,乞素车白马,以拒阁下。此书出,触怒阁下,祸且不测,职愿引领以待钼魔。[1]

此文骂得何等痛快!其中所体现的爱国之情、正义之气直冲云霄。文中"越乃报仇雪耻之国,非藏垢纳污之地"一语,传颂至今。

清闻王思任名,企图诱降,派人渡江,带着礼物,来邀王思任,王思任将大门紧闭,大书二字:"不降"。清贝勒驻跸杭州城,请王思任前去会见,王思任誓不朝见,不薙发,不入城,决不与清统治者合作,最后绝食而死。关

---

① 引自张岱:《王谑庵先生传》。

于他的死,同时代的张岱是这样写的:

> 偶感微疴,遂绝饮食僵卧。时常掷身起,怒目握拳,涕洟鲠咽。临瞑连呼高皇帝者三,闻者比之宗泽濒死三呼过河焉。①

这种情景让我们想到陆游临终谆谆嘱咐儿子:"王师北定中原日,家祭无忘告乃翁。"

中国民族向来将国家利益看得高于一切。关于国,在中华民族有多种理解。其一是祖国,它是父母之邦,是我们祖先生存之地,在英文中有 fatherland 和 motherland 的说法,意思是一样的,那就是说,虽然你现在不是这个国家的公民,然而这个国家曾经是你祖先的国度,那么,她也是你的祖国。爱这个国度与爱自己的祖先是统一的。其三是家国,这是你现在生存的国家,你的家就在这里,你是这个国家的公民,当然,你得爱这个国家。这种理解,全世界也是一样的,略有差异的是,中华民族更强调国作为家的理解。国即是家,是全体国民的家。其三是君国。在封建社会,"朕即国家",君王与国家是统一的。

其于国家内涵的复杂性,中国历史上的爱国主义,其内涵也是复杂的,它往往兼有以上说的三种意义。爱国与忠君、爱家、爱民往往融合在一起,而难以分开。

不管从哪个意义上来理解国家,国家的存亡都是至关重要的大事。因此,家国存亡之际,对于国家的态度是检验每个人道德品质的最为重要的试金石。此时刻,通常有三种态度:第一种态度,做义民,故国的义民。这就是,在国家危难之际挺身而出,尽自己的最大力量拯救自己的国家,哪怕是付出生命也在所不计。第二种态度,做顺民,新国家的顺民。这又分为两种情况:心怀怨恨做顺民,或者说无奈做顺民;另,满心欢迎或者说心甘情愿做顺民。第三种态度,做遗民,当然,是故国的遗民。只承认前朝,不承认新朝。张岱、王夫之均属于这类,他们在明代灭亡后没有取刘宗周、祁彪佳那样的态度为前朝殉节,而是取与新朝不合作的态度,专心从事学术著述。

简单地以"好"与"坏"或"对"与"错"来判断古人在家国存亡之际的种种具体表现,可能会有失偏颇,具体情况需具体分析。在我们看来,也许最

---

① 张岱:《娘嬛文集·王谑庵先生传》。

为重要的,不是具体做了什么,而是心中是不是有爱国主义精神。具体的事总是暂时的,其意义总是有限的,而爱国主义精神总是永恒的,根本的。

王思任说"越乃报仇雪耻之国",实际说的也是爱国主义精神,只不过在家国存亡之际,爱国主义精神最为集中最为强烈的表现是"报仇雪耻"。报什么仇?国破之仇。雪什么耻?国难之耻。"报仇雪耻"这种在特定时期的爱国主义精神,因吴越的一段惊天动地的兴亡史得以深深扎根于越国人民之中,因此,记录这一段历史的《越绝书》,就被认为是"复仇之书"①。

为国报仇雪耻的具体做法应是多种多样的。像文天祥、刘宗周、祁彪佳这样,为国慷慨赴死,诚然值得赞颂,但死绝不是唯一的选择。为了某种正义的目标,将生命留下来,不失为明智之举。勾践忍辱偷生,经"十年生聚,十年教训",最后赢得了灭吴兴国的胜利。设若他被困于会稽山之时,一死了之,又哪有日后的报仇雪耻?同样,朱舜水、张岱、王夫之、商景兰在故国破灭后,都没有选择殉国,而是留住了宝贵的生命,正是因为留下了生命,他们才各自为祖国、为民族乃至为人类做出了别一种重要的贡献。朱舜水在日本从事中日文化交流做出重大贡献,张岱著出皇皇史学巨著,王夫之成就了中国封建社会最后一位最为重要的思想家、哲学家,商景兰作为弱女子,在祁彪佳殉国后,含辛茹苦养大了儿女,培育他们成为国家有用之才。他们的做法,难道不也是爱国主义?当然是!

二、变革之时

社会在发展过程中,总是要经历许多坎坷的,有时发展顺利,有时发展不顺利,有时发展快,有时发展慢。原因是很多的,其中重要的一条是作为社会领导层的国家统治集团,其治国的政策是不是符合实际,是不是有利于发展生产力,有利于人民大众?如果回答是否定的,那就需要改进,严重一点,就需要变革。其实,何止社会的发展需要变革,人类的一切事务都需要根据变化了的客观现实与事物本身的发展规律而进行变革。

这里特别重要的是意识形态的变革,思想先行,一切政治、经济、文化

① 袁康、吴平:《越绝书·附录·越绝书序跋辑录》。

的改革莫不依一定的思想指导而进行。这种思想的变革在中国封建社会的中晚期,实质上是资本主义思想的启蒙。中国的资本主义思想的启蒙始于明代中晚期,虽几经失败,然从未中断过,即使清王朝已结束,也仍然继续着。

检阅中国社会发展的变革史,我们发现,虽然不是每一次变革中越地名士均是倡导者,但许多次的变革中,越地名士是站在最前面的,那种毅然前行的风姿,让我们想起鲁迅在《野草》中写的"过客":一味地不断前行,而方向总是在前面。

(一)唐代中期王叔文集团的变革

众所周知,唐朝(618—907)一度是中国历史上最为强大的朝代。安史之乱,唐朝元气大伤,从此由盛转衰。此时,成就唐帝国繁荣的经济制度均田制已经逐步瓦解,租庸调制无法实行,土地兼并现象日趋严重,国库空虚。安史之乱之祸根——藩镇割据并没有因安史之乱得到铲除,反而更加严重了。唐德宗任用杨炎为相,实行两税法,国家财政有所改变,雄心勃勃的唐德宗还试图平藩,结果引起藩镇朱滔、李希烈、朱泚叛乱。战争整整持续了5年,最后虽然朱泚和李希烈等败死,但唐朝实力大损,也无力再削藩了,只得与其余藩镇达成妥协,条件是取消王号,朝廷承认他们在当地的统治权,从此割据局面进一步深化。

这个时候,宦官专政也达到十分严重的地步。唐朝前期,宦官数量不多,地位也不高,当时的皇帝还算比较清醒,不将军政大事交付宦官。到唐玄宗时期,情况则发生了变化,开元、天宝年间,宦官激增到3000人,仅五品以上的宦官就有1000人。唐玄宗经常委派宦官监军,出使藩国。安史之乱后,唐肃宗当上皇帝得到过宦官的帮助,就更是宠信宦官。他将禁军交与宦官李辅国掌握。朝廷的重要公文,竟然要李辅国押署才能生效。唐代宗不仅让宦官掌管禁军大权,还让两名宦官充任枢密使,直接进入国家的最高权力机关。唐德宗与其父也完全一样,亦将左右神策军、天威军等禁军亦交宦官掌管,这样,宦官掌典禁军成为定制。

此时,唐朝的边疆也不安全,回纥、吐蕃、南诏不时骚扰边界,甚至直入唐朝内地,掠取财物、人民。内忧外患,灾难深重,唐帝国又处于危险的境地。

永贞元年(805)正月,唐德宗死,太子李诵即位,这就是唐顺宗。顺宗是一位比较有作为的皇帝,他试图有所变革。这时,他做太子时的老师王叔文、王伾就跃上了改革国家政治的前台。

王叔文(735—806),山阴人。据《旧唐书·王叔文传》,王叔文善下围棋,唐德宗时,担任太子李诵的侍读。王伾杭州人,始为翰林侍书待诏,累迁至正议大夫、殿中丞、皇太子侍书。二人作为太子的老师,经常为太子言民间疾苦,也言宦官、藩镇之害。这对李诵即位后下定决心实行政治改革起了重要的作用。

贞元二十一年(805),李诵即位,为顺宗,授王叔文翰林学士兼盐铁转运使等职,实施改革。王叔文政治改革有一个班子,后人称之为"二王八司马"。"二王"为王叔文、王伾,"八司马"为韩晔、韩泰、陈谏、柳宗元、刘禹锡、凌准、程异、韦执谊。这八个人在改革失败后,均被贬为司马。其实也不止这八个人,还有陆质、吕温、李景俭等,共十数人。

应该说这个改革集团还是可以的。王叔文"颇任气,粗知书,好言事,顺宗稍敬之"①。王伾这人"唯招贿赂,无大志","素为太子之所褒狎"②,因而他可以比较自由地出入宫廷。两王各有分工,王叔文主决断,王伾则起到在顺宗与王叔文之间传达信息的作用。至于韦执谊、刘禹锡等人,则"谋议唱和,采听外事"③。一时之间,"伾与叔文及诸朋党之门,车马填凑,而伾门尤盛"④。

改革从打击宦官势力开始,首先是罢"宫市",罢"五坊"。唐德宗以来,宦官经常借为皇宫采办物品为名,在街市上以买物为名,公开抢掠。这就是所谓的"宫市"。白居易的《卖炭翁》就描写过宦官抢夺老百姓财物的暴作。顺宗做太子时,听说宫市之害,就想对德宗建议取消宫市,当时王叔文害怕德宗怀疑太子收买人心而危及太子的地位,劝阻了太子。现在顺宗即位,条件成熟了,于是正式下诏废除宫市。除了罢宫市外,还罢了"五坊"。所谓"五坊"即:即雕坊、鹘坊、鹞坊、鹰坊、狗坊。宦官借口皇帝享乐的需要,常去这五坊敲诈勒索。这二项弊政的废除,严重地打击了宦官的嚣张

---

① 《旧唐书》卷一三五《王叔文传》。
② 同上。
③ 同上。
④ 同上。

气焰。王叔文还说服唐顺宗将宫内的部分宫女发放回家,结果放出宫女300人、教坊女乐600人。

王叔文集团还策划夺取宦官的禁军兵权,从根本上打击宦官势力。这是改革中最艰难的一步,是革新派与反革新派的生死较量。王叔文深知这一场斗争关系改革的成败,冒着极大的危献去实行。他任用老将范希朝为为京西神策诸军节度使,革新派中坚韩泰为神策行营行军司马。宦官洞悉这一着的厉害,极力反击,终于说动了唐顺宗,没有将兵权交了出来。改革派关键的一着没有成功,这为日后的失败埋下了祸害。

改革的第二项是取消进奉。原来,安史之乱之后,节度使为了得到皇帝的信任,极力搜刮民脂民膏,向皇帝进献。有的每月进奉,称为"月进",有的竟每日进贡,称为"日进"。贪官也效法之,向皇上进贡。德宗时,每年收到的进奉钱多则50万缗,少也不下30万缗。顺宗接受王叔文的建议,下令除例行的进贡外,其他不得进贡。这一举措深得老百姓的欢心,因为节度使、贪官的进奉全来自百姓。

改革的第三项是打击贪官。浙西观察使李锜曾兼任转运盐铁使,乃著名的贪官,史书称他"盐铁之利,积于私室"。王叔文罢去他的转运盐铁使之职。道王李实是唐朝宗室,又兼京兆尹。贞元年间,关中地区本是大旱,他却向朝廷虚报丰收,强使农民照常纳税,逼得百姓变卖房屋,买粮食纳税。百姓恨之入骨,王叔文得知真实情况,下令罢了他京兆尹官职,贬为通州长史。

改革的第四项是抑制藩镇。《顺宗实录》云:

> 先时刘辟以剑南节度副使将韦皋之意于叔文,求都领剑南三川,谓叔文曰:"太尉使某致微诚于公,若与其三川,当以死相助;若不用,某亦当有以相酬。"叔文怒,亦将斩之……①

韦皋是剑南西川节度,他想完全领有剑南三川(剑南西川、东川及山南西道合称三川),以扩大割据地盘,专派使者刘辟到京都对王叔文进行威胁利诱,王叔文不仅坚决拒绝了韦皋的要求,还扬言要斩刘辟,吓得刘辟狼狈逃走。这一着影响很大,拥兵自重的节度使均知道王叔文的厉害,预感到危机的到来。

----

① 《顺宗实录》卷四。

王叔文的改革还有许多内容,仅就上面所说的四项,已可知其意义的重大。如果王叔文的改革成功,唐朝实现中兴不是不可能的。然而历史并没有按照王叔文预想的方向发展。受到打击的宦官势力与藩镇势力联合起来,利用顺宗重病之机,强使顺宗退位。永贞元年三月,顺宗之子李纯为皇帝,顺宗为太上皇,第二年顺宗被宦官害死。局势发生重大逆转,宦官势力、藩镇势力卷土重来,王叔文被免职,后被赐死;王伾亦被免职,后病死。参与改革的其他人均遭贬,逐出京城。永贞革新失败了。

永贞革新的两位首领王叔文、王伾均为越人。除此以外,还有刘禹锡(772—842)。《刘梦得外集》卷九有刘禹锡自撰的《子刘子自传》,谓"其先汉景帝贾夫人子胜封中山王"。关于他的籍贯,《旧唐书·刘禹锡传》说他是彭城人。刘家后来多次搬迁,在洛阳住过,因此,也有刘禹锡系洛阳人的说法。不过,刘禹锡的父亲刘绪于天宝末年避乱来到嘉兴,此后一直没有回洛阳,而刘禹锡也就生在嘉兴,长在嘉兴。① 嘉兴当年属苏州,现属浙江。因此,刘禹锡也可以说是江南人。

刘禹锡是王叔文政治改革集团的重要一员。永贞革新失败被贬为连州刺史,再贬为朗州司马。元和十年(816),他召还京城,在等待安排职务时,他游京城名胜玄都观,作了一首《游玄都观咏看花君子诗》,诗云:

紫陌红尘拂面来,无人不道看花回;

玄都观里桃千树,尽是刘郎去后栽。②

此诗"语涉讥刺,执政不悦,复出为播州刺史"③,御史中丞裴度为之说情,改授连州刺史,以后多次调动,均在西南蛮荒之地放逐。虽然迭遭打击,政治上再难以有所作为,但刘禹锡斗志不衰,对历史发展的前景充满信心,这从他写的许多诗歌中体现出来。他有一首小诗名《秋词》,诗云:

自古逢秋悲寂寥,我言秋日胜春朝。

晴日一鹤排云上,便引诗情到碧霄。

何等地乐观! 丝毫看不出失败后的颓丧。大和二年,刘禹锡奉诏还京,拜主客郎中。刘禹锡对于惹祸的玄都观念念不忘,又去玄都观游览,仍然是春天时分,桃花仍然开得很灿烂。刘禹锡即兴再赋诗一首,诗曰:

---

① 参见卞孝萱、卞敏:《刘禹锡评传》,南京大学出版社1996年版,第21页。

② 刘禹锡:《刘梦得文集·游玄都观咏看花君子诗》。

③ 《旧唐书》卷一一〇《刘禹锡传》。

百亩庭中半是苔,桃花净尽菜花开。

种桃道士归何处,前度刘郎今又来。①

好个"前度刘郎今又来",豪情胜概,感人至深!

曾经在越州做过刺史的元稹虽然不是永贞革新的人物,却是同情者。元和元年(806)正月二日,刚登位的宪宗登上御楼,接受群臣对自己登位的庆贺,亦欢庆镇压永贞革新的胜利。在这样的时刻,元稹写出了题为《永贞二年正月二日上御丹凤楼赦天下予与李公垂庾顺之闲行曲江不及盛观》的诗篇,诗云:"春来饶梦慵朝起,不看千官拥御楼。却着闲行是忙事,数人同傍曲江头。"②诗中明确表示"不看千官拥御楼",那副慵懒的态度深藏着对反革新派严重的不满。特别有意思的是,明明知道纪元已改元和,仍然以"永贞二年"标其题,不是公然表示对现有政权的不承认么?清人钱谦益评此诗云:"正月二日乃宣元和改元赦也,故书以示讥,所谓吾不欲观之矣!"

元稹与永贞革新派中的许多中坚分子包括刘禹锡、柳宗元是好朋友。元和十年(816)元稹外贬被召还京途中,闻知刘禹锡、柳宗元、李景俭亦将被召还京,诗人非常高兴,特意写了《留呈梦得子厚致用》一诗,题在进京途中的蓝桥驿墙壁,留呈即将归京的朋友,诗云:

泉溜才通疑夜磬,烧烟馀暖有春泥。

千层玉帐铺松盖,五出银区印虎蹄。

暗落金乌山渐黑,深埋粉堠路浑迷。

心知魏阙无多地,十二琼楼百里西。③

这首诗歌中的感情是复杂的:既有对现实险恶的深深忧虑,又有对未来的朦胧期盼。洋溢在字里行间的更多的是对同遭不幸的朋友们的深切同情与不胜怀念。柳宗元、李景俭病故多年之后,元稹、刘禹锡还重提这段难忘的往事。大和四年元稹出镇武昌途经蓝桥,仍然有诗怀念永贞革新的朋友们,可惜元稹的诗散佚了,但刘禹锡和作尚存。诗名《微之镇武昌中路见寄蓝桥怀旧之作凄然继和兼寄安平》,诗云:

今日油幢引,他年黄纸追。

---

① 刘禹锡:《刘梦得文集·再游玄都观》。

② 元稹:《元氏长庆集·永贞二年正月二日上御丹凤楼赦天下予与李公垂庾顺之闲行曲江不及盛观》。

③ 元稹:《元氏长庆集·留呈梦得子厚致用》。

同为三楚客,独有九霄期。

宿草恨长在,伤禽飞尚迟。

武昌应已到,新柳映红旗。①

永贞革新已经成为历史,它的功过是非有历史学家们去评述。在我们看来,最为重要的是这种变革的意识、变革的精神。不管怎样,永贞革新的斗士们的变革意识、变革精神是值得肯定的。

(二)明中晚期阳明后学的启蒙思想

中国的封建社会究属何时建立,学术界还无定见,不管是最早的春秋封建,还是较迟的秦汉封建,这种社会制度一经确定,就成为一种超稳定的结构,尽管朝代迭换,然基本的社会制度不变,直到清朝被推翻,封建主义的政治制度才结束了,但是意识形态的变革与政治的变革并不同步。政权改变之前,它有启蒙,政权改变之后,它的变革还会延长一个相当长的时期,而且这种变革也不是简单地表现为一种新的意识形态完全取代旧的意识形态,而是在新的意识形态中合理地吸收进旧的意识形态。我们说的社会转型,它的跨步非常之大,往往新的意识形态刚出现,启蒙就开始了。

就中国社会发展的实际来看,明代中晚期有过一个资本主义意识形态的启蒙,这种启蒙的背景是资本主义的经济在中国的东南出现,与之相关,在文化上则出现一种以尊重人的个性、人的情欲的自然人性论,这种自然人性论当时并没有直接冲击政治,但在动摇着作为封建政治基础的儒家思想。

值得指出的是,这种尚处萌芽状态的新的意识形态并不是西方输入的,而是从中国传统文化中生成的。王阳明的"心学"本是圣人之学,却历史性地成为这种新的意识形态的摇篮,也许王阳明自己也不曾料想,他为了突出"心"的一统作用,给"身"留下一个地位,说是"无心则无身,无身则无心"。这一说法,在他的弟子手里竟成了"人欲"合法的理论根据。程朱理学是排斥人欲的,说是"存天理,灭人欲",而在阳明后学,人欲并不是可怕的东西,它是人的本性。李贽就说:"穿衣吃饭,即是人伦物理。除却穿

① 刘禹锡:《刘梦得文集·微之镇武昌中路见寄蓝桥怀旧之作凄然继和兼寄安平》。

衣吃饭,无伦理矣。"①

何心隐认为"性"与"欲"不可分,"性而味,性而色,性而声,性而安逸,性也"。"欲货色,欲也;欲聚和,欲也。"②"欲"与"情"相联系,于是尊欲就成为尊情,汤显祖就大胆地提出"情至"说,他认为,情与理是可以不一致的,"情有者,理必无;理有者,情必无",而人是不能没有情的,"第云理之所必无,安知情之所必有邪?"③人不仅应有情,而且无妨让情发挥到至境,至情是可以创造生命奇迹的。汤显祖说:"生者可以死,死可以生。生而不可以死,死而不可以生,皆非情之至也。"④这些为欲、为情争地位的理论,不仅在生活中有着坚实的基础,而且在文学戏曲作品中也得到了充分的体现。冯梦龙的《三言》、平江笑笑生的《金瓶梅》就真实地再现了情欲横流的社会现实,反映出新兴的市民阶层在生活上的追求。

这场新的文化思潮来势猛烈,不少学者以不同的方式被卷了进去,赞成者、助澜者有之,反对者、诋毁者亦有之。越地名士在这场思潮中,基本趋向是站在潮头,原因很简单,这股思潮的始作俑者王阳明是本地人,阳明后学的重要人物王畿是本地人。他们的学说实际上是这股思潮的动因。这里,我们特别要谈到徐渭的贡献。徐渭诗文书画,以奇著称,在理论上他提出"真我"说,他说,天地人世间,所谓大小均是相对的,也就是说,没有绝对的、孤立的东西,然"爰有一物,无挂无碍,在小匪细,在大匪泥,来不知始,往不知驰,得之者成,失之者败,得亦无携,失亦不脱,在方寸间,周天地所。勿谓觉灵,是为真我"⑤。

什么是"真我"?当然是真正的自我。为什么要强调"真"?难道做真正的自我难吗?难!徐渭提出真我说,实际上是针对程朱理学的,在程朱的道德哲学之下,人是不可能以自己真面目生活的,所谓的"天理"总是在扼杀着人欲,而人欲本是人性所有,是自然的,天然的,处处将它控制,将它扼杀,哪里还有真正的人,真正的我?徐渭"真我"说与李贽的"童心"说本质是一致的。它们都具有反对封建礼教的意义。在文学艺术的创作上,徐

---

① 李贽:《焚书》卷一。
② 何心隐:《爨桐集》卷二。
③ 汤显祖:《牡丹亭题词》。
④ 同上。
⑤ 徐渭:《涉江赋》。

渭提出要表现真我,同时还进一步提出"本色"说,徐渭说的"本色"含意较多,其中重要的一点就是真情感,合情合理。他批评《香囊记》,认为这个戏"如教坊雷大使舞,终非本色"①。批评《西厢记》"婢作夫人者欲涂抹成主母而多插带,反掩其素"②。他还在评《昆仑奴》中说:"凡语入紧要处,略着文采,自谓动人,不知减却多少悲欢,此是本色不足者乃有此病。"③这些观点其实与袁宏道的"性灵"说是很相投的,事实上,袁宏道、李贽、汤显祖均是一条战线上的战友,他们的观点互相阐发,共同构成晚明表现在文学艺术上的启蒙思潮。按年龄,徐渭大李贽 6 岁,长汤显祖 29 岁,长袁宏道 47 岁。这样说来,徐渭应是这股启蒙思潮的先驱。

(三)明末清初黄宗羲的启蒙思想

徐渭之后,具资本主义意义的启蒙思想经李贽、汤显祖、袁宏道等人继续发挥着,但由于资本主义的经济在当时的中国并不成熟,科学技术水平也不足以造就生产力的迅猛发展,因此,这种具有资本主义意识形态意味的启蒙思想并没有发展到比较完善的地步,而与传统的意识形态真正做到叛逆。也就是说,它大旨还是在封建意识形态基本上认同的范围内发展着,其进步的思想也都能溯源到古代原始的民主。然而到明末清初的黄宗羲,这种启蒙的思想发展到了一个新的高度。

黄宗羲充分注意到了近代工商业界发展所带来的社会变化,新兴的市民阶层已经出现,生产力的发展与封建社会的生产关系已经不相适应,为了建立一个合理的社会,黄宗羲在他的《明夷待访录》中提出一系列新思想:

第一,在政治制度上,他提出君主、宰相、学校三位一体的政治模式。首先确定一个思想,天下不是君王一人之天下,而是天下人之天下,君王的权力要得到控制、监督,控制、监督者之一就是宰相,宰相要建立责任内阁,共同管理国家。而学校不只是培养人才,还是要议论朝政、监督君主和宰相的机构。黄宗羲的这种思想,含有君主立宪制和议会政治的意味。

第二,在经济上,他反对以商为末的抑商现象,他认为商也是本。这种

---

① 徐渭:《南词叙录》。

② 徐渭:《西厢记题词》。

③ 徐渭:《题昆仑奴杂剧后》。

思想明显地代表了新兴市民的利益。另外,他强调"国民之富",反对天子聚财于己的做法,认为只有"天下安富"才是理想的社会。黄宗羲对国家货币政策提出许多具有近代经济制度色彩的观点,他认为,金银开采完全为宫廷控制,实际上不能作为货币进入流通,因此,"非废金银不可"①。黄宗羲主张统一货币,让货币真正还原为一般商品,能够与粟帛这样的日用商品进行交换。

第三,反对迷信,痛斥"鬼荫"之说,亦反对葬地之方位之说。他说:"方位者,地理中之邪说也,三元白法者,又邪说中之邪说矣。"②对于中医,他亦认为,要认真地研究人体经络系统,不可妄言。

第四,在文学上,他崇尚个性,崇尚真情。

黄宗羲的《明夷待访录》写于清初,此时的黄宗羲放弃了抗清的行动,但也拒绝清的征辟,而专意于著作,他是在为未来的社会提供思想。此书前于卢梭的《民约论》一个世纪,因此它非常可贵。侯外庐先生说:"此书类似于'人权宣言',尤以'原君'、'原臣'、'原法'诸篇明显地表现出民主主义思想。"③梁启超非常看重这部书,他说:"我们当学生时代,〔《明夷待访录》〕实为刺激青年最有力之兴奋剂。我自己的政治活动,可以说是受这部书的影响最深。"④晚清时期,梁启超、谭嗣同等倡民主共和,就从这部书中吸取思想武器。他们将这部书秘密印数万册,发给民众。这部书在推翻封建统治、建立近代国家的宏伟事业中发挥了重要作用,黄宗羲不愧是思想的先行者,是天才的预言家。他以卓越的思想推动着中国社会实现具有时代意义的转型。

(四)近代龚自珍、蔡元培的改革思想

虽然中国社会的转型可以追溯到明代中期,但中国这具古老而又庞大的机器要真正实现其转型,可不是容易的事。清兵入关,晚明已经出现的一抹淡淡的资本主义朝霞即被浓重的乌云吞没了,程朱理学又被置于至高无上的权威地位,具有变革意识的阳明心学被说成是"野狐禅",受到严重

① 黄宗羲:《明夷待访录·财计一》。
② 黄宗羲:《南雷文约·七怪》卷四。
③ 侯外庐:《中国思想史》第5卷,人民出版社1956年版,第155页。
④ 梁启超:《中国近三百年学术史》。

打击,了无生气了。

首先感受到康乾盛世不再,力图变法图新、开新思想启蒙之先河的是著名学者龚自珍(1792—1841)。他提出了一系列的改良主义的主张,如《西域置行省议》、《东南罢番舶议》等,还提出改革内阁制度、科举制度,但这一切主张都被朝廷置之高阁。官吏依然在腐败下去,国家的经济状况继续在变坏,苛捐杂税将人民压得喘不过气来。

龚自珍生于乾隆五十七年,那时还是盛世,但逐步地由盛转衰了。龚自珍去世的前一年,鸦片战争爆发,清王朝不堪一击,紧接着又是一连串的严重失败,号称天朝的清王朝一下子就坠入到灭亡的危险境地。国人愤怒了,也觉醒了。"中国要变"成为时代的最强音。然而如何变,变成什么样子,国人有着不同的看法。但有一点似是共同的,那就是向先进的资本主义国家学习,于是,就有了张之洞的"中学为体,西学为用"说,康有为的"君主立宪"说,等等。由于这场启蒙思潮直接关系到最高统治阶级两大集团——光绪皇帝集团和慈禧皇太后集团的利益,就必然要付出生命的代价,于是,就有了谭嗣同六君子的喋血,康有为、梁启超的亡命。

1911年,封建政权被暴力推翻,接着,中华民国成立。政治方向上是明确了,要建设一个与近代民主政治接轨的新式国家,但是,如何建设,仍然遇到严重困难。文化的冲突在新的历史背景下仍然在继续着,且广度与深度远非从前了。

在这样一个背景下,代表新时代变革趋向的领头人物是蔡元培(1868—1940)。蔡元培,字鹤卿,改字仲申,号孑民,绍兴府山阴县人。蔡元培之所以能成为代表新时代变革趋向的领军人物,有着特殊优势。这优势有如下几个方面:

第一,文化修养上真正做到学兼中西。蔡元培旧学出身,自小熟读四书五经,科举考试一路顺畅。1883年中秀才,1885年中举人,1890年中贡士,1892年补殿试,进士及第,授翰林院庶吉士,1894年,应散馆考试,补翰林院编修。差不多两年一上。蔡元培对中国的传统文化真懂,而于西学修养,在当时的知识分子中也没人能比。1902年,他游学日本;1907年,留学德国。他在德国研修的时间最长,先后计算起来共有五年。其次是法国,也有三年,他对法国的卢梭、伏尔泰等著名学者的人权思想、民主意识有深入的研习。欧洲其他的国家,他大多也游览、访问过,可以说,蔡元培对西学的研习是深入且广泛的。

第二,蔡元培的学识非常全面,很难将他定在哪一个专业之内。就独立的学术专著来看,也许《中国伦理学史》应列在第一,但是,他最感兴趣的是美学,并且自认为美学是他的专业,而于哲学、民族学、心理学亦有浓厚的兴趣。现在人们最为重视的蔡元培的身份是教育家。当然,蔡元培在教育上的成就是最大的,不仅在教育理论上,而且更在教育实践上。

第三,蔡元培既是反清革命的实践者,又是反清革命的宣传者。众所周知,蔡元培是反清重要组织光复会的首领。光复会后来加入同盟会,蔡元培被孙中山委任为同盟会上海分会会长。蔡元培发表过许多反清的文章,积极进行反清宣传。在反清的认识上,他远高于单纯的排满主义者,

第四,蔡元培既是著名的学者,又是杰出的政治活动家、行政管理者。他是中华民国第一任教育总长,曾受孙中山之托,去北京接袁世凯南下,调解南北关系事宜。他担任北京大学校长达十年之久,是北大校史上最为重要的一届校长,他还担任过大学院院长、中央研究院院长、中华民权保障大同盟副会长、国际笔会中国分会会长等重要职务。

蔡元培的改革思想具有两个特色:一是与世界先进文化接轨,将重点放在科学与民主上;二是符合中国国情。具体来说,他的变革思想及其实践主要在这些方面:

第一,在教育理念上,在他任教育总长时,改变清廷原定的忠君、尊孔、尚公、尚武、尚实五项宗旨,而为军国民教育、实利主义、公民道德、世界观、美育五项。

第二,提出"以美育代宗教"的新的世界观教育。他说:"提出美育,因为美感是普遍性,可以破人我彼此的偏见;美感是超越性,可以破生死利害的顾忌,在教育上应特别注重。"①"然则保留宗教,以当美育,可行么?我说不可。一,美育是自由的,而宗教是强制的;二,美育是进步的,而宗教是保守的;三,美育是普及的,而宗教是有界的;因为宗教中美育的原素虽不朽,而既认为宗教的一部分,则往往引起审美者的联想,使彼受智育德育诸部分的影响,而不能为纯粹的美感,故不能以宗教充美育,而止能以美育代

----

① 蔡元培:《蔡元培自述》,河南人民出版社 2004 年版,第 87 页。

宗教。"①蔡元培"以美育代宗教"的观点是相当超前的,具有极为深远的意义。

第三,蔡元培在教育上开放女禁,他说:"我素来主张男女平等。"在大学首开禁令,兼收女生。

第四,提出教育独立的思想。1922 年 3 月,蔡元培发表著名的《教育独立议》。他说:"教育事业当完全交与教育家,保存独立的资格,毫不受各派政党或各派教会的影响。"

第五,在北大实行一系列改革,包括:学术自由,调整学科,沟通文理,创办研究所等等。北大就这样走上健康发展的道路,且与世界进步的高等教育接轨。

第六,提出大学院的设想,开创高等教育与社会科学研究相结合的新思路。

蔡元培是中国近现代最伟大的文化改革家,他所开辟的文化之路、教育之路,是强国之路,是健民、智民之路,今天我们仍然走在蔡元培开辟的这条道路上。

变革一直是中国社会前进的主题。只是在不同的时代、不同的时期其具体的内容不同,关系社会发展进程的重大程度不同。变革不是目的,变革的目的是创新,因此,变革的同时总是新的观念、新的制度、新的方式的产生。否定旧事物固然不易,提出切实需要且切实可行的新的东西更难。即使是切实需要且切实可行的新方案提出来了,要将它付之实施且取得成功,还需要付出巨大的努力,其间的艰难也许并不小于新方案的提出。

新的事物的产生与成功需要诸多的条件。这些条件有些属于变革者本身的,然更多的则属于社会的。黄宗羲的政治方案不能说不好,黄宗羲个人的素质应该说也很优秀,但他还是失败了,失败原因主要在社会方面。这里用得上恩格斯谈悲剧的一句名言:"历史的必然要求和这个要求的实际上不可能实现之间的悲剧性的冲突。"②因这个矛盾,黄宗羲的失败就是必然的了。黄宗羲的理想虽然在现实中不能实现,但他提出这种理想来,对后人有启发,也是伟大的。

---

① 蔡元培:《蔡元培美学文选》,北京大学出版社 1983 年版,第 180 页。
② 恩格斯:《致斐·拉萨尔》,《马克思恩格斯选集》第 4 卷,人民出版社 1995 年第 2 版,第 560 页。

变革具有社会的必然性。变革人物与革命人物一样,均是社会的先知者、先觉者、先行者。是社会的需要,才有了他们的产生,同样,也因社会的培育,才有了他们的成长。反过来,又是他们的思想和实践影响着社会,改造着社会,推动着社会前进。

中国历史上改革多矣,成功者有之,失败亦有之,成功与失败相较,似是失败多于成功。遍读历史,每读到改革失败,总是让人扼腕浩叹。我们本章开头谈到唐朝中期王叔文的改革,在《旧唐书·王叔文传》中有这样一段话:

> 叔文未欲立皇太子,顺宗既久疾未平,群臣中外请立太子,既而诏下立广陵王为太子,天下皆悦,叔文独有忧色,而不敢言其事,但吟杜甫题诸葛亮祠堂诗末句云:"出师未捷身先死,长使英雄泪满襟。"因歔欷泣下,人皆窃笑之。皇太子监国,贬为渝州司户,明年诛之。①

"出师未捷身先死",固然让英雄泪满襟,但最可怕的也最让人伤心的,是改革之始一般很难得到大多数人的赞同。这就是说,虽然社会有了改革的需要,但这种需要要让广大群众理解、接受,还有一个过程。王叔文的改革得不到反对派的理解,那是自然的,利益不同!但得不到天下人的理解,而且让人窃笑,那就可悲了。这让我们想到鲁迅在小说《药》里写到的革命者夏瑜与牢头阿义还有华老栓这样普通百姓的关系。夏瑜自然是代表人民利益的,他所做的一切都是为了百姓好,包括牢头阿义和华老栓在内,然而阿义和华老栓根本不能理解夏瑜,在他们看来,夏瑜是一个造反者,一个罪犯,活该要砍头的。

谈到改革的失败,除了历史的必然要求与这个要求的现实的不能实现的矛盾外,改革者的软弱与对问题的严重性认识不足也是有重要关系的,王叔文的改革的失败也见出这一点。正是在改革的关键时刻,王叔文的母亲死了,他要回家为母治丧。行前,他在翰林院摆了一桌酒席,将诸学士和宦官李忠言、俱文珍、刘光奇都请来了,王叔文说:"叔文母疾病,比来尽心尽力为国家事,不避好恶难易者,欲以报圣人之重知也。若一去此职,百谤斯至,谁肯助叔文一言者,望诸君开怀见察。"②王叔文已预感他的去职会带

---

① 《旧唐书》卷一三五《王叔文传》。
② 同上。

来诽谤,这个预感是准确的,然而他竟然去求助他的敌人,助他一言,这就迂腐之极了。《旧唐书·王叔文传》特意将这一段录下,实在发人深省!

中国现在已进入新的历史时期了,这个新的历史时期概括起来,就是建设一个具有中国特色的现代化的社会主义强国。这个历史时期是相当漫长的,这个过程中必然有着许许多多的改革。这个时代比之历史上任何一个时代更需要改革者,也比之任何一个时代更支持改革者。王叔文那样的悲剧虽然不能说在今天绝不可能有,但至少是越来越少了。原因是,今天的人民远比任何一个时代的人民要觉悟,今天的当政者远比任何一个时代的当政者要开明,特别是今天的司法远比任何一个时代要严密,要公正。

改革者的春天到来了,浙江改革开放三十余年来经济的迅猛发展不就得益于改革吗? 在改革的浪潮中,浙江这块有着变革传统的神奇的土地上,涌现出许许多多的改革者,他们在创造着一个个新的改革的奇迹,从而使浙江走在中国现代化的前列!

三、革命之秋

广义的变革大体上有两种情况,一种是社会基本性质不变,只是对社会结构的某些部分进行改革,使社会这具机器能够良性地运转,这种变革我们称之为改良或改革;另一种则是将社会制度总体上推翻,那就是我们通常说的革命了。从中国历史上看,真正称得上革命的大概主要有二:一是推翻封建制度的最后一役——反清革命;二是推翻帝国主义、封建主义、官僚资主义代表北洋军阀政权和蒋介石政权的革命战争。

(一)学者革命家——蔡元培和章太炎

越中自古多慷慨悲歌之士,清兵当年进关,南下浙江时,就曾遭到浙江人民的激烈反抗。鲁王在绍兴监国,号令天下,光复山河。刘宗周、祁彪佳在大势已去之时,相继自杀,以誓决不与异族统治者合作的决心。黄宗羲抗清失败后,隐居著书,拒不应清朝的科举,邀取功名。当年这些悲愤填膺的壮举在新的历史条件下演化成改天换地的武装斗争。越中一带涌现出无数可歌可泣的英雄豪杰。

中国最后一个封建社会清代步履蹒跚终于走到了尽头,当康乾盛世的辉煌变成天际一抹残霞的时候,人们突然发现,这个东方帝国竟然如此贫弱,帝国主义列强接二连三地蹂躏着神州大地,一个个丧权辱国的条约,令人扼腕浩叹!眼看着一块块土地或是被割让,或是被租借,白花花的银元,作为赔款源源不绝地落进列强的腰包,特别是极尽人间奢华富贵,号称"万园之园"的圆明园被英法联军焚毁。中国人民终于怒吼了,有识之士认识到,要强国,必须首先推翻这个极端腐朽的清政府。

真正意义的革命开始于孙中山、黄兴等人领导的推翻满清政府的斗争。1894 年,孙中山在檀香山成立革命组织兴中会,1903 年,黄兴在长沙成立革命组织华兴会,1905 年,华兴会、兴中会在日本东京联合成立同盟会。也正在这个时候,以浙江绍兴人为领导、为主体的另一个革命组织光复会也在 1904 年成立了,光复会不久加入同盟会。一场由同盟会领导的资产阶级民主革命在中国大地上演出了威武雄壮的一幕。

光复会的首任会长是蔡元培,山阴人。作为前清的翰林,在中日甲午海战之后,目睹清政府的腐败无能,深感这个政府"无可希望",毅然弃官出京,先是在家乡办新式学校,目的是培养新式人才,以救国救民。不久去上海,从事革命的宣传工作,办起了《俄事警闻》,此刊后改名《警钟》。此时,本在日本留学的浙江嘉兴青年龚宝铨回到上海,组织暗杀团,欲先狙击满清权贵,以造成震动,然后发动群众。此本是在日本东京成立的军国民教育会的主张。但是,暗杀团的人员极少,力量单薄。龚宝铨与蔡元培商量,决定扩大组织,吸收会党参加,遂成立光复会。章太炎、陶成章、徐锡麟、秋瑾、王金发、尹锐志均是这个组织的中坚分子,蔡元培以其声望担任光复会的首任会长。

在推翻满清政府的事业中,蔡元培的主要贡献是组织工作,蔡元培以他崇高的威望,团结了以浙江省人士为主体的这一批革命党人,先期的组织工作功不可没。

蔡元培是学贯中西的大学者,真正的文人,然而他并不是一味在书斋中讨生活的冬烘学究,而是目光如炬,气度恢宏,指挥千军万马的元戎。在中国历史上,像他这样的知识分子,大概只有文天祥、王阳明、于谦、史可法可比。

同样为学者的革命家还有章太炎(1869—1936),章太炎是中国近现代最有成就的古文经学大师,然而他亦不是头脑冬烘的学究,而是叱咤风云的革命弄潮儿。

章太炎,余杭人,出生于书香门第,自小受到良好的中国传统文化的教育。16岁那年,他第一次参加乡试,因癫痫病发作而作罢,自此绝意科场。章太炎从师同乡大学者俞樾,俞樾十分看重章太炎,章太炎对俞樾亦十分敬重。但是,在革命这一事情上,师生有分歧。俞樾并不是不主张推翻清王朝,只是认为章太炎作为一介书生,应以做学问为本职,况且章有非常好的学术功底,只要费以时日,可以造就为大才。在俞樾,瞩目于章太炎的是学问家,而不是革命家;而在章太炎,却是将革命放在首位。这样,在章太炎投身反清斗争之后,俞樾就不能接受了。师生关系于1901年破裂,章太炎写了《谢本师》,在政治观点上做别俞樾,毅然决然继续着血雨腥风的革命者生涯。尽管如此,章太炎无时无刻不在惦记着老师。俞樾去世后,章太炎返杭州曲园凭吊老师,伏地行三跪九叩之礼,涕泪交流。章太炎自定《太炎文录初编》时,没有收入《谢本师》,却收入《俞先生传》。章太炎内心的痛苦可见一斑。

章太炎是那种识大义的知识分子,套用"吾爱吾师,然吾更爱真理",章太炎"吾重吾师,然吾更重民族"。

章太炎最为激烈的反清行为充分表现在著名的"苏报案"中,《苏报》是当时上海的一家反清刊物,主笔即为章太炎。1903年5月,湖南青年邹容写了《革命军》一书,此书用通俗易懂的文字,鼓吹革命,影响极大,清廷为之震动。而此书的序言就出自章太炎。章太炎将此文并自己另一文章《驳康有为论革命书》一并发表在《苏报》上,清廷极为恐慌,欲查封此刊。章太炎闻讯不肯离去,并劝邹容不要走,结果两人均被捕。法庭上章太炎侃侃陈辞,痛斥清廷种种罪恶,轰动全国。章太炎在狱中写诗《狱中赠邹容》:

> 邹容吾小弟,披发下瀛洲。
>
> 快剪刀除辫,乾牛肉作糇。
>
> 英雄一入狱,天地亦悲秋。
>
> 临命须掺手,乾坤只两头。

章太炎出狱后,应孙中山之邀去日本主办同盟会的机关刊物《民报》。检章太炎革命的一生,大多时期是在从事革命的宣传工作,而且主要是在论战,论战的对象,最早有康有为,主要批驳康的保皇思想;其后有梁启超,主要批驳梁的君主立宪论;再其后有吴稚晖,主要揭批吴的卖友投敌行为。他与孙中山后来也发生过矛盾,不过,这矛盾是内部的矛盾,在推翻满清政府这一根本方向上,他们是一致的。

尽管如此,章太炎还是因为与孙中山的矛盾而离开了同盟会,他与陶成章一起重建光复会,自任会长,陶任副会长。陶成章跟孙中山亦有矛盾,章、陶这种联合,严重破坏了革命党人的团结,分裂了革命势力,一直为人诟病。

章太炎虽然与孙中山在革命策略上有分歧,但与孙在革命的大方向上完全是一致的。辛亥革命后成立中华民国,孙中山担任临时大总统,聘请章太炎为枢密顾问。1917年,段祺瑞任国务总理,拒绝恢复临时约法和国会,孙中山在广州成立护法军政府,章太炎为秘书长。这些充分说明章太炎一直是坚持革命的。鲁迅先生听过章太炎先生的讲学,称是章太炎先生的学生,章太炎去世,他撰文表示哀悼。在文章中,他说:"考其生平,以大勋章作扇坠,临总统之门,大诟袁世凯的包藏祸心者,并世并无第二人;七被追捕,三入牢狱,而革命之志,终不屈挠者,并世亦无第二人,这才是先哲的精神,后生的楷模。"①"我以为先生的业绩,留在革命史上的,实在比在学术史上还要大。"②"战斗的文章,乃是先生一生中最大,最久的业绩。"③这种评价是准确的。

(二)光复会群英谱

反清团体光复会,虽然前后几届的会长是蔡元培、章太炎,但自始至终实际从事领导工作的是陶成章(1878—1912)。陶成章,字焕卿,会稽人。光绪二十年(1894),甲午战争惨败,遂萌发反清革命之志。他认为,革命非通过军事手段不可。他1902年居北京,就屡谋进陆军学校,不获如愿,1903年东渡日本,终于进了陆军学校。翌年回国,从事实际的革命活动。同年10月,他与龚宝铨、蔡元培、章太炎等一起在上海组织光复会,推蔡元培为会长。光绪三十一年(1905),他与同乡徐锡麟创办大通师范学堂,遍招浙

---

① 《鲁迅全集·且介亭杂文末编·关于太炎先生二三事》第6卷,人民文学出版社1973年版,第549页。

② 同上书,第547页。

③ 同上书,第550页。

东会党骨干入学,作为革命活动的重要据点。1907 年 1 月,陶成章在日本东京参加中国同盟会,任浙江分会会长。1908 年回国,任教芜湖中学,联络皖浙起义,事败避走日本,后赴南洋从事宣传、筹款等活动,期间,曾任同盟会机关刊物《民报》的编辑、《光华日报》(缅甸)主笔。1911 年,武昌起义,杭州光复,陶成章被举为浙江军政府总参议,参与江浙联军攻克南京之役。1912 年 1 月 14 日,陶成章被蒋介石派人刺杀。

陶成章一生从事过各种革命活动,宣传、筹款、军事斗争,他有缺点,由于个性的原因,胸怀不够宽广,另,也囿于复杂的斗争环境,他对人、对事也有过误识。他与孙中山的矛盾,革命党人是尽知的,其间的是是非非,今天也是难以说清的了,但有一点是可以肯定的,他是完全彻底地献身于革命事业的,在反清、建立民国这个根本点上,他与孙中山没有任何矛盾。

与陶成章一起筹办大通学堂的徐锡麟(1873—1907),亦是坚贞不屈的反清壮士。徐锡麟,字伯荪,号光汉子,山阴人。光绪十九年(1893)中秀才。光绪二十九年(1903)赴日本参观大阪博览会,时值留日学生兴起拒俄运动,深受影响。次年冬,在上海与蔡元培、陶成章共组秘密革命团体光复会。1905 年,在浙江诸暨、嵊县、东阳、义乌等地联络会党秘谋起义。又在绍兴创办大通师范学堂作为革命活动据点。不久,同陶成章、龚宝铨等议捐官去日本学陆军,以便回国后掌握兵权实行革命。捐得道员后,于 1906 年 1 月前往日本。抵东京后,受到清方阻难,又因眼属近视,未能实现学习陆军的愿望。5 月下旬归国,得安徽巡抚恩铭的信用,先任陆军小学堂会办,次年改任安徽巡警学堂会办兼安徽巡警处会办。在学生中积极活动,并联络新军准备起义。原与秋瑾约定皖、浙同时举事,后因风声走漏,引起恩铭注意,被迫提前发动。7 月 6 日,借恩铭参加巡警学堂学生毕业典礼的机会,在陈伯平、马宗汉配合下枪击恩铭,率巡警学堂学生攻占军械所,失败被俘,英勇就义。徐锡麟牺牲后,孙中山为他写了挽联:"丹心一点祭余肉,白骨三年死后香。"[1]

光复会员越籍人士中,不仅有须眉豪杰,也有巾帼英雄。最突出的是秋瑾(1878—1907),她出身官宦人家,夫家亦是著名士绅,世代为官,然她

① 引自《团结报》1983 年 1 月 8 日,载《徐锡麟集》,中国文史出版社 1993 年版,第 153 页。

毅然舍弃富贵的生活,去日本留学,谋求救国之路。她身为女子,却有一股男子汉的气概,常着男装,并喜佩剑,人称"鉴湖女侠"。她回国后,在上海创办《中国女报》,志欲唤醒妇女的救国意识。1907 年,她接替徐锡麟主持大通学堂工作,以大通学堂为基地,培训骨干,秘谋起义,后事泄被捕,在绍兴轩亭口英勇就义。

光复会中还有不少女英雄,如,尹锐志(1891—1948)、尹维峻(1896—1919)姐妹。尹氏姐妹也系嵊县人,1905 年,姐锐志携妹进秋瑾主持的绍兴明道女学堂读书,深得秋瑾的赏识,姐妹先后加入光复会,协助秋瑾联络会党,谋划起义。皖浙失败后,姐妹逃亡上海。武昌首义成功消息传来,姐妹们积极参与光复上海之役。妹尹维峻还率敢死队主攻浙江巡抚衙门,亲掷第一枚炸弹。杭州光复后,又率"女子荡宁队",会合江浙沪联军会攻南京。姐妹俩在民国成立后,均担任临时政府的总统府顾问。

光复会中还有一对姐妹不应忽略,那就是秋瑾的好朋友徐自华与其妹徐小淑了。徐自华(1873—1935),字寄尘,崇德人,能诗善文。徐本是南浔镇浔溪女校的校长,秋瑾来此校任教后,二人结为好友。受秋瑾影响,徐自华积极参加革命,秋瑾遇害后,她冒死安葬秋瑾遗骨,并组织秋社,搜集、整理秋瑾遗作。徐自华的妹妹徐小淑(1887—1962)字蕴韵,是秋瑾在浔溪女校任教时的学生。1906 年,她随秋瑾去上海,入爱国女校读书,协助秋瑾办《中国女报》,宣传革命。1907 年秋瑾筹划起义时,徐小淑也积极协助。

光复会首任会长蔡元培,实际领袖陶成章,主要骨干徐锡麟、秋瑾,家乡均为山阴。其他大部分也系绍兴府人士。会员中以浙江人居多,《光复会党人录》录党人 1100 人,非浙江籍人士仅 92 人。

(三)光复会的精神传统

值得我们特别注意的是,越籍反清志士在这场推翻满清封建政权、缔造民国的革命大业中,光复会非常自觉地将自己的奋斗与中国文化传统还有越文化精神联系起来。如陶成章在《中国民族权力消长史·叙例八则》就这样明确地说:

> 我中国有唱兼爱,申民权,表明大同学说之大宗教墨翟、孔子、孟子、黄宗羲,世界莫能及;我中国有热心爱国,抗拒异族,百折不磨之大义烈家刘琨、祖逖、岳飞、文天祥、张世杰、郑成功、张煌言、李定国。世

界莫能及……①

这里说的"学说"中有黄宗羲的学说,"义烈人物"中有张煌言,此两人均属越人。蔡元培在《徐锡麟墓表》中有一段文字说及浙江省为何在反清的伟业中表现最为激烈,他是这样说的:

> 有明之亡,集义师,凭孤城,以与异族相抗者,于浙为最烈,而文字之狱,亦甲于诸省,故光复之思想,数百年未泯。自晚村至定庵,其间虽未有伟大之著作为吾人所发见,而要其绵绵不绝之思潮,则人人得而心慕之。②

蔡元培、陶成章的这种认识具有普遍性,在章太炎、徐锡麟、秋瑾的著作中亦可看到类似的文字。如果我们稍许深入地考察一下这些革命志士的言行当不难发现,他们的言行鲜明地继承并发扬了越文化的优秀传统。

首先,为国为民的天下情怀。为国为民的天下情怀,在越文化中,可以追溯到大禹,这一非常可贵的传统一直延续下来,但在不同的历史时期其内涵有所不同。晚清光复会的为国为民的天下情怀有着那个时代赋予的特定的内涵和意义。

关于这场革命的目的,徐锡麟起草的《光复军告示》说:"誓扫妖气,重建新国,图共和之幸福,报往日之深仇。"③章太炎的《讨满洲檄》中说:"自盟以后,当扫除鞑虏,恢复中华,建立民国,平均地权,有渝此盟,四万万人共击之。"

这里涉及两个问题:其一是革命与排满的关系。在这个问题上,革命党人有过分歧,有过迷惑,在革命前期,排满意识突出,强调夷夏之别,强调华夏民族的主体意识,章太炎、陶成章是最激烈的。上面他们二人拟的告示和檄文也体现出这一点。陶成章将满人入关称为"民族黑暗",他在《中国民族权力消长史》中强调,"中国者,中国人之中国也"④。这"中国人",在他,是理解成汉人的。在排满这一点上,说明陶成章、章太炎在反清革命早期思想还比较狭隘。

不过,蔡元培的观点则有所不同,他在《苏报》发表《释仇满》一文,指出

① 《陶成章集》,中华书局 1986 年版,第 214 页。
② 《蔡元培全集》第 2 卷,浙江教育出版社 1997 年版,第 205 页。
③ 《徐锡麟集》,中国文史出版社 1993 年版,第 81 页。
④ 《陶成章集》,中华书局 1986 年版,第 212 页。

满人实已被汉人同化,满人之与国民为敌,并非在种族上,而是在政治上,这些人占有各种特权。也就是说,革命的根本目的不是杀满人,而是剥夺满人的特权。

其二是中国与世界的关系。陶成章的告示中提出要建立"要图共和之幸福";章太炎的檄文提出要"建立民国",说明他们的思想是符合世界潮流的,是进步的。陶成章在《中国民族消长史》中指出:"我国亦当震醒顽梦,刷励其精神,与白色人种共遂太平洋之浪,而交战于学术界、工艺界、铁血界中,求争存于世,而垂裕乎后昆,于斯时也,我中国之存亡,乃与全世界有关系,是为全世界之中国。"①秋瑾著文《我羡欧美人民啊》,明确表达,她的革命理想是建立一个像欧美那样的民主国家。至于蔡元培,更是向往欧美式的民主政治的。革命的目的不是将中国封闭起来,更不是建立一个由汉人掌权的中华帝国,而是将中国与与世界先进的民主政治接轨,建立起一个新型的民主国家。基于这种思想,越籍的革命志士不仅在推翻满清政权上英勇斗争,而且当袁世凯企图恢复帝制时,也都站在斗争的最前列。

越人尚武、尚侠,这种传统可以追溯到越王勾践的卧薪尝胆,报仇复国。我们曾以"胆剑精神"概括之。这里的内涵同样是丰富的,比如,坚忍不拔,万难不屈,艰苦卓绝,不计生死。这些在光复会的革命志士身上均得到突出的体现。

章太炎虽是文人,却有武人的英勇气概。苏报案,他本是可以脱身的,然毅然留下来,不愿逃走。当巡捕来到他身边时,他挺身而出,说"我就是章炳麟"。此种做法是不是明智,那是可以讨论的,但这种不畏生死的气概不能不让人钦敬。

陶成章为革命抛家离乡,亡命天涯,奔走各地,一生辛劳,无怨无悔。他的同志、助手魏兰在《陶焕卿先生行述》中记述:

> 癸卯冬十二月,魏兰拟归浙江运动,陈蔚介绍先生同往。遂与魏兰由东京而至上海,与蔡元培熟商进取之法,及抵杭州,住杭州《白话报》馆,时已腊月二十八矣。兰谓先生曰:"杭绍相隔一水,先生何不归里一游?"先生曰:"情字难却,一见父母妻子,即不能出矣!"其热心国

---

① 《陶成章集》,中华书局 1986 年版,第 213 页。

事如此者。①

这种精神与大禹治水三过家门而不入何其相似乃尔！陶成章奔走革命，生活艰苦卓绝。据周作人《怀陶君焕卿》一文，陶成章在日本东京时，生活极为艰苦，"天雨，赤足着皮靴，饭时探袂出巾，将以拭面，则引黑袜出，已破烂失其踵，复纳之，探袂底，始得巾焉"②。陶成章曾筹款南洋，身边多少是有些钱的，但他分文不乱花，资财全用于革命。

徐锡麟为革命置生死于度外，1906年，他设法打进安徽官场，临行前，与秋瑾等话别，说："法国革命八十年始成，其间不知流过多少热血，我国在初创的革命阶段，亦当不惜流血，以灌溉革命的花实。我这次到安徽去，就是预备流血的，诸位切不可引以为惨而存退缩的念头才好。"③

徐锡麟刺杀安徽巡抚恩铭失败被捕，受挖心之酷刑。在刑场，他镇定自若，痛斥敌人：

> 你们杀我好了，将我的心剖了，两手两足斩了，全身砍碎了均可。……我自知即死，可拿笔墨来，将我宗旨大要，亲书数语，使天下后世皆知大义，不胜欣幸。④

徐锡麟在遇难的革命党人中，其死是最为惨烈、最为悲壮的！

辛亥革命女杰秋瑾，其侠风豪气在其生前就传颂于革命队伍中，作为女人，她不好女红，却好宝剑。她不仅常佩剑、击剑，而且写了许多剑歌。不少名句传颂千秋。如："休言女子非英物，夜夜龙泉壁上鸣。"（秋瑾《鹧鸪天》）"不惜千金买宝刀，貂裘换酒也堪豪。"（秋瑾《对酒》）"君不见剑气棱棱贯斗牛，胸中了了旧恩仇？"（秋瑾《宝剑歌》）"神剑虽挂壁，锋芒世已惊。中夜发长啸，烈烈如枭鸣。"（秋瑾《宝剑诗》）"走遍天涯知者稀，手持长剑为知己。归来寂寞闭重轩，灯下摩挲认血痕。君不见孟尝门三千客，弹铗由来解报恩！"（秋瑾《剑歌》）

秋瑾好剑，好的是剑的品格：奋勇进击，锋利明快。

秋瑾好剑，好的是剑的襟怀：堂堂正正，磊磊落落。

---

① 魏兰：《陶焕卿先生行述》（1912年8月26日），《辛亥革命浙江史料选辑》，浙江人民出版社1981年版，第340页。
② 《周作人文类编·八十心情》第10册，湖南文艺出版社1998年版，第347页。
③ 《徐锡麟集》，中国文史出版社1993年版，第79—80页。
④ 同上书，第85页。

秋瑾好剑,好的是剑的气概:剑气如虹,剑刃凝霜。

秋瑾正是这样,以剑的精神投身革命,与徐锡麟一样,为国慷慨捐躯。

辛亥革命这一场结束中国数千年帝制的革命,让越地儿女经受了一场血与火的考验,在这一场轰轰烈烈的革命中,越地儿女为民族、为国家付出了巨大牺牲,也成就了他们不朽的英名!

(四)伟大的革命家周恩来

绍兴籍的名人中,就对中国的影响来说,周恩来(1898—1976)无疑居第一位。周恩来虽然出生于江苏淮安,原籍却是绍兴。据周氏家谱,周恩来系北宋哲学家周敦颐的后裔,其先辈于元代迁徙至绍兴。清康熙三十七年(1698),周恩来祖上周懋章之妻王氏寿至百岁,浙江巡抚授"百岁寿母之门"匾。

少年时代,周恩来在绍兴生活学习过,故乡的历史文化、风土人物对年轻的周恩来产生了深深的熏陶和影响。1939年,正是抗日战争紧张时候,周恩来在皖浙抗日前线视察,于戎马倥偬之中,曾回百岁堂与亲友团聚,祭祖扫墓。

1914年,尚在上中学的周恩来在《敬业》杂志创刊号发表了一首诗作《春日偶成》。诗云:"极目青郊外,烟霾布正浓,中原方逐鹿,博浪踵相踪。"好个"博浪踵相踪",这不是明确表示要效法"锤秦博浪沙"的张良去驱逐帝国主义列强吗?1917年夏,周恩来在南开中学毕业,并东渡日本留学。东渡时,周恩来写下了一首脍炙人口的诗:

大江歌罢掉头东,邃密群科济世穷。

面壁十年图破壁,难酬蹈海亦英雄。

"面壁"的目的是"破壁",求学的目的是救国。此志铁定,不达目的,誓不罢休!周恩来在锤炼着自己的意志,也在积蓄着自己的力量,更在渴盼着革命大潮的到来。

革命的大潮很快来到了,1919年五四爱国运动爆发,回国不久的周恩来极为兴奋,积极投身革命浪潮。他成立进步团体"觉悟社",主办革命报纸《天津学生联合会报》。他成为天津五四运动的总指挥。五四运动对于周恩来来说,只是革命的开始,霜锋初露。五四运动之后,为了探索救国救民的道路,周恩来到了法国。在法国,他加入了中国共产党。1924年8月周恩来从巴黎回国,担任黄埔军校政治部主任、国民革命军第一军政治部主任,中共两广区委委员长兼军事部部长,主持组建党直接领导的革命武装叶挺独立团。

轰轰烈烈的国内大革命开始了!从这个时候开始,周恩来就进入中国革命的最高决策层,一直影响着中国革命的总体进程。

1933年春周恩来和朱德一起领导和指挥了第四次反"围剿"战争,取得了重大的胜利。1935年1月在遵义会议上,坚决支持毛泽东的正确路线,为确立毛泽东在全党的领导地位起了十分重要的作用。在遵义会议后,仍任中央革命军事委员会副主席。1936年12月任中共全权代表去西安同被逮捕的蒋介石进行谈判,成功地和平解决了西安事变。1945年8月他陪毛泽东去重庆,同国民党进行谈判斗争。解放战争期间,他任中央军委副主席兼中央军委总参谋长。参加领导和指挥了辽沈、平津、淮海三大战役,为推翻国民党的反动统治、武装夺取政权、创建社会主义新中国,建立了不朽的功绩。

周恩来天生是一位伟大的革命家,革命是狂风暴雨,周恩来是搏风斗雨的海燕;革命是狂潮巨浪,周恩来是站在潮头的弄潮儿。

斗争愈是紧张,周恩来就愈是沉着。

斗争愈是艰险,周恩来就愈是英勇。

局势愈是危急,周恩来就愈是机智。

形势愈是复杂,周恩来就愈是清醒。

场面愈是宏大,周恩来就愈是突出。

是革命给了周恩来一个充分展现自己才能的广阔天地,从这个意义来说,是革命造就了伟大的革命家周恩来;当然,换一个角度来说,是周恩来以及他的同志们领导着的这场革命,影响着、决定着中国的命运。

在中国现代革命进程中,越籍革命志士成千上万,其中不少原系文人,或是作家,或是教师,他们勇敢地投身从戎,成为革命大潮中的弄潮儿。鲁迅先生在《为了忘却的纪念》中悼念为国民党杀害的"左联五烈士",其中殷夫(1909—1931)和柔石(1902—1931)系浙江人。他们以年轻的生命浇灌着新中国的萌芽,也让革命的大潮成就了他们不朽的英名。

还有一位优秀的越籍作家郁达夫,他是在从事抗日事业中,被日本侵略者杀害的。须知,他死在印尼的苏门答腊,而他从事抗日活动的主要所在地是新加坡、马来西亚。郁达夫是杰出的作家,在中国文学史上,永远铭刻着郁达夫的名字,郁达夫是伟大的反法西斯斗士,在中国人民反法西斯战争的纪念碑上,也将永远铭刻着郁达夫烈士的名字。

"沧海横流,方显出英雄本色!"越地儿女的英雄气概正是在革命大潮中得到了最为充分的展现。是英雄的时代,打造了他们英雄的风采;又是他们创造了这个英雄的时代。

四、升平之世

中国社会真正称得上升平之世的时代不多,一般来说,新的朝代建立后其政权相对巩固的时候,我们就称之为升平之世了。从人才学来说,社会处动荡之际,多出改革家,侧重于政治与军事;而社会相对处于太平之时,则多出建设家,侧重于科学与与文化。越地名士大体上也是如此。我们沿着时代的轨迹,做一个大略的扫描。

(一)汉至南北朝

汉代是中国历史上第一个真正大一统的政权,这个时候,思想文化界相对比较活跃,儒家、道家、阴阳家均在一显身手,特别是道家,在汉初一度成为国家的意识形态,而在汉武帝提出独尊儒术以来,以董仲舒为代表的儒学一支——公羊学成为国家的意识形态。此时佛教开始传入,道教已经创立,新的文学品种——赋,从楚辞中蝉蜕而出,化为绚丽的彩蝶,充任时代精神的象征。书法、音乐、建筑、绘画、雕塑,均取得重要成就,灿然可观。似乎所有的知识分子都在积极从事着文化的建设。越地当时还是比较落后的地区,尽管如此,还是走出一位伟大的思想家、科学家。他就是王充。

关于王充,我们前面在不同的章节谈到过,我们赞扬他的异端思想,敢于倡新说,我们推崇他的唯物主义哲学观,在当时的条件下,难能可贵地反对迷信,反对神学,坚持无神论。这里,我们还要从自然科学这一角度来认识他的价值。王充可以说是中国最早的自然科学家,他认为天是自然的,无意志的,倡天道自然论;他以"天地合气"为基本理论,解释天地万事万物的变化,其中包括气象的变化、生物的变化以及地貌的变化。尽管囿于当时的条件,解释不尽合理,但路子是对的,那就是自然界的变化在自然界本身,在其各种力量的相互作用,而不在人的意志、鬼神的意志。

李约瑟在他的《中国古代科学技术史》中对王充给予很高的评价,说他是"中国任何时代最伟大的人物之一","是基本上属于儒家但被道家自然观所吸引的那些人物中的典型"。王充是中国科学文化最早的建设者,他对儒家有批判,他对道家有吸取,都立足于建设。

东汉还出了一位科学家,他是魏伯阳(约100—170)。魏伯阳,号云牙子,会稽上虞人,东汉著名炼丹家。据葛洪的《神仙传》记载:"魏伯阳出身高贵,而性好道术,不肯仕宦,闲居养性,时人莫知其所从来。"传说,他带弟子三人入山炼丹,丹成,他知道弟子中有守道未笃者,于是,以丹喂白犬,白犬暂死,自己也服丹暂死,以试弟子。独有一虞姓弟子说:"吾师非凡人也,服丹而死,将无有意耶",也服丹暂死,余二弟子不肯服食而出山去。二人去后,魏伯阳即起,白犬也活了过来,二位下山的弟子知道后,懊悔不已。魏伯阳有《周易参同契》一书,此书把周易理论与炼丹联系起来,具有重要的科学价值,魏伯阳遂成为中国早期最重要的化学家、药物学家。

东晋虽然在中国算不上太平盛世,但是,偏安江左的东晋政权在淝水之战后得到稳固。此时南方倒是比北方安定得多,繁荣得多。这个时期,江南出了著名的书法家王羲之,书法由书写的工具一跃而成为重要的艺术品种。这当然是重要的文化建设,我们在前面的章节谈到过。

值得我们特别注意的是,东晋时期还出了一位重要的天文学家虞喜。虞喜(281—365),字仲玉,会稽郡余姚人。其父虞察是孙吴的征虏将军;族曾祖虞翻,是著名的儒生、周易学家。虞喜是中国"岁差"最早的发现者。《宋史·律历志》载:"虞喜云,尧时冬至日短星昴,今二千七百余年,乃东壁中,则知每岁渐差之所至。""岁差"一词由此而来。这一发现对以后天文学颇有影响,南朝宋大明六年(462)祖冲之制《大明历》就考虑到"岁差"的因素。虞喜发现岁差,虽然比古希腊的依巴谷晚,但却比依巴谷每百年差一度的数值要精确。虞喜对宇宙理论也颇有研究。《晋书·天文志》称:"虞喜因'宣夜'之说作《安天论》。"虞喜的《安天论》既否定了天圆地方的盖天说,又批判了天球具有固体壳层的浑天说,他信仰宇宙无限的"宣夜"说,认为天高无穷,在上常安不动,日月星辰各自运行。李约瑟高度评价虞喜的"宣夜说",认为"这是宇宙观的开明进步,同希腊的任何说法相比,都毫不逊色"。

东晋时期,另一位非常重要的科学家是葛洪(281—341,一说284—364)。葛洪,字稚川,丹阳句容人。他热衷道教神仙理论,并嗜好炼丹,他的主要活动地是浙江,曾在会稽郡山阴县的梅山、杭州南屏山、龙井、灵隐、天竺及余杭的天柱山均炼过丹。他有重要的道教著作《抱朴子》,此书分"内篇"、"外篇",涉猎极广。"内篇"主要论养身,它不仅系统地总结了晋以前的神仙方术,包括守一、行气、导引和房中术等,而且将神仙方术与儒家的纲常名教结合起来,将养身与修性结合起来,具有重要的现实意义。"外篇"论人间得失、世事臧否,提倡严刑峻法,志在匡时佐世,也很有价值。

葛洪在《抱朴子》一书中详细地介绍了炼丹的方法,涉及化学、医学、药物学,在中国科学发展史上具有重要地位。

葛洪是中国古代重要的医学家、药物家家,他有专门的医学著作:《肘后备急方》、《金匮药方》、《玉函方》等。他的《肘后备急方》保存了中国古代不少应急救治的丹方,具有重要的资料价值。

葛洪一生著作宏富,自谓有《内篇》20卷,《外篇》50卷,《碑颂诗赋》百卷,《军书檄移章表笺记》30卷,《神仙传》10卷,《隐逸传》10卷;抄五经七史百家之言、兵事方技短杂奇要310卷。另有《金匮药方》100卷,《肘后备急方》4卷。

东晋之后的南朝也是社会比较安定的时期,这个时期越地出的名士同样侧重于文化建设。其中最值得注意的是谢灵运,此人我们前面也谈到过,他是中国山水诗的开创者。另一位是沈约(441—513),他是中国诗歌音韵说的首创者。

沈约,字休文,吴兴武康(今浙江德清)人,梁武帝时,官至尚书令、太子少傅,是当时的文坛领袖。著名的文艺理论家刘勰、钟嵘均与他同时,都曾将自己的著作送给他看,希望得到奖掖。沈约善诗,与梁武帝萧衍、谢朓、王融、萧琛、范云、任昉、陆倕等诗人,合称"竟陵八友"。

沈约在文学上的成就是巨大的,他被誉为"一代词宗"①。他的诗在当时就很有名气,量多质高。梁元帝萧绎说:"诗多而能者沈约,少而能者谢朓、何逊。"他的诗题材广泛,举凡道释、友情、咏物、言志均入诗。特别值得

---

① 《梁书》卷八《任昉传》。

一说的是他的咏物诗,其中《咏湖中雁》一诗,被萧统录入《文选》。何焯认为,中国古代的"咏物之祖",一是汉乐府的《长歌行》,一即沈约的这首诗。①

沈约最大的成就是著《四声谱》,创立了"四声""八病"说。《南齐书·文学·陆厥传》云:"吴兴沈约、陈郡谢朓、琅邪王融以气类相推毂。汝南周颙善识声韵。约等文皆用宫商,以平上去入为四声,以此制韵,不可增减,世呼为'永明体'。"尽管此后对四声、八病说,多有批评,但不可否定的事实是,中国诗歌的音韵说在此基础上建立起来了,诗歌的形式美遂有律可循,这是中国诗歌走向成熟的开始。《谢灵运传论》云:"宫羽相变,低昂舛节。若前有浮声,则后须切响。一简之内,音韵尽殊;两句之中,轻重悉异,妙达此旨,始可言文。"正是因为有了"四声""八病"说,才有了诗歌的格律,才有了唐诗的辉煌,而词、曲这些诗歌的形式,也正是因为在音韵上有自身特殊的要求,才成为新的文学形式。沈约在诗歌建设上的贡献大矣!

南朝佛学很发达,杜牧诗云:"南朝四百八十寺,多少楼台烟雨中。"南朝时越地出了著名僧人慧皎。慧皎(497—554),会稽上虞人。南朝梁代时在世。他的最大贡献是完成了《高僧传》。这部书共13卷,附录1卷。录东汉明帝起至梁天监年18年间高僧257人,附见239人,保存了近400年间中国大部分佛学资料,开了后来撰写历代高僧传之先河。《续高僧传》云:"传成通国传之,实为龟镜,文义明约,即世崇重。"慧皎又有《涅槃义疏》10卷。《梵往经疏》行于世。

(二)唐代

整个唐代,文化建设上的成就是巨大的,唐代学术、文学、建筑、艺术、宗教均非常繁荣,出现了许多大家,有些还在整个中华文化史上居于最高峰,后无来者。越地名士积极参与了唐代文化的建设工程,其中最有成就的应在三个领域:

其一,诗歌:涌现了一批著名的诗人,其中有:骆宾王(619—684,婺州人)、贺知章(659—744,永兴人)、钱起(720—783,吴兴人)、皎然(720—?吴兴人)、张志和(730—810,婺州人)、顾况(727—815,海盐人)、孟郊

① 参见何焯:《义门读书记》卷四十七。

（751—814，武康人）、刘禹锡（772—842，祖籍洛阳，迁居嘉兴）、李绅（772—846，祖籍亳州，生于湖州乌程）、姚合（779？—859，吴兴人）、方干（809—873？睦州人）、李频（818—876，睦州人）、吴融（？—903，山阴人）、贯休（832—912，兰溪人）、严维（717？—？山阴人）、朱庆余（797—？山阴人）。

这些诗人中，我们在别的章节介绍过骆宾王、贺知章、张志和、朱庆余。这里，还有孟郊值得一说。孟郊（751—814），字东野，浙江武康人。他少隐嵩山，性情耿介，不善交往，然与韩愈一见如故。孟郊两举进士，皆不第，直到年46岁时，方才进得进士第。韩愈曾作《孟生诗》以慰之。诗中说："孟生江海士，古貌又古心。……奈何从进士，此路转岖嵚？……卞和试三献，期子在秋砧。"孟郊写诗最善于五言，就内容来说，他喜欢写穷愁寒饥之状，如《寒地百姓吟》、《饥雪吟》、《出东门》、《秋怀》、《答友人赠炭》，这也许是文学史上"郊寒"的来历。孟郊在唐代不是第一流的诗人，但他的著名的诗作《游子吟》可谓家喻户晓。"谁言寸草心，报得三春晖"成为歌颂母爱的第一名句。诗歌言情的内容非常广泛，但多集中在爱情方面，颂母爱不多，孟郊前的诗歌这一题材几乎缺失，孟郊的《游子吟》可谓第一母爱诗。

其二，书画：书家有虞世南（558—638，余姚人）。虞世南书法早岁即有名。唐太宗为秦王时，引为秦王参军，得以与太宗共研书法。太宗即位，设弘文馆，精选天下贤良博学之士，专研书画。虞世南、欧阳询、褚遂良等书法大家同选为学士。虞世南不仅书法好，而且经、史、子、集无不通晓。唐太宗对虞世南极为赏识，曾下诏曰："世南一人有出世之才，遂兼五绝：一曰德行，二曰忠实，三曰博学，四曰文辞，五曰书翰。有一于此，足为名臣，世南兼之。"[①]虞世南以书法名世，而在太宗眼中，他最为出色的是德行，其次是博学，最后才是书法。唐太宗曾对侍臣说："朕因暇日与虞世南商略古今，有一言之失，未尝不怅恨，其恳诚若此，朕用嘉焉。群臣皆若世南，天下何忧之理。"[②]虞世南卒，唐太宗十分哀伤，命陪葬昭陵，并图其形于凌烟阁。观历代名臣，受君王如此待遇，实为罕见。

虞世南的书法据说传自王羲之的七世孙智永，笔法外柔内刚，圆融贯通，为唐初四大书法家之一，与欧阳询齐名，并称"欧虞"。虞世南传世的墨

---

① 《旧唐书》卷二十二《虞世南传》。
② 同上。

宝不是很多,有《孔子庙堂碑》、《汝南公主墓志》、《破邪伦序》、《千人斋疏》、《道场碑》、《心经》、《千字文》等,另外还有《黄庭经》、《兰亭序》的临帖。他的书法历代评价甚高,《宣和书谱》云:"虞则内含刚柔,欧则外露筋骨,君子藏器,以虞为优。"

唐代著名的越籍书家还有褚遂良。如虞世南一样,褚遂良的后世声名亦在书法,虽然他在政治上亦有重要作为。褚遂良书法以虞世南为师,上溯二王,融碑入帖,汇南北书风,兼华美与险劲于一体,融得刚柔相济之妙。历代对其书法评价甚高。张怀瓘在《书断》中说:"遂良少则服膺虞监,长则祖述右军,真书甚得媚趣,若瑶台青琐,窗映春林。"清代学者王澍甚至说"褚河南书,陶铸有唐一代。"

绘画上,唐代越地画家的主要贡献是人物画。中国画一向重山水画,人物画名家不是很多,在这不多的名家中,有越地的两位,一位是孙位。孙位,一名遇,会稽人,自号会稽山人。《高逸图》(又名《七贤图》)是他的代表作,这是一幅彩色绢本的人物画,最早见于《宣和画谱》。另一位人物画家为贯休。贯休(823—912),俗姓张,字德隐,浙江兰溪人。他七岁时出家,记忆力过人,据说日诵《法华经》千字,过目不忘。贯休善画画,又最善于画罗汉像。他自称,他所画的罗汉得之于梦中。宋人黄休复的《益州名画录》说贯休的人物画"时人比之怀素、阎立本"。可见他的画在当时的巨大声名。

其三,佛学:越地唐代的文化建设工程还体现在佛学上,天台宗、华严宗,还有禅宗、曹洞宗、法眼宗、杨岐宗,或在越中大地上首先创立,或在越中大地上得到重大发展,这些均为越地名士为中国文化建设所做的重大贡献。

(三)宋代

宋代包括北宋和南宋,是中国封建社会经济、文化均相当发达的时期。北宋,越地已经很发达,然名士出得不是很多。南宋,因为政治中心是在临安,越地的名士出得特别多。整个宋代延续三百余年,除南宋末年外,社会总的来说是比较稳定的,战乱不多,因此在文化上也相当有建树。

科学方面的建树最为突出,最为重要的科学家有:

沈括(1033—1097),字存中,钱塘人。嘉祐八年(1063)进士,历任司天监、三司使、延安知府、翰林学士等职。晚年隐居润州,专事著作。他最为重要的著作是《梦溪笔谈》。这部巨著包含天文、气象、历法、数学、地理、地质、物理、化学、医学、文史等诸多方面,是一部百科全书式的著作。

沈括的科学成就是多方面的。他精研天文,研究并改革了浑天仪、浮漏和影表等旧式的天文观测仪器。他创造新历法,与今天的阳历相似。在物理学方面,他的研究涉及力学、光学、磁学、声学等各个领域且均有重要成果。他发现地磁偏角的存在,这一发现比欧洲早了四百多年。他记录了指南针原理及多种制作法。他曾阐述凹面镜成像的原理。在数学方面,他创立"隙积术"(二阶等差级数的求和法)、"会圆术"(已知圆的直径和弓形的高,求弓形的弦和弧长的方法)。在地质学方面,他对冲积平原的形成、水的侵蚀作用等,都有重要的研究成果。"石油"这一命名是他首先提出的。医学方面,他有多部医学著作。这样一位集天文学家、地理学家、数学家、水利学家、地质学家、医学家于一体的科学家,在世界上也是极为罕见的。

杨辉,字谦光,钱塘人,生卒年不详,约生活在南宋时期。杨辉的数学著作甚多,虽经散佚,流传迄今的尚有多种。据记载,杨辉编著的数学书共5种21卷:《详解九章算法》12卷、《日用算法》2卷、《乘除通变本末》3卷、《田亩比类乘除捷法》2卷、《续古摘奇算法》2卷。后三种为他后期的著作,一般称之为《杨辉算法》。杨辉的"增乘开方法",比英国数学家霍纳提出的"鲁菲尼—霍纳算法"要早七百余年,他的《开方作法本源图》,后人称为"杨辉三角",比欧洲"巴斯加三角"早500年。

宋代的科学家中,越籍人士还有:

朱肱(1050—1125),字翼中,号无求子,吴兴人,他是宋代著名的医学家。著有《内证活人书》20卷。另外,他还是著名的酿造学家,著有《北山酒经》。

王克明(1069—1135),字彦昭,湖州乌程人,他是南宋著名的医学家,精研经络,擅长针灸。

杜绾(约1090—1133),字季扬,号云村居士,山阴人。他著有《云林石谱》3卷,汇载全国82个州府所产石品116种,对其产地、形状、色彩、光泽、质地、硬度及其他一些性质做了详细的记录,是一部重要的地质、矿产方面的著作。

宋代学术非常繁荣,尤其是理学,建树甚卓。从某种意义上说,宋代的代表性的文化是理学,就整个中国的学术发展长河来说,我们通常说,先秦子学、两汉经学、隋唐佛学、宋明理学、清代朴学。可以看到理学与宋代的关系多么重要。理学四大本体:理本体、气本体、数本体、心本体,早在北宋就建立起来了,但是到南宋,成为显学的只有朱熹代表的理本体和以陆九渊为代表的心本体了。这两大学派经过论辩、会通,体系走向完备。除理学外,实学也在这时兴起,主要包括陈亮的永康学派、叶适的永嘉学派,这两个学派与吕祖谦的金华学派统称为浙东学派。不只是陈亮的永康学派、叶适的永嘉学派重事功,吕祖谦的金华学派也有重事功的倾向。实学虽说在中国源远流长,但一直处于隐性的状态,只有到浙东学派这里才真正成为"学"。实学力矫理学空疏的毛病,重视国计民生,对中国学术的发展影响深远。

宋代文化的另一突出建树是词。词这一艺术品种亦是宋代的文化标志。词在北宋已经成熟,到南宋则有新的发展。越地名士均善词,出现了不少著名的词人。最为重要的有:

周邦彦(1056—1121),字美成,自号清真居士,钱塘人,北宋词坛大家。他的词集称为《片玉集》,又名《清真集》,收词 194 首,近人辑补 12 首,共206 首。周邦彦工音律,词风精丽典雅,艺术技术是第一流的,他的词公认为婉约派的集大成者。周邦彦的词在南宋有重大的影响,姜夔、张炎、吴文英、王沂孙均学周邦彦。清代词坛大家周济编《宋四家词选》,首列周邦彦,认为周邦彦在词坛的地位类似于诗坛中杜甫的地位。王国维在《清真先生遗事》中,也将周邦彦比作"词中老杜"。

宋代越地著名词人还有贺铸、陈亮、吴文英、周密、王沂孙、张炎、陈亮等,辛弃疾、李清照虽不是越地本土人,但从北方南渡后长期居住在越地,他们两人均是中国词坛顶尖级的人物。

两宋绘画亦是中国封建社会的一个高峰。宋代立国之初,就设置"翰林图画院",罗致各地名画家,专意从事绘画。宋代的许多皇帝爱画画,北宋的亡国之君赵佶于政治无所取,而在绘画方面贡献甚巨,他无疑是当时第一流的画家。南宋的开国之君赵构也爱画画,由于他的重视,南宋的画院其规模并不小于北宋。据厉鹗的《南宋院画录》引陈继儒的《宝颜堂笔记》:"武林地有号园前者,宋画院故址也。"又明代张扮之的《武林旧事》

说："南山万松岭麓,画院旧址所在。"画院背依万松岭,面临西湖,风景佳美。赵高宗喜爱艺术,又好山水,常常令画院的画师将西湖胜景画下来送给他看。因而当时产生了一批西湖山水画,至今保存的有夏珪的《西湖柳艇图》、《钱塘观潮图》、李嵩的《西湖图》、陈清波的《西湖春晓图》、叶肖岩的《西湖十景图》。这些西湖山水图美化了西湖,宣传了西湖,极大地提高了西湖和杭州的美誉度。除此外,它为中国的山水画的发展做出了重要的贡献。中国的山水画产生于魏晋,兴盛于唐代,但唐代的山水画所画或为名山胜川或为荒山寒江,多与道家隐逸思想相联系,西湖山水画当然没有了隐逸味,有的是人世间的富贵与奢华。故西湖山水画出,山水画的内容则悄然发生变化,除了继续注重与出世思想的联系外,也注重与入世思想联系,于是达官贵人、仕女红粉、衣着画舫也融入山水画中,山水画风遂为一变。

越地画家甚多,名气最大的是马远、夏珪。

马远(生卒年不详),原籍山西,迁居钱塘,光宗、宁宗时为画院待诏。马远家族几代均出名画家,其曾祖马贵、祖父马兴祖、伯父马公显、父马世荣、兄马逵、子马麟均为画院画家。马远的山水画特别讲究意境,画面常留有大量的空白,以少胜多,以简胜繁,意在言外。其传世作品比较多,其《踏歌图》、《对月图》、《寒江独钓图》、《楼台夜月图》、《探梅图》、《雪图》在中国绘画史上均享有盛名,亦为中国山水画的巅峰之作。

夏珪(生卒年不详),钱塘人。他是宁宗朝画院的待诏,他的画的风格与马远相似,因而绘画史上经常将这二人并提,称为"马、夏"。夏珪主要画山水,画风疏淡,场景空阔,意境幽远。其传世作品有《溪山清远图》、《江山佳胜图》、《西湖柳艇图》等。据史载,他还画有《长江万里图》,只是没有真本传世。

两宋越地的重要的画家还有:李嵩、梁楷、李唐、刘松年、赵伯驹、赵伯骕、法常等。

以上所说的画家不是两宋越地画家的全部,只是其中的代表,然仅如此举例,亦可见两宋时越地画坛之繁荣。在中国绘画史上,两宋越地画家的贡献之巨亦可想见。从某种意义上说,两宋画家是越地画家为其代表的。两宋绘画在中国绘画史上地位有多高,越地画家在中国绘画史上的地位就有多高。

(四)元代

元代在中国历史上是一个不太长的朝代,元立国是 1271 年,元灭南宋是 1279 年,元的灭亡是 1367 年。元代存在也有近百年的历史。元代,文化上也是有重要创造的。最为重要的一是元杂剧,二是文人画。两个方面均与越地有着密切的关系。

南宋,浙江一带流行的戏曲主要是南戏,也有杂剧;而北方流行的则是杂剧。元灭宋后,北方的杂剧南下江南。南北杂剧在越地融合,不仅如此,南戏的某些成分也被吸引进新型的杂剧中来。杭州的杂剧作家沈和甫,在他的《潇湘八景》、《欢喜冤家》中就采用"南北合腔"。同时,有些北曲作家也尝试写南戏,如马致远就写了南戏《牧羊记》,而南戏作家也尝试写杂剧,如施惠与范居中就写了杂剧《鹔鹴裘》。南北戏剧文化的碰撞、交融,有助于戏剧的发展。

临安早在北宋就已是繁华的大都市了,柳永在他的词中说:"烟柳画桥,参差十万人家。"现又经过南宋百多年的经营,更是全国第一锦绣繁华所在了。元代时,一批优秀的杂剧作家南下杭州,这中间就有大戏剧家关汉卿、马致远、白朴。与此同时,也有大批名伶随之而来,其中有珠帘秀、曹娥秀、顺时秀、天然秀、天锡秀等。既然有第一等的剧作家,又有第一流的演员,更重要的有杭州这样一个商业繁荣的城市,拥有大量的观众,产生第一流的戏剧就顺理成章了。关汉卿的名剧《窦娥冤》就产生于此。浙江湖州来的女演员汪怜怜因为饰演关汉卿《窦娥冤》中的主角窦娥而声名大振,获得了"活窦娥"的声誉。

元曲是中国文学艺术中的瑰宝,与唐诗、宋词并称,是元代文化的代表。它虽然原产地在中国的北方,但南方特别是以临安为中心的江南一带,对它的艺术成就达到顶峰做出了重要贡献。

文人画是中国绘画的代表性的画种,后来几乎成为中国画的代名词。这一画种虽然可以溯源于唐代王维的水墨画,但真正成就这一画种的是元代王冕、赵孟頫的水墨画。

王冕(1287—1359),出身贫寒,自学成才。他画的墨梅,集诗书画一体,应该说是文人画的代表作。文人画讲究"清"的品格。所谓"清",包括道家的"清真"与儒家的"清正"。王冕的品格兼有这二者。正是因为禀性中有一股清真兼清正之气，所以王冕的画才有超凡脱俗、思致高远、孤洁静谧之格。正如他在题《墨梅》中所说："不要人夸颜色好，独留清气满乾坤。"

文人画的大家是赵孟頫（1254—1322），字子昂，号松雪道人，湖州人。他是宋宗室。宋被元灭后，赵孟頫的遭遇发生戏剧性变化，本来，他是希望隐居山林，过着南宋遗民的生活的，然而，爱惜人才的元世祖忽必烈对他很感兴趣，接见之时，惊呼为"神仙中人"，立即赐以五品官阶，为兵部郎中，两年后还升为四品的集贤直学士。

赵孟頫绘画题材广泛，山水、人物、花鸟、竹石、鞍马无所不能；手法多样，工笔、写意、青绿、水墨，亦无所不精。他在中国绘画史上的地位主要在于完成了由重意到重趣的重大转变，就文人画来说，其本质特征乃是重趣，而且是个人情趣。而在手法上，以书法入画，也是赵孟頫做得最为成功，因为他又是一位大书法家。众所周知，文人画的特点之一，乃是书法入画。赵孟頫的山水画打破了南宋以来"马、夏江山"清一色的局面，而其花鸟画亦别开生面，明显地与南宋花鸟画相区别，成为新的范本。赵孟頫的画作传世的有《重汉叠嶂图》、《双松平远图》、《鹊华秋色图》、《秋郊饮马图》、《红衣罗汉》，均为国宝。

赵孟頫在书法上的成就不让绘画，他与颜真卿、柳公权、欧阳询并称为楷书"四大家"。赵孟頫善篆、隶、真、行、草书，尤以楷、行书著称于世，《元史》本传讲，"孟頫篆籀分隶真行草无不冠绝古今，遂以书名天下"。元鲜于枢《困学斋集》称："子昂篆，隶、真、行、颠草为当代第一，小楷又为子昂诸书第一。"其书风遒媚、秀逸，结体严整，笔法圆熟，世称"赵体"。

（五）明代

明代是越地文化全面发展的最佳时机之一，不过，此时的政治中心不在江南，而在北方，相对而言，在文化的发展上，它与其他地区的差别不是太显著。尽管如此，它仍然为中国的文化建设贡献出重要的成果。

在理学上，由南宋发展而来的学术出现了重心学的倾向，余姚学者王阳明成为心学的最大代表。他的心学体系，一方面是中国古代重心性的文化哲学传统的总结与发展，融会进儒、道、释三家的学术成分，另一方面却又是中国古代文化哲学中相对比较微弱的民主性精华的大发挥，从而成为晚明启蒙思想的学术来源之一。在一定意义上，它推动了中国社会的资本主义因素的发展,还远接中国近代的五四运动,为五四运动的反封建主义提供了精神炮弹。

在自然科学上,明代越地亦出了不少科学家,其中最重要的是医学,出了很多很有建树的医学家,主要有:

陶华(1369—1463),字尚文,号节庵,余杭人。他对汉代张仲景的《伤寒论》有深入研究,著有《伤寒琐言》、《陶氏家秘》、《杀车槌法》、《提金启蒙》、《伤寒全书》、《伤寒全集》、《痈疽神验秘方》、《陶节庵心髓》等医学著作。

王纶(1453—1510),字汝言,号节斋,慈溪人。明成化十八年(1482)进士,历任参政、布政使、都御史等职,他热衷于医药学研究,著有《本草集要》、《明医杂著》、《医学问答》、《节斋胎产医案》等。

张景岳(1562—1642),名介宾,景岳为其字,号通一子,山阴人。晚明著名的医师,著有《类经》、《类经图纂》、《类经附翼》、《景岳全书》、《质疑集》等。

杨继洲(1552—1620),名济时,衢州人。其家世代行医,他曾任楚王府良医,太医院御医。他于针灸有精深的研究,著有《针灸大全》10卷,另著有《病机秘要》。

在文学艺术方面,王骥德的曲学最值得注重。王骥德(？—1623),字伯良,会稽人。他是明代著名的戏曲理论家,他的学术专著《曲律》对曲这种文学兼表演的艺术形式进行了深入的理论探讨。当时曲坛上有以汤显祖为首的临川派与以沈璟为首的吴江派的争论,这场争论关涉到曲的"本色"问题,王骥德细致地辨析两派争论的关键处,对曲的"本色"做出了精当的论述。此书对曲的声律的探讨尤为深入细致,正是因为有了《曲律》,我们才能知道曲这种形式它的规律到底是什么。可以说,这是一部中国曲律的总结之作。

明代越地绘画一个重要特色,就是开宗立派。以钱塘人戴进为首的一班画家创立了一个在画史上名之为"浙派山水"的山水画派。以另一位钱塘人蓝瑛为首创立了另一画派,名之为"武林派"。明朝的花鸟画成就最为显赫,花鸟画家首推徐渭。徐渭的画自写胸臆,笔墨淋漓。后世画家如八大山人、石涛、齐白石、张大千无不对他崇拜不已。

明代越人宋濂(1310—1381)在史学与文学上均有重要贡献。明代开国,朱元璋礼请避乱山中的宋濂为其儒学顾问,明开国之初的各种典章制度均出宋濂之手。宋濂在史学上的重大贡献是编撰了《元史》,另外,还参与了《皇明宝训》、《大明日历》的修撰。

(六)清代至近代

清代是中国封建社会最后一个朝代,异族统治者出于对汉人严重的防范心理,采取多种手段压制学术文化,因而一般来说,清代的学术文化界显得比较沉闷,殊少自由创造。但亦不是全无成就。它的成就主要表现在:一、总结中国文化的遗产,御制的《四库全书》就是卓越代表;二、开创了中国学术新的形态——朴学;三、清末出现了启蒙思潮,这股思潮以介绍西方文化为特色,而立足点则是中国的变革。

清代,越地学术文化对中国文化建设最大的莫过于黄宗羲的学术研究。黄宗羲的成就主要在两个方面,一方面是对宋元以来的理学研究做了很好的梳理与总结,他的《明儒学案》、《宋元学案》就是这方面的重要著作。黄宗羲的另一成就则是大胆地否定了君权至高无上观念,提出了具有中国特色又能与世界接轨的启蒙思想,这些思想集中在他的《明夷待访录》一书,关于这一点,我们在此书别的章节已有详尽的介绍。黄宗羲于理想人格上强调"豪杰之精神",这种"豪杰之精神"重实践,也就是说一定"有所寓",要有所表现,要"溢而四出"。他说:"苟不得其寓,则若龙孥虎跛,壮士囚缚,拥勇郁遏,坌愤激讦,溢而四出,天地为之动色,而况于其他乎?"这种观念后来成为变革者的精神力量,在推翻满清王朝的革命事业中发挥了重要作用。

越地学术,除理学外,最具建设意义的学术是史学。越地本有史学研究的传统,东汉曾产生过中国第一部方志《越绝书》,作者为会稽郡山阴人袁康、吴平,稍晚又产生了以吴越争霸为主要内容的《吴越春秋》,作者赵晔,亦是山阴人。六朝时,许多越籍人士参与撰写国史,如山阴人谢承撰写了《后汉书》130卷,余姚人虞预写了《晋书》,武康人沈约写了《晋书》110卷、《宋书》100卷、《齐纪》20卷、《高祖纪》14卷。隋唐时,出现了不少民间史家,吴兴人陈叔达写《隋记》,盐官人褚无量写《史记至言》、《帝王纪录》、《帝王要览》,余姚人虞世南撰《帝王略论》。两宋史书有陈亮的《酌古论》、《汉论》,吕祖谦的《大事记》、《历代制度详说》。两宋方志很繁荣,各州官府均有自己的志书。明代修志进入兴盛时期,明初,浙江史学家宋濂、王祎担任《元史》总编纂。著名史学家谈迁撰明史《国榷》108卷。这样一种传统发展到清代,则出现了一个鼎盛阶段,产生了浙东史学学派。这个学派的代表人物是万斯同(1638—1702,鄞县人)、全祖望(1705—1755,鄞县人)、章学诚(1738—1801,会稽人)。其他还有万泰、万斯大、郑梁、邵晋涵等。

这些人物中,章学诚成就最大。章在浙东史学中处于中坚地位,他的重大贡献主要在史学理论上,他的《文史通义》,实质是一部文化哲学。他的"六经皆史"论,不但是清初反理学的发展,而且更有其进步的意义。他大胆地把中国封建社会所崇拜的六经教条,从神圣的宝座拉下来,依据历史观点,作为古代的典章制度的源流演进来处理。他反对人们崇拜那种"离事而言理"的"经",更反对离开历史观点去"通经"。章学诚在方志编撰上也有突出贡献。他先后编纂了《和州志》、《亳州志》、《永清县志》、《湖北通志》、《常德府志》、《荆州府志》。他的著作还有《校雠通义》、《史籍考》及后人整理的《章氏遗书》。

清代代表性的学术是朴学,在朴学上,越地亦出现一位重要学者,他就是俞樾(1821—1907),俞樾字荫甫,号曲园,浙江湖州人。清朝道光三十年(1856),俞樾殿试中第十九名进士,授翰林院庶吉士,历官翰林编修、国史馆协修、河南学政。俞樾治经,尊崇汉学,基本上属于古文经学的路子。他一生辛勤笔耕,其代表作为《群经平议》、《诸子平议》、《古书疑义举例》。

清代越地文学家中处于全国第一流地位和影响的首推袁枚(1716—1797)。袁枚字子才,号简斋,晚年自号仓山居士,钱塘人,乾隆四年(1739)进士,授翰林院庶吉士。乾隆七年外调做官,曾任江宁、上元等地知县。他是乾隆、嘉庆时期代表诗人之一,与赵翼、蒋士铨合称为"乾隆三大家"。袁枚的诗学理论——"性灵"说,由于切中诗歌的审美本质,受到后世重视。

清代越地画家于人物画方面有重要突破,代表性的画家有任颐(1840—1896),任颐字伯年,绍兴人,他擅长人物画,用水墨写肖像,能达到形神兼备的效果。应该说,这于中国画是一个重大突破,它意味着人物形象不再是某一种理念的象征。这种美学观念实际上已向西方绘画靠近。人物画方面很有成就的画家,还有任熊(1822—1857)、任薰(1835—1893)兄弟。

清代文人画总体来说处于停滞状态,没有什么突破,然晚清出了一个吴昌硕(1844—1927),使得文人画一度出现兴旺局面。吴昌硕,本名吴俊,昌硕是其字。吴昌硕本工书法金石,造诣甚深,自成派系,光绪三十年(1904),杭州的一批篆刻家发起成立西泠印社,他被推为社长。吴昌硕30岁开始学画,40岁才将作品示人,可谓十年磨一剑。吴昌硕学画虽晚,然因为具有书法功底,且文学修养极好,故后来居上,成为画坛泰斗。他的绘画作品在某种意义上代表了中国古代至近代文人画的最高水平。

越地在清代也出了一些科学技术人才,如地理学家齐召南(1703—1768,天台人)、药物学家赵学敏(1719—1805,钱塘人)、数学家项名达(1789—1850,钱塘人)、数学家戴煦(1803—1860,钱塘人)、数学家李善兰(1810—1882,海宁人),但总的说来,是谈不上有大成就的,其原因是,这个时候的西方在科学技术上已经远远地将中国抛在了后边。

国势衰微,帝国主义坚船利炮终于震醒了国人。腐朽的清王朝终于被推翻了,中国进入了新的历史阶段。

国门打开了!国人终于明白了外面的世界其实很精彩,少数精英分子终于克服重重困难去外面看世界去了。浙江省出国留学在当时的中国是比较多的。这些留学生中后来出了一批人才。科学技术方面有:气象学家竺可桢(1990—1974,上虞人)、数学家陈建功(1893—1971,绍兴人)、物理学家钱三强(1913—1992,湖州人)……,等等。社会科学方面有:王国维(1877—1927,海宁人)、蔡元培(1868—1940,绍兴人)、鲁迅(1881—1936,绍兴人)、蒋梦麟(1886—1964,余姚人)、马寅初(1882—1982,嵊县人),马一浮(1883—1967,上虞人)……,等等。

而在现实的革命事业及其他各项事业中,越地又锻造出一批人才,这其中有:杜亚泉(1873—1933,绍兴人,新闻学家)、经亨颐(1877—1838,上虞人,教育家)、邵力子(1882—1967,绍兴人,政治活动家)、范文澜(1893—1969,绍兴人,历史学家)……,等等。

正是因为有了这样一批新型的人才,中国这片古老的大地才真正唤发出生机,才迎来了新世纪的曙光。古越这块神奇的大地,以其优秀的人才,为新中国的建设做出了巨大的贡献!

结语：江山代有才人出，稽山鉴水谱新章

一次壮丽的巡礼，一次崇高的精神洗礼。当我为这本书的正文打上最后一个标点，油然升上心头的是这样一种感觉。

古越真是一块神奇的土地，在这块土地上诞生了如许多的影响中国历史的伟大人物，大禹、勾践、范蠡、项羽、王充、虞翻、虞喜、魏伯阳、嵇康、王羲之、谢安、褚遂良、颜真卿、贺知章、陆游、朱熹、吕祖谦、辛弃疾、陈亮、叶适、王阳明、徐渭、王骥德、刘宗周、黄宗羲、袁枚、秋瑾、蔡元培、鲁迅、章太炎、王国维、罗振玉、周恩来、马一浮、马寅初、邵力子、钱三强、范文澜、胡愈之……

中国各地均出过不少名士，但并没有构成一种文化现象，而越地出名士，已经公认为是一种文化现象，作为文化现象，越地出名士有些什么特点呢？主要有三：

第一，越地出名士不仅量大，而且品级很高，许多名士属于中华文化代表性的人物：

政治上：君王方面，有古代圣王尧、舜、禹、越王勾践、中国第一个皇帝

秦始皇、西楚霸王项羽等；官宦方面，有范蠡、文种、马臻、谢安、王叔文、范仲淹、于谦等；革命家方面，有近代资产阶级革命家秋瑾、徐锡麟、陶成章等，还有当代的伟大的无产阶级革命家周恩来。

经济上：有越国重要谋臣、经济学家计倪。

学术上：有王充、嵇康、朱熹、吕祖谦、陈亮、叶适、宋濂、王阳明、王艮、刘宗周、黄宗羲、章学诚、王国维、罗振玉等。现当代有马寅初、马一浮、范文澜等。

文学上：有谢灵运、李白、杜甫、孟浩然、王昌龄、白居易、贺知章、张志和、孟郊、骆宾王、陆游、辛弃疾、李清照、周邦彦、杨维桢等。现代有伟大的文豪鲁迅。

书法上：有王羲之、王献之、虞世南、褚遂良、颜真卿、赵孟頫、徐渭、赵之谦等。现当代有沙孟海。

绘画上：有马远、夏珪、戴文进、王冕、徐渭、赵孟頫、赵之谦、陈洪绶、任熊等。近现代有著名的书画家、金石家吴昌硕、潘天寿。

戏曲上：有吕天成、祁彪佳、徐渭、王骥德、张岱等。越地还是越剧的家乡，出现了不少著名的越剧艺术家。

科学上：有欧冶子、虞喜、葛洪、魏伯阳、沈括。现当代有著名的科学家竺可桢、钱三强、陈建功等。

新闻上：现代有著名的新闻家胡愈之。

教育上：近现代有著名的教育家蔡元培。

……

这样列举当然是极不全面的，但仅这些也足以说明越地名士品级之高。在中国历史上，至少在中国文化的六个领域，越名士的成就可谓独领风骚，那就是：哲学、书法、文人画、文学（诗、词、曲等）、自然科学、史学。

第二，越地出的名士以文化人士为主，相对来说军事方面的人才出得不多。

第三，越地出名士相对集中于四个时间段：这就是：东晋、南宋、明中晚期、清晚期至民国初期。这四个时间段恰好是中国政治发生重大变革的时期。

第四，越地名士虽然某一时期相当出得多一些，但不中断，可谓"江山代有才人出"，这说明越地具有良好的适合于名人成长的环境和机制。

越名士为中华民族的进步贡献甚巨，这种贡献不只是有形的、可见的、具体的方面，更重要的是无形的不可见的精神方面。以越名士为主体的参与创造的越文化精神，诸如本书所论述的"天下情怀"、"忧忡为国"、"圣贤传统"、"胆剑精神"，均融入中华民族的主流文化，他们的人文精神亦同样成为中华民族人文精神的重要组成部分。

风云际会，江山焕彩，古老的中国正是因为有包括越名士在内的优秀儿女的辛勤劳动和卓越创造，才不断焕发出蓬勃的活力，历史的车轮才滚滚向前。

中国幅员辽阔，各地资源不一，文化传统也有区别。长期以来，由于各种原因，越得天时、地利之厚，因而能率先发展。当今，地区发展仍然不平衡，但是，今天的社会与过去的社会有了很大的不同，今天是信息社会，地域之间在享受信息资源这方面区别很小。其他方面的资源的差别虽然也还存在，但很难成为影响人才成长的决定性条件。那么，在当今社会，越地如何保持自己的优势？还能不能继续成为"名士乡"？这是一个很值得越人思考的大问题。

客观地说，在信息化、全球化的时代，越地原来所拥有的某些优势虽然已经失去，但是，越地优越的自然地理环境还在，优越的区域经济优势还在，优越的人文传统还在，本书说的"三大因缘"大部分还在，在你追我赶的今天，它仍然有可能在全国处于领先地位。

值得强调的是，本书说的越名士"三大因缘"中，属于社会因缘的"文化移民"，用今天的话来说就是"开放"，越中之所以出了那么多的名士，我认为，跟越中这块地方的开放程度是大有关系的，开放，不外乎向外开放，让别地文化、别地的人进来，也让此地的文化、此地的人出去。我在书中谈得比较多的是东晋、南宋两个时代，北方的文化、北方的人士是如何进入越地又如何开发越地的。其实，越地人走出去也极为重要。王充如果不走出去，游学京师，拜大学者班彪为师，恐怕也不会大有作为。近代，上海开埠最早，是欧风美雨最早登陆中国的前哨。十里洋场，各种文化均在此碰撞，特别是来自欧美的新式文化。越地近代的人才几乎都进入了上海，他们的成功不是在越地，而是在上海，这是不争之事实。要补充的是，明治维新之后的日本，它对近代中国的影响是巨大的，日本与中国的文化有着血缘关系，两国有着密切的关系，长期以来是日本向中国学习，然明治维新之后，日本后来居上，比中国先进得多了。近代，越地出现留学日本热，鲁迅、蔡元培、秋瑾、王国维等一大批越籍人士都去过日本。

现今的中国当然早已不是过去的中国了，中国近几十年来的迅速发展，与开放大有关系，重温越中名士文化现象，不是让我们更为深切地感受到开放的重要性吗？

名士文化的实质是人才文化，而人才，众所周知，是一切事业发展的关键。人才永远是国运之系。想想越地历史上出了那么多人才，足以让我们感奋，今天，我们的视界当然不能局限于越地，应该更着眼于整个的中国。中华民族曾经涌现出许多英雄豪杰，为国家的强盛、文化的发展、人类的进步，做出过重要贡献，在全球化大潮的今天，我们中国应出更多的人才、更好的人才。我们不仅要对自己的国家、民族、人民做更多的贡献，而且要对世界、对人类做出更多的贡献。

主要参考文献

1. 冯建荣、詹福瑞、李岩主编:《绍兴丛书》(1—10),中华书局 2006年版。

2. 王象之:《舆地纪胜》(1—8),中华书局 1992 年版。

3.《嵊县志》,浙江人民出版社 1989 年版。

4. 袁康、吴平:《越绝书》,上海古籍出版社 1985 年版。

5. 赵晔:《吴越春秋》,江苏古籍出版社 2007 年版。

6.《史记》(1—10),中华书局 1975 年版。

7.《汉书》(1—9),中华书局 1962 年版。

8.《后汉书》(1—9),中华书局 1965 年版。

9.《三国志》(1—5),中华书局 1959 年版。

10.《晋书》(1—10),中华书局 1974 年版。

11.《旧唐书》(1—16),中华书局 1975 年版。

12.《新唐书》(1—20),中华书局 1975 年版。

13.《宋史》(1—40),中华书局 1985 年版。

14.《明史》(1—28),中华书局1974年版。

15.《清史稿》(1—48),中华书局1977年版。

16.《资治通鉴》(1—20),中华书局1956年版。

17. 吴悔堂:《越中杂识》,浙江人民出版社1988年版。

18. 冯友兰:《中国哲学史新编》(1—3),人民出版社1999年版。

19. 金普森、陈剩勇主编:《浙江通史》(1—10)浙江人民出版社2005年版。

20. 侯外庐、邱汉生、张岂之主编:《宋明理学史》(上、下),人民出版社1987年版。

21. 王充:《论衡》,岳麓书社2006年版。

22. 刘义庆:《世说新语》,中华书局1991年版。

23.《陈亮集》,中华书局1974年版。

24.《叶适集》,中华书局1961年版。

25. 陆游撰、钱仲联校注:《剑南诗稿校注》(1—8),上海古籍出版社2005年版。

26. 孔凡礼、齐治平编:《陆游资料汇编》,中华书局1962年版。

27.《朱熹集》(1—10),四川教育出版社1996年版。

28. 朱熹:《四书集注》,岳麓书社1987年版。

29.《二程集》,中华书局1981年版。

30.《陆九渊集》,中华书局1980年版。

31.《王阳明全集》(上、下)上海古籍出版社1992年版。

32.《黄宗羲全集》(1—12),浙江古籍出版社2005年版。

33.《刘宗周全集》(1—6),浙江古籍出版社2007年版。

34.《徐渭集》(1—4),中华书局1983年版。

35. 张岱:《琅嬛文集》,岳麓书社1985年版。

36. 邹志方点校:《会稽掇英总集点校》,人民出版社2006年版。

37.《秋瑾集》,上海古籍出版社1979年版。

38.《鲁迅全集》(1—18),人民文学出版社2005年版。

39.《鲁迅辑录古籍丛编》,人民文学出版社1997年版。

40.《蔡元培自述》,河南人民出版社2004年版。

41.《蔡元培美学文选》,北京大学出版社1983年版。

42.《章太炎政论选集》(上、下),中华书局1977年版。

43.《徐锡麟集》,中国文史出版社1993年版。

44.《陶成章集》,中华书局1986年版。

45. 张祥浩:《王守仁评传》,南京大学出版社1997年版。

46. 龚杰:《王艮评传》,南京大学出版社2001年版。

47. 吴祖猷:《王畿评传》,南京大学出版社2001年版。

48. 董平、刘宏章:《陈亮评传》,南京大学出版社1996年版。

49. 张义德:《叶适评传》,南京大学出版社1994年版。

50. 郭廉夫:《王羲之评传》,南京大学出版社1996年版。

51. 姜义华:《章太炎评传》,南京大学出版社2002年版。

52. 潘桂明:《智顗评传》,南京大学出版社1996年版。

53. 周群、谢建华:《徐渭评传》,南京大学出版社2006年版。

54. 邹志芳:《陆游家世》,北京出版社2004年版。

55. 傅振熙:《王阳明家世》,北京出版社2004年版。

56. 佘德荣:《张岱家世》,北京出版社2004年版。

57. 田余庆:《东晋门阀政治》,北京大学出版社2005年版。